KB084320

군무원 군수직 FINAL 봉투모의고사
제1회 모의고사

군수 9급

제1과목	국어	제2과목	행정법
제3과목	경영학	제4과목	

응시번호		성 명	

〈 안내 사항 〉

1. 답안지의 모든 기재 및 표기사항은 반드시 『컴퓨터용 흑색사인펜』으로만 작성하여야 합니다.
   (사인펜에 "컴퓨터용"으로 표시되어 있음) (사인펜 본인 지참)
   * 매년 지정된 펜을 사용하지 않아 답안지가 무효처리 되는 상황이 빈발하고 있으므로, 답안지
   는 반드시 『컴퓨터용 흑색사인펜』으로만 표기하시기 바랍니다.

2. 답안은 매 문항마다 반드시 하나의 답만 골라 그 숫자에 "●"로 표기해야 하며, 표기한 내용은 수정
   테이프를 이용하여 정정할 수 있습니다. 단, 시험시행본부에서 수정테이프를 제공하지 않습니다.
   (표기한 부분을 긁는 경우 오답처리 될 수 있으며, 수정스티커 또는 수정액은 사용 불가)
   * 답안지는 훼손·오염되거나 구겨지지 않도록 주의해야 하며, 특히 답안지 상단의 타이밍마크
   (ⅠⅠⅠⅠⅠ)를 절대로 훼손해서는 안 됩니다.

3. 필기시험 문제 관련 의견제시 기간 : 시험 당일을 포함한 5일간
   * 국방부 군무원채용관리홈페이지(http://recruit.mnd.go.kr) - 시험안내 - 시험묻고답하기

제1회 모의고사

제1과목: 국어

QR코드 접속을 통해 풀이시간 측정, 자동 채점
그리고 결과 분석까지!

01 높임 표현이 적절하지 않은 것은?

① 과장님, 넥타이가 잘 어울리시네요.
② 고객님, 주문하신 커피 나오셨습니다.
③ 선생님, 아버지께서 위임장을 주셨습니다.
④ 순영아, 할아버지께서 방으로 오라고 하셨어.

02 문장의 확장 방식이 다른 것은?

① 상호가 말도 없이 가버렸다.
② 나는 철수가 시험에 합격했다고 들었다.
③ 우리 집 마당에 드디어 개나리꽃이 피었다.
④ 나무를 심는 사람이 점점 줄어들고 있다.

03 밑줄 친 외래어 표기가 옳은 것은?

① 결혼 축하 메세지를 보냈다..
② "우리 팀, 파이팅!" 하는 소리가 들렸다.
③ 철수는 마라톤 대회의 챔피온이 되었다.
④ 연주가 끝나자 사람들은 앵콜을 외치기 시작했다.

04 다음 〈보기〉의 형태소를 분석한 것으로 적절하지 않은 것은?

보기

집에 돌아온 날 밤

① 형태소의 개수는 모두 8개이다.
② 의존 형태소의 개수는 3개이다.
③ 자립 형태소의 개수는 3개이다.
④ 실질 형태소의 개수는 5개이다.

[05~06] 다음 글을 읽고 물음에 답하시오.

노인이 정말로 내게 빚이 없다는 사실을 잊어버리고 만 것인가. 노인의 말처럼 그건 일테면 노망기가 분명했다. 그런 염치도 못 가릴 정도로 노인은 그렇게 늙어 버린 것이었다. 하지만 나는 굳이 노인의 그런 노망기를 원망할 필요도 없었다. 문제는 서로 간의 빚의 문제였다. 노인에 대해 빚이 없다는 사실만이 내게는 중요했다. 염치가 없어져서건 노망을 해서건 노인에 대해 내가 갚아야 할 빚만 없으면 그만이었다.

–빚이 있을 리 없지. 절대로! 글쎄 노인도 그걸 알고 있으니까 정면으로는 말을 꺼내지 못하질 않던가 말이다.

어디선가 무덥고 게으른 ㉠ 매미 울음소리가 들렸다.

나는 비로소 마음을 굳힌 듯 오리나무 그늘에서 몸을 힘차게 일으켜 세웠다. 콩밭 아래로 흘러 뻗은 마을이 눈앞으로 멀리 펼쳐져 나갔다. 거기 과연 아직 초가지붕을 이고 있는 건 노인네의 그 버섯 모양 오두막과 아랫동네의 다른 한 채가 전부였다.

–빌어먹을! 그 ㉡ 지붕 개량 사업인지 뭔지 하필 이런 때 법석들일구?

아무래도 심기가 편할 수는 없었다. 나는 공연히 그 지붕 개량 사업 쪽에다 애꿎은 저주를 보내고 있었다.

… (중략) …

"방이 이렇게 비좁은데 그럼 어머니, 이 옷장이라도 어디 다른 데로 좀 내놓을 수 없으세요? 이 옷장을 들여놓으니까 좁은 방이 더 비좁지 않아요."

아내는 마침내 내가 가장 거북스럽게 시선을 피해 오던 곳으로 화제를 끌어들이고 있었다.

바로 그 ⓒ옷궤 이야기였다. 십칠팔 년 전, 고등학교 1학년 때였다. ㉣술버릇이 점점 사나워져 가던 형이 전답을 팔고 선산을 팔고, 마침내는 그 아버지 때부터 살아온 집까지 마지막으로 팔아넘겼다는 소식이 들려왔다.

– 이청준, 「눈길」

05 윗글의 '나'와 관련된 설명으로 적절하지 않은 것은?

① 서술자인 '나'가 주인공이므로 1인칭 주인공 시점이다.

② '나'는 어머니에 대한 자식 된 도리를 부정하려 애쓰고 있다.

③ 어머니와의 거리를 두기 위해 '나'는 어머니를 '노인'으로 지칭하고 있다.

④ '나'는 어머니에 대해 경제적인 부분에서의 '빚'만 있음을 강조하고 있다.

06 ㉠~㉣에 대한 설명으로 적절하지 않은 것은?

① ㉠: '나'와 어머니의 갈등이 해소될 것임을 암시한다.

② ㉡: '나'의 불편한 마음을 드러내는 대상이다.

③ ㉢: '나'에게 심리적으로 불편함을 느끼게 하는 대상이다.

④ ㉣: 주벽이 심한 형 때문에 집안이 몰락했음을 알 수 있다.

07 다음 시의 화자에 대한 설명으로 옳지 않은 것은?

나 하늘로 돌아가리라.
새벽빛 와 닿으면 스러지는
이슬 더불어 손에 손을 잡고,

나 하늘로 돌아가리라.
노을빛 함께 단 둘이서
기슭에서 놀다가 구름 손짓하면은,

나 하늘로 돌아가리라.
아름다운 이 세상 소풍 끝내는 날,
가서, 아름다웠더라고 말하리라……

– 천상병, 「귀천(歸天)」

① 자신의 삶을 긍정적으로 바라보고 있다.

② 삶에 대해 달관하는 태도를 취하고 있다.

③ 자신의 과거에 대한 반성을 드러내고 있다.

④ 죽음을 초월하여 허무 의식을 내적으로 승화하고 있다.

08 다음 〈보기〉는 어떤 자음에 대한 설명이다. 〈보기〉의 설명에 알맞은 단어는?

┤ 보기 ├
• 예사소리이다.
• 공기를 막았다가 터트리면서 내는 소리이다.
• 여린입천장에서 나는 소리이다.

① 해장

② 사탕

③ 낭만

④ 국밥

09 다음 밑줄 친 단어의 품사가 같은 것은?

① • 그를 <u>잘못</u> 건드리면 큰일 난다.
　• <u>잘못</u>을 뉘우치면 용서해 주겠다.
② • <u>합리적</u>인 선택이라고 생각한다.
　• 그는 일을 <u>합리적</u>으로 진행하였다.
③ • 감기에 걸렸을 때는 쉬는 게 <u>제일</u>이다.
　• 세상에서 <u>제일</u> 무서운 이야기이다.
④ • 신발은 <u>첫째</u>로 발이 편안해야 한다.
　• 이 가게는 매월 <u>첫째</u> 주 화요일에 쉰다.

10 다음 중 밑줄 친 단어의 표준 발음이 옳은 것으로만 묶인 것은?

> ㉠ <u>동원령[동월령]</u>이 선포되었다.
> ㉡ 오늘 떠나는 직원의 <u>송별연[송버련]</u>이 있다.
> ㉢ 남의 <u>삯일[사길]</u>을 해야 할 만큼 고생이 심했다.
> ㉣ 부모가 남긴 유산을 자식들은 <u>야금야금[야그먀금]</u> 까먹었다.

① ㉠, ㉡
② ㉠, ㉢
③ ㉡, ㉣
④ ㉢, ㉣

11 다음 시에 대해 잘못 설명한 것은?

> 영화(映畫)가 시작하기 전에 우리는
> 일제히 일어나 애국가를 경청한다.
> 삼천리 화려 강산의
> 을숙도에서 일정한 군(群)을 이루며
> 갈대숲을 이륙하는 흰 새 떼들이
> 자기들끼리 끼룩거리면서
> 자기들끼리 낄낄대면서
> 일렬 이열 삼렬 횡대로 자기들의 세상을
> 이 세상에서 떼어 메고
> 이 세상 밖 어디론가 날아간다.
> 우리도 우리들끼리
> 낄낄대면서
> 깔쭉대면서
> 우리의 대열을 이루며
> 한 세상 떼어 메고
> 이 세상 밖 어디론가 날아갔으면
> 하는데 대한 사람 대한으로
> 길이 보전하세로
> 각각 자기 자리에 앉는다.
> 주저앉는다.
>
> 　　　　– 황지우, 「새들도 세상을 뜨는구나」

① '우리'와 '흰 새 떼'는 대비를 이룬다.
② 세상에 대한 냉소적 태도가 드러나 있다.
③ 억압적인 군사 독재 체제를 배경으로 한다.
④ 암울한 현실을 극복하고자 하는 의지가 강하다.

12 다음 시조의 밑줄 친 ㉠에 대한 설명으로 적절한 것은?

> 梨花雨(이화우) 훗쑤릴 제 울며 잡고 離別(이별)흔 님
> 秋風落葉(추풍낙엽)에 저도 날 싱각눈가
> 千里(천 리)에 외로운 ㉠ 쑴만 오락가락 ㅎ노매.
>
> – 계량의 시조

① 임과의 재회에 대한 소망이 드러나 있다.
② 대립적인 상황을 해소하는 계기가 된다.
③ 인물의 과거 행적을 요약적으로 드러낸다.
④ 장면을 전환하여 긴박한 분위기를 이완하고 있다.

[13~14] 다음 글을 읽고 물음에 답하시오.

입을 열고 말하는 순간 우리는 스스로에 대해 많은 단서들을 흘리게 된다. 목소리는 우리 (㉠)을 규정하는 중요한 요소이다. 우리의 목소리가 상대의 마음을 진정시킬 수도 있고 오히려 흥분시킬 수도 있다. 상대에게 좋은 인상을 줄 수도 있고 상대를 짜증나게 할 수도 있다. 우리가 말을 하게 되면 말하는 내용과 언어 자체를 제외하고도 목소리에 포함된 다양한 비언어적 요소들이 이면의 감정을 비롯하여 많은 정보를 상대에게 전달한다. 준언어라고 부르는 것으로 구체적으로 소리의 고저, 속도, 톤 등이 포함된다.

정보 전달에서 목소리가 갖는 힘은 생각보다 강력하다. 전화 건너편의 상대가 미소를 짓는 것을 목소리를 통해 확인할 수가 있을 정도이다. 지금 내가 농담을 하고 있다고 생각하는가?

그렇지 않다. 미소를 지으면 성대에서 입술 혹은 콧구멍에 이르는 통로, 즉 성도(聲道)가 짧아지면서 공명이 올라간다. 밝고 유쾌한 목소리는 우월함, 유능함, 풍부한 감수성, 온화함 같은 개인적인 특성과 연관된다. 어쨌든 목소리와 관련된 (㉡)들은 스스로가 어떤 사람인가를 알리기 위해서 활용하는 수많은 준언어 중에 하나이다.

13 윗글의 내용을 이해한 것으로 옳지 않은 것은?

① 목소리와 말의 내용은 준언어에 포함된다.
② 목소리는 정보 전달의 부가적 역할을 한다.
③ 목소리를 통해 상대방의 기분을 바꿀 수 있다.
④ 목소리를 통해 전화 건너편 상대방의 표정을 짐작할 수 있다.

14 ㉠과 ㉡에 들어갈 단어를 바르게 나열한 것은?

	㉠	㉡
①	정체성(正體性)	단서(但書)
②	정체성(正體性)	단서(端緒)
③	정체성(停滯性)	단서(但書)
④	정체성(停滯性)	단서(端緒)

15 밑줄 친 어휘의 쓰임이 적절하지 않은 것은?

① 푸른 연기가 감실감실 피어오른다.
② 날씨가 더워 모시로 만든 핫옷을 꺼내 입었다.
③ 강아지는 머뭇거리지 않고 닁큼닁큼 받아먹었다.
④ 아침 햇빛을 받아 반짝거리는 호수는 다붓하기만 했다.

16 다음 글의 주장으로 가장 적절한 것은?

우리에게 친숙한 동물들의 사소한 행동을 살펴보면 그들이 자신의 환경을 개조한다는 것을 알 수 있다. 가장 단순한 생명체는 먹이가 그들에게 헤엄쳐 오게 만들고, 고등동물은 먹이를 구하기 위해 땅을 파거나 포획 대상을 추적하기도 한다. 이처럼 동물들은 자신의 목적을 위해 행동함으로써 환경을 변형시킨다. 이러한 생존 방식을 흔히 환경에 적응하는 것으로 설명한다. 그러나 이러한 설명은 생명체들이 그들의 환경 개변(改變)에 능동적으로 행동한다는 중요한 사실을 놓치고 있다.

가장 고등한 동물인 인간도 다른 생명체와 마찬가지로 생존이나 적응을 넘어서 환경에 대해 적극성을 보인다. 이는 인간의 세 가지 충동 — 사는 것, 잘 사는 것, 더 잘 사는 것 — 으로 인하여 가능하다. 잘 살기 위한 노력은 순응적이기보다는 능동적인 모습으로 나타나게 된다. 인간도 생명체이다. 더 잘 살기 위해서는 환경에 순응할 수만은 없다.

① 인간은 환경에 순응하며 살아간다.
② 생명체의 생존 방식은 매우 다양하다.
③ 인간과 동물은 매우 밀접한 관계가 있다.
④ 생명체는 환경을 능동적으로 변형하며 살아간다.

[17~18] 다음 글을 읽고 물음에 답하시오.

철로 옆으로 이사를 가면 처음 며칠 밤은 기차가 지나갈 때마다 잠에서 깨지만 시간이 흘러 기차 소리에 친숙해지면 그러지 않는다. 왜 그럴까? 귀에서 포착한 소리 정보가 뇌에 전달되는 과정에서 물리학적인 음파의 속성은 서서히 의미를 가진 정보로 바뀐다. 이 과정에서 감정을 담당하는 변연계에도 정보가 전달되어 모든 소리는 의식적이든 무의식적이든 감정을 유발한다. 또 소리 정보 전달 과정은 기억 중추에도 연결되어 있어서 현재 들리는 모든 소리는 기억된 소리와 비교된다. 친숙하며 해가 없는 것으로 기억되어 있는 소리는 우리의 의식에 거의 도달하지 않는다. 그래서 이미 익숙해진 기차 소음은 뇌에 전달은 되지만 의미 없는 자극으로 무시된다.

동물들은 생존하려면 자기에게 중요한 소리를 들을 수 있어야 한다. 특히 즉각적인 반응을 보여야 하는 경우에는 더욱 그렇다. (㉠) 동물들은 자신의 천적이나 먹이 또는 짝짓기 상대방이 내는 소리는 매우 잘 듣는다. 사람도 같은 방식으로 반응한다. 아무리 시끄러운 소리에도 잠에서 깨지 않는 사람이라도 자기 아기의 울음소리에는 금방 깬다. 이는 인간이 소리를 듣는다는 것은 외부의 소리가 귀에 전달되는 것을 그대로 듣는 수동적인 과정이 아니라 소리가 뇌에서 재해석되는 과정임을 의미한다. 자기 집을 청소할 때 들리는 청소기의 소음은 견디지만 옆집 청소기 소음은 참기 어려운 것도 그 때문이다.

17 윗글의 제목으로 가장 적절한 것은?

① 소리의 선택적 지각
② 소리의 물리학적 속성
③ 소리가 전달되는 수동적 과정
④ 소리가 인간의 정서에 미치는 영향

18 ㉠에 알맞은 접속 부사는?

① 그러나　　　　② 그래서
③ 하지만　　　　④ 왜냐하면

19 다음에서 제시한 글의 전개 방식의 예로 가장 적절한 것은?

> '인과'는 원인과 결과를 서술하는 전개 방식이다. 어떤 현상이나 결과가 나타나게 된 원인이나 힘을 제시하고 그로 말미암아 초래된 결과를 나타내는 서술 방식이다.

① 곤충의 머리에는 겹눈과 홑눈, 더듬이 따위의 감각 기관과 입이 있고, 가슴에는 2쌍의 날개와 3쌍의 다리가 있으며, 배에는 끝에 생식기와 꼬리털이 있다.

② 보살은 나한과 같은 자리(自利)를 위하여 보리를 구하는 자가 아니고 어디까지든지 이타(利他)를 위하여 활동하는 것이다. 나한이 개인적 자각인데 대하여 보살은 사회적 자각에 입각한 것이니, 나한은 언제든지 개인 본위이고 개인 중심주의인데 대하여 보살은 사회 본위이고 사회 중심주의인 것이다.

③ 이 사회의 경제는 모두가 제로섬 요소로 구성되어 있다. 제로섬(zero-sum)이란 어떤 수를 합해서 제로가 된다는 뜻이다. 어떤 운동 경기를 한다고 할 때 이기는 사람이 있으면 반드시 지는 사람이 있게 마련이다.

④ 온실 효과로 지구의 기온이 상승할 때 가장 심각한 영향은 해수면의 상승이다. 이러한 현상은 바다와 육지의 비율을 변화시켜 엄청난 기후 변화를 유발하며, 게다가 섬나라나 저지대는 온통 물에 잠기게 된다.

20 다음 중 ㉠~㉣에 대한 수정 방안으로 옳지 않은 것은?

> 봄이면 어김없이 나타나 우리를 괴롭히는 황사가 본래 나쁘기만 한 것은 아니었다. ㉠ 황사의 이동 경로는 매우 다양하다. 황사는 탄산칼슘, 마그네슘, 칼륨 등을 포함하고 있어 봄철의 산성비를 중화시켜 토양의 산성화를 막는 역할을 했다. 또 황사는 무기물을 포함하고 있어 해양 생물에게도 도움을 줬다. ㉡ 그리고 지금의 황사는 생태계에 심각한 해를 끼치는 애물단지가 되어 버렸다. 이처럼 황사가 재앙의 주범이 된 것은 인간의 환경 파괴 ㉢ 덕분이다.
> 현대의 황사는 각종 중금속을 포함하고 있는 독성 황사이다. 황사에 포함된 독성 물질 중 대표적인 것으로 다이옥신을 들 수 있다. 다이옥신은 발암 물질이며 기형아 출산을 일으킬 수도 있는 것이다. 이러한 ㉣ 독성 물질이 다수 포함하고 있는 황사가 과거보다 자주 발생하고 정도도 훨씬 심해지고 있어 문제이다.

① ㉠은 글의 논리적인 흐름을 방해하고 있으므로 삭제한다.

② ㉡은 앞뒤 내용을 자연스럽게 연결해 주지 못하므로 '그래서'로 바꾼다.

③ ㉢은 어휘가 잘못 사용된 것이므로 '때문이다'로 고친다.

④ ㉣은 서술어와 호응하지 않으므로 '독성 물질을'로 고친다.

21 밑줄 친 부분과 가장 잘 어울리는 한자 성어는?

> 사면(四面)으로 두른 것은 토끼 잡는 그물이고, 토끼 은신 수풀 속 쫓는 것은 초동(樵童)이라. 그대 신세 생각하면 적벽강에 전패(全敗)하던 조맹덕의 정신이라. 작은 눈 부릅뜨고 짧은 꽁지 뒤에 끼고 절벽상에 정신없이 달아날 제…….

① 魂飛魄散
② 結草報恩
③ 亡羊補牢
④ 小貪大失

22 다음 밑줄 친 부분의 표준어 표기가 옳은 것은?

① 온가지 정성을 기울였다.
② 며루치 한 마리 주는 것도 아깝다.
③ 천정에서 쥐들이 달리는 소리가 요란하다.
④ 그는 나를 꼭두각시처럼 조종해 오고 있었다.

23 다음 글의 ㉠에 해당하는 작품이 아닌 것은?

> 역사적으로 볼 때 우리나라의 극 갈래는 가면극, 인형극, 판소리 등을 거쳐 신파극, 근대극, 현대극으로 발전해 왔다. 가면극은 신라의 오기, 검무, 처용무에서 시작하여 고려의 나례, 조선의 산대희와 탈춤으로 발전하였다. 인형극은 삼국 시대의 목우희에서 나무인형으로 노는 인형극, 고려 시대의 꼭두각시놀음과 그림자극인 망석중 놀이로 이어졌다. 조선 후기에 발생한 판소리는 신재효가 ㉠ 여섯 마당으로 정리하면서 전환기를 맞이하였다.

① 「만분가」
② 「적벽가」
③ 「심청가」
④ 「춘향가」

24 다음 글에서 의인화하고 있는 사물은?

> 姓은 楮이요, 이름은 白이요, 字는 無玷이다. 회계 사람이고, 한나라 중상시 상방령 채륜의 후손이다. 태어날 때 난초탕에 목욕하여 흰 구슬을 희롱하고 흰 띠로 꾸렸으므로 빛이 새하얗다. … (중략) …
> 성질이 본시 정결하여 武人은 좋아하지 않고 文士와 더불어 노니는데, 毛學士가 그 벗으로 매양 친하게 어울려서 비록 그 얼굴에 점을 찍어 더럽혀도 씻지 않았다.

① 종이
② 은화
③ 대나무
④ 지팡이

25 ㉠에 들어갈 말로 가장 적절한 것은?

> "제천인지로 줄행랑을 놓은 건 그다음 날이었나?"
> "다음 장(場) 도막에는 벌써 온 집안이 사라진 뒤였네. 장판은 소문에 발끈 뒤집혀 고작해야 술집에 팔려가기가 상수라고, 처녀의 뒷공론이 자자들 하단 말이야. 제천 장판을 몇 번이나 뒤졌겠나. 하나 처녀의 꼴은 (㉠). 첫날밤이 마지막 밤이었지. 그때부터 봉평이 마음에 든 것이 반평생을 두고 다니게 되었네. 평생인들 잊을 수 있겠나."
>
> – 이효석, 「메밀꽃 필 무렵」

① 꿩 구워 먹은 자리야
② 원님 덕에 나발 부는 거야
③ 굽은 나무가 선산을 지키는 거지
④ 똥 묻은 개가 겨 묻은 개 나무라는 거야

제2과목: 행정법

QR코드 접속을 통해 풀이시간 측정, 자동 채점
그리고 결과 분석까지!

01 행정법의 법원으로서 신뢰보호원칙에 관한 설명으로 옳은 것은?(다툼이 있는 경우 판례에 의함)

① 헌법재판소의 위헌결정은 행정청이 개인에 대하여 신뢰의 대상이 되는 공적인 견해를 표명한 것이라고 할 수 없으므로 그 결정에 관련한 개인의 행위에 대하여는 신뢰보호의 원칙이 적용되지 아니한다.

② '공익을 해할 우려가 있는 경우가 아니어야 함'은 신뢰보호원칙의 성립요건이지만, '제3자의 정당한 이익을 해할 우려가 있는 경우가 아니어야 함'은 신뢰보호원칙의 성립요건이 아니다.

③ 신뢰보호원칙의 성립요건인 공적인 견해의 표명은 행정조직법상 권한을 가진 처분청에 의해 행해져야 하며, 처분청이 아닌 다른 기관에 의해 행해진 경우에는 신뢰보호의 대상이 될 수 없다.

④ 신뢰보호의 대상인 행정청의 선행조치에는 법적행위만이 포함되며, 행정지도 등의 사실행위는 포함되지 아니한다.

02 행정법상 법률요건과 법률사실에 관한 설명으로 옳지 않은 것은?(다툼이 있는 경우 판례에 의함)

① 「국유재산법」상 변상금부과처분에 대한 취소소송이 진행되는 동안에는 그 부과권의 소멸시효는 진행하지 아니한다.

② 금전의 급부를 목적으로 하는 국가의 권리의 경우 소멸시효의 중단·정지 그 밖의 사항에 관하여 다른 법률의 규정이 없는 때에는 「민법」의 규정을 적용한다.

③ 판례에 의하면 조세채권의 소멸시효기간이 완성된 후에 부과된 과세처분은 무효이다.

④ 특별시장 등이 거짓이나 부정한 방법으로 화물자동차 유가보조금(부정수급액)을 교부받은 운송사업자 등으로부터 부정수급액을 반환받을 권리에 대해서는 「지방재정법」에서 정한 5년의 소멸시효가 적용된다.

03 다음 중 사인의 공법행위로서의 신고에 대한 설명으로 옳지 않은 것은?(다툼이 있는 경우 판례에 의함)

① 「행정절차법」 제17조는 행정청으로 하여금 신청에 대하여 거부처분을 하기 전에 신청인에게 신청의 내용이나 처분의 실체적 발급요건에 관한 사항을 보완할 기회를 부여하여야 할 의무를 정하고 있다.

② 인·허가 의제의 효과를 수반하는 건축신고는 행정청이 인·허가 요건에 대한 실체적 심사를 한 후 수리하여야 하는 '수리를 요하는 신고'에 해당한다.

③ 행정청이 영업자 지위승계신고를 수리하는 처분은 종전 영업자의 권익을 제한하는 처분이므로, 행정청이 그 신고를 수리하는 처분을 할 때에는 행정절차법 규정에서 정한 당사자에 해당하는 종전 영업자에 대하여 행정절차를 실시하고 처분을 하여야 한다.

④ 수산제조업 신고에 있어서 담당 공무원이 관계법령에 규정되지 아니한 서류를 요구하여 신고서를 제출하지 못하였다는 사정만으로는 신고가 있었던 것으로 볼 수 없다.

04 행정입법에 대한 설명으로 가장 적절하지 않은 것은?(다툼이 있는 경우 판례에 의함)

① 헌법 제107조는 "명령·규칙 또는 처분이 헌법이나 법률에 위반되는 여부가 재판의 전제가 된 경우에는 대법원은 이를 최종적으로 심사할 권한을 가진다."고 규정하고 있는데, 이때 규칙에는 지방자치단체의 조례와 규칙도 포함된다.

② 법률의 시행령이나 시행규칙의 내용이 모법의 입법 취지와 관련 조항 전체를 유기적·체계적으로 살펴보아 모법의 해석상 가능한 것을 명시한 것에 지나지 아니하는 때에는 모법에 이에 관하여 직접 위임하는 규정을 두지 아니하였다고 하더라도 이를 무효라고 볼 수는 없다.

③ 법률의 위임에 따라 효력을 갖는 법규명령의 경우에 위임의 근거가 없어 무효였더라도 나중에 법 개정으로 위임의 근거가 다시 부여된 경우에는 이전부터 소급하여 유효한 법규명령이 있었던 것으로 본다.

④ 헌법 제107조에 따른 구체적 규범통제의 결과 처분의 근거가 된 명령이 위법하다는 대법원의 판결이 난 경우, 일반적으로 당해 처분의 하자는 중대명백설에 따라 취소사유에 해당한다고 보아야 한다.

05 행정행위의 효력에 대한 설명으로 옳지 않은 것은?(다툼이 있는 경우 판례에 의함)

① 삼청교육대 피해자들에게 피해보상을 하겠다는 대통령 담화와 국방부장관의 공고로 인해 피해자들이 가지게 된 신뢰는 단순한 사실상의 기대를 넘어 법적으로 보호받아야 할 이익이라고 보아야 할 것이다.

② 과·오납세금반환청구소송에서 민사법원은 그 선결문제로서 과세처분의 무효 여부를 판단할 수 있다.

③ 건물소유자에게 소방시설 불량사항을 시정·보완하라는 명령을 할 때 구두로 고지한 것은 하자가 중대·명백하여 당연무효이다.

④ 처분 등의 취소, 무효등확인, 부작위위법확인의 소의 확정판결은 제3자에게까지 효력이 미치지 않는다.

06 다음 〈보기〉에서 행정행위의 부관에 대한 설명으로 옳은 것으로만 묶은 것은?(다툼이 있는 경우 판례에 의함)

┤ 보기 ├
ㄱ. 부관은 기속행위에는 붙일 수 없고, 재량행위에만 붙일 수 있다.
ㄴ. 부관을 붙인 처분은 사정변경으로 인하여 당초에 부담을 부가한 목적을 달성할 수 없는 경우에 사후부관은 허용되지 않고, 처분청의 직권취소 후 사정에 맞게 부관을 수정하여 재처분하여야 한다.
ㄷ. 행정행위의 부관 중에서 부담의 경우에는 부담 그 자체로서 행정쟁송의 대상이 될 수 있다.
ㄹ. 기한은 행정행위의 효력의 발생·소멸을 장래의 불확실한 사실에 의존하게 하는 행정청의 종된 의사표시를 말한다.
ㅁ. 조건은 행정행위의 효력의 발생·소멸을 장래의 확실한 사실에 의존하게 하는 행정청의 의사표시를 말한다.

① ㄱ, ㄷ
② ㄴ, ㄹ
③ ㄱ, ㅁ
④ ㄷ, ㄹ

07 다음 중 행정행위의 철회에 대한 설명으로 옳은 것은?(다툼이 있는 경우 판례에 의함)

① 철회권은 처분 행정청과 감독청이 갖는다.
② 처분청은 별도의 법적 근거가 있어야만 행정행위를 철회할 수 있다.
③ 부관으로 철회권이 유보되어 있다면 행정청은 제한 없이 철회권을 행사할 수 있다.
④ 수익적 행정행위의 철회는 상대방의 신뢰와 법적안 정성을 해칠 수 있기 때문에 제한된다.

08 행정계획에 대한 설명으로 옳지 않은 것은?(다툼이 있는 경우 판례에 의함)

① 환지계획 인가 후에 수정하고자 하는 환지계획의 내용에 대하여 토지소유자 등 이해관계인의 공람절 차를 거치지 아니한 채 수정된 내용에 따라 한 환지 예정지 지정처분은 당연무효이다.
② 후행 도시계획의 결정을 하는 행정청이 선행 도시 계획의 결정·변경 등에 관한 권한을 가지고 있지 아니한 경우, 선행 도시계획과 양립할 수 없는 내용 이 포함된 후행 도시계획결정의 효력은 무효이다.
③ 환지예정지 지정, 환지처분, 환지계획은 법률효과 를 수반하기 때문에 항고소송의 대상이 되는 행정 처분에 해당한다.
④ 비구속적 행정계획안이나 행정지침이라도 국민의 기본권에 직접적으로 영향을 끼치고, 앞으로 법령 의 뒷받침에 의하여 그대로 실시될 것이 틀림없을 것으로 예상되는 경우에는 공권력행위로서 예외적 으로 헌법소원의 대상이 될 수 있다.

09 다음 중 「행정절차법」에 대한 설명으로 옳지 않은 것은?(다툼이 있는 경우 판례에 의함)

① 행정청은 당사자에게 의무를 부과하거나 권익을 제 한하는 처분을 하는 경우에는 미리 일정한 사항을 당사자등에게 통지하고 의견청취를 하여야 한다.
② 행정절차법은 감사원이 감사위원회의 결정을 거 쳐 행하는 사항에 대하여는 적용하지 아니한다.
③ 「국가공무원법」상 직위해제처분은 성질상 행정절차 를 거치기 곤란하거나 불필요하다고 인정되는 사항 또는 행정절차에 준하는 절차를 거친 사항에 해당 하지 않으므로, 처분의 사전통지 및 의견청취 등에 관한 「행정절차법」의 규정이 적용된다.
④ 지방의회의 의결을 거치거나 동의 또는 승인을 받 아 행하는 사항에 대해서는 행정절차법이 적용되지 않는다.

10 「행정기본법」상 기간의 계산에 대한 설명으로 가 장 옳지 않은 것은?

① 법령 등을 공포한 날부터 일정 기간이 경과한 날부 터 시행하는 경우 법령 등을 공포한 날을 첫날에 산 입하지 아니한다.
② 법령 등을 공포한 날부터 일정 기간이 경과한 날부 터 시행하는 경우 그 기간의 말일이 토요일 또는 공 휴일인 때에는 그 말일로 기간이 만료한다.
③ 법령 등 또는 처분에서 국민의 권익을 제한하거나 의무를 부과하는 경우 권익이 제한되거나 의무가 지속되는 기간의 계산에 있어서 기간을 일, 주, 월 또는 연으로 정한 경우에는 원칙적으로 기간의 첫 날은 산입하지 아니한다.
④ 행정에 관한 기간의 계산에 관하여는 이 법 또는 다 른 법령 등에 특별한 규정이 있는 경우를 제외하고 는 「민법」을 준용한다.

11 다음 중 공공기관의 정보공개에 관한 법률(이하 '정보공개법'이라 함)상 정보공개에 대한 설명으로 옳지 않은 것은?(다툼이 있는 경우 판례에 의함)

① 정보공개청구인은 공공기관의 결정에 따른 이의신청 절차를 거치지 아니하고 행정심판을 청구할 수 있다.

② '정보공개에 관하여 다른 법률에 특별한 규정이 있는 경우'에 해당한다고 하여 정보공개법의 적용을 배제하기 위해서는, 특별한 규정이 '법률'이어야 하고, 내용이 정보공개의 대상 및 범위, 정보공개의 절차, 비공개대상정보 등에 관하여 정보공개법과 달리 규정하고 있는 것이어야 한다.

③ 공개대상정보는 원칙적으로 공개를 청구하는 자가 작성한 정보공개청구서의 기재내용에 의하여 특정되며, 공개청구자가 특정한 바와 같은 정보를 공공기관이 보유·관리하고 있지 않은 경우라도 해당 정보에 대한 공개거부처분에 대해 취소를 구할 법률상 이익은 인정된다.

④ 실제로는 해당 정보를 취득 또는 활용할 의사가 전혀 없이 정보공개 제도를 이용하여 사회통념상 용인될 수 없는 부당한 이득을 얻으려 하거나, 오로지 공공기관의 담당공무원을 괴롭힐 목적으로 정보공개청구를 하는 경우처럼 권리의 남용에 해당하는 것이 명백한 경우에는 정보공개청구에 대해 거부하여도 위법하지 않다.

12 행정조사에 대한 설명으로 옳은 것을 〈보기〉에서 모두 고르면?

┤ 보기 ├

ㄱ. 행정기관의 장은 법령등에 특별한 규정이 있는 경우를 제외하고는 행정조사의 결과를 확정한 날부터 7일 이내에 그 결과를 조사대상자에게 통지하여야 한다.

ㄴ. 행정기관의 장은 법령 등에서 규정하고 있는 조사사항을 조사대상자로 하여금 스스로 신고하도록 하는 제도를 운영할 의무가 있다.

ㄷ. 행정조사를 실시할 행정기관의 장은 행정조사를 실시하기 전에 다른 행정기관에서 동일한 조사대상자에게 동일하거나 유사한 사안에 대하여 행정조사를 실시하였는지 여부를 반드시 확인해야 한다.

ㄹ. 판례에 의하면 우편물 통관검사절차에서 이루어지는 우편물의 개봉·시료채취·성분분석 등의 검사는 행정조사의 성격을 가지므로 압수·수색영장 없이 진행되어도 특별한 사정이 없는 한 위법하지 않다.

ㅁ. 판례에 의하면 세무조사결정은 납세의무자의 권리·의무에 직접 영향을 미치는 것이 아니라 행정내부의 행위로서 항고소송의 대상이 아니다.

① ㄹ
② ㄱ, ㄴ
③ ㄱ, ㄹ
④ ㄱ, ㄴ, ㄹ

13 공법상 계약에 관한 설명으로 옳지 않은 것은? (다툼이 있을 경우 판례에 의함)

① 계약직공무원 채용계약해지의 의사표시는 일반공무원에 대한 징계처분과는 달라서 항고소송이 되는 처분 등의 성격을 가진 것으로 인정되지는 않지만, 행정처분과 마찬가지로 「행정절차법」에 의하여 근거와 이유는 제시하여야 한다.

② 공법상 계약도 공행정작용이므로 역시 법률우위의 원칙하에 놓인다.

③ 공중보건의사 채용계약은 공법상 계약으로 볼 수 있다.

④ 공법상 계약에 관한 분쟁은 「행정소송법」 제3조 제2호가 정하는 당사자소송의 대상이 된다.

14 다음 〈보기〉에서 행정의 실효성 확보수단에 관한 설명으로 옳지 않은 것을 모두 고르면?(다툼이 있는 경우 판례에 의함)

┤ 보기 ├
ㄱ. 구 「국세징수법」상 가산금은 국세를 납부기한까지 납부하지 아니하면 과세청의 확정절차 없이도 법률에 의하여 당연히 발생하는 것이므로 가산금의 고지는 항고소송의 대상이 되는 처분이라고 볼 수 없다.
ㄴ. 과징금은 의무위반행위로 인한 불법적인 이익을 박탈하기 위하여 부과하는 것으로서, 과징금부과처분을 할 때 위반자의 고의 또는 과실을 요건으로 한다.
ㄷ. 행정상 강제징수는 행정법상 의무불이행이 있는 경우 행정기관이 직접 의무자의 신체나 재산에 실력을 가하여 의무자가 스스로 의무를 이행한 것과 같은 상태를 실현하는 작용이다.
ㄹ. 이행강제금은 장래의 의무이행을 심리적으로 강제하기 위한 것으로서 의무이행이 있을 때까지 반복하여 부과할 수 있다.

① ㄱ, ㄹ
② ㄴ, ㄷ
③ ㄱ, ㄷ
④ ㄴ, ㄹ

15 행정벌에 대한 설명으로 옳지 않은 것은?(다툼이 있는 경우 판례에 의함)

① 「질서위반행위규제법」에 의하면 과태료부과의 제척기간은 5년이다.
② 행정청은 당사자가 납부기한까지 과태료를 납부하지 아니한 때에는 납부기한을 경과한 날부터 체납된 과태료에 대하여 100분의 3에 상당하는 가산금을 징수한다.
③ 지방자치단체가 국가의 기관위임사무를 처리하기 위해 승인 없이 승합차를 개조한 경우에도 별도의 독립한 공법인으로서 「자동차관리법」 제83조의 양벌규정에 의한 처벌대상이 된다.
④ 「질서위반행위규제법」에 따르면 행정청의 과태료부과처분에 대하여 당사자가 이의제기를 통해 불복할 수 있고, 이의제기가 있게 되면 행정청의 과태료부과처분은 그 효력을 상실한다.

16 다음 중 대집행에 대한 설명으로 옳지 않은 것은? (다툼이 있는 경우 판례에 의함)

① 대집행이 인정되기 위해서는 대체적 작위의무의 불이행이 있어야 하고 다른 수단으로는 그 의무이행의 확보가 곤란하여야 하며 불이행을 방치하는 것이 심히 공익을 해하는 것으로 인정되어야 한다.
② 대집행요건을 구비하였는지에 관한 주장 및 입증책임은 처분행정청에 있다.
③ 관계 법령상 행정대집행의 절차가 인정되어 행정청이 행정대집행의 방법으로 건물의 철거 등 대체적 작위의무의 이행을 실현할 수 있는 경우에도 따로 민사소송의 방법으로 그 의무의 이행을 구할 수 있다.
④ 건물의 점유자가 철거의무자일 때에는 건물철거의무에 퇴거의무도 포함되어 있는 것이어서 별도로 퇴거를 명하는 집행권원이 필요하지 않다.

17 공무원의 징계에 관한 설명 중 옳지 않은 것은? (다툼이 있는 경우 판례에 의함)

① 공무원이 징계에 불복하는 경우 소청심사위원회의 심사 · 결정을 거치지 아니하면 바로 행정소송을 제기할 수 없다.

② 상급자와 다투고 폭언하는 행위에 대하여 장관이 행한 서면 경고는 국가공무원법상의 징계처분에 해당한다.

③ 국가공무원이 직무상의 의무를 위반하거나 그 체면 또는 위신을 손상하는 행위를 한 때에는 국가공무원법상 징계의 대상에 해당한다.

④ 계약직공무원이라 할지라도 지방공무원법, 지방공무원징계 및 소청규정에 정한 징계절차에 의하지 않고서는 보수를 감봉하거나 삭감할 수 없다.

18 다음 중 손실보상에 대한 설명으로 가장 옳지 않은 것은?(다툼이 있는 경우 판례에 의함)

① 우리 헌법상 수용의 주체를 국가로 한정하고 있지 않으므로 민간기업도 수용의 주체가 될 수 있다.

② 토지를 종래의 목적으로도 사용할 수 없는 경우에는 토지소유자가 수인해야 할 사회적 제약의 한계를 넘는 것으로 보아야 한다.

③ 헌법 제23조 제3항의 정당한 보상이란 원칙적으로 피수용재산의 객관적인 재산가치를 완전하게 보상하는 것이어야 한다는 완전보상을 뜻한다.

④ 「공익사업을 위한 토지 등의 취득 및 보상에 관한 법률」에 의한 잔여지 수용청구를 받아들이지 않은 토지수용위원회의 재결에 대하여 토지소유자가 불복하여 제기하는 소송은 항고소송에 해당한다.

19 다음 중 「행정심판법」에 대한 설명으로 옳은 것은 몇 개인가?

> ㉠ 행정청의 처분 또는 부작위에 대하여는 다른 법률에 특별한 규정이 있는 경우 외에는 이 법에 따라 행정심판을 청구할 수 있다.
> ㉡ 대통령의 처분 또는 부작위에 대하여는 다른 법률에서 행정심판을 청구할 수 있도록 정한 경우 외에는 행정심판을 청구할 수 없다.
> ㉢ 다른 법률에서 특별행정심판이나 이 법에 따른 행정심판 절차에 대한 특례를 정한 경우에도 그 법률에서 규정하지 아니한 사항에 관하여는 이 법에서 정하는 바에 따른다.
> ㉣ 관계 행정기관의 장이 특별행정심판 또는 이 법에 따른 행정심판 절차에 대한 특례를 신설하거나 변경하는 법령을 제정 · 개정할 때에는 미리 중앙행정심판위원회의 동의를 구하여야 한다.

① 1개   ② 2개
③ 3개   ④ 4개

20 다음 〈보기〉에서 항고소송의 대상적격에 관한 설명으로 옳지 않은 것만을 고른 것은?(다툼이 있는 경우 판례에 의함)

┌ 보기 ─────────────────────
ㄱ.「진실·화해를 위한 과거사정리 기본법」에 따른 과거사정리위원회의 진실규명결정은 피해자 등에게 진실규명 신청권 및 그 결정에 대한 이의신청권 등이 부여되고, 그 결정에서 규명된 진실에 따라 국가가 법률상 의무를 부담하게 된다는 점 등에서 항고소송의 대상이 된다.
ㄴ. 군의관이 수행하는 「병역법」상 신체등위 판정은 그에 따라 「병역법」상의 권리의무가 정해지는 것이므로 행정처분에 해당한다.
ㄷ.「지방자치법」상 공금의 지출에 관한 사항을 감사청구한 주민은 일정한 경우에 그 감사청구한 사항과 관련이 있는 위법한 행위나 업무를 게을리 한 사실에 대하여 해당 지방자치단체의 장을 상대방으로 한 소송은 항고소송을 제기할 수 있다.
ㄹ. 요양급여의 적정성 평가 결과 전체 하위 20% 이하에 해당하는 요양기관이 건강보험심사평가원으로부터 받은 입원료 가산 및 별도 보상 적용 제외 통보는 해당 요양기관의 권리 또는 법률상 이익에 직접적 영향을 미치는 공권력 행사에 해당하여 항고소송의 대상이 된다.
ㅁ.「표시·광고의 공정화에 관한 법률」위반으로 인한 공정거래위원회의 경고의결은 당해 표시·광고의 위법을 확인하되 구체적인 조치까지는 명하지 아니하는 것으로 사업자의 자유와 권리를 제한하는 행정처분에 해당하지 아니한다.
└──────────────────────

① ㄱ, ㄷ, ㅁ
② ㄴ, ㄷ, ㄹ
③ ㄴ, ㄷ, ㅁ
④ ㄱ, ㄴ, ㄷ

21 강학상 허가에 관한 설명으로 옳지 않은 것은? (다툼이 있는 경우 판례에 의함)

① 건축허가는 대물적 성질을 갖는 것이어서 그 허가를 할 때에 인적 요소에 관해서는 형식적 심사만 한다.

② 허가에 붙은 기한이 그 허가된 사업의 성질상 부당하게 짧은 경우에는 그 허가조건의 존속기간으로 보아야 한다.

③ 허가신청 후 처분 전에 관계법령이 개정되었다면 원칙적으로 개정된 법령에 따라 허가 여부를 경정하여야 한다.

④ 타법상의 인·허가가 의제되는 허가를 하는 경우, 행정청은 타법상의 인·허가 요건에 대한 심사 없이 허가처분을 할 수 있다.

22 항고소송의 집행정지에 관한 설명으로 옳지 않은 것은?(다툼이 있는 경우 판례에 의함)

① 회복하기 어려운 손해예방의 필요 등 집행정지의 적극적 요건에 관한 주장·명책임은 원칙적으로 신청인에게 있으나, 공공복리에 중대한 영향을 미칠 우려가 없을 것 등 집행정지의 소극적 요건에 대한 주장·소명책임은 행정청에 있다.

② 과징금을 납부하기 위하여 무리하게 외부자금을 차입할 경우 자금사정이 악화되어 회사의 존립자체가 위태롭게 될 정도의 중대한 경영상의 위기를 맞게 될 우려가 있다는 사정은 집행정지 요건인 회복하기 어려운 손해에 해당한다.

③ 항고소송의 대상이 되는 행정처분의 효력이나 집행 혹은 절차속행 등의 정지를 구하는 신청은 「행정소송법」상 집행정지신청의 방법으로서만 가능할 뿐이고 「민사소송법」상 가처분의 방법으로는 허용될 수 없다.

④ 보조금 교부결정의 일부를 취소한 행정청의 처분에 대하여 법원이 효력정지결정을 하면서 주문에서 그 법원에 계속 중인 본안소송의 판결 선고 시까지 처분의 효력을 정지한다고 선언하였을 경우, 본안소송의 판결 선고에 의하여 정지결정의 효력은 소멸하지만 당초의 보조금교부결정취소처분의 효력이 당연히 되살아나는 것은 아니다.

23 부작위위법확인소송에 관한 설명으로 옳지 않은 것은?(다툼이 있는 경우 판례에 의함)

① 조례를 통하여 노동운동이 허용되는 사실상의 노무에 종사하는 공무원의 구체적 범위를 규정하지 않고 있는 것에 대하여 부작위위법확인의 소를 제기하였으나 상고심 계속 중에 정년퇴직한 경우에 소의 이익은 인정되지 않는다.

② 행정청이 당사자의 신청에 대하여 거부처분을 한 경우에는 부작위위법확인소송의 원고적격이 없거나 위 항고소송의 대상인 위법한 부작위가 있다고 볼 수 없어 그 부작위위법확인의 소는 부적법하다.

③ 부작위위법확인소송은 부작위의 위법을 확인함으로써 행정청의 응답을 신속하게 하여 부작위 내지 무응답이라고 하는 소극적인 위법상태를 제거하는 것을 목적으로 한다.

④ 국회의원은 대통령 및 외교통상부장관의 특임공관장에 대한 인사권 행사 등과 관련하여 대사의 직을 계속 보유하게 하여서는 아니된다는 요구를 할 수 있는 법규상 또는 조리상 신청권도 인정된다.

24 행정청의 권한에 관한 설명으로 옳지 않은 것은?(다툼이 있는 경우 판례에 의함)

① 행정권한의 위임은 법률에 규정된 행정기관의 장의 권한 중 일부를 그 보조기관 또는 하급행정기관의 장이나 지방자치단체의 장에게 맡겨 그의 권한과 책임 아래 행사하도록 하는 것이다.

② 행정권한의 내부위임은 행정관청이 법률에 따라 특정한 권한을 다른 행정관청에 이전하여 수임관청의 권한으로 행사하도록 하는 것이어서 권한의 법적인 귀속을 변경하는 것이므로 법률이 허용하고 있는 경우에 한하여 인정된다.

③ 도지사 등은 「정부조직법」과 「행정권한의 위임 및 위탁에 관한 규정」에 정한 바에 의하여 위임기관의 장의 승인이 있으면 그 규칙이 정하는 바에 의하여 그 수임된 권한을 시장, 군수 등 소속기관의 장에게 다시 위임할 수 있다.

④ 행정사무의 처리와 관련하여 등기, 소송 등에 관한 사무처리를 위탁하는 촉탁은 행정청의 권한의 이전을 수반하지 않는다는 점에서 권한의 위임과 구별된다.

25 다음 중 공물에 관한 설명으로 옳지 않은 것은?(다툼이 있는 경우 판례에 의함)

① 공공의 영조물이란 국가 또는 지방자치단체가 소유권, 임차권 그 밖의 권한에 기하여 관리하고 있는 경우뿐만 아니라 사실상의 관리를 하고 있는 경우도 포함한다.

② 보존재산인 문화재보호구역 내의 국유 토지는 시효취득의 대상으로 인정된다.

③ 국유재산의 무단점유자에 대한 변상금부과처분에 따라 발생하는 변상금징수권은 공법상의 법률관계에 기한 공법상의 권리이다.

④ 공유재산의 관리청이 행하는 행정재산의 사용·수익에 대한 허가는 특정인에게 행정재산을 사용할 수 있는 권리를 설정하여 주는 강학상 특허에 해당한다.

제3과목: 경영학

QR코드 접속을 통해 풀이시간 측정, 자동 채점
그리고 결과 분석까지!

01 제품을 생산하는 기업이 느끼는 시장수요의 변동폭이 최종소비자의 실제 시장수요의 변동폭보다 큰 현상을 채찍효과라고 한다. 이러한 문제점을 해소하기 위해 개발된 경영관리기법으로 옳은 것은?

① 공급망 관리(SCM; Supply Chain Management)
② 비즈니스 프로세스 리엔지니어링(BPR; Business Process Reengineering)
③ 식스 시그마(Six Sigma)
④ 전사적 자원소요계획(ERP; Enterprise Resource Planning)

02 다음 〈보기〉의 물음에 대한 답으로 옳은 것은?

┤ 보기 ├
(주)A는 현금 60억 원을 지급하고 (주)B를 흡수합병하려고 한다. (주)A는 합병 후 영구적으로 매년 말 3억 원의 세후 영업현금흐름을 추가할 수 있으며, 이에 적용되는 적정할인율은 10%이다. 두 기업은 부채가 없고 (주)B의 순자산의 공정가치는 40억 원일 때, (주)A의 합병이득은 얼마인가?

① 10억 원
② 20억 원
③ 30억 원
④ 40억 원

03 다음 〈보기〉의 물음에 대한 답으로 옳은 것은?

┤ 보기 ├
A주식의 금년도 말 1주당 배당금은 1,100원으로 추정되며, 이후 배당금은 매년 10%씩 증가할 것으로 예상된다. A주식에 대한 요구수익률이 15%일 경우, 고든(M. J. Gordon)의 항상성장모형에 의한 A주식의 1주당 현재가치는 얼마인가?

① 4,400원
② 7,333원
③ 11,000원
④ 22,000원

04 다음 〈보기〉에서 설명하는 소비재로 옳은 것은?

┤ 보기 ├
• 특정 브랜드에 대한 고객 충성도가 높다.
• 제품마다 고유한 특성을 지니고 있다.
• 브랜드마다 차이가 크다.
• 구매 시 많은 시간과 노력이 필요하다.

① 편의품(Convenience Goods)
② 선매품(Shopping Goods)
③ 전문품(Speciality Goods)
④ 자본재(Capital Items)

05 주식 풋옵션(Put Option)의 가치는 주가, 행사가격, 변동성, 이자율, 배당률, 잔존만기에 의해 결정된다고 한다. 각 요인이 주식 풋옵션의 가치에 미치는 영향에 대한 설명으로 옳지 않은 것은?

① 주가가 낮을수록 주식 풋옵션의 가치는 높아진다.
② 행사가격이 낮을수록 주식 풋옵션의 가치는 높아진다.
③ 변동성이 높을수록 주식 풋옵션의 가치는 높아진다.
④ 잔존만기가 길수록 주식 풋옵션의 가치는 높아진다.

06 다음 중 비노조원도 채용할 수 있으나, 일정 기간이 경과된 후 반드시 노동조합에 가입하여야 하는 제도는?

① 오픈숍(Open Shop)
② 클로즈드숍(Closed Shop)
③ 유니온숍(Union Shop)
④ 에이전시숍(Agency Shop)

07 다음 대화의 빈칸에 공통으로 들어갈 단어로 옳은 것은?

김 이사: 이번에 우리 회사에서도 (   )시스템을 도입하려고 합니다. (   )는 기업 전체의 의사결정권자와 사용자 모두가 실시간으로 정보를 공유할 수 있게 합니다. 또한 제조, 판매, 유통, 인사관리, 회계 등 기업의 전반적인 운영 프로세스를 통합하여 자동화할 수 있지요.
박 이사: 맞습니다. (   )시스템을 통하여 기업의 자원 관리를 보다 효율적으로 할 수 있겠지요. 조직 전체의 의사결정도 보다 신속하게 할 수 있을 것입니다.

① JIT   ② MRP
③ MPS   ④ ERP

08 다음 중 정보시스템을 경쟁 우위의 획득을 위해 전략적으로 활용하는 시스템은?

① 경영지원시스템(MSS)
② 거래처리보고시스템(TPS)
③ 정보보고시스템(IRS)
④ 전략정보시스템(SIS)

09 다음 중 마이클 포터가 제시한 경쟁 우위전략에 대한 설명으로 옳지 않은 것은?

① 차별화 우위전략은 경쟁사들이 모방하기 힘든 차별화된 제품을 만들어 경쟁사들보다 비싼 가격으로 판매하는 방법이다.
② 비용 우위전략은 동일한 품질의 제품을 경쟁사들보다 낮은 비용에 생산하여 저렴하게 판매하는 것을 말한다.
③ 집중화 전략은 비용 우위에 토대를 두거나 혹은 차별화 우위에 토대를 둘 수 있다.
④ 포터는 기업이 성공하기 위해서는 한 제품을 통하여 비용 우위전략과 차별화 우위전략 등 두 가지 이상의 전략을 동시에 추구해야 한다고 보았다.

10 A기업은 매출액순이익률이 5%이고, 총자산회전율이 1.20이며, 부채비율(부채/자기자본)이 100%이다. 이 자료만을 활용한 A기업의 ROE(자기자본순이익률)는?

① 6%
② 8%
③ 10%
④ 12%

11 다음 중 A기업의 관련 자료가 〈보기〉와 같을 때 영업 활동으로 인한 현금흐름으로 옳은 것은?(단, 간접법을 적용하시오.)

┌─ 보기 ┐

당기순이익	10,000원
감가상각비	5,000원
매출채권 증가	5,000원
재고자산 감소	1,000원
매입채무 증가	3,000원
유형자산 증가	10,000원
장기차입금 증가	4,000원

① 12,000원
② 13,000원
③ 14,000원
④ 18,000원

12 다음 중 아래의 사례를 적절하게 설명할 수 있는 가격결정 방법으로 옳은 것은?

• 프린터를 싸게 판매한 이후에 토너는 비싼 가격에 판매함
• 면도기를 싸게 판매한 다음에 면도날은 비싸게 판매함

① 순수 묶음제품 가격결정(Pure Bundling Pricing)
② 종속제품 가격결정(Captive Product Pricing)
③ 스키밍 가격결정(Market-Skimming Pricing)
④ 시장침투 가격결정(Market-Penetration Pricing)

13 다음 중 인사고과에서 평가 문항의 발생빈도를 근거로 피고과자를 평가하는 방법은?

① 직접서열법
② 행위관찰평가법
③ 분류법
④ 쌍대비교법

14 다음 중 자재소요계획(MRP)에 대한 설명으로 옳은 것은?

① MRP는 풀 생산방식의 전형적인 예로, 시장수요가 생산을 촉발시키는 시스템이다.
② MRP는 독립수요를 갖는 부품들의 생산수량과 생산시기를 결정하는 방법이다.
③ 자재명세서의 각 부품별 계획주문 발주시기를 근거로 MRP를 수립한다.
④ 대생산일정계획의 완제품 생산일정과 생산수량에 관한 정보를 근거로 MRP를 수립한다.

15 다음 중 교육훈련 필요성을 파악하기 위한 일반적인 분석방법으로 옳지 않은 것은?

① 전문가 자문법
② 역할연기법
③ 자료조사법
④ 면접법

16 테일러(F. Taylor)가 주장한 과학적 관리법(Scientific Management)의 내용에 해당하지 않는 것은?

① 과업관리
② 차별성과급제
③ 비공식조직
④ 기능식 직장제도

17 보스톤 컨설팅 그룹이 개발한 포트폴리오 매트릭스에서 캐시카우(Cash Cows)에 해당하는 상황을 설명하고 있는 것은?

① 사업성장률이 낮고, 시장점유율은 높은 경우
② 사업성장률이 낮고, 시장점유율도 낮은 경우
③ 사업성장률이 높고, 시장점유율은 낮은 경우
④ 사업성장률이 높고, 시장점유율도 높은 경우

18 자본예산(Capital Budgeting)을 위한 현금흐름 측정의 기본원칙에 대한 설명으로 옳지 않은 것은?

① 감가상각비는 손익계산서에서는 비용항목이지만 장부상으로만 발생하는 비용이므로 현금유출로 취급해서는 안 된다.
② 이자비용은 현금흐름의 할인과정에서 고려되므로 현금유출로 취급해서는 안 된다.
③ 기회비용, 부수효과, 매몰비용 등 간접적으로 발생하는 수익과 비용도 모두 고려해야 한다.
④ 기존 투자설비로부터 발생하는 현금흐름에 비해 증가하거나 감소한 증분 현금흐름으로 투자안을 평가해야 한다.

19 다음 중 특정한 사람에 대한 경직된 고정관념이 평가에 영향을 미치는 인사고과의 오류는?

① 관대화 경향
② 주관의 객관화
③ 시간적 오류
④ 상동적 오류

20 다음 중 시장세분화가 유용하게 사용되기 위해 갖추어야 할 요건으로 옳지 않은 것은?

① 측정 가능성
② 소멸 가능성
③ 충분한 규모의 시장성
④ 접근 가능성

21 조직설계의 두 차원은 분화(Differentiation)와 통합(Integration)이다. 이 중 조직의 수직적 통합을 위한 조정기제(Mechanism)로 볼 수 없는 것은?

① 권한(Authority)
② 규정과 방침
③ 태스크포스(Taskforce)
④ 계획 및 통제시스템

22 다음 중 리더십에 대한 설명으로 옳은 것은?

① 변혁적 리더십은 부하가 미래에 대한 비전을 받아들이고 추구하도록 격려한다.
② 서번트 리더십은 리더가 부하의 잠재력을 발휘할 수 있도록 이끌어주는 리더십이다.
③ 거래적 리더십에서 리더는 부하들이 자기통제에 의해 자신을 스스로 이끌어 나가도록 역할모델을 한다.
④ 변혁적 리더십은 감정에 호소하여 의사나 가치관을 변혁시킨다.

23 기업결합 형태에 대한 설명으로 옳지 않은 것은?

① 콩글로메리트는 상호관련성 있는 여러 기업 간의 매수·합병을 말한다.
② 카르텔은 동종기업이 독립성을 유지하면서 상호경쟁을 배제하는 것을 말한다.
③ 트러스트는 시장지배 목적으로 각 기업이 실질적인 독립성을 상실하고 새로운 기업으로 결합하는 것을 말한다.
④ 콤비나트는 경영의 합리화를 위하여 생산기술적인 측면에서 결합된 기업결합 형태를 말한다.

24 로크(Locke)의 목표설정이론(Goal-Setting Theory)에 기초한 주장으로 옳지 않은 것은?

① 추상적인 목표의 제시는 목표 실행자의 창의력을 증진시켜 성과를 높일 수 있게 한다.
② 적절한 피드백의 제공은 성과 향상을 위한 필요조건이다.
③ 목표 실행자의 목표설정과정 참여는 목표에 대한 이해도를 향상시켜 성과를 높일 수 있게 한다.
④ 목표달성에 대한 적절한 보상은 성과 향상을 위한 필요조건이다.

25 다음 중 호손실험의 결과로 옳은 것은?

① 과학적 관리론의 모태가 되었다.
② 만족한 조직이 능률적인 조직이라는 사실을 알게 되었다.
③ 심적 요소보다는 물적 요소가 작업능률의 개선효과가 있다는 것을 알게 되었다.
④ 종업원의 심리는 작업능률에 영향을 미치지 못한다.

합격의 공식 SD에듀

www.sdedu.co.kr

군무원 군수직 FINAL 실전 봉투모의고사
제2회 모의고사

군수 9급

제1과목	국어	제2과목	행정법
제3과목	경영학	제4과목	

응시번호		성 명	

〈 안내 사항 〉

1. 답안지의 모든 기재 및 표기사항은 반드시 『컴퓨터용 흑색사인펜』으로만 작성하여야 합니다.
   (사인펜에 "컴퓨터용"으로 표시되어 있음) (사인펜 본인 지참)
   * 매년 지정된 펜을 사용하지 않아 답안지가 무효처리 되는 상황이 빈발하고 있으므로, 답안지
   는 반드시 『컴퓨터용 흑색사인펜』으로만 표기하시기 바랍니다.

2. 답안은 매 문항마다 반드시 하나의 답만 골라 그 숫자에 "●"로 표기해야 하며, 표기한 내용은 수정
   테이프를 이용하여 정정할 수 있습니다. 단, 시험시행본부에서 수정테이프를 제공하지 않습니다.
   (표기한 부분을 긁는 경우 오답처리 될 수 있으며, 수정스티커 또는 수정액은 사용 불가)
   * 답안지는 훼손·오염되거나 구겨지지 않도록 주의해야 하며, 특히 답안지 상단의 타이밍마크
   (Ⅰ Ⅰ Ⅰ Ⅰ Ⅰ)를 절대로 훼손해서는 안 됩니다.

3. 필기시험 문제 관련 의견제시 기간 : 시험 당일을 포함한 5일간
   * 국방부 군무원채용관리홈페이지(http://recruit.mnd.go.kr) - 시험안내 - 시험문고답하기

제2회 모의고사

제1과목: 국어

QR코드 접속을 통해 풀이시간 측정, 자동 채점 그리고 결과 분석까지!

01 다음 중 밑줄 친 맞춤법 표기가 옳은 것으로만 묶인 것은?

> ㉠ 시루에 떡을 안쳤다.
> ㉡ 나무늘보는 행동이 늘이다.
> ㉢ 주변 사람들에게 일을 시켰다.
> ㉣ 해가 뜨자 안개가 걷히기 시작했다.
> ㉤ 모두 하느라고 했는데 만족스럽지는 않다.

① ㉠, ㉢, ㉣
② ㉠, ㉣, ㉤
③ ㉡, ㉢, ㉤
④ ㉡, ㉣, ㉤

02 밑줄 친 단어 중 어법에 맞지 않은 것은?

① 구렁이가 똬리를 틀고 있다.
② 제가 직접 봤는데 너무 작데요.
③ 아이는 등굣길에 문구점에 잠깐 들렀다.
④ 예산을 대충 걷잡아서 말하지 말고 잘 뽑아 보아라.

03 ㉠~㉤ 중 외래어 표기가 옳은 것만을 모두 고른 것은?

> ㉠ 리모컨(remote control)
> ㉡ 초콜릿(chocolate)
> ㉢ 콘셉트(concept)
> ㉣ 케이크(cake)
> ㉤ 프리젠테이션(presentation)

① ㉠, ㉡, ㉢, ㉣
② ㉠, ㉡, ㉢, ㉤
③ ㉠, ㉡, ㉣, ㉤
④ ㉠, ㉢, ㉣, ㉤

04 국어의 로마자 표기가 옳지 않은 것은?

① 세종 sejong
② 알약 allyak
③ 팔당 Paldang
④ 벚꽃 beotkkot

05 다음 대화에서 '정민'의 의사소통 방식으로 가장 적절한 것은?

> 상수: 요즘 짝꿍이랑 사이가 별로야.
> 정민: 왜? 무슨 일이 있었어?
> 상수: 그 애가 내 일에 자꾸 끼어들어. 사물함 정리부터 내 걸음걸이까지 하나하나 지적하잖아.
> 정민: 그런 일이 있었구나. 짝꿍한테 그런 말을 해 보지 그랬어.
> 상수: 해 봤지. 하지만 그때뿐이야. 아마 나를 자기 동생처럼 여기나 봐.
> 정민: 나도 그런 적이 있어. 작년의 내 짝꿍도 나한테 무척이나 심했거든. 자꾸 끼어들어서 너무 힘들었어. 네 얘기를 들으니 그때가 다시 생각난다. 그런데 생각을 바꿔 보니 그게 관심이다 싶더라고. 그랬더니 마음이 좀 편해졌어. 그리고 짝꿍과 솔직하게 얘기를 해 봤더니, 그 애도 자신의 잘못된 점을 고치더라고.
> 상수: 너도 그랬구나. 나도 생각을 바꾸려고 노력해 보고, 짝꿍하고 진솔한 대화를 나눠 봐야겠어.

① 상대방의 대답에서 모순점을 찾아 논리적으로 대응하고 있다.
② 상대방의 말을 대화의 흐름에 맞게 해설하고, 상대방의 말을 보충한다.
③ 상대방의 장점을 부각하고, 상대방의 약점이 드러나지 않도록 배려한다.
④ 상대방에게 자신이 경험한 이야기를 들려주어, 스스로 해결책을 찾도록 돕는다.

06 다음 중 띄어쓰기가 옳지 않은 것은?

① 오늘 저녁 바둑 한 판 둘까?
② 과일에는 사과, 배, 감들이 있다.
③ 나는 세 번 만에 그 시험에 합격했다.
④ 방 안은 숨소리가 들릴 만큼 조용했다.

07 다음 중 〈보기〉와 관련된 언어의 특성은?

┤ 보기 ├
> ㉠ '줄기나 가지가 목질로 된 여러해살이 식물'을 한국어로는 '나무[namu]'라고 하지만 영어로는 'tree[triː]', 중국어로는 '樹[shù]'라고 한다.
> ㉡ '배'는 소리는 같지만 문장에서 '가슴과 엉덩이 사이의 부위', '물 위로 떠다니도록 나무나 쇠 따위로 만든 물건', '배나무의 열매' 등의 다양한 의미로 쓰인다.
> ㉢ '어리다'는 중세 국어에서는 '어리석다'의 의미로 쓰였지만, 현대 국어에서는 '나이가 적다'의 의미로 쓰이고 있다.

① 내용과 형식의 결합에 필연적 관련성이 없다.
② 물리적으로 연속된 실체를 분절하여 표현한다.
③ 기본적인 어순이 정해져 있어 이를 어기면 비문이 된다.
④ 한정된 기호만으로 무수히 많은 문장을 만들어 사용할 수 있다.

예술 작품의 복제 기술이 좋아지고 있음에도 불구하고 원본을 보러 가는 이유는 무엇인가? 예술 작품의 특성상 원본 고유의 예술적 속성을 복제본에서는 느낄 수 없다고 생각하는 경향이 강하기 때문이다. 사진은 원본인지 복제본인지 중요하지 않지만, 회화는 붓 자국 하나하나가 중요하기 때문에 복제본이 원본을 대체할 수 없다고 생각하는 사람들이 많다.

(㉠) 이러한 생각은 잘못이다. 회화와 달리 사진의 경우, 보통은 '그 작품'이라고 지칭되는 사례들이 여러 개 있을 수 있다. 20세기 위대한 사진작가 빌 브란트가 마음만 먹었다면, 런던에 전시한 인화본의 조도를 더 낮추는 방식으로 다른 곳에 전시한 것과 다른 예술적 속성을 갖게 할 수 있었을 것이다. 이것은 사진의 경우, 작가가 재현적 특질을 선택하고 변형할 수 있는 방법이 다양함을 의미한다.

08 윗글의 주장으로 가장 적절한 것은?

① 복제본의 재현적 특질을 변형하는 방법은 제한적이다.
② 복제본도 원본과 다른 예술적 속성을 표현할 수 있다.
③ 복제본에서는 원본 고유의 예술적 속성을 느낄 수 없다.
④ 복제 기술의 발달로 복제본이 무분별하게 만들어지고 있다.

09 ㉠에 알맞은 접속어는?

① 그리고
② 그러나
③ 따라서
④ 그러므로

언어도 인간처럼 생로병사의 과정을 겪는다. 언어가 새로 생겨나기도 하고 ㉠ 사멸 위기에 처하기도 하는 것이다. … (중략) … 하와이어도 사멸 위기를 겪었다. 하와이어의 ㉡ 포식 언어는 영어였다. 1778년 당시 80만 명에 달했던 하와이 원주민은 외부로부터 유입된 감기, 홍역 등의 질병과 정치 문화적 박해로 1900년에는 4만 명까지 감소했다. 당연히 하와이어 사용자도 ㉢ 급감했다. 1898년에 하와이가 미국에 합병되면서부터 인구가 증가하였으나, 하와이어의 위상은 영어 공용어 교육 정책 시행으로 인하여 크게 위축되었다. 1978년부터 몰입식 공교육을 통한 하와이어 복원이 시도되고 있으나, 하와이어 모국어를 구사할 수 있는 원주민 수는 현재 1,000명 정도에 불과하다. … (중략) …

언어의 사멸은 급속하게 진행된다. 어떤 조사에 따르면 평균 2주에 1개 정도의 언어가 사멸하고 있다. 우비크, 쿠페뇨, 맹크스, 쿤월, 음바바람, 메로에, 컴브리아어 등이 사라진 언어이다. 이러한 상태라면 금세기 말까지 지구에 존재하는 언어 가운데 90%가 사라지게 될 것이라는 ㉣ 추산도 가능하다.

10 윗글에서 사용한 진술 방식에 대한 설명으로 적절하지 않은 것은?

① 단어의 뜻을 설명하고 있다.
② 통계 수치를 활용하고 있다.
③ 언어를 생명체에 비유하고 있다.
④ 구체적인 예를 들어 설명하고 있다.

11 ㉠~㉣의 단어 뜻을 잘못 설명한 것은?

① ㉠ 사멸: 죽어 없어짐
② ㉡ 포식: 배부르게 먹음
③ ㉢ 급감: 급작스럽게 줄어듦
④ ㉣ 추산: 짐작으로 미루어 셈함

12 다음 중 〈보기〉에 따라 ㉠~㉣에 들어갈 단어가 바르게 배열된 것은?

┤ 보기 ├

　　어휘의 의미는 몇 가지 의미 자질로 분석할 수 있다. 예컨대 '바지'의 의미는 [+옷], [−위]의 자질로 나눌 수 있다. 이에 반해 '저고리'의 의미 자질은 [+옷]이라는 점에서 '바지'와 같지만, [+위]라는 점에서 '바지'와 다르다.

구분	㉠	㉡	㉢	㉣
어른	+	−	+	−
남성	+	+	−	−

	㉠	㉡	㉢	㉣
①	아저씨	소년	아주머니	소녀
②	아저씨	아주머니	소녀	소년
③	아주머니	소년	아저씨	소녀
④	소년	소녀	아주머니	아저씨

13 ㉠~㉣에 대한 설명으로 적절하지 않은 것은?

진주(晉州) 장터 생어물전에는
바다 밑이 깔리는 ㉠ 해 다 진 어스름을.

울 엄매의 장사 끝에 남은 고기 몇 마리의
빛 발(發)하는 눈깔들이 속절없이
은전(銀錢)만큼 손 안 닿는 한(恨)이던가.
㉡ 울 엄매야 울 엄매,

별밭은 또 그리 멀리
우리 오누이의 머리 맞댄 골방 안 되어
㉢ 손 시리게 떨던가 손 시리게 떨던가.

진주(晉州) 남강(南江) 맑다 해도
오명 가명
신새벽이나 밤빛에 보는 것을,
울 엄매의 마음은 어떠했을꼬.
㉣ 달빛 받은 옹기전의 옹기들같이
말없이 글썽이고 반짝이던 것인가.

　　　　　　　　　　　　　　– 박재삼, 「추억에서」

① ㉠: 시간적 배경을 나타내며, 애상적인 분위기를 조성한다.
② ㉡: 중의적 표현으로, 우리 엄마 또는 울고 있는 엄마를 의미한다.
③ ㉢: 반복법을 사용하여 가난한 삶을 강조하고 있다.
④ ㉣: 어머니의 고달프고 한스러운 삶을 견디는 희망을 상징한다.

14 밑줄 친 ㉠에 해당하는 글자가 아닌 것은?

> 한글 중 초성자는 기본자, 가획자, 이체자로 구분된다. 기본자는 조음 기관의 모양을 상형한 글자이다. 가획자는 기본자에 획을 더한 것으로, 획을 더할 때마다 그 글자가 나타내는 소리의 세기가 세어진다는 특징이 있다. ㉠ 이체자는 획을 더한 것은 가획자와 같지만 가획을 해도 소리의 세기가 세어지지 않는다는 차이가 있다.

① ㄹ
② ㅎ
③ ㅿ
④ ㆁ

15 윗글에 대한 설명으로 가장 적절한 것은?

① 반어적 표현을 통해 현실을 비판하고 있다.
② 설의적 표현을 활용하여 주제를 강조하고 있다.
③ 대상에 감정을 이입하여 화자의 정서를 표출하고 있다.
④ 음성 상징어를 구사하여 화자의 상황을 구체화하고 있다.

16 위의 ㉠~㉣에 대한 설명으로 적절하지 않은 것은?

① ㉠ '은덕'을 '하눌'에 비유하여 은혜가 큼을 드러내고 있다.
② ㉡ '닷 무음'은 먹어서는 안 될 부정적인 마음을 의미한다.
③ ㉢ '올흔 일'은 사람으로서 지켜야 할 보편적 도리를 의미한다.
④ ㉣ '무쇼'는 비록 동물이지만 남에게 도움이 되는 존재를 의미한다.

[15~16] 다음 시조를 읽고 물음에 답하시오.

> [제1수]
> 아바님 날 나흐시고 어마님 날 기르시니
> 두 분(分) 곳 아니면 이 몸이 사라시랴
> ㉠ 하눌 굿튼 은덕(恩德)을 어듸 다혀 갑스올고
>
> [제2수]
> 형(兄)아 아으야 네 술을 문져 보아
> 뉘손듸 타낫관듸 양주조차 굿트슨다
> ㉡ 훈 졋 먹고 자라나시니 닷 무음을 먹지 마라
>
> [제8수]
> ㉢ 무을 사람들아 올흔 일 호쟈스라
> 사롬이 되야 나셔 올치옷 못호면은
> ㉣ 무쇼롤 갓 곳갈 씌워 밥 머기나 다르랴
>
> – 정철, 「훈민가」

17 다음 중 밑줄 친 부분이 주체가 제3의 대상에게 동작이나 행동을 하도록 시키는 표현인 것은?

① 철수가 옷을 입었다.
② 장난감이 그로부터 잊혔다.
③ 따스한 햇살이 고드름을 녹였다.
④ 내 책이 친구 책과 섞여서 찾느라 애를 썼다.

[18~19] 다음 글을 읽고 물음에 답하시오.

> 버스가 산모퉁이를 돌아갈 때 나는 '무진 Mujin 10km'라는 이정비를 보았다. 그것은 옛날과 똑같은 모습으로 길가의 잡초 속에서 튀어나와 있었다.
>
> 무진에 명산물이 없는 게 아니다. 나는 그것이 무엇인지 알고 있다. 그것은 안개다. 아침에 잠자리에서 일어나서 밖으로 나오면, 밤사이에 진주해온 ㉠ 적군들처럼 안개가 무진을 뼁 둘러싸고 있는 것이었다. 무진을 둘러싸고 있던 산들도 안개에 의하여 보이지 않는 먼 곳으로 유배 당해버리고 없었다. 안개는 마치 이승에 한(恨)이 있어서 매일 밤 찾아오는 여귀(女鬼)가 뿜어내놓은 ㉡ 입김과 같았다. 해가 떠오르고, 바람이 바다 쪽에서 방향을 바꾸어 불어오기 전에는 사람들의 힘으로써는 그것을 헤쳐버릴 수가 없었다. 손으로 잡을 수 없으면서도 그것은 뚜렷이 존재했고 사람들을 둘러쌌고 먼 곳에 있는 것으로부터 사람들을 떼어 놓았다. 안개, 무진의 안개, 무진의 아침에 사람들이 만나는 안개, 사람들로 하여금 해를, 바람을 간절히 부르게 하는 무진의 안개, 그것이 무진의 명산물이 아닐 수 있을까!
>
> 그들은 이제 점점 수군거림의 소용돌이 속으로 끌려들어 가고 있으리라. 자기 자신조차 잊어버리면서, 나중에 그 소용돌이 밖으로 내던져졌을 때 자기들이 느낄 공허감도 모른다는 듯이 그들은 수군거리고 수군거리고 또 수군거리고 있으리라.
>
> 무진에서는 누구나 그렇게 생각하는 것이다. 타인은 모두 속물들이라고. 나 역시 그렇게 생각하는 것이다. 타인이 하는 모든 행위는 무위(無爲)와 똑같은 무게밖에 가지고 있지 않은 장난이라고.
>
> — 김승옥, 「무진기행」

18 윗글에 대한 설명으로 적절하지 않은 것은?

① 작품 안에 있는 서술자가 이야기를 전개한다.

② '무진'은 몽환적이고 탈속적인 공간이다.

③ '안개'는 혼돈의 상태, 방황하는 내면의 세계를 의미한다.

④ ㉠은 '무진'에 사는 사람들을, ㉡은 '안개'를 의미한다.

19 '무진'에 살고 있는 사람들에 대한 설명으로 적절한 것은?

① 타인과 단절된 채 자기 세계에 갇혀 있다.

② 자연 속에서 자연과 하나가 되는 삶을 꿈꾼다.

③ 이웃과 많은 소통을 하며 서로 돕고 살아간다.

④ 눈에 보이지 않은 존재에 대한 공포심에 사로잡혀 있다.

20 〈보기〉의 ㉠~㉣ 중 명사절이 동일한 문장 성분으로 사용된 것끼리 묶인 것은?

| 보기 |

㉠ 농부들은 비가 오기를 기다린다.

㉡ 지금은 집에 가기에 이른 시간이다.

㉢ 그는 1년 후에 돌아오기로 결심했다.

㉣ 어린 아이들은 병원에 가기 싫어한다.

① ㉠, ㉡ / ㉢, ㉣

② ㉠, ㉢ / ㉡, ㉣

③ ㉠, ㉣ / ㉡, ㉢

④ ㉠ / ㉡, ㉢, ㉣

21 다음 중 ㉠~㉢의 예를 바르게 연결한 것은?

국어 단어는 그 형성 방식에 따라 크게 두 가지로 구성된다. 하나는 '바다, 겨우'처럼 단일한 요소가 곧 한 단어가 되는 경우이다. '바다, 겨우'와 같은 단어들은 더 이상나뉠 수 없는 단일한 구성을 보이는 예들로서 이들은㉠ 단일어라고 한다.

다른 하나는 다양한 요소들이 결합하여 한 단어가 되는경우이다. 이들은 단일어와 구별하여 복합어라고 한다. 복합어는 다시 두 가지 종류로 나뉜다. '샛노랗다, 잠'은 어휘 형태소인 '노랗다, 자-'에 각각 '샛-, -ㅁ'과 같은 접사가 덧붙어서 파생된 단어들이다. 이처럼 어휘 형태소에접사가 결합하여 형성된 단어들을 ㉡ 파생어라고 한다.'손목, 날짐승'과 같은 단어는 각각 '손-목, 날-짐승'으로분석된다. 이들은 각각 어근인 어휘 형태소끼리 결합하여한 단어가 된 경우로 이를 ㉢ 합성어라고 한다.

	㉠	㉡	㉢
①	구름	무덤	빛나다
②	지우개	헛웃음	덮밥
③	맑다	고무신	선생님
④	웃음	곁눈	시나브로

22 다음 중 '말'과 관련된 속담의 뜻풀이가 가장 적절한 것은?

① 말하는 남생이: 언변이 좋은 사람이 신용이 좋다는 말
② 말 많은 집은 장맛도 쓰다: 주변 사람들의 조언을잘 들으라는 말
③ 말로 온 동네 다 겪는다: 말로만 남을 대접하는 체한다는 말
④ 말은 보태고 떡은 뗀다: 아첨하는 사람을 조심하라는 말

23 ㉠과 관계있는 한자 성어로 적절한 것은?

㉠ 국화에게는 서리를 이겨내는 높은 절개가 있기 때문에 진(晉)나라 도잠(陶潛)이 이 꽃을 사랑한 것이다. 도잠이야말로 은일인(隱逸人)이다. 이 꽃을 가리켜, 주무숙(周茂叔)이 은일하다고 하였기 때문에 은일의 이름을 얻게된 것이지, 국화 자신은 실로 은일하지 않다. 왕궁, 귀인부호가로부터 여염의 천한 선비에 이르기까지 뜨락이나동산에 심어 사랑하지 않는 사람이 없다.

① 傲霜孤節
② 拈華微笑
③ 龍虎相搏
④ 孤掌難鳴

24 밑줄 친 단어의 의미가 나머지 셋과 다른 것은?

① 얼굴에 마스크를 쓰고 있었다.
② 수염을 깎는 데 전기면도기를 쓴다.
③ 나 정말 괜찮으니까 그 일에 신경 쓰지 마.
④ 회사에서는 그 자리에 경험자를 쓰기로 했다.

25 다음 글에서 확인할 수 없는 것은?

조세는 크게 직접세와 간접세로 나뉜다. 직접세는 조세 부담자와 납세자가 일치하는 세금으로 소득에 기준을 두어 부과하므로 다른 사람에게 조세 전가가 어렵다. 소득세, 상속세, 법인세 등이 여기에 속한다. 간접세는 조세 부담자와 납세자가 다르며, 주로 소비에 기준을 두고 세금을 징수하기 때문에 보통은 자신이 세금을 내고 있는지조차 모르는 경우가 많다. 부가 가치세, 특별 소비세, 주세, 전화세 등이 여기에 속한다.

현재 우리의 조세 제도를 살펴보면, 종합 과세를 근간으로 하는 조세의 기본 틀은 1970년대 전반에 만들어졌으며, 소비세의 핵심인 부가 가치세와 특별 소비세는 1977년에 처음 시행되었다. 또한 우리나라는 31개의 조세를 가지고 있다. 이들은 다시 15개의 국세와 16개의 지방세로 나뉜다. 이들 세목을 통하여 거두어들이는 조세 수입의 구성을 보면 대체로 국세가 8할을 차지하고 지방세는 2할 가량을 차지한다. 중앙 정부는 15개의 세목으로 전체 조세 수입의 8할을 거두는 반면, 지방 정부는 16개의 세목으로 2할 정도의 조세 수입을 거두는 셈이다.

조세의 징수는 정부의 서비스 제공에 일대일로 대응되지 않아도 되기 때문에 조세는 재정 수입 이외의 정책 목적을 위해 사용될 수 있다. 특히 조세 부담은 정부로부터 받는 혜택의 크기와 같아야 하는 것이 아니기 때문에 조세 부담 능력이 큰 사람에게는 무거운 부담을 지우고, 그렇지 못한 사람에게는 가벼운 부담을 지울 수 있다. 그렇다고 하여 정부가 재정 수입을 얻기 위해 아무렇게 세금을 거두거나, 재분배를 이유로 부자들에게 세금 폭탄을 퍼부어도 된다는 것은 아니다. 그것은 납세자들의 행동이 조세 부담을 줄이는 방향으로 변하고, 그 결과 조세가 납세자들 사이에서 공평하게 분배되지 않고, 이로 인해 자원 배분이 왜곡되기 때문이다. 예를 들면, 근로 소득을 무겁게 과세하면 소득보다는 여가가 상대적으로 더 싸지기 때문에 노동과 여가 사이의 선택이 달라지고, 근로자는 세금보다 더 큰 복지의 손실을 부담하게 된다.

① 조세 징수의 원리
② 조세의 종류와 특징
③ 우리나라 조세의 구성
④ 직업에 따른 조세 부담 비율

제2과목: 행정법

QR코드 접속을 통해 풀이시간 측정, 자동 채점
그리고 결과 분석까지!

01 행정법의 법원에 대한 설명으로 가장 옳지 않은 것은?

① 폐기물관리법령상 폐기물처리업 사업계획에 대한 적정통보를 한 것만으로도 그 사업부지 토지에 대한 국토이용계획변경신청을 승인하여 주겠다는 공적인 견해 표명을 한 것이므로 사업계획에 대한 적정통보에 반하는 국토이용계획변경신청 승인거부는 신뢰보호 원칙에 반한다.

② 국가가 국민의 생명·신체의 안전에 대한 보호의무를 다하지 않았는지 여부를 헌법재판소가 심사할 때에는 국가가 이를 보호하기 위하여 적어도 적절하고 효율적인 최소한의 보호조치를 취하였는가 여부를 기준으로 삼아 판단한다.

③ 평등원칙은 일체의 차별적 대우를 부정하는 절대적 평등을 의미하는 것이 아니라 입법과 법의 적용에 있어서 합리적인 근거가 없는 차별을 배제하는 상대적 평등을 뜻한다.

④ 법률의 개정이 있는 경우, 신법이 현재 진행 중인 사실관계에 적용되는 것은 원칙적으로 허용되지만 소급효를 요구하는 공익상의 사유와 신뢰보호의 요청 사이의 교량과정에서 신뢰보호의 관점이 입법자의 형성권에 제한을 가하게 된다.

02 「행정절차법」에 대한 설명으로 옳지 않은 것은? (다툼이 있는 경우 판례에 의함)

① 구 군인사법상 보직해임처분은 구 행정절차법 제3조 제2항 제9호, 같은 법 시행령 제2조 제3호에 의하여 당해 행정작용의 성질상 행정절차를 거치기 곤란하거나 불필요하다고 인정되는 사항 또는 행정절차에 준하는 절차를 거친 사항에 해당하므로, 처분의 근거와 이유 제시 등에 관한 구 행정절차법의 규정이 별도로 적용되지 아니한다.

② 군인사법령에 의하여 진급예정자명단에 포함된 자에 대하여 의견제출의 기회를 부여하지 아니한 채 진급선발을 취소하는 처분을 한 것이 절차상 하자가 있어 위법하다.

③ 건축법상 공사중지명령에 대한 사전통지를 하고 의견제출의 기회를 준다면 많은 액수의 손실보상금을 기대하여 공사를 강행할 우려가 있다는 사정은 사전통지 및 의견제출절차의 예외사유에 해당하지 아니한다.

④ 공정거래위원회의 시정조치 및 과징금납부명령에 행정절차법 소정의 의견청취절차 생략사유가 존재하는 경우에는 공정거래위원회가 행정절차법을 적용하여 의견청취절차를 생략할 수 있다.

03 다음 중 통고처분에 대한 설명으로 옳지 않은 것은?(다툼이 있는 경우 판례에 의함)

① 통고처분은 상대방의 임의의 승복을 그 발효요건으로 하는 것으로서 상대방의 재판받을 권리를 침해하는 행위로 논란의 여지가 있다.

② 「도로교통법」에 따른 경찰서장의 통고처분은 행정소송의 대상이 되는 행정처분이 아니다.

③ 통고처분에 대하여 이의가 있을 때에는 통고내용을 이행하지 않음으로써 고발되어 형사재판절차에서 통고처분의 위법·부당함을 다툴 수 있다.

④ 통고처분에 따른 범칙금을 납부한 후에 동일한 사건에 대하여 다시 형사처벌을 하는 것은 일사부재리의 원칙에 반한다.

04 다음 중 공증행위에 대한 설명으로 가장 옳지 않은 것은?(다툼이 있는 경우 판례에 의함)

① 행정청이 한 행위가 단지 사인 간 법률관계의 존부를 공적으로 증명하는 공증행위에 불과하여 그 효력을 둘러싼 분쟁의 해결이 사법원리에 맡겨져 있거나 행위의 근거 법률에서 행정소송 이외의 다른 절차에 의하여 불복할 것을 예정하고 있는 경우에는 항고소송의 대상이 될 수 없다.

② 지적법 규정은 토지소유자에게 지목변경신청권과 지목정정신청권을 부여한 것이고, 지목은 토지소유권을 제대로 행사하기 위한 전제요건으로서 토지소유자의 실체적 권리관계에 밀접하게 관련되어 있으므로 지적공부 소관청의 지목변경신청 반려행위는 국민의 권리관계에 영향을 미치는 것으로서 항고소송의 대상이 되는 행정처분에 해당한다.

③ 상표사용권 설정등록신청서가 제출된 경우 특허청장은 신청서와 그 첨부서류만을 자료로 형식적으로 심사하여 그 등록신청을 수리할 것인지의 여부를 결정하여야 되는 것으로서, 특허청장의 상표사용권 설정등록행위는 사인간의 법률관계의 존부를 공적으로 증명하는 준법률행위적 행정행위이다.

④ 친일반민족행위자 재산의 국가귀속에 관한 특별법 제2조 제2호에 정한 친일재산은 위원회가 국가귀속 결정을 하여야 비로소 국가의 소유로 되는 것이 아니라 특별법의 시행에 따라 그 취득·증여 등 원인행위시에 소급하여 당연히 국가의 소유로 되는 것이고, 위원회의 국가귀속결정은 당해 재산이 친일재산에 해당한다는 사실을 공적으로 증명하는 소위 공증행위에 속하는 준법률행위적 행정행위의 성격을 가지는 것이다.

05 「행정심판법」상 행정심판에 관한 설명으로 가장 옳지 않은 것은?

① 무효등확인심판에서는 사정재결이 허용되지 아니한다.

② 거부처분에 대한 취소심판이나 무효등확인심판청구에서 인용재결이 있었음에도 불구하고 피청구인인 행정청이 재결의 취지에 따른 처분을 하지 아니한 경우에는 당사자가 신청하면 행정심판위원회는 기간을 정하여 서면으로 시정을 명하고 그 기간에 이행하지 아니하면 직접처분을 할 수 있다.

③ 행정청이 처분을 할 때에 처분의 상대방에게 심판청구 기간을 알리지 아니한 경우에는 처분이 있었던 날부터 180일까지가 취소심판이나 의무이행심판의 청구기간이 된다.

④ 종로구청장의 처분이나 부작위에 대한 행정심판청구는 서울특별시 행정심판위원회에서 심리·재결하여야 한다.

06 다음 중 「개인정보보호법」에 대한 설명으로 옳지 않은 것은?(다툼이 있는 경우 판례에 의함)

① 개인정보처리자가 「개인정보보호법」을 위반한 행위로 손해를 입힌 경우 정보주체는 손해배상을 청구할 수 있는데, 이때 개인정보처리자가 고의·과실이 없음에 대한 입증책임을 진다.

② 개인정보란 살아 있는 개인에 관한 정보로서 성명, 주민등록번호 및 영상 등을 통해 개인을 알아볼 수 있는 정보이다.

③ 고유식별정보를 처리하려면 정보주체에게 정보의 수집·이용·제공 등에 필요한 사항을 알리고 다른 개인정보의 처리에 대한 동의와 함께 일괄적으로 동의를 받아야 한다.

④ 개인정보처리자가 개인정보가 유출되었음을 알게 되었을 때에는 개인정보보호위원회에 그 침해 사실을 신고할 수 있다.

07 국가배상에 대한 설명으로 옳지 않은 것은?(다툼이 있는 경우 판례에 의함)

① 국가공무원법 및 지방공무원법상 공무원뿐만 아니라 공무를 위탁받은 사인의 직무행위도 국가배상청구의 대상이 된다.

② 경찰공무원이 전투·훈련 등 직무집행과 관련하여 전사·순직하거나 공상을 입은 경우에 본인이나 그 유족이 다른 법령에 따라 재해보상금이나 유족연금 등의 보상을 지급받은 때에는 국가배상법 및 민법에 따른 손해배상을 청구할 수 없다.

③ 공무원들의 공무원증 발급 업무를 하는 공무원이 다른 공무원의 공무원증을 위조하는 행위는 「국가배상법」상의 직무집행에 해당하지 않는다.

④ 영업허가취소처분이 나중에 행정심판에 의하여 재량권을 일탈한 위법한 처분이 되었더라도 그 처분이 당시 시행되던 「공중위생법 시행규칙」에 정하여진 행정처분의 기준에 따른 것이라면 그 영업허가취소처분을 한 공무원에게 그와 같은 위법한 처분을 한 데 있어 어떤 직무집행상의 과실이 있다고 할 수 없다.

08 행정소송에 대한 설명으로 옳지 않은 것은?(다툼이 있는 경우 판례에 의함)

① 도시 및 주거환경정비법상 이전고시가 효력을 발생한 이후에도 조합원 등이 관리처분계획의 취소 또는 무효확인을 구할 법률상 이익이 있다.

② 가중처분의 요건이 법률에 규정되어 있는 경우에도 실제로 가중처분을 받을 위험성이 없는 경우에는 소의 이익이 없다.

③ 공익근무요원소집해제신청을 거부한 후에 원고가 계속하여 공익근무요원으로 복무함에 따라 복무기간 만료를 이유로 소집해제처분을 한 경우에는 거부처분의 취소를 구할 소의 이익이 없다.

④ 상등병에서 병장으로의 진급요건을 갖춘 자에 대하여 그 진급처분을 행하지 아니한 상태에서 예비역으로 편입하는 처분을 한 경우에는 진급처분부작위위법을 이유로 예비역편입처분취소를 구할 소의 이익이 없다.

09 다음 중 지방자치단체에 관한 설명으로 옳은 것은?(다툼이 있는 경우 판례에 의함)

① 지방자치단체의 장은 재의결된 사항이 법령에 위반된다고 인정되면 소관부처에 소(訴)를 제기할 수 있다.

② 지방자치단체장의 요구에 대하여 재의한 결과 재적의원 과반수의 출석과 출석의원 3분의 1 이상의 찬성으로 전과 같은 의결을 하면 그 의결사항은 확정된다.

③ 판례는 주민의 권리·의무에 관한 사항에 관하여 구체적으로 아무런 범위도 정하지 아니한 채 조례로 정하도록 포괄적으로 위임할 수 없고, 개별적·구체적으로 범위를 정하여서만 위임이 가능하다고 본다.

④ 자치사무나 단체사무에 대해서는 조례 제정이 가능하지만, 기관위임사무에 대해서는 법령에서 조례로 정하도록 위임한 경우에 한하여 그 사항에 관하여서만 조례 제정이 가능하다.

10 행정입법의 통제에 관한 다음 설명 중 가장 적절하지 않은 것은?(다툼이 있는 경우 판례에 의함)

① 행정절차법은 법령 등을 제정·개정 또는 폐지하려는 경우에 해당 입법안을 마련한 행정청이 예고하는 행정상 입법예고에 관한 규정을 두고 있다.

② 중앙행정심판위원회는 심판청구를 심리·재결할 때에 처분 또는 부작위의 근거가 되는 명령 등이 법령에 근거가 없거나 상위 법령에 위배되거나 국민에게 과도한 부담을 주는 등 크게 불합리하면 관계 행정기관에 그 명령 등의 개정·폐지 등 적절한 시정조치를 요청할 수 있다.

③ 일반적·추상적인 법령이나 규칙 등은 그 자체로서 국민의 구체적인 권리·의무에 직접적 변동을 초래하게 하지 않는 경우에도 취소소송의 대상이 될 수 있다.

④ 명령·규칙 또는 처분이 헌법이나 법률에 위반되는 여부가 재판의 전제가 된 경우에는 대법원은 이를 최종적으로 심사할 권한을 가진다.

11 〈보기〉에서 「병역법」에 관련한 설명으로 옳은 것을 모두 고르면?(다툼이 있는 경우 판례에 의함)

┤ 보기 ├
ㄱ. 현역입영대상자가 현역병입영통지처분에 따라 현실적으로 입영을 한 후에는 처분의 집행이 종료되었고 입영으로 처분의 목적이 달성되어 실효되었으므로 입영통지처분을 다툴 법률상 이익이 인정되지 않는다.
ㄴ. 현역입영대상자인 피고인이 정당한 사유 없이 병역의무부과통지서인 현역입영통지서의 수령을 거부하고 입영기일부터 3일이 경과하여도 입영하지 않은 경우 통지서수령거부에 대한 처벌만 인정될 뿐 입영의 기피에 대한 처벌은 인정되지 않는다.
ㄷ. 병역의무부과통지서인 현역입영통지서는 그 병역의무자에게 이를 송달함이 원칙이고, 이러한 송달은 병역의무자의 현실적인 수령행위를 전제로 하고 있다고 보아야 하므로, 병역의무자가 현역입영통지의 내용을 이미 알고 있는 경우에는 현역입영통지서의 송달은 필요하지 않다.
ㄹ. 「병역법」상 보충역편입처분과 공익근무요원소집 처분이 각각 단계적으로 별개의 법률효과를 발생하는 독립된 행정처분이라고 할 것이므로, 불가쟁력이 생긴 보충역 편입처분의 위법을 이유로 공익근무요원소집처분의 효력을 다툴 수 없다.

① ㄱ, ㄴ
② ㄴ, ㄷ
③ ㄱ, ㄷ
④ ㄴ, ㄹ

12 행정소송의 판결의 효력에 관한 설명으로 가장 옳지 않은 것은?

① 처분 등을 취소하는 확정판결은 그 사건에 관하여 당사자인 행정청과 그 밖의 관계행정청을 기속한다.
② 판례는 판결이 난 이후에 판결 전과 같은 사유로 행정청이 동일한 처분을 하는 것은 그 하자가 명백하고 중대한 경우에 해당되어 당연무효라고 본다.
③ 원고의 청구가 이유 있다고 인정하는 경우에도 처분 등을 취소하는 것이 현저히 공공복리에 적합하지 아니하다고 인정하는 때에는 법원은 원고의 청구를 기각할 수 있다.
④ 취소판결의 기속력은 판결의 주문에 한하여 미치지만 기판력은 판결의 주문과 이유 중의 요건사실에 대해서까지 미친다.

13 〈보기〉 중 공정력이 인정될 수 있는 행위는 몇 개인가?

┤ 보기 ├
㉠ 사인의 공법행위
㉡ 선량한 풍속 기타 사회질서에 위반된 행위
㉢ 공법상 계약
㉣ 행정지도
㉤ 적법한 건축물에 대한 철거명령
㉥ 법규명령

① 1개
② 2개
③ 3개
④ 4개

14 다음 중 「공익사업을 위한 토지 등의 취득 및 보상에 관한 법률」에 대한 설명으로 옳은 것은?(다툼이 있는 경우 판례에 의함)

① 법률이 사업시행자에게 이주대책의 수립·실시 의무를 부과하였다면 이로부터 사업시행자가 수립한 이주대책상의 택지분양권 등의 구체적 권리가 이주자에게 직접 발생한다.

② 토지 등의 협의취득시 건물소유자가 협의취득 대상 건물에 대한 철거의무를 부담하겠다는 취지의 약정을 하였음에도 이러한 철거의무를 불이행한 경우 행정대집행을 할 수 있다.

③ 이주자들에게 종전의 생활상태를 회복시키기 위한 생활보상의 일환으로서의 이주대책 실시 여부는 입법자의 입법정책적 재량의 영역에 속한다.

④ 「하천법」 제50조에 의한 하천수 사용권은 「공익사업을 위한 토지 등의 취득 및 보상에 관한 법률」 제76조 제1항에서 손실보상의 대상으로 규정하고 있는 '물의 사용에 관한 권리'에 해당한다.

15 행정심판에 관한 설명으로 옳지 않은 것은?(다툼이 있는 경우 판례에 의함)

① 행정심판의 재결에 대해서는 원칙적으로 다시 행정심판을 제기할 수 없다.

② 당사자의 신청에 대한 행정청의 부당한 거부처분을 취소하는 행정심판은 현행법상 허용되지 않는다.

③ 감사원법에 의한 심사청구절차는 행정심판에 해당하지 않는다.

④ 행정청의 부당한 처분을 변경하는 행정심판은 현행법상 허용된다.

16 다음 중 사인의 공법행위에 대한 설명으로 옳은 것은?(다툼이 있는 경우 판례에 의함)

① 「건축법」상 건축신고는 자기완결적 신고이므로 그 신고에 대한 행정청의 반려행위는 항고소송의 대상이 되는 행정처분에 해당하지 않는다.

② 공무원이 강박에 의하여 사직서를 제출한 경우, 사직의 의사표시는 그 강박의 정도에 따라 무효 또는 취소사유가 되며, 그 정도가 의사결정의 자유를 박탈할 정도에 이른 것이라면 사직의 의사표시는 무효가 될 것이다.

③ 행정청은 허가의 요건을 갖추지 못한 신청서가 제출된 경우 이를 즉시 반려해야 한다.

④ 사인의 공법행위도 행정행위와 마찬가지로 공정력, 집행력 등이 인정된다.

17 행정소송에 대한 설명으로 옳지 않은 것은?(다툼이 있는 경우 판례에 의함)

① 처분변경으로 인한 소의 변경 신청은 처분의 변경이 있음을 안 날로부터 30일 이내에 하여야 한다.

② 소변경허가가 있으면 신소는 구소를 처음 제기한 때에 제기된 것으로 보며 변경된 구소는 취하된 것으로 본다.

③ 소의 변경으로 피고를 달리하게 될 때에는 법원은 새로이 피고로 될 자의 의견을 들어야 한다.

④ 법원은 취소소송을 당해 처분 등에 관계되는 사무가 귀속하는 국가 또는 공공단체에 대한 당사자소송 또는 취소소송 외의 항고소송으로 변경하는 것이 상당하다고 인정할 때에는 청구의 기초에 변경이 없는 한 사실심 변론종결시까지 원고의 신청에 의하여 결정으로써 소의 변경을 허가할 수 있다.

18 「국가배상법」 제5조에 따른 배상책임에 대한 설명으로 옳지 않은 것은?(다툼이 있는 경우 판례에 의함)

① 공공의 영조물이란 국가 또는 지방자치단체에 의하여 특정 공공의 목적에 공여된 유체물 내지 물적 설비를 말한다.

② 학생이 담배를 피우기 위하여 3층 건물의 화장실 밖의 난간을 지나다가 실족하여 사망한 경우, 학교 시설의 설치·관리상의 하자는 인정되지 않는다.

③ 국가배상법 제5조 소정의 공공의 영조물이란 공유나 사유임을 불문하고 행정주체에 의하여 특정 공공의 목적에 공여된 유체물 또는 물적 설비를 의미하므로 만약 사고지점 도로가 군민의 통행에 제공되었다면 도로 관리청에 의하여 노선인정 기타 공용개시가 없었더라도 이를 영조물이라 할 수 있다.

④ 예산부족 등 설치·관리자의 재정사정은 배상책임 판단에 있어 참작사유는 될 수 있으나, 안전성을 결정지을 절대적 요건은 아니다.

19 취소소송의 제소기간에 대한 설명으로 옳은 것(○)과 옳지 않은 것(×)을 바르게 연결한 것은?(다툼이 있는 경우 판례에 의함)

> ㄱ. 행정청이 행정심판청구를 할 수 있다고 잘못 알려 행정심판을 청구한 경우에는 재결서 정본을 송달받은 날이 아닌 처분이 있음을 안 날로부터 제소기간이 기산된다.
>
> ㄴ. 행정심판을 청구하였으나 심판청구기간을 도과하여 각하된 후 제기하는 취소소송은 재결서를 송달받은 날부터 90일 이내에 제기하면 된다.
>
> ㄷ. '처분이 있음을 안 날'은 처분이 있었다는 사실을 현실적으로 안 날을 의미하므로, 처분서를 송달받기 전 정보공개청구를 통하여 처분을 하는 내용의 일체의 서류를 교부받았다면 그 서류를 교부받은 날부터 제소기간이 기산된다.
>
> ㄹ. 동일한 처분에 대하여 무효확인의 소를 제기하였다가 그 처분의 취소를 구하는 소를 추가적으로 병합한 경우, 주된 청구인 무효확인의 소가 적법한 제소기간 내에 제기되었다면 추가로 병합된 취소청구의 소도 적법하게 제기된 것으로 볼 수 있다.

	ㄱ	ㄴ	ㄷ	ㄹ
①	×	×	○	×
②	○	○	×	○
③	○	×	○	×
④	×	×	×	○

20 「지방자치법」상 행정사무감사에 대한 설명으로 가장 옳지 않은 것은?

① 지방의회는 매년 1회 그 지방자치단체의 사무에 대하여 시·도에서는 20일의 범위에서, 시·군 및 자치구에서는 10일의 범위에서 감사를 실시한다.

② 지방자치단체 및 그 장이 위임받아 처리하는 국가사무와 시·도의 사무에 대하여 국회와 시·도의회가 직접 감사하기로 한 사무 외에는 그 감사를 각각 해당 시·도의회와 시·군 및 자치구의회가 할 수 있다.

③ 감사 출석요구를 받은 증인이 정당한 사유 없이 출석하지 아니하거나 선서 또는 증언을 거부한 경우에는 500만원 이하의 과태료를 부과할 수 있다.

④ 지방의회의 감사 결과 시정을 요구받은 지방자치단체나 기관은 해당 요구사항을 지체 없이 처리하고 그 결과를 지방의회에 보고하여야 한다.

21 공법상 부당이득에 대한 설명으로 옳지 않은 것은?(다툼이 있는 경우 판례에 의함)

① 공법상 부당이득반환에 대한 청구권의 행사는 개별적인 사안에 따라 행정주체도 주장할 수 있다.

② 지방재정법에 의한 변상금부과처분이 당연무효인 경우에 이 변상금부과처분에 의하여 납부자가 납부하거나 징수당한 오납금은 지방자치단체가 취득한 부당이득이다.

③ 개발부담금 부과처분이 취소된 이상 그 후의 부당이득으로서의 과오납금반환에 관한 법률관계는 단순한 민사관계에 불과한 것이 아니므로, 행정소송절차에 따라 반환청구를 하여야 한다.

④ 잘못 지급된 보상금에 해당하는 금액의 징수처분을 해야 할 공익상 필요가 당사자가 입게 될 불이익을 정당화할 만큼 강한 경우, 보상금을 받은 당사자로부터 오지급금액의 환수처분이 가능하다.

22 다음 중 행정대집행에 관한 설명으로 옳은 것은? (다툼이 있는 경우 판례에 의함)

① 행정청이 행정대집행의 방법으로 건물의 철거 등 대체적 작위의무의 이행을 실현할 수 있더라도 따 민사소송의 방법으로 그 의무의 이행을 구할 수 있다.

② 계고서라는 명칭의 1장의 문서로서 일정 기간 내에 위법건축물의 자진철거를 명함과 동시에 그 소정 기한 내에 자진철거를 하지 않을 때에는 대집행할 뜻을 미리 계고한 경우라도 「건축법」에 의한 철거명령과 「행정대집행법」에 의한 계고처분은 독립하여 있는 것으로서 각 그 요건이 충족되었다고 볼 것이다.

③ 법령에 규정된 절대적 금지나 허가를 유보한 상대적 금지를 위반한 경우 비록 당해 법령에서 그 위반자에 대하여 위반으로 생긴 유형적 결과의 시정을 명하는 행정처분의 권한을 인정하는 규정을 두고 있지 않더라도 위 금지규정을 위반한 결과를 시정하기 위하여 행정대집행을 할 수 있다.

④ 행정청이 건물의 소유자에게 위법건축물을 일정 기간까지 철거할 것을 명함과 아울러 불이행할 때에는 대집행한다는 내용의 철거대집행 계고처분을 고지한 후 건물의 소유자가 이에 불응하자, 다시 제2차 계고서를 발송하여 일정 기간까지 자진철거를 촉구하고 불이행하면 대집행을 한다는 뜻을 고지하였다면, 제2차 계고처분은 행정처분으로 인정된다.

23 행정계획에 대한 설명으로 옳은 것을 〈보기〉에서 모두 고르면?(다툼이 있는 경우 판례에 의함)

┤ 보기 ├
ㄱ. 장래 일정한 기간 내에 관계법령이 규정하는 시설 등을 갖추어 일정한 행정처분을 구하는 신청을 할 수 있는 법률상 지위에 있는 자의 국토이용계획변경신청을 거부하는 것이 실질적으로 당해 행정처분 자체를 거부하는 결과가 되는 경우에는 그 신청인에게 국토이용계획을 신청할 권리가 인정된다고 보아야 하므로, 이러한 신청에 대한 거부행위는 행정처분에 해당한다.
ㄴ. 구 「도시계획법」상 행정청이 정당하게 도시계획결정의 처분을 하였다고 하더라도 이를 관보에 게재하여 고시하지 아니한 이상 대외적으로는 아무런 효력이 발생하지 않는다.
ㄷ. 인허가의제에서 계획확정기관이 의제되는 인허가의 실체적 및 절차적 요건에 기속되는지 여부가 문제되는데, 인허가의 실체적 요건 및 절차적 요건 모두에 기속된다고 보는 것이 일반적이다.
ㄹ. 도시관리계획결정·고시와 그 도면에 특정 토지가 도시관리계획에 포함되지 않음이 명백한데도 도시관리계획을 집행하기 위한 후속 계획이나 처분에서 그 토지가 도시관리계획에 포함된 것처럼 표시되어 있는 경우, 이는 원칙적으로 취소사유에 해당한다.

① ㄱ, ㄴ
② ㄱ, ㄹ
③ ㄴ, ㄷ
④ ㄱ, ㄴ, ㄷ

24 재량권의 일탈·남용에 대한 설명으로 틀린 것은?(다툼이 있는 경우 판례에 의함)

① 재량행위에 대한 사법심사의 경우 법원은 행정청의 재량에 기한 공익 판단의 여지를 감안하여 독자의 결론을 도출함이 없이 당해 행위에 재량권의 일탈·남용이 있는지 여부만을 심사한다.
② 주유소의 관리인이 부정휘발유를 구입·판매한 것을 이유로 위험물취급소 설치허가를 취소한 행정처분은 재량권의 범위를 일탈한 것이다.
③ 지방식품의약품안전청장이 수입 녹용 중 전지 3대를 절단부위로부터 5cm까지의 부분을 절단하여 측정한 회분 함량이 기준치를 0.5% 초과하였다는 이유로 수입 녹용 전부에 대하여 전량 폐기 또는 반송 처리를 지시한 경우 재량권을 일탈·남용한 경우에 해당된다.
④ 교통법규 위반 운전자로부터 1만 원을 받은 경찰공무원을 해임처분한 것은 징계재량권의 일탈·남용이 아니다.

25 「행정조사기본법」상의 행정조사에 대한 설명으로 옳지 않은 것은?

① 행정조사는 법령 등의 위반에 대한 처벌보다는 법령 등을 준수하도록 유도하는 데 중점을 두어야 한다.
② 자발적인 협조에 따른 행정조사에 대하여 조사대상자가 조사에 응할 것인지에 대한 응답을 하지 아니하는 경우에는 법령 등에 특별한 규정이 없는 한 그 조사를 거부한 것으로 본다.
③ 원칙적으로 행정조사를 실시하고자 하는 행정기관의 장은 출석요구서, 보고요구서·자료제출요구서 및 현장출입조사서를 조사개시 7일 전까지 조사대상자에게 서면으로 통지하여야 한다.
④ 행정기관의 장은 조사대상자가 자율신고제도에 따라 신고한 내용이 거짓의 신고라고 인정할 만한 근거가 있거나 신고내용을 신뢰할 수 없는 경우를 제외하고는 그 신고내용을 행정조사에 갈음하여야 한다.

QR코드 접속을 통해 풀이시간 측정, 자동 채점
그리고 결과 분석까지!

01 다음 중 회계상 거래로 옳지 않은 것은?

① 상품을 구입하고 구입대금 500,000원을 현금지급
하였다.

② 월급 900,000원으로 사원을 채용하였다.

③ 상품을 외상으로 판매하였다.

④ 폭우로 인해 건물이 파손되었다.

02 다음 중 거래 발생부터 재무제표 공시까지의 과
정을 바르게 나열한 것은?

① 분개 → 전기 → 시산표 → 정산표 → 장부 마감 →
재무제표 공시

② 전기 → 분개 → 시산표 → 정산표 → 장부 마감 →
재무제표 공시

③ 분개 → 시산표 → 전기 → 정산표 → 장부 마감 →
재무제표 공시

④ 시산표 → 분개 → 전기 → 정산표 → 장부 마감 →
재무제표 공시

03 최고경영자층의 의사결정을 지원하기 위한 목적
으로 개발된 경영정보시스템의 명칭으로 옳은 것은?

① ERP

② EDI

③ POS

④ EIS

04 다음 중 해크먼(Hackman)과 올드햄(Oldham)의
직무특성이론에 대한 설명으로 옳지 않은 것은?

① 직무설계 시 작업자의 성장욕구를 고려해야 한다.

② 직무성과를 내는 데 있어서 작업자의 심리상태가
중요한 요소라는 점을 강조하고 있다.

③ 과업중요성이란 과업이 조직 내·외부에 있는 다른
사람의 작업이나 생활에 미치는 영향의 정도를 의
미한다.

④ 과업정체성이란 직무수행 방법과 직무수행에 필요
한 능력이 일치하는 정도를 의미한다.

05 다음 중 포터의 가치사슬모형의 본원적 활동으로
옳지 않은 것은?

① 기계, 설비, 사무장비, 건물 등의 자산과 원재료,
소모품 등의 요소를 구입하는 활동

② 투입요소를 최종제품 형태로 만드는 활동

③ 제품을 구매자에게 유통시키기 위한 수집, 저장, 물
적 유통과 관련된 활동

④ 구매자가 제품을 구입할 수 있도록 유도하는 활동

06 다음 중 허츠버그(F. Herzberg)의 2요인이론에서
동기요인으로 옳은 것은?

> ㄱ. 상사와의 관계
> ㄴ. 성취
> ㄷ. 회사 정책 및 관리 방침
> ㄹ. 작업 조건
> ㅁ. 인정

① ㄱ, ㄴ

② ㄱ, ㅁ

③ ㄴ, ㄷ

④ ㄴ, ㅁ

07 미국에서 유래한 경영혁신기법으로 기존의 프로세스를 처음부터 다시 생각하고, 최신의 기술과 지식을 바탕으로 프로세스를 재설계하는 방법은?

① TQM(Total Quality Management)
② BPR(Business Process Reengineering)
③ BM(Benchmarking)
④ ERP(Enterprise Resource Planning)

08 고과자가 피고과자를 평가함에 있어 쉽게 기억할 수 있는 최근 업적이나 능력을 중심으로 평가하려는 데서 나타나는 오류는?

① 시간적 오류(Recency Errors)
② 논리적 오류(Logical Errors)
③ 후광효과(Halo Effect)
④ 주관의 객관화(Projection)

09 증권시장선과 자본시장선에 대한 설명으로 옳지 않은 것은?

① 증권시장선은 체계적 위험과 보상과의 관계를 나타내며, 보상은 체계적 위험이 커짐에 따라 작아진다.
② 자본시장선은 효율적 포트폴리오뿐 아니라 비효율적 포트폴리오의 위험과 기대수익률 간의 관계도 설명할 수 있다.
③ 효율적 포트폴리오는 증권시장선과 자본시장선 모두에 적용된다.
④ 증권시장선과 자본시장선은 위험을 총위험으로 정의한다.

10 다음 중 커뮤니케이션 전략의 종류가 다른 하나는?

① 충동구매가 잦은 제품의 경우에 적합한 전략이다.
② 브랜드 선택이 점포 안에서 이루어지는 경우에 적합한 전략이다.
③ 소비자들의 브랜드 애호도가 높은 상품에 적합한 전략이다.
④ 제조업자가 소비자를 향해 제품을 '밀어낸다'는 의미의 전략이다.

11 제품수명주기와 관련된 설명 중 옳지 않은 것은?

① 도입기에는 판매량이 적으므로 제품의 기본수요를 자극하는 전략이 필요하다.
② 성숙기에는 격심한 경쟁이 나타나며 매출액이 급락한다.
③ 성장기에는 신경쟁자가 출현하며 실질적인 수익이 발생하기 시작한다.
④ 제품수명주기는 마케팅 활동에 따른 종속변수의 성격을 갖는다.

12 다음 중 각 집단의 분산을 분석하지만 실제로는 각 집단의 평균이 동일하다는 가설을 검정하는 것은?

① 요인분석
② 군집분석
③ 분산분석
④ 컨조인트분석

13 A회사는 모니터를 생산·판매하고 있다. 모니터 판매가격은 대당 30만 원, 변동비는 대당 6만 원이며, 총고정비는 7억 2천만 원, 유동자산은 3억 원, 고정자산은 40억 5천만 원이라고 한다. A회사의 손익분기점 매출량은 몇 대인가?

① 2,000대
② 3,000대
③ 4,000대
④ 5,000대

14 다음 중 마케팅 조사에서 표본선정에 대한 설명으로 옳지 않은 것은?

① 표본추출 과정은 '모집단의 설정 → 표본프레임의 결정 → 표본추출 방법의 결정 → 표본크기의 결정 → 표본추출'의 순서로 이루어진다.
② 표본의 크기가 커질수록 조사비용과 조사시간이 증가하고, 표본오류 또한 증가한다.
③ 비표본오류에는 조사현장의 오류, 자료기록 및 처리의 오류, 불포함 오류, 무응답 오류가 있다.
④ 층화표본추출은 확률표본추출이며, 모집단을 서로 상이한 소집단들로 나누고 이들 각 소집단들로부터 표본을 무작위로 추출하는 방법이다.

15 다음 중 전사적 품질경영(TQM)에 대한 설명으로 옳지 않은 것은?

① TQM의 궁극적인 목표는 고객 만족도 향상이다.
② TQM은 프로세스의 지속적 개선을 강조한다.
③ TQM은 전문화가 높은 개인 단위의 과업을 위주로 진행된다.
④ TQM에는 기업의 모든 구성원들이 참여한다.

16 경영자는 소유경영자와 전문경영자로 구분할 수 있다. 전문경영자의 장단점에 대한 설명으로 옳지 않은 것은?

① 상대적으로 강력한 리더십을 발휘할 수 있는 장점이 있다.
② 소유와 경영의 분리로 계속기업(Going Concern)이 가능한 장점이 있다.
③ 주주의 이해관계보다는 자신의 이해관계를 중시하는 단점이 있다.
④ 재직기간 동안의 단기적인 이익발생에 집착하는 단점이 있다.

17 다음 중 종업원의 생활안정을 위해 가장 바람직한 임금 형태로 옳은 것은?

① 판매가격 순응임금제
② 생계비 순응임금제
③ 이익 순응임금제
④ 소비자 물가지수 순응임금제

18 다음 중 목표설정이론 및 목표관리(MBO)에 대한 설명으로 옳지 않은 것은?

① 목표설정이론에 따르면, 목표는 구체적이고 어렵게 설정하는 것이 바람직하다.
② 목표설정이론에 따르면, 목표는 지시적 목표·자기 설정 목표·참여적 목표로 구분된다.
③ 목표관리를 도입하면 목표를 설정하는 과정에 부하 직원이 함께 참여한다.
④ 목표관리 도입 후 성과는 경영진이 평가하여 부하 직원 개개인에게 통보한다.

19 인사고과에 대한 설명으로 옳지 않은 것은?

① 강제할당법은 피고과자의 수가 적을 때 타당성이 있다.

② 서열법은 동일한 직무에 대해서만 적용이 가능하다.

③ 평정척도법은 가장 오래되고 널리 사용되는 기법이다.

④ 자기고과법은 피고과자의 능력과 희망을 토대로 평가가 이루어진다.

20 다음 중 인적자원관리 과정에서 개발 활동과 가장 관련이 높은 평가항목으로 옳은 것은?

① 얼마나 많은 인재가 우리 기업에 지원했으며 투입된 비용은 어느 정도인가?

② 임금결정과정에 대해 종업원이 공정하다고 받아들이는가?

③ 기업이 실시한 교육훈련의 효과가 어느 정도 나타났는가?

④ 이직방지 프로그램을 위해 투입한 비용과 성과가 만족할 만한 수준인가?

21 레드오션과 블루오션을 비교한 내용으로 옳지 않은 것은?

① 레드오션은 경쟁시장을 의미하고 블루오션은 무경쟁시장을 의미한다.

② 마이클 포터(M. Porter)가 제시한 본원적 경쟁 전략들은 모두 레드오션 전략이다.

③ 블루오션 전략은 틈새시장을 확보하려는 전략이다.

④ 블루오션 전략은 가치와 비용을 동시에 추구하지만, 레드오션 전략은 가치와 비용 중 하나를 택일한다.

22 마케팅 조사를 위한 표본추출 방법 중에서 할당 표본추출 방법에 대한 설명으로 옳은 것은?

① 확률표본추출 방법 중의 하나이다.

② 모집단의 특성을 반영하도록 통제 특성별로 미리 정해진 비율만큼 표본을 추출하는 방법이다.

③ 모집단을 어떤 기준에 따라 상이한 소집단으로 나누고 각 소집단으로부터 표본을 무작위로 추출하는 방법이다.

④ 모집단을 동질적인 여러 소집단으로 나눈 후 특정 소집단을 표본으로 추출하고 선택된 소집단 전체를 조사대상으로 삼아 조사하는 방법이다.

23 기업가치평가에서 DCF(Discounted Cash Flow) 접근법에 대한 설명으로 옳지 않은 것은?

① 해당 현금흐름이 갖고 있는 위험 수준을 반영한다.

② 미래보다는 과거 실적을 평가하는 데 유용하다.

③ 전체 기업가치를 평가하는 데 활용될 수 있다.

④ 기업의 장기적인 현금창출 능력을 의미한다.

24 다음 중 BCG 매트릭스에 관한 설명으로 옳은 것은?

① 횡축은 시장성장률, 종축은 상대적 시장점유율이다.

② 물음표 영역은 시장성장률이 높고, 상대적 시장점유율은 낮아 계속적인 투자가 필요하다.

③ 별 영역은 시장성장률이 낮고, 상대적 시장점유율은 높아 현상유지를 해야 한다.

④ 캐시카우 영역은 현금창출이 많지만, 상대적 시장점유율이 낮아 많은 투자가 필요하다.

25 다음의 특성을 가지고 있는 집단의사결정기법은?

> 첫째, 문제가 제시되고 참가자들 간의 대화는 차단된다.
> 둘째, 각 참가자들은 자기의 생각과 해결안을 가능한 한 많이 기록한다.
> 셋째, 참가자들은 돌아가면서 자신의 해결안을 집단을 대상으로 설명하며 사회자는 칠판에 그 내용을 정리한다.
> 넷째, 참가자들이 발표한 내용에 대해 보충설명 등이 추가된다.
> 다섯째, 발표가 끝나면 제시된 의견들의 우선순위를 묻는 비밀투표를 실시하여 최종적으로 해결안을 선택한다.

① 팀빌딩기법
② 브레인스토밍
③ 델파이기법
④ 명목집단기법

군무원 군수직 FINAL 실전 봉투모의고사
제3회 모의고사

군수 9급

제1과목	국어	제2과목	행정법
제3과목	경영학	제4과목	

응시번호		성 명	

〈 안내 사항 〉

1. 답안지의 모든 기재 및 표기사항은 반드시 『컴퓨터용 흑색사인펜』으로만 작성하여야 합니다.
   (사인펜에 "컴퓨터용"으로 표시되어 있음) (사인펜 본인 지참)
   * 매년 지정된 펜을 사용하지 않아 답안지가 무효처리 되는 상황이 빈발하고 있으므로, 답안지
   는 반드시 『컴퓨터용 흑색사인펜』으로만 표기하시기 바랍니다.

2. 답안은 매 문항마다 반드시 하나의 답만 골라 그 숫자에 "●"로 표기해야 하며, 표기한 내용은 수정
   테이프를 이용하여 정정할 수 있습니다. 단, 시험시행본부에서 수정테이프를 제공하지 않습니다.
   (표기한 부분을 긁는 경우 오답처리 될 수 있으며, 수정스티커 또는 수정액은 사용 불가)
   * 답안지는 훼손·오염되거나 구겨지지 않도록 주의해야 하며, 특히 답안지 상단의 타이밍마크
   (ⅠⅠⅠⅠⅠ)를 절대로 훼손해서는 안 됩니다.

3. 필기시험 문제 관련 의견제시 기간 : 시험 당일을 포함한 5일간
   * 국방부 군무원채용관리홈페이지(http://recruit.mnd.go.kr) - 시험안내 - 시험묻고답하기

제3회 모의고사

제1과목: 국어

QR코드 접속을 통해 풀이시간 측정, 자동 채점
그리고 결과 분석까지!

01 밑줄 친 단어 중 어법에 맞는 것은?

① 조명이 너무 <u>뻘개서</u> 무서운 느낌이 든다.
② 내로라하는 과학자들이 한곳에 모였다.
③ 옥상 출입문을 자물쇠로 잘 <u>잠궈야</u> 한다.
④ 여러분 가정에 행운이 가득하기를 기원하는 것으로
치사를 <u>가름합니다.</u>

02 ㉠~㉢의 사례로 옳은 것만을 짝 지은 것은?

> 용언의 불규칙 활용은 크게 ㉠ <u>어간만 불규칙하게 바뀌
> 는 부류,</u> ㉡ <u>어미만 불규칙하게 바뀌는 부류,</u> ㉢ <u>어간과
> 어미 둘 다 불규칙하게 바뀌는 부류</u>로 나눌 수 있다.

	㉠	㉡	㉢
①	물을 <u>붓다.</u>	물건을 <u>팔다.</u>	값을 <u>치르다.</u>
②	날씨가 <u>덥다.</u>	목적지에 <u>이르다.</u>	벽이 <u>까맣다.</u>
③	일손이 <u>바쁘다.</u>	밥을 <u>푸다.</u>	발을 <u>담그다.</u>
④	하늘을 <u>날다.</u>	은행잎이 <u>노랗다.</u>	친구를 <u>부르다.</u>

03 다음 문장의 문법 단위 분석으로 적절하지 않은 것은?

> 집 앞으로 맑은 물이 흐른다.

① 음절 – 11개
② 어절 – 5개
③ 단어 – 7개
④ 형태소 – 9개

04 ㉠~㉢을 국어의 로마자 표기법에 따라 표기한
것으로 가장 적절한 것은?

㉠ 남산	㉡ 월곶
㉢ 학여울	㉣ 속리산

① ㉠: Nam-san
② ㉡: Wolgod
③ ㉢: Hangnyeoul
④ ㉣: Sokrisan

05 다음 중 밑줄 친 관용 표현의 쓰임이 적절하지 않
은 것은?

① 버스 안은 <u>발 디딜 틈이 없이</u> 복잡했다.
② 갑작스러운 태풍으로 손님들이 <u>발이 묶였다.</u>
③ 폭력단에 한번 들어서면 <u>발을 빼기</u> 어렵다고 한다.
④ 늦은 밤이 되어도 아이가 돌아오지 않자 어머니는
동동 <u>발을 끊었다.</u>

06 다음 중 글에 나타난 표기의 특징을 잘못 설명한 것은?

> 나·랏:말ᄊ·미 中듕國·귁·에 달·아 文문字·ᄍ·
> 와·로 서르 ᄉ ᄆᆺ·디 아·니 ᄒᆞᆯ·씨 이런 젼·ᄎ·로 어·린
> 百·ᄇᆡᆨ 姓·셩·이 니·르·고·져·ᄒᆞᇙ·배 이·셔·도 ᄆᆞ·ᄎᆞᆷ:내
> 제·ᄠ·들 시·러 펴·디:몯 ᄒᆞᇙ·노·미 하·니·라 내·이·룰
> 爲·윙·ᄒᆞ·야:어 엿·비 너·겨·새·로·스·믈 여 듧 字·ᄍ·
> 롤 ᇰ·ᄀᆞ 노·니 :사 롬·마·다:히·ᅇᅧ:수·ᄫᅵ 니·겨·날·
> 로·ᄡᅮ·메 便뼌 安ᅙᅡᆫ·킈 ᄒᆞ·고·져 ᄒᆞᇙ ᄯ ᄅᆞ·미니·라.
>
> – 「훈민정음 언해」

① 이어 적기를 하였다.
② 성조 표시를 하였다.
③ 어두 자음군이 사용되었다.
④ 주격 조사 '가'가 사용되었다.

07 다음 중 ㉠~㉣에 해당하는 한자어로 적절하지 않은 것은?

> 느린 존재들은 점점 설 자리를 잃는 듯하다. 세상의 변화에 ㉠ 민첩하게 대응하지 못하는 사람들은 도태되고 ㉡ 낙오된다. 그러나 단기 승부의 순발력은 곳곳에서 한계를 드러내고 있다. 2002년 월드컵에 맞춰 완공하는 것을 목표로 급속하게 추진했던 고속철도가 ㉢ 예정보다 2년이나 늦게 개통된 것은 아이러니가 아닐 수 없다. 진정한 경쟁력은 오히려 주변을 찬찬히 살펴보면서 ㉣ 내실을 다지는 깊이에서 나온다.

① ㉠: 敏捷
② ㉡: 落伍
③ ㉢: 禮定
④ ㉣: 內實

08 ㉠에 들어갈 한자 성어로 적절한 것은?

> "집안 내력을 알고 보믄 동기간이나 진배없고, 성환이도 이자는 대학생이 됐으니께 상의도 오빠겉이 그렇게 알아놔라."
> 하고 장씨 아저씨는 말하는 것이었다. 그러나 상의는 처음 만났을 때도 그랬지만 두 번째도 거부감을 느꼈다. 사람한테 거부감을 느꼈기보다 제복에 거부감을 느꼈는지 모른다. 학교규칙이나 사회의 눈이 두려웠는지 모른다. 어쨌거나 그들은 청춘남녀였으니까. 호야 할매 입에서도 성환의 이름이 나오기론 이번이 처음이 아니었다.
> "(㉠), 손주 때문에 눈물로 세월을 보내더니, 이자는 성환이도 대학생이 되었으니 할매가 원풀이 한풀이를 다 했을 긴데 아프기는 와 아프는고, 옛말 하고 살아야 하는 긴데."
>
> – 박경리, 「토지」

① 寤寐不忘
② 肝膽相照
③ 自家撞着
④ 背恩忘德

09 다음 중 밑줄 친 부분에 해당하는 것은?

> 합성어는 형성 방식에 있어서 앞의 어근과 뒤의 어근이 의미상 결합 방식이 어떠하냐에 따라 나눌 수 있다. 예를 들어 '앞뒤'는 두 어근의 결합 방식이 대등하므로 대등 합성어, '돌다리'는 앞 어근이 뒤 어근에 의미상 종속되어 있으므로 종속 합성어, '춘추'는 두 어근과는 완전히 다른 제삼의 의미가 도출되므로 융합 합성어라 할 수 있다.

① 남녀
② 논밭
③ 광음
④ 책가방

안심Touch

10 문학 용어에 대한 설명으로 틀린 것은?

① '반영론적 관점'은 문학과 사회의 연관성에 초점을 맞추어 작품을 해석하는 관점이다.

② '서사 갈래'는 주관적인 자아와 객관적 세계와의 대립·갈등이 서술자에 의해 전달되는 갈래로, 설화, 소설 등이 포함된다.

③ '자연주의'는 개인의 자유로운 사상과 감정의 표현을 중시하며, 현실의 제약으로부터 탈피하여 꿈과 이상을 추구하고자 하는 사조이다.

④ '문학의 보편성'이란 문학은 누구에게나 통하는 보편적인 가치를 다룬다는 것으로, 지역을 초월하여 인류가 추구하는 도덕적 가치를 지향한다.

11 다음 〈보기〉에 대한 이해로 옳지 않은 것은?

┤ 보기 ├

갈-리다¹ 동
　① '갈다¹ ①'의 피동사
　　¶ 맷돌에 콩이 갈리다.
　② '갈다¹ ②'의 피동사
　　¶ 벼루에 먹이 잘 갈리다.
갈-리다² 동 '갈다²'의 피동사
　¶ 논이 깊이 갈리다.

① '갈리다¹'을 볼 때, '갈다¹'은 다의어이다.

② '갈리다¹'과 '갈리다²'를 보아, '갈다¹'과 '갈다²'는 품사가 다름을 알 수 있다.

③ '갈리다¹'을 보아, '갈리다¹'은 '갈다¹'에 피동 접미사가 결합된 단어임을 알 수 있다.

④ '갈리다¹ ①'을 고려할 때, '갈다¹ ①'의 용례로 '맷돌에 콩을 갈다.'가 가능하다.

12 다음 시의 주된 정조를 가장 잘 나타내는 것은?

雨歇長堤草色多
送君南浦動悲歌
大同江水何時盡
別淚年年添綠波

－ 정지상, 「송인(送人)」

① 我田引水
② 悠悠自適
③ 麥秀之歎
④ 戀戀不忘

13 다음 외래어 표기법 규정에 어긋나게 표기한 단어는?

[제1장 제3항] 받침에는 'ㄱ, ㄴ, ㄹ, ㅁ, ㅂ, ㅅ, ㅇ'만을 쓴다.

① 잼(jam)
② 케잌(cake)
③ 커피숍(coffee shop)
④ 초콜릿(chocolate)

14 다음 〈보기〉의 밑줄 친 ⊙과 바꿔 쓰기에 가장 적절한 것은?

┤ 보기 ├

　간접세는 조세 부담자와 납세자가 ⊙ 다르며, 주로 소비에 기준을 두고 세금을 징수하기 때문에 보통은 자신이 세금을 내고 있는지조차 모르는 경우가 많다.

① 상관(相關)하며
② 상이(相異)하며
③ 상응(相應)하며
④ 상충(相衝)하며

[15~16] 다음 글을 읽고 물음에 답하시오.

> 정 씨 옆에 앉았던 노인이 두 사람의 행색과 무릎 위의 배낭을 눈여겨 살피더니 말을 걸어왔다.
> "어디 일들 가슈?"
> "아뇨, 고향에 갑니다."
> "고향이 어딘데……."
> "삼포라구 아십니까?"
> "어 알지. 우리 아들놈이 거기서 ⊙ 도자를 끄는데……."
> "삼포에서요? 거 어디 공사 벌일 데나 됩니까? 고작해야 고기잡이나 하구 감자나 매는데요."
> "어허! 몇 년 만에 가는 거요?"
> "십 년."
> 노인은 그렇겠다며 고개를 끄덕였다.
> "말두 말우. 거긴 지금 육지야. 바다에 방둑을 쌓아 놓구, 트럭이 수십 대씩 돌을 실어 나른다구."
> "뭣 땜에요?"
> "낸들 아나. 뭐 관광호텔을 여러 채 짓는담서, 복잡하기가 말할 수 없네."
> "동네는 그대루 있을까요?"
> "그대루가 뭐요. 맨 천지에 공사판 사람들에다 장까지 들어섰는걸."
> ⓒ "그럼 나룻배두 없어졌겠네요."
> ⓒ "바다 위로 신작로가 났는데, 나룻배는 뭐에 쓰오. 허허, 사람이 많아지니 변고지. 사람이 많아지면 하늘을 잊는 법이거든."
> 작정하고 벼르다가 찾아가는 고향이었으나, 정 씨에게는 풍문(風聞)마저 낯설었다. 옆에서 잠자코 듣고 있던 영달이가 말했다.
> "잘됐군. 우리 거기서 공사판 일이나 잡읍시다."
> 그때에 기차가 도착했다. 정 씨는 발걸음이 내키질 않았다. 그는 마음의 정처를 방금 잃어버렸던 때문이다. 어느 결에 정 씨는 ② 영달이와 똑같은 입장이 되어 버렸다. 기차는 눈발이 날리는 어두운 들판을 향해서 달려갔다.
>
> – 황석영, 「삼포 가는 길」

15 윗글에 대한 설명으로 적절하지 않은 것은?

① 인물과 인물 사이의 외적 갈등이 강하게 드러난다.
② 인물이 나누는 대화를 통해 사건을 전개하고 있다.
③ 외부 서술자의 눈을 통해 전체적인 사건을 서술하고 있다.
④ 인물의 삶을 암시하는, 여운을 주는 결말로 끝맺는다.

16 윗글의 ⊙~②에 대해 잘못 설명한 것은?

① ⊙: 산업화·근대화를 암시한다.
② ⓒ: 고향 상실에 대한 실망감이 드러난다.
③ ⓒ: 산업화 이전의 모습에 대한 비판이 나타난다.
④ ②: 정신적 안식처인 고향을 잃어버린 입장이다.

17 시의 밑줄 친 부분과 비유 방식이 같은 것은?

> 모란이 지고 말면 그뿐, 내 한 해는 다 가고 말아
> 삼백 예순 날 하냥 섭섭해 우옵내다
> 모란이 피기까지는
> 나는 아직 기다리고 있을 테요, 찬란한 슬픔의 봄을
>
> – 김영랑, 「모란이 피기까지는」

① 이 마을 전설이 주저리주저리 열리고
② 피부의 바깥에 스미는 어둠 / 낯선 거리의 아우성 소리
③ 분분한 낙화… / 결별이 이룩하는 축복에 싸여 / 지금은 가야할 때
④ 바다는 뿔뿔이 / 달아날랴고 했다. / 푸른 도마뱀 떼같이 / 재재발렀다.

18 다음 시에 대한 설명으로 적절하지 않은 것은?

생사(生死) 길은
예 있으매 머뭇거리고
나는 간다는 말도
못다 이르고 어찌 갑니까
어느 가을 이른 바람에
이에 저에 떨어질 잎처럼
한 가지에 나고
가는 곳 모르온저
아아, 미타찰(彌陀刹)에서 만날 나
도(道) 닦아 기다리겠노라

- 월명사, 「제망매가(祭亡妹歌)」

① 누이의 죽음에 대한 슬픔을 종교적으로 승화하고 있다.
② 시적 화자는 시적 대상과의 재회에 대한 소망을 담고 있다.
③ '한 가지에 나고'는 시적 대상과 화자가 친동기간임을 드러낸다.
④ 낙구의 '아아'는 다른 향가 작품에서 찾기 어려운 생생한 표현이다.

19 다음 글의 제목으로 가장 적절한 것은?

어느 대학의 심리학 교수가 그 학교에서 강의를 재미없게 하기로 정평이 나 있는, 한 인류학 교수의 수업을 대상으로 실험을 계획했다. 그 심리학 교수는 인류학 교수에게 이 사실을 철저히 비밀로 하고, 그 강의를 수강하는 학생들에게만 사전에 몇 가지 주의 사항을 전달했다. 첫째, 그 교수의 말 한 마디 한 마디에 주의를 집중하면서 열심히 들을 것. 둘째, 얼굴에는 약간 미소를 띠면서 눈을 반짝이며 고개를 끄덕이기도 하고 간혹 질문도 하면서 강의가 매우 재미있다는 반응을 겉으로 나타내며 들을 것.

한 학기 동안 계속된 이 실험의 결과는 흥미로웠다. 우선 재미없게 강의하던 그 인류학 교수는 줄줄 읽어 나가던 강의 노트에서 드디어 눈을 떼고 학생들과 시선을 마주치기 시작했고 가끔씩은 한두 마디 유머 섞인 농담을 던지기도 하더니, 그 학기가 끝날 즈음엔 가장 열의 있게 강의하는 교수로 면모를 일신하게 되었다. 더욱 더 놀라운 것은 학생들의 변화였다. 처음에는 실험 차원에서 열심히 듣는 척하던 학생들이 이 과정을 통해 정말로 강의에 흥미롭게 참여하게 되었고, 나중에는 소수이긴 하지만 아예 전공을 인류학으로 바꾸기로 결심한 학생들도 나오게 되었다.

① 공감하며 듣기의 중요성
② 학생 간 의사소통의 필요성
③ 미소와 유머가 학습에 미치는 영향
④ 언어적 표현과 비언어적 표현의 구분

20 ㉠~㉣을 고친 내용으로 가장 적절한 것은?

> 현재 리셋 증후군이 인터넷 중독의 한 유형으로 ㉠ 꼽혀지고 있다. 리셋 증후군 환자들은 현실에서 잘못을 하더라도 버튼만 누르면 해결될 수 있다고 생각해서 아무런 죄의식이나 책임감 없이 행동한다. ㉡ '리셋 증후군'이라는 말은 1990년 일본에서 처음 생겨났는데, 국내에선 1990년대 말부터 쓰이기 시작했다. 리셋 증후군 환자들은 현실과 가상을 구분하지 못하여 게임에서 실행했던 일을 현실에서 저지르고 뒤늦게 후회하는 경우가 많다. 특히, 이러한 특성을 지닌 청소년들은 무슨 일이든지 쉽게 포기하고 책임감 없는 행동을 하며, 마음에 들지 않는 사람이 있으면 ㉢ 막다른 골목으로 몰듯 관계를 쉽게 끊기도 한다.
>
> 리셋 증후군은 행동 양상이 명확히 나타나지 않는 편이라 쉽게 판별하기 어렵고 진단도 쉽지 않다. ㉣ 이와 같이 예방을 위해 지속적으로 주위 사람들과 대화를 나누고, 현실과 인터넷 공간을 구분하는 능력을 길러야 한다.

① 불필요한 이중 피동 표현이므로 어법에 맞게 ㉠을 '꼽고'로 수정한다.

② 글의 맥락상 자연스럽지 않으므로 ㉡은 첫 번째 문장 뒤로 옮긴다.

③ 앞뒤 문맥을 고려할 때 ㉢은 '달리는 말에 채찍질하듯'으로 수정한다.

④ 앞 문장과의 연결을 고려하여 ㉣을 '그러나'로 수정한다.

21 다음 중 밑줄 친 단어의 품사가 다른 것은?

① 아니, 벌써 도착했니?

② 아니요, 제가 안 그랬어요.

③ 어, 이러다가 차 놓치겠다.

④ 어제 아팠어요. 그래서 결석했어요.

22 다음 글의 주된 설명 방식이 사용된 것으로 가장 옳은 것은?

> 우리는 좋지 않은 사람을 곧잘 동물에 비유한다. 욕에 동물이 많이 등장하는 것도 동물을 나쁘게 보기 때문이다. 하지만 정말 인간이 동물보다 좋은(선한) 것일까? 베르그는 오히려 "나는 인간을 알기 때문에 동물을 사랑한다."고 말하며 이를 부정한다. 인간은 인간을 속이지만 동물은 인간을 속이지 않는다는 것을 알고 인간에게 실망한 사람들이 동물에게 더 많은 애정을 보인다. 인간보다 더 잔인한 동물이 없다는 것은 인간의 역사가 증명하고 있다. 필요 없이 다른 동물을 죽이는 일을 인간 외 어느 동물이 한단 말인가?

① 공부는 등산과는 다른 것이다. 공부는 머리로 하는 행위이고 등산은 몸으로 하는 행위이기 때문이다.

② 다음 날도 찬호는 학교 담을 따라 돌았다. 그리고 고무신을 벗어 한 손에 한 짝씩 쥐고는 고양이 걸음으로 보초의 뒤를 빠져 팽이처럼 교문 안으로 뛰어들었다.

③ 의미를 지닌 부호를 체계적으로 배열한 것을 기호라고 한다. 수학, 신호등, 언어 등이 모두 여기에 속한다. 꿀이 있음을 알리는 벌들의 춤사위도 기호라고 할 수 있는 것이다.

④ 교사의 자기계발, 학부모의 응원, 교육 당국의 지원 등이 어우러져야 좋은 교육이 가능해진다. 이는 신선한 재료, 적절한 조리법, 요리사의 정성이 합쳐져 맛있는 음식이 만들어지는 것과 같다.

[23~24] 다음 글을 읽고 물음에 답하시오.

언어마다 ⊙ 고유의 표기 체계가 있는데, 이는 읽기 과정에 영향을 미친다. 알파벳 언어는 표기 체계에 따라 철자 읽기의 명료성 수준이 달라진다. 철자 읽기가 명료하다는 것은 한 글자에 대응되는 소리가 규칙적이어서 글자와 소리의 대응이 거의 일대일이라는 것을 의미한다. 그 예로 이탈리아어와 스페인어가 있다. 이 두 언어의 사용자는 의미를 전혀 모르는 새로운 단어를 발견하더라도 보자마자 정확한 발음을 할 수 있다. 이에 비해 영어는 철자 읽기의 명료성이 낮은 언어이다. 영어는 발음이 아예 나지 않는 ⓒ 묵음과 같은 예외도 많은 편이고 글자에 대응하는 소리도 매우 다양하다.

한편 알파벳 언어를 읽을 때 사용하는 뇌의 부위는 유사하지만 뇌의 부위에 의존하는 방식에는 차이가 있다. 영어와 이탈리아어를 읽는 사람은 동일하게 좌반구의 읽기 네트워크를 사용한다. 하지만 무의미한 단어를 읽을 때 영어를 읽는 사람은 암기된 단어의 ⓒ 인출과 연관된 뇌 부위에 더 의존하는 반면 이탈리아어를 읽는 사람은 음운 처리에 연관된 뇌 부위에 더 의존한다. 왜냐하면 무의미한 단어를 읽을 때 이탈리아어를 읽는 사람은 규칙적인 음운 처리 규칙을 적용하는 ⓔ 반면에, 영어를 읽는 사람은 암기해 둔 수많은 예외들을 떠올리기 때문이다.

23 윗글에 대한 이해로 가장 적절한 것은?

① 영어는 음운 처리 규칙에 적용되지 않는 예외들이 많지만, 스페인어에 비해 소리와 글자의 대응이 더욱 규칙적이다.

② 이탈리아어는 소리와 글자의 대응이 규칙적이어서 낯선 단어를 발음할 때 영어에 비해 철자 읽기의 명료성이 낮다.

③ 알파벳 언어의 철자 읽기는 소리와 표기의 대응과 관련되는데, 각 소리가 지닌 특성은 철자 읽기의 명료성을 판단하는 기준이 된다.

④ 영어 사용자는 무의미한 단어를 읽을 때 좌반구의 읽기 네트워크를 활용하면서 암기된 단어의 인출과 연관된 뇌 부위에 더욱 의존한다.

24 ⊙~ⓔ의 의미를 잘못 설명한 것은?

① ⊙: 어떤 사실을 널리 알려서 깨우쳐 줌

② ⓒ: 발음되지 아니하는 소리

③ ⓒ: 끌어서 빼냄

④ ⓔ: 뒤에 오는 말이 앞의 내용과 상반됨을 나타내는 말

25 다음 중 〈보기〉를 바탕으로 음운 변동을 바르게 이해한 것은?

┤ 보기 ├

음운의 변동은 크게 네 가지로 나눌 수 있다. 어떤 음운이 다른 음운으로 바뀌는 ⊙ 교체, 한 음운이 없어지는 ⓒ 탈락, 새로운 음운이 생기는 ⓒ 첨가, 두 음운이 하나의 음운으로 합쳐지는 ⓔ 축약이 그것이다.

① '나뭇잎[나문닙]'에서는 ⓒ과 ⓒ의 음운 변동이 일어난다.

② '윗잇몸[윈닌몸]'에서는 ⓒ과 ⓒ의 음운 변동이 일어난다.

③ '박하다[바카다]'에서는 ⓒ과 ⓔ의 음운 변동이 일어난다.

④ '급행열차[그팽녈차]'에서는 ⓒ과 ⓔ의 음운 변동이 일어난다.

QR코드 접속을 통해 풀이시간 측정, 자동 채점
그리고 결과 분석까지!

01 통치행위에 대한 설명으로 틀린 것은?(다툼이 있는 경우 판례에 의함)

① 대통령의 긴급재정경제명령은 고도의 정치적 결단에 의하여 발동되는 통치행위에 속하지만 그것이 국민의 기본권 침해와 직접 관련되는 경우에는 헌법재판소의 심판대상이 된다.

② 기본권 보장의 최후 보루인 법원으로서는 사법심사권을 행사함으로써, 대통령의 긴급조치권 행사로 인하여 우리나라 헌법의 근본이념인 자유민주적 기본질서가 부정되는 사태가 발생하지 않도록 그 책무를 다하여야 한다.

③ 대법원은 남북정상회담의 개최는 물론 남북정상회담의 과정에서 관련 부서에 대한 신고 또는 승인 등의 법적 절차를 거치지 아니하고 북한으로 송금한 행위도 사법심사의 대상이라 보기 어렵다고 판시했다.

④ 비상계엄의 선포와 그 확대행위가 국헌문란의 목적을 달성하기 위하여 행하여진 경우에는 법원은 그 자체가 범죄행위에 해당하는지의 여부에 관하여 심사할 수 있다.

02 다음 중 「행정절차법」상 입법예고에 대한 설명으로 옳은 것은?(다툼이 있는 경우 판례에 의함)

① 상위법령 등의 단순한 집행을 위해 총리령을 제정하려는 경우, 행정상 입법예고를 하여야 한다.

② 특히 긴급한 필요가 있거나 미리 법률로 자세히 정할 수 없는 부득이한 사정이 있어 법률에 형벌의 종류·상한·폭을 명확히 규정하더라도, 행정형벌에 대한 위임입법은 허용되지 않는다.

③ 행정청은 입법예고를 할 때에 입법안과 관련이 있다고 인정되는 중앙행정기관, 지방자치단체, 그 밖의 단체 등이 예고사항을 알 수 있도록 예고사항을 통지하거나 그 밖의 방법으로 알려야 한다.

④ 입법예고기간은 예고할 때 정하되, 특별한 사정이 없으면 30일(자치법규는 20일) 이상으로 한다.

03 공법관계와 사법관계에 대한 설명으로 옳지 않은 것은?(다툼이 있는 경우 판례에 의함)

① 교육감이 학교법인에 대한 감사 실시 후 처리지시를 하고 그와 함께 그 시정조치에 대한 결과를 증빙서를 첨부한 문서로 보고하도록 한 것은 항고소송의 대상이 되는 행정처분에 해당한다.

② 국유재산법 제51조 소정의 국유재산 무단점유자에 대한 변상금 부과처분은 행정소송의 대상이 되는 행정처분에 해당한다.

③ 구청장이 사회복지법인에 특별감사 결과 지적사항에 대한 시정지시와 그 결과를 관계서류와 함께 보고하도록 지시한 경우, 그 시정지시는 비권력적 사실행위이므로 항고소송의 대상이 되는 행정처분에 해당하지 아니한다.

④ 한국마사회의 조교사 및 기수 면허 부여 또는 취소는 행정처분에 해당하지 아니한다.

04 사인의 공법행위로서 신고에 대한 설명으로 옳지 않은 것은?(다툼이 있는 경우 판례에 의함)

① 자기완결적 신고에 있어 적법한 신고가 있는 경우, 행정청은 법 규정에 정하지 아니한 사유를 심사하여 이를 이유로 신고 수리를 거부할 수 있다.

② 주민등록의 신고는 행정청에 도달하기만 하면 신고로서의 효력이 발생하는 것이 아니라 행정청이 수리한 경우에 비로소 신고의 효력이 발생한다.

③ 수리를 요하는 신고의 경우, 수리행위에 신고필증 교부 등 행위가 꼭 필요한 것은 아니다.

④ 유통산업발전법상 대규모점포의 개설 등록은 이른바 '수리를 요하는 신고'로서 행정처분에 해당한다.

05 다음 중 부작위위법확인소송에 대한 설명으로 옳지 않은 것은?(다툼이 있는 경우 판례에 의함)

① 어떠한 행정처분에 대한 법규상 또는 조리상의 신청권이 인정되지 않는 경우, 그 처분의 신청에 대한 행정청의 무응답이 위법하다고 하여 제기된 부작위위법확인소송은 적법하지 않다.

② 부작위위법확인소송은 처분의 신청을 한 자로서 부작위의 위법의 확인을 구할 법률상 이익이 있는 자만이 제기할 수 있다.

③ 부작위가 성립되기 위해서는 당사자의 신청이 있어야 하며 신청의 내용에는 사경제적 계약의 체결 요구나 비권력적 사실행위의 요구 등도 포함된다.

④ 부작위위법확인소송에 있어서의 판결은 행정청의 특정 부작위의 위법 여부를 확인하는 데 그치고, 적극적으로 행정청에 대하여 일정한 처분을 할 의무를 직접 명하지는 않는다.

06 준법률행위적 행정행위에 관한 설명으로 옳지 않은 것은?

① 수리는 행정청이 타인의 행위를 유효한 것으로서 수령하는 인식의 표시행위이며, 공무원의 사표수리는 "형성적 행위"로서의 성질을 갖는다고 볼 수 있다.

② 지적공부소관청의 지목변경신청 반려행위는 국민의 권리관계에 영향을 미치는 것으로서 항고소송의 대상이 되는 행정처분에 해당한다.

③ 판례는 건축물대장 소관청의 용도변경신청 거부행위의 처분성을 부인한다.

④ 판례는 무허가건물등재대장 삭제행위의 처분성을 부정한다.

07 다음 강학상 허가에 대한 설명 중 옳고 그름의 표시(○, ×)가 모두 바르게 된 것은?(다툼이 있는 경우 판례에 의함)

> ⊙ 국토의 계획 및 이용에 관한 법률상 용도지역 안에서 토지의 형질변경행위를 수반하는 건축허가는 재량행위에 속한다.
> ⓒ 한의사 면허는 경찰금지를 해제하는 명령적 행위인 강학상 허가에 해당한다.
> ⓒ 하천법 상하천의 점용허가는 일반인에게 하천이용권이라는 권리를 설정하여 주는 허가에 해당한다.
> ⓔ 타법상의 인·허가가 의제되는 경우, 행정청은 타법상의 인·허가 요건에 대한 심사 없이 허가처분이 가능하다.

① ⊙ (○) ⓒ (×) ⓒ (×) ⓔ (○)

② ⊙ (×) ⓒ (○) ⓒ (○) ⓔ (×)

③ ⊙ (○) ⓒ (○) ⓒ (×) ⓔ (×)

④ ⊙ (×) ⓒ (×) ⓒ (○) ⓔ (○)

08 송달에 대한 설명으로 가장 적절하지 않은 것은? (다툼이 있는 경우 판례에 의함)

① 우편물이 등기취급의 방법으로 발송된 경우 그것이 도중에 유실되었거나 반송되었다는 등의 특별한 사정에 대한 반증이 없는 한 그 무렵 수취인에게 배달되었다고 간주할 수 있다.

② 정보공개거부처분의 취소를 구하는 소송에서 공공기관이 청구정보를 증거 등으로 법원에 제출하여 법원을 통하여 그 사본을 청구인에게 교부 또는 송달되게 하여 청구인에게 정보를 공개하는 셈이 되었다면, 이러한 우회적인 방법에 의한 공개는 「공공기관의 정보공개에 관한 법률」에 의한 공개라고 볼 수 없다.

③ 납세고지서의 명의인이 다른 곳으로 이사하였지만 주민등록을 옮기지 아니한 채 주민등록지로 배달되는 우편물을 새로운 거주자가 수령하여 자신에게 전달하도록 한 경우, 그 새로운 거주자에게 우편물 수령권한을 위임한 것으로 보아 그에게 한 납세고지서의 송달은 적법하다.

④ 전자문서의 경우는 수신자가 관리하거나 지정한 전자적 시스템 등에 입력됨으로써 효력을 발생한다.

09 행정행위의 직권취소에 대한 설명으로 옳지 않은 것은?

① 위법·침익적인 행정행위에 대하여 불가쟁력이 발생한 경우라 하더라도 당해 행정행위의 위법을 이유로 직권취소할 수 있다.

② 행정행위를 한 행정청은 그 행정행위에 하자가 있는 경우에는 원칙적으로 별도의 법적 근거가 없더라도 스스로 그 행정행위를 직권으로 취소할 수 있다.

③ 행정처분을 한 처분청은 그 행위에 하자가 있는 경우에는 원칙적으로 별도의 법적 근거가 없더라도 스스로 이를 직권으로 취소할 수 있다.

④ 처분청이라도 자신이 행한 수익적 행정행위를 위법 또는 부당을 이유로 취소하려면 취소에 대한 법적 근거가 있어야 한다.

10 부관에 대한 행정쟁송에 관한 설명으로 옳지 않은 것은?(다툼이 있는 경우 판례에 의함)

① 부담이 아닌 부관은 독립하여 행정소송의 대상이 될 수 없으므로 이의 취소를 구하는 소송에 대하여는 기각판결을 하여야 한다.

② 부담 아닌 부관이 위법할 경우 신청인이 부관부 행정행위의 변경을 청구하고, 행정청이 이를 거부한 경우 동 거부처분의 취소를 구하는 소송을 제기할 수 있다.

③ 법정부관에 대하여는 행정행위에 부관을 붙일 수 있는 한계에 관한 일반적인 원칙이 적용되지 않는다.

④ 토지소유자가 토지형질변경행위 허가에 붙은 기부채납의 부관에 따라 토지를 국가나 지방자치단체에 기부채납(증여)한 경우, 기부채납의 부관이 당연무효이거나 취소되지 아니한 이상 토지소유자는 위 부관으로 인하여 증여계약의 중요부분에 착오가 있음을 이유로 증여계약을 취소할 수 없다.

11 〈보기〉에서 행정지도에 대한 설명으로 옳은 것을 모두 고르면?(다툼이 있는 경우 판례에 의함)

┌─ 보기 ┐
ㄱ. 행정지도는 반드시 문서로 하여야 한다.
ㄴ. 행정지도는 그 목적 달성에 필요한 최소한도에 그쳐야 하며, 행정지도의 상대방의 의사에 반하여 부당하게 강요하여서는 아니 된다.
ㄷ. 행정지도의 한계를 일탈하지 아니하였다면 그로 인하여 상대방에게 어떤 손해가 발생하였다 하더라도 행정기관은 그에 대한 손해배상책임이 없다.
ㄹ. 행정지도의 상대방은 행정지도의 내용에 동의하지 않는 경우 이를 따르지 않을 수 있으므로, 행정지도의 내용이나 방식에 대해 의견제출권을 갖지 않는다.
└──────────────────────────────────────┘

① ㄱ, ㄴ
② ㄱ, ㄷ
③ ㄴ, ㄷ
④ ㄱ, ㄹ

12 「행정절차법」상 청문에 대한 설명으로 옳지 않은 것은?(다툼이 있는 경우 판례에 의함)

① 행정청이 당사자와 사이에 도시계획사업의 시행과 관련한 협약을 체결하면서 관계 법령 및 행정절차법에 규정된 청문의 실시 등 의견청취절차를 배제하는 조항을 두었다면 청문을 실시하지 않아도 되는 예외적인 경우에 해당한다고 할 수 있다.

② 인허가 등을 취소하는 경우에는 개별 법령상 청문을 하도록 하는 근거 규정이 없고, 의견제출기한 내에 당사자 등의 신청이 없는 경우에도 청문을 하여야 한다.

③ 구 「공중위생법」상 유기장업허가취소처분을 함에 있어서 두 차례에 걸쳐 발송한 청문통지서가 모두 반송되어 온 경우, 처분의 상대방이 청문일시에 불출석하였다는 이유로 청문을 거치지 않고 한 침해적 행정처분은 적법하다.

④ 당사자 등은 인허가 등의 취소, 신분·자격의 박탈, 법인이나 조합 등의 설립허가의 취소에 관한 처분 시 의견제출 기한 내에 청문의 실시를 신청할 수 있다.

13 「공공기관의 정보공개에 관한 법률」의 내용으로 옳지 않은 것은?(다툼이 있는 경우 판례에 의함)

① 정보공개청구는 원칙적으로 요식행위이므로 정보의 공개를 청구하려면 해당정보를 보유하거나 관리하고 있는 공공기관에 법령상의 요건을 갖춘 정보공개청구서를 제출해야 한다.

② 비공개대상정보의 공개여부에 대한 결정은 공공기관의 재량행위에 속한다.

③ 의사결정과정에 제공된 회의관련 자료나 의사결정과정이 기록된 회의록 등은 의사결정 과정에 있는 사항에 준하는 사항으로서 비공개대상정보에 포함될 수 있다.

④ 오로지 공공기관의 담당공무원을 괴롭힐 목적으로 정보공개청구를 하는 경우처럼 권리의 남용에 해당하는 것이 명백한 경우에는 정보공개청구권의 행사를 허용하지 아니한다.

14 「행정조사기본법」에 대한 설명으로 가장 적절한 것은?

① 행정기관의 장은 매년 12월 말까지 다음 연도의 행정조사운영계획을 수립하여 국무총리에게 제출하여야 한다.

② 행정조사를 실시할 행정기관의 장은 행정조사를 실시하기 전에 다른 행정기관에서 동일한 조사대상자에게 동일하거나 유사한 사안에 대하여 행정조사를 실시하였는지 여부를 반드시 확인해야 한다.

③ 행정기관의 장은 법령등에 특별한 규정이 있는 경우를 제외하고는 행정조사의 결과를 확정한 날부터 7일 이내에 그 결과를 조사대상자에게 통지하여야 한다.

④ 행정조사를 실시하고자 하는 행정기관의 장은 출석요구서, 보고요구서·자료제출요구서 및 현장출입조사서를 조사개시 7일 전까지 조사대상자에게 구두로 통지하여야 한다.

15 이행강제금에 관한 설명 중 옳지 않은 것은?(다툼이 있는 경우 판례에 의함)

① 「건축법」 제79조 제1항에 따른 위반 건축물 등에 대한 시정명령을 받은 자가 이를 이행하면, 허가권자는 새로운 이행강제금의 부과를 즉시 중지하되 이미 부과된 이행강제금은 징수할 수 없다.

② 대집행이나 직접강제와 달리 물리적 실력행사가 아닌 간접적·심리적 강제에 해당한다.

③ 구 「건축법」상 이행강제금 납부의 최초 독촉은 징수처분으로서 항고소송의 대상이 되는 행정처분이 될 수 있다.

④ 건축법상의 위법건축물에 대한 이행강제수단으로 대집행과 이행강제금이 인정되고 있으며, 이는 행정청이 합리적인 재량에 의해 선택적으로 활용할 수 있는 이상 중첩적 제재에 해당한다고 볼 수 없다.

16 행정상 강제징수에 관한 설명 중 옳지 않은 것은?(다툼이 있는 경우 판례에 의함)

① 강제징수를 위한 독촉은 통지행위인 점에서 대집행에 있어서의 계고와 성질이 같다.

② 과세관청이 체납처분으로서 행하는 공매는 우월한 공권력의 행사로서 공법상 행정처분이다.

③ 매각은 원칙적으로 공매에 의하나 예외적으로 수의계약에 의할 수도 있다.

④ 판례는 독촉절차 없이 한 압류처분에 중대하고 명백한 하자가 있다고 본다.

17 「국가배상법」 및 「국가배상법 시행령」상 배상심의회에 대한 설명으로 가장 적절하지 않은 것은?

① 국가나 지방자치단체에 대한 배상신청사건을 심의하기 위하여 법무부에 본부심의회를 둔다. 다만, 군인이나 군무원이 타인에게 입힌 손해에 대한 배상신청사건을 심의하기 위하여 국방부에 특별심의회를 둔다.

② 본부심의회와 특별심의회에는 적어도 소속공무원·법관·변호사·의사(군의관을 포함한다) 각 1인을 위원으로 두어야 한다.

③ 피해자가 손해를 입은 동시에 이익을 얻은 경우에는 손해배상액에서 그 이익에 상당하는 금액을 빼야 한다.

④ 지구심의회에서 배상신청이 기각(일부기각된 경우를 포함한다) 또는 각하된 신청인은 결정정본이 송달된 날부터 1주일 이내에 그 심의회를 거쳐 본부심의회나 특별심의회에 재심(再審)을 신청할 수 있다.

18 손실보상에 대한 설명으로 가장 적절하지 않은 것은?(다툼이 있는 경우 판례에 의함)

① 토지수용법 제75조의2 제2항에 의하여 사업시행자가 환매권자를 상대로 하는 환매가격의 증감에 관한 소송은 공법상 당사자소송이다.

② 대법원은 하천구역 편입토지에 대한 손실보상청구권이 공법상의 권리라고 보았다.

③ 헌법 제23조 제3항에서 규정한 '정당한 보상'이란 원칙적으로 상당보상을 뜻하는 것이며 공익사업의 시행으로 인한 개발이익은 상당보상의 범위에 포함되는 피수용토지의 객관적 가치 내지 피수용자의 손실이라고 볼 수 없다.

④ 손실보상법은 손실보상의 일반법에 해당하지 않는다.

19 다음 중 「행정소송법」상 항고소송의 제소기간에 대한 설명으로 가장 적절한 것은?(다툼이 있는 경우 판례에 의함)

① 취소소송은 처분 등이 있음을 안 날부터 90일 이내에 제기하여야 하는데, 행정심판청구를 할 수 있는 경우에 행정심판청구가 있은 때의 기간은 재결서의 정본을 송달받은 날부터 기산하며, 여기서 말하는 '행정심판'은 「행정심판법」에 따른 일반행정심판 만을 의미한다.

② 부작위상태가 계속되는 한 그 위법의 확인을 구할 이익이 있다고 보아야 하므로 예외적으로 제소기간의 제한을 받지 않는다.

③ 무효등확인소송의 경우에도 취소소송과 같이 제소기간에 제한이 있다.

④ 처분 당시에는 취소소송의 제기가 법제상 허용되지 않아 소송을 제기할 수 없다가 위헌결정으로 인하여 비로소 취소소송을 제기할 수 있게 된 경우에는 객관적으로는 '위헌결정이 있은 날', 주관적으로는 '위헌결정이 있음을 안 날' 비로소 취소소송을 제기할 수 있게 되어 이때를 제소기간의 기산점으로 삼아야 한다.

20 행정심판에 관한 설명으로 옳지 않은 것은?(다툼이 있는 경우 판례에 의함)

① 취소심판의 인용재결로서 취소재결, 변경재결, 변경명령재결을 할 수 있다.

② 부작위위법확인의 소는 신청에 대한 부작위의 위법을 확인하여 소극적인 위법상태를 제거를 목적으로 한다.

③ 정보공개명령재결은 행정심판위원회에 의한 직접처분의 대상이 된다.

④ 간접강제 결정에 기초한 강제집행에 관하여 「행정심판법」에 특별한 규정이 없는 사항에 대하여는 「민사집행법」의 규정을 준용한다.

21 다음 설명 중 옳지 않은 것은?(다툼이 있는 경우 판례에 의함)

① 조세심판청구에 대한 결정기관은 국무총리 소속의 조세심판원이며, 조세심판원의 결정은 관계 행정청을 기속한다.

② 공무원연금공단의 인정에 의해 퇴직연금을 지급받아 오던 중 공무원연금법령 개정 등으로 퇴직연금 중 일부 금액에 대해 지급이 정지된 경우, 미지급퇴직연금에 대한 지급청구권은 공법상 권리로서 그의 지급을 구하는 소송은 항고소송이다.

③ 과세처분 이후 조세 부과의 근거가 되었던 법률규정에 대하여 위헌결정이 내려진 경우, 위헌결정이후 그 조세채권의 집행을 위한 체납처분은 당연무효이다.

④ 위법한 세무조사에 의하여 수집된 과세자료를 기초로 한 과세처분은 위법하다.

22 항고소송의 원고적격에 관한 내용으로 옳지 않은 것은?(다툼이 있는 경우 판례에 의함)

① 법학전문대학원 설치인가신청을 하였으나 인가처분을 받지 못한 대학은 처분의 상대방이 아니더라도 다른 대학에 대하여 이루어진 설치인가처분의 취소를 구할 법률상 이익이 있다.

② 세무조사결정은 납세의무자의 권리·의무에 직접영향을 미치는 공권력의 행사에 따른 행정작용으로 보기 어려우므로 항고소송의 대상이 된다.

③ 개발제한구역 안에서의 공장설립을 승인한 처분이 위법하다는 이유로 쟁송취소되었다면 인근 주민들의 환경상 이익이 침해될 위험이 종료되었다고 할 것이므로 인근 주민들이 더 나아가 그 승인처분에 기초한 공장건축허가처분에 대하여 취소를 구할 법률상 이익은 없다.

④ 국유재산의 무단점유자에 대한 변상금부과는 관리청이 공권력을 가진 우월한 지위에서 행한 것으로 항고소송의 대상이 되는 행정처분의 성격을 갖는다.

23 인가에 관한 설명으로 옳은 것을 모두 고른 것은?(다툼이 있는 경우 판례에 의함)

> ㄱ. 행정청이 타인의 법률적 행위를 보충하여 그 법률적 효력을 완성시켜 주는 행정행위를 말한다.
> ㄴ. 사립학교법인의 임원에 대한 취임승인행위는 인가에 해당한다.
> ㄷ. 인가는 공법상의 행정처분이다.
> ㄹ. 무효인 기본행위를 인가한 경우 그 기본행위는 유효한 행위로 전환된다.

① ㄱ, ㄴ   ② ㄷ, ㄹ

③ ㄱ, ㄴ, ㄷ   ④ ㄴ, ㄷ, ㄹ

24 다음 중 판례의 입장으로 옳지 않은 것은?

① 사업인정고시 전에 공익사업시행지구 내 토지에 설치한 공작물 등 지장물은 원칙적으로 손실보상의 대상이 된다.

② 허위의 고등학교 졸업증명서를 제출하는 사위의 방법에 의한 하사관 지원의 하자를 이유로 하사관 임용일로부터 33년이 경과한 후에 행정청이 행한 하사관 및 준사관 임용취소처분은 적법하다.

③ 고시 · 공고 등 행정기관이 일정한 사항을 일반에 알리기 위한 공고문서의 경우에는 그 문서에 특별한 규정이 있는 경우를 제외하고는 그 고시 또는 공고가 있은 후 5일이 경과한 날부터 효력을 발생한다.

④ 국가가 소유자를 상대로 취득시효 완성을 원인으로 한 소유권이전등기청구를 함으로써 토지의 소유권을 취득할 수 있는 지위에 있었는데도 권리를 제때 행사하지 않고 있던 중에 토지가 하천구역에 편입되어 국유로 되고 토지 소유자에게 손실보상청구권이 발생하자 비로소 취득시효 완성 주장을 하는 경우에는 원래 소유자의 손실보상청구를 배척할 수 있다.

25 행정조사에 관한 설명으로 옳지 않은 것은?(다툼이 있는 경우 판례에 의함)

① 시료채취로 조사대상자에게 손실을 입힌 경우 그 손실 보상에 관한 명문규정이 있다.

② 「행정절차법」은 행정조사에 관한 명문의 규정을 마련하고 있다.

③ 행정조사의 성격을 가지는 우편물의 개봉, 시료채취, 성분분석 등의 검사는 압수, 수색영장 없이 가능하다.

④ 세무조사결정은 납세의무자의 권리, 의무에 직접 영향을 미치는 공권력의 행사에 따른 행정작용으로서 항고소송의 대상이 된다.

QR코드 접속을 통해 풀이시간 측정, 자동 채점
그리고 결과 분석까지!

01 다음 〈보기〉의 경제적 주문량으로 옳은 것은?

┌ 보기 ┐
- 자재의 구입원가＝40,000원/단위
- 연간 수요량＝20,000단위
- 연간 재고유지비용＝2,000원/단위
- 주문비용＝2,000원/회
└──────────────┘

① 200단위
② 300단위
③ 333단위
④ 400단위

02 다음 〈보기〉에서 설명하는 성과배분 제도로 옳은 것은?

┌ 보기 ┐
- 기업이 주어진 인건비로 평상시보다 더 많은 부가가치를 창출하였을 경우, 이 초과된 부가가치를 노사협동의 산물로 보고 기업과 종업원 간에 배분하는 제도
- 노무비 외 원재료비 및 기타 비용의 절감액도 인센티브 산정에 반영하는 제도
└──────────────┘

① 연봉제
② 럭커플랜
③ 임금피크제
④ 개인성과급제

03 다음 중 복식부기 제도에 대한 설명으로 옳지 않은 것은?

① 거래에 있어 양쪽이 동일한 금액으로 변동되는 것을 거래의 이중성이라고 한다.
② 회계상 거래는 반드시 자산, 부채, 자본의 증가 및 감소와 수익, 비용 발생의 대립이라는 관계로 나타난다.
③ 대립하게 되는 두 거래는 동일한 금액으로 양쪽에 기록된다.
④ 오른쪽은 차변, 왼쪽은 대변이라고 한다.

04 다음 중 〈보기〉의 가격결정에 해당하는 것은?

┌ 보기 ┐
밥솥의 가격대를 저가, 중가, 고가로 분류하여 저가 밥솥은 5만 원에서 10만 원 사이, 중가 밥솥은 13만 원에서 25만 원 사이, 고가 밥솥은 30만 원에서 55만 원 사이의 가격을 책정한다고 할 때, 특정 기업이 중가 밥솥을 판매하기로 하고 각 제품의 가격을 13만 원, 16만 원, 20만 원, 25만 원으로 결정한다고 가정한다.
└──────────────┘

① 시장침투가격
② 심리적 가격
③ 가격차별화
④ 가격계열화

05 다음 중 수요예측기법 중 질적 예측기법으로 옳지 않은 것은?

① 델파이법
② 시계열 분석
③ 전문가패널법
④ 자료유추법

06 노나카(Nonaka)는 지식을 존재하고 있는 형태에 따라 암묵지와 형식지로 구분하였다. 다음 중 암묵지와 형식지에 대한 설명으로 옳지 않은 것은?

① 암묵지는 경험을 통해 몸에 밴 지식이므로 전수하기가 쉽다.
② 형식지는 언어나 기호로 표현될 수 있는 객관적이고 이성적인 지식을 말한다.
③ 암묵지에서 형식지로의 전환을 표출화라고 한다.
④ 형식지에서 암묵지로의 전환을 내면화라고 한다.

07 조직의 글로벌화, 정보지식사회화가 진전되면서 많은 조직들이 무형의 가치측정까지 포함된 균형성과표(BSC; Balanced Score Card)에 의한 평가방법을 도입하고 있다. 다음 중 균형성과표의 4가지 관점에 포함되지 않는 것은?

① 재무적 관점
② 학습과 성장 관점
③ 경쟁력과 차별화 관점
④ 고객 관점

08 다음 중 근로자의 직무수행 능력을 기준으로 임금을 결정하는 체계는?

① 직무급
② 연공급
③ 직능급
④ 성과급

09 다음 중 마이클 포터가 제시한 기업의 경쟁력을 결정하는 5가지 요인에 포함되지 않는 것은?

① 구매자의 교섭력
② 기존 기업들 간의 경쟁
③ 기업 내부자원의 위협
④ 잠재적인 진입자의 위협

10 다음 중 신제품의 정보를 수집하고 선별적으로 수용하는 소비자로, 수용 시기가 두 번째로 빠른 그룹은?

① 조기수용자
② 혁신소비자
③ 조기다수자
④ 후기다수자

11 다음 중 MM의 자본구조이론의 3가지 명제로 옳은 것은?

┤ 보기 ├
ㄱ. 기업 가치는 자본구조와는 무관하다.
ㄴ. 다양하면서도 장기적인 직접 금융에 의한 자금조달이 가능하다.
ㄷ. 투자안 평가는 자본조달과는 관련이 없으며, 가중평균 자본비용에 의한다.
ㄹ. 부채의 증가에 의해 재무위험이 증가하며, 재무위험의 증가는 기업의 주인인 주주들이 부담하게 되므로 자기자본비용의 상승을 초래하게 된다.

① ㄱ, ㄴ, ㄷ
② ㄱ, ㄴ, ㄹ
③ ㄱ, ㄷ, ㄹ
④ ㄴ, ㄷ, ㄹ

12 다음 중 회계의 순환과정을 바르게 나열한 것은?

┤ 보기 ├
ㄱ. 수정분개   ㄴ. 거래발생
ㄷ. 분개   ㄹ. 수정 전 시산표 작성
ㅁ. 전기   ㅂ. 재무제표 작성

① ㄴ → ㄷ → ㄱ → ㅁ → ㄹ → ㅂ

② ㅁ → ㄴ → ㄷ → ㄱ → ㄹ → ㅂ

③ ㅁ → ㄴ → ㄷ → ㄹ → ㅂ → ㄱ

④ ㄴ → ㄷ → ㅁ → ㄹ → ㄱ → ㅂ

13 〈보기〉와 같은 원가함수의 형태를 보유한 기업의 손익분기점 매출량으로 옳은 것은?

┤ 보기 ├
• 원가함수: $Y = 10,000,000 + 5,000X$
• 단위당 판매가격: 10,000원

① 1,500개

② 2,000개

③ 2,500개

④ 3,000개

14 다음 중 현재 100,000원을 연 10% 확정된 복리이자로 은행에 예금할 경우 2년 후 미래가치로 옳은 것은?

① 110,000원

② 111,000원

③ 120,000원

④ 121,000원

15 다음은 기업이 제품을 포지셔닝(Positioning)하는 방법에 대한 설명이다. 그 목적을 바르게 기술한 것을 모두 고른 것은?

┤ 보기 ├
ㄱ. 속성에 의한 포지셔닝: 가장 흔히 사용되는 포지셔닝의 방법으로 제품 자체가 지니고 있는 고유의 특성을 소비자에게 인식시킨다.
ㄴ. 사용 상황에 의한 포지셔닝: 제품이 사용될 수 있는 적절한 상황이나 용도를 소비자에게 인식시킨다.
ㄷ. 경쟁자에 의한 포지셔닝: 경쟁사의 제품과 비교하여 자사 제품만이 줄 수 있는 혜택이나 편익을 소비자에게 인식시킨다.
ㄹ. 사용자에 의한 포지셔닝: 표적시장 내의 전형적인 소비자를 겨냥하여 자사 제품이 그들에게 적합한 제품이라고 인식시킨다.

① ㄱ, ㄴ, ㄷ

② ㄱ, ㄷ, ㄹ

③ ㄴ, ㄷ, ㄹ

④ ㄱ, ㄴ, ㄷ, ㄹ

16 다음 중 제품수명주기를 바르게 나열한 것은?

┤ 보기 ├
ㄱ. 도입기   ㄴ. 성숙기
ㄷ. 성장기   ㄹ. 쇠퇴기

① ㄱ → ㄴ → ㄷ → ㄹ

② ㄱ → ㄷ → ㄴ → ㄹ

③ ㄴ → ㄱ → ㄷ → ㄹ

④ ㄴ → ㄱ → ㄹ → ㄷ

17 다음 중 선물거래에 대한 설명으로 옳은 것은?

① 계약당사자 간 직접거래가 이루어진다.
② 계약조건이 표준화되어 있지 않다.
③ 결제소에 의해 일일정산이 이루어진다.
④ 장외시장에서 거래가 이루어진다.

18 후방통합(Backward Integration)에 대한 설명으로 옳은 것은?

① 제조 기업이 원재료의 공급업자를 인수·합병하는 것을 말한다.
② 제조 기업이 제품의 유통을 담당하는 기업을 인수·합병하는 것을 말한다.
③ 기업이 같거나 비슷한 업종의 경쟁사를 인수하는 것을 말한다.
④ 기업이 기존 사업과 관련이 없는 신사업으로 진출하는 것을 말한다.

19 무한책임사원과 유한책임사원으로 구성된 상법상의 기업 형태로 옳은 것은?

① 합명회사
② 합자회사
③ 유한회사
④ 주식회사

20 생산시스템에 대한 설명으로 옳지 않은 것은?

① 생산시스템은 일정한 개체들의 집합이다.
② 생산시스템의 각 개체들은 각기 투입, 과정, 산출 등의 기능을 담당한다.
③ 단순하게 개체들을 모아 놓은 것이므로 어떠한 목적을 달성하는 데 기여하기 어렵다.
④ 생산시스템의 경계 외부에는 환경이 존재한다.

21 재무제표와 관련된 내용으로 옳지 않은 것은?

① 자본변동표는 자본의 크기와 그 변동에 관한 정보를 제공하는 재무보고서이다.
② 현금흐름표는 한 회계기간 중의 현금의 유입과 유출에 관한 정보를 제공하는 재무보고서이다.
③ 손익계산서는 일정 기간 동안의 기업의 경영성과를 나타내는 동태보고서이다.
④ 이익잉여금 처분계산서는 일정 시점에 있어서 기업의 재무상태를 나타내는 정태보고서이다.

22 1년간 보일러 100대를 판매하는 외판원 B는 연간 재고비용으로 보일러 1대 가격의 10%보다 5천 원 더 많은 금액을 부담한다. 보일러 주문 시 발생하는 주문 소요비용은 회당 5만 원이고, 보일러 1대당 단가가 20만 원이라고 할 때, 최적주문횟수(EOQ)는 얼마인가?

① 10대
② 20대
③ 30대
④ 40대

23 다음 중 집단의사결정 과정에서 나타나는 집단사고(Groupthink)에 대한 설명으로 옳은 것은?

① 집단토의 전에는 개인의 의견이 극단적이지 않았는데, 토의 후 양극단으로 의견이 쏠리는 현상이다.

② 응집력이 높은 집단에서 구성원들 간의 합의요구가 지나치게 커서 다른 대안의 모색을 저해하는 경향이 있다.

③ 개인보다는 집단의 행동이나 의견이 당연히 도덕적일 것이라는 환상을 가지는 경향이 있다.

④ 최초 집단의사결정이 잘못된 것이라는 사실을 알면서도 본능적으로 최초 의사결정을 방어하고 합리화하려는 현상이다.

24 다음 중 자재소요계획(MRP)과 관련된 설명으로 옳은 것은?

① MRP는 풀생산방식의 전형적인 예로 시장수요가 생산을 촉발시키는 시스템이다.

② MRP는 독립수요를 갖는 부품들의 생산수량과 생산시기를 결정하는 방법이다.

③ 자재명세서의 각 부품별 계획 주문 발주시기를 근거로 MRP를 수립한다.

④ 대생산일정 계획의 완제품 생산일정과 생산수량에 관한 정보를 근거로 MRP를 수립한다.

25 다음 〈보기〉는 국제무역 인코텀즈 중 일부로 수출상과 수입상의 책임에 관한 내용이다. 설명하는 내용과 관련된 가격조건으로 옳은 것은?

┤ 보기 ├
- 매도인은 운송 중 물품의 멸실 또는 손상에 대한 매수인의 위험에 대해 해상 보험 계약을 체결하고 보험료를 지급한다.
- 물품의 인도 장소는 본선의 선상 갑판이 되며, 본선의 난간을 통과하면 위험 부담이 매도인으로부터 매수인에게로 이전된다.
- 매도인은 지정된 목적항까지 물품을 운반하는 데 필요한 비용 및 운임을 지급한다.
- 매도인이 물품의 수출 통관을 이행하고 비용을 부담해야 한다.

① 본선 인도 가격

② 운임 포함 가격

③ 착선 인도 가격

④ 운임보험료 포함 가격

www.sdedu.co.kr

군무원 군수직 FINAL 실전 봉투모의고사
제4회 모의고사

군수 9급

제1과목	국어	제2과목	행정법
제3과목	경영학	제4과목	

응시번호		성 명	

〈 안내 사항 〉

1. 답안지의 모든 기재 및 표기사항은 반드시 『컴퓨터용 흑색사인펜』으로만 작성하여야 합니다.
   (사인펜에 "컴퓨터용"으로 표시되어 있음) (사인펜 본인 지참)
   * 매년 지정된 펜을 사용하지 않아 답안지가 무효처리 되는 상황이 빈발하고 있으므로, 답안지
     는 반드시 『컴퓨터용 흑색사인펜』으로만 표기하시기 바랍니다.

2. 답안은 매 문항마다 반드시 하나의 답만 골라 그 숫자에 "●"로 표기해야 하며, 표기한 내용은 수정
   테이프를 이용하여 정정할 수 있습니다. 단, 시험시행본부에서 수정테이프를 제공하지 않습니다.
   (표기한 부분을 긁는 경우 오답처리 될 수 있으며, 수정스티커 또는 수정액은 사용 불가)
   * 답안지는 훼손·오염되거나 구겨지지 않도록 주의해야 하며, 특히 답안지 상단의 타이밍마크
     (❙ ❙ ❙ ❙ ❙)를 절대로 훼손해서는 안 됩니다.

3. 필기시험 문제 관련 의견제시 기간 : 시험 당일을 포함한 5일간
   * 국방부 군무원채용관리홈페이지(http://recruit.mnd.go.kr) - 시험안내 - 시험묻고답하기

제4회 모의고사

01 단어의 형성 방법이 같은 것끼리 묶인 것은?

① 도시락, 덮밥, 지우개
② 책가방, 개살구, 가위질
③ 아버지, 선생님, 달리기
④ 기와집, 부슬비, 곧잘

02 다음 중 밑줄 친 맞춤법 표기가 옳은 것으로만 묶인 것은?

┌─────────────────────────────────────┐
│ ㉠ 배추를 소금물에 <u>저렸다</u>.
│ ㉡ 주민 <u>대표로써</u> 회의에 참석했다.
│ ㉢ 가족 모임으로 돌잔치를 <u>갈음한다</u>.
│ ㉣ 꼬마들에게는 주사를 <u>맞히기가</u> 힘들다.
│ ㉤ 일교차가 <u>크므로</u> 건강에 유의해야 한다.
└─────────────────────────────────────┘

① ㉠, ㉡, ㉣
② ㉠, ㉢, ㉤
③ ㉡, ㉢, ㉣
④ ㉢, ㉣, ㉤

03 〈자료〉를 바탕으로 〈보기〉의 문장을 작성하였다. 〈보기〉의 문장 중 띄어쓰기가 옳은 것끼리 묶인 것은?

┤ 자료 ├
「한글 맞춤법」
[제2항] 문장의 각 단어는 띄어 씀을 원칙으로 한다.
[제41항] 조사는 그 앞말에 붙여 쓴다.
[제42항] 의존 명사는 띄어 쓴다.
[제43항] 단위를 나타내는 명사는 띄어 쓴다.

┤ 보기 ├
ㄱ. 당신이 문득 나를 알아볼 때까지.
ㄴ. 한국인 만큼 부지런한 민족이 있을까?
ㄷ. 돈을 많이 모아서 멋진 집 한 채를 샀다.
ㄹ. 무궁화는 자랑스럽고 아름다운 꽃 입니다.

① ㄱ, ㄴ
② ㄱ, ㄷ
③ ㄴ, ㄹ
④ ㄷ, ㄹ

04 밑줄 친 조사의 쓰임이 옳지 않은 것은?

① 쌀<u>로써</u> 떡을 만든다.
② 말<u>로서</u> 천 냥 빚을 갚는다고 한다.
③ 나는 아버지의 딸<u>로서</u> 부족함이 없다고 생각했다.
④ 시험을 치는 것이 이<u>로써</u> 일곱 번째가 됩니다.

05 다음의 〈사례〉와 〈보기〉의 언어 특성을 잘못 연결한 것은?

┌ 사례 ┐
(가) '방송(放送)'은 '석방'에서 '보도'로 의미가 변하였다.
(나) '밥'이라는 의미의 말소리 [밥]을 내 마음대로 [법]으로 바꾸면 다른 사람들은 '밥'이라는 의미로 이해할 수 없다.
(다) '종이가 찢어졌어.'라는 말을 배운 아이는 '책이 찢어졌어.'라는 새로운 문장을 만들어 낸다.
(라) '오늘'이라는 의미를 가진 말을 한국어에서는 '오늘[오늘]', 영어에서는 'today(투데이)'라고 한다.
└────────────────────────┘

┌ 보기 ┐
㉠ 자의성   ㉡ 규칙성   ㉢ 창조성   ㉣ 사회성
└────────────────────────┘

① (가) – ㉡
② (나) – ㉣
③ (다) – ㉢
④ (라) – ㉠

06 다음 중 밑줄 친 단어의 의미 관계가 다른 것은?

① • 눈가에 잔주름이 <u>가다</u>.
   • 밥을 먹으러 식당에 <u>가다</u>.
② • <u>철</u>에 따라 피는 꽃이 다르다.
   • 아이들이 <u>철</u>이 너무 없다.
③ • 벽난로에서 장작이 활활 <u>타고</u> 있었다.
   • 서쪽으로 뻗은 주 능선을 <u>타고</u> 산행을 계속했다.
④ • 밥을 식지 않게 아랫목에 <u>묻었다</u>.
   • 손에 기름이 <u>묻었다</u>.

07 소괄호의 사용이 적절하지 않은 것은?

① 손발(手足)을 가지런히 모으고 앉아 있어라.
② 커피(coffee)가 다 떨어져서 대신 홍차를 마셨다.
③ 니체(독일의 철학자)의 말을 빌리면 다음과 같다.
④ 광개토(대)왕은 고구려의 전성기를 이끌었던 임금이다.

08 밑줄 친 외래어 표기가 옳은 것은?

① 추워서 <u>가디건</u>을 걸쳤다.
② 어머니께서 신나게 <u>트로트</u>를 부르셨다.
③ 여가 시간에 <u>레크레이션</u> 활동을 한다.
④ 서울에서 열리는 <u>워크샾</u>에 참석하기 위해 왔다.

09 국어의 로마자 표기가 옳은 것은?

① 독도 Dok-do
② 왕십리 Wangsimni
③ 대관령 Daegwanryeong
④ 집현전 Jipyeonjeon

10 다음 중 ㉠~㉣에 해당하는 한자어로 적절하지 않은 것은?

한 사회에서 아주 어린 아이들조차 금세 오른손잡이와 왼손잡이라는 두 부류의 사람들이 있다는 걸 배우고, 옷과 머리 모양과 같은 표시를 사용해 그 두 부류의 아이들과 어른들을 구분하는 데 금방 ㉠ 능숙해진다. 또한 이런 구분에 대해 너무나 호들갑을 떨고 강조하기 때문에 아이들은 오른손잡이냐 왼손잡이냐에 따라 무언가 ㉡ 근본적으로 중요한 것이 있다고 여기게 될 가능성이 크다. 아이들은 ㉢ 특정 손을 잘 쓰는 사람이 된다는 것이 무슨 뜻인지 알고 싶어 하고, 어느 한 손을 잘 쓰는 아이와 다른 손을 잘 쓰는 아이를 ㉣ 구분 짓는 것이 무엇인지 배우고 싶어 하게 된다.

① ㉠: 能熟
② ㉡: 根本的
③ ㉢: 特正
④ ㉣: 區分

11 다음 중 〈보기〉의 발음 과정에 적용되는 음운 변동 규칙이 아닌 것은?

┌ 보기 ├
홑이불 → [혼니불]
└

① 'ㄴ' 첨가
② 두음 법칙
③ 자음 동화
④ 음절의 끝소리 규칙

12 ㉠에 들어갈 한자 성어로 가장 적절한 것은?

요즈음 아이들은 배우지 않는 과목이 없다. 모르는 것이 없어 묻기만 하면 척척 대답한다. 중학교나 고등학교의 숙제를 보면 몇 년 전까지만 해도 상상도 할 수 없던 내용들을 다룬다. 어떤 어려운 주제를 내밀어도 아이들은 인터넷을 뒤져서 용하게 찾아낸다. 그런데 그 똑똑한 아이들이 정작 스스로 판단하고 제 힘으로 할 줄 아는 것이 하나도 없다. 시켜야 하고, 해 줘야 한다. 판단 능력은 없이 그저 많은 정보가 내장된 컴퓨터 같다. 그 많은 독서와 정보들은 다만 시험 문제 푸는 데만 유용할 뿐, 삶의 문제로 내려오면 전혀 (㉠)이/가 되고 만다.

① 無用之物
② 九死一生
③ 四面楚歌
④ 雪上加霜

13 ㉠에 들어갈 속담으로 가장 적절한 것은?

그러니까 그 덕으로 우리는 살았다. 이때도 생선을 지고 그 뒤치다꺼리는 아버지가 했다. 그 장사를 몇 년 했다. 형이 장가든 것도, 내가 그런 것도, 또 밑으로 누이동생 둘이 시집간 것도, 다 어머니가 장사를 한 덕을 입었다. 큰 벌이는 아니었으나 그동안 먹고 지낸 것, 우리들 사 남매를 장가가고 시집가게 한 조그만 힘은 되었다.
… (중략) …
어머니는 숱한 고생 속에서 세월을 보냈다. 그 어머니의 말대로, '(㉠)'였다. 자신의 노력이 하나도 드러나지 않는 것이었다. 지지리도 고생스러운 나날이었다.

① 말로 온 동네 다 겪기
② 남의 떡으로 선심 쓰기
③ 비단옷 입고 밤길 걷기
④ 사람 밥 빌어먹는 구멍은 삼천 몇 가지

14 〈보기〉를 참고하여 ⊙~㉣에 대해 설명한 내용으로 적절하지 않은 것은?

> 집의 옷밥을 언고 들먹는 져 고공(雇工)아
> 우리 집 긔별을 아는다 모로는다
> 비 오는 놀 일 업술지 숫 꼬면셔 니르리라
> ⊙ 처음의 한어버이 사롬스리 ᄒ려 홀 지
> 인심(仁心)을 만히 쓰니 사름이 졀로 모다
> ⓛ 풀 셧고 터을 닷가 큰 집을 지어 내고
> ⓒ 오려논 터밧치 여드레 ᄀ리로다
> 자손(子孫)에 전계(傳繼)ᄒ야 대대(代代)로 나려오니
> 논밧도 죠커니와 고공도 근검(勤儉)터라
>
> 저희마다 여름 지어 가음여리 사던 것슬
> 요ᄉ이 고공들은 혬이 어이 아조 업서
> 밥사발 큰나 쟈그나 동옷시 죠코 즈나
> ㉣ ᄆ음을 둦호는 둦 호슈(戶首)을 싀오는 둦
> 무슴 일 걈드러 흘긧할긧 ᄒᄂ슨다
> 너희ᄂᆡ 일 아니코 시절(時節) 좃츠 ᄉ오나와
> ᄀᆺ득의 ᄂᆡ 셰간이 플러지게 되야ᄂᆞᄃᆡ
> 엇그지 화강도(火强盜)에 가산(家産)이 탕진(蕩盡)ᄒ니
> 집 ᄒ나 불타 붓고 먹을 썻시 전혀 업다
> 크나큰 셰ᄉ(歲事)을 엇지ᄒ여 니로려료
> 김가(金哥) 이가(李哥) 고공들아 싀 ᄆ음 먹어슬라
>
> — 허전, 「고공가(雇工歌)」

┤ 보기 ├
  이 작품은 조선 왕조의 창업부터 임진왜란 직후의 역사를 농사일이나 집안 살림에 빗대는 방식을 활용하고 있다. 특히 제 역할을 하지 않고 서로 시기하고 반목하는 당시 고공들의 행태를 질책하고 있다.

① ⊙ 태조 이성계가 조선 왕조를 창업한 사실과 관련지을 수 있다.
② ⓛ 나라의 기초를 닦은 조선 왕조의 모습과 관련지을 수 있다.
③ ⓒ 조선의 땅이 외침으로 인해 피폐해진 현실과 관련지을 수 있다.
④ ㉣ 신하들이 서로 다투고 시기하는 상황과 관련지을 수 있다.

15 다음 시조를 이해한 내용으로 옳지 않은 것은?

> 가노라 삼각산(三角山)아 다시 보쟈 한강수(漢江水)야
> 고국산천(故國山川)을 써ᄂ고쟈 ᄒ랴마는
> 시절(時節)이 하 수상(殊常)ᄒ니 올동 말동 ᄒ여라
>
> — 김상헌

① '삼각산(三角山)'의 다른 명칭은 '북한산'이다.
② '한강(漢江)'은 여전히 사용하는 명칭이다.
③ 고국을 떠나면서 느끼는 비분강개한 심정이 드러난다.
④ 임진왜란으로 피폐해진 나라를 걱정하는 우국지정이 나타난다.

유리에 ㉠ 차고 슬픈 것이 어린거린다.
열없이 붙어서서 입김을 흐리우니
길들은양 언 날개를 파다거린다.
지우고 보고 지우고 보아도
㉡ 새까만 밤이 밀려나가고 밀려와 부디치고,
㉢ 물먹은 별이, 반짝, 보석처럼 백힌다.
밤에 홀로 유리를 닦는 것은
외로운 황홀한 심사이어니,
고운 폐혈관이 찢어진 채로
아아, 늬는 ㉣ 산ㅅ새처럼 날아갔구나!

– 정지용, 「유리창 1」

16 윗글에 대한 설명으로 적절하지 않은 것은?

① 역설적 표현을 사용하고 있다.
② 화자의 슬픔을 절제된 언어로 표현하고 있다.
③ 시각적 이미지보다 청각적 이미지가 두드러진다.
④ '유리창'은 만남과 단절의 이중적 의미를 지닌다.

17 ㉠~㉣ 중 내적 연관성이 가장 적은 것은?

① ㉠
② ㉡
③ ㉢
④ ㉣

18 다음 중 ㉠~㉣에 들어갈 접속 부사를 잘못 연결한 것은?

역사의 연구는 개별성을 추구하는 것이라고 할 수가 있다. (㉠) 구체적인 과거의 사실 자체에 대해 구명(究明)을 꾀하는 것이 역사학인 것이다. (㉡) 고구려가 한족과 투쟁한 일을 고구려라든가 한족이라든가 하는 구체적인 요소들을 빼 버리고, 단지 "자주적 대제국이 침략자와 투쟁하였다."라고만 진술해 버리는 것은 한국사일 수가 없다. (㉢) 일정한 시대에 활약하던 특정한 인간 집단의 구체적인 활동을 서술하지 않는다면 그것을 역사라고 말할 수 없는 것이다. 이것은 사회적인 현상에 있어서도 마찬가지이다. (㉣) 화백회의를 설명하는 데 있어서 "귀족 회의가 있었다."라고만 한다면 그것이 바람직한 설명일 수가 없는 것이다.

① ㉠ 즉   ② ㉡ 가령
③ ㉢ 요컨대   ④ ㉣ 그러나

19 다음 글에 나타난 등장인물의 삶의 태도를 가장 잘 설명하는 한자 성어는?

박생은 눈을 떠서 주위를 바라보았다. 책은 책상 위에 던져져 있고, 등잔의 불꽃은 가물거리고 있다. 박생은 한참동안 감격하기도 하고 의아해하기도 하였다. 그러다가 스스로 생각하기를, 이제 곧 죽으려나 보다 하였다. 그래서 그는 날마다 집안일을 정리하는 데 몰두하였다. 몇 달 뒤에 박생은 병을 얻었다. 그는 스스로, 필경 다시는 일어나지 못하리라는 것을 알았다. 박생은 의사와 무당을 사절하고 세상을 떠났다. 박생이 세상을 떠나려 하던 날 저녁이었다. 근처 이웃 사람들의 꿈에 신인이 나타나서는 이렇게 알렸다.
"너의 이웃집 아무개 씨는 장차 염라왕이 될 것이다."

– 김시습, 「남염부주지」

① 安貧樂道   ② 傍若無人
③ 殺身成仁   ④ 生寄死歸

20 다음 작품에서 볼 수 있는 주된 갈등 양상으로 가장 적절한 것은?

> 인테리…… 인테리 중에도 아무런 손끝의 기술이 없이 대학이나 전문학교의 졸업증서 한 장을 또는 조그마한 보통 상식을 가진 직업 없는 인테리…… 해마다 천여 명씩 늘어가는 인테리…… 뱀을 본 것은 이들 인테리다.
>
> 부르죠아지의 모든 기관이 포화상태가 되어 더 수효가 아니 느니 그들은 결국 꾀임을 받아 나무에 올라갔다가 흔들리우는 셈이다. 개밥의 도토리다.
>
> 인테리가 아니었으면 차라리…… 노동자가 되었을 것인데 인테리인지라 그 속에는 들어갔다가도 도로 달아나오는 것이 99프로. 그 나머지는 모두 어깨가 축 처진 무직 인테리요 무기력한 문화 예비군 속에서 푸른 한숨만 쉬는 초상집의 주인 없는 개들이다. 레디메이드 인생이다.
>
> — 채만식, 「레디메이드 인생」

① 한 인물의 내면에서 일어나는 갈등
② 주동 인물과 반동 인물 사이의 갈등
③ 인물과 인물이 처한 사회 환경 사이의 갈등
④ 인물과 인물이 운명적으로 맞닥뜨리게 되는 사건들 사이의 갈등

21 ㄱ~ㄹ 중, 〈보기〉 문장이 들어갈 위치로 가장 적절한 곳은?

> 2004년 1월 태국에서는 한 소년이 극심한 폐렴 증세로 사망했다. 소년의 폐는 완전히 망가져 흐물흐물해져 있었다. ㉠ 분석 결과, 이전까지 인간이 감염된 적이 없는 인플루엔자 바이러스가 원인으로 밝혀졌다. 소년은 공식적으로 고병원성 조류 인플루엔자 바이러스, H5N1의 첫 사망자가 되었다. ㉡ 계절 독감으로 익숙한 인플루엔자 바이러스가 이렇게 치명적일 수 있었던 것은 인간의 면역 반응 때문이다. ㉢ 사이토카인 폭풍은 면역 능력이 강한 젊은 층일수록 더 세게 일어난다. 만약 집에 좀도둑이 들었다면 작은 손해를 각오하고 인기척을 내 도둑 스스로 도망가게 하는 것이 상책이다. 그런데 만약 몽둥이를 들고 도둑과 싸우려 든다면 도둑은 강도로 돌변한다. 인체가 H5N1에 감염되면 똑같은 일이 벌어진다. 처음으로 새가 아닌 다른 숙주 몸속에 들어온 바이러스는 과민 반응한 면역계와 죽기 살기로 싸운다. 그 결과 50%가 넘는 승률로 바이러스가 승리한다. 그러나 승리의 대가는 비싸다. 숙주가 죽어 버렸기 때문에 바이러스 역시 함께 죽어야만 한다. 이것이 바로 악명을 떨치면서도 조류 독감의 사망 환자 수가 전 세계에서 400명을 넘지 않는 이유다. ㉣ 이 질병이 아직 사람 사이에서 감염되는 사례가 나타나지 않은 이유도 바이러스가 인체라는 새로운 숙주에 적응하지 못했기 때문으로 추정할 수 있다.

┤ 보기 ├

> 인류 역사상 단 한 번도 만나본 적이 없는 새로운 바이러스가 침입하자 면역계가 과민 반응을 일으켜 도리어 인체에 해를 끼친 것으로, 이런 현상을 '사이토카인 폭풍'이라 부른다.

① ㉠
② ㉡
③ ㉢
④ ㉣

최근 들어 '낚이다'라는 표현을 사람에게 쓰고는 한다. 물론 글자 그대로의 의미는 아니다. 가령, 인터넷상에서 호기심이나 관심을 발동시키는 기사 제목을 보고 그 기사를 읽어 보았지만 그럴 만한 내용이 없었을 때 이런 표현을 사용한다. 즉 '낚이다'라는 말은 기사 제목이 던지는 미끼에 현혹되어 그것을 물었지만 소득 없이 기만만 당하였다는 의미이다. '낚시질'은 특히 인터넷상에서 벌어지는 특징적인 현상이다.

캐나다의 매체 이론가인 마셜 매클루언은 "매체는 메시지이다."라고 하였다. 매체란 메시지를 전달하는 수단을 말하는데, 그것은 단순한 수단에 그치는 것이 아니라 메시지 자체라고 할 수 있을 만큼 메시지에 강력한 영향을 미친다. 그에 따르면 인간과 인간 사이에서 의사를 전달하는 언어는 물론이거니와 노동의 도구들조차 인간과 노동 대상 사이를 매개하는 물건이므로 매체에 속한다. 따라서 새로운 매체가 개발되면 그것을 통해 인간의 활동 영역이 훨씬 더 확대되므로 '매체는 인간의 확장'이라고 했다.

매체가 가지는 능동적인 힘을 인정한다면, 매체가 단순히 메시지를 담는 그릇에 불과하다거나 중립적일 수도 있다는 견해는 환상에 지나지 않게 된다. 매체가 중립적이지 않다면 매체를 통해 전달되는 메시지들도 자연 중립적일 수가 없다. 앞서 인터넷상에서 벌어지는 신문 기사 제목의 '낚시질'을 문제 삼았지만 인터넷 이전의 언론 매체들이라고 해서 모두 공정하고 객관적인 보도를 해 왔다고는 보기 어려울 것이다.

상업적이고 퇴폐적인 방송이나 기사, 자칫하면 국수주의로 흐를 수도 있는 스포츠 중계 등에 대한 우려가 지속되는 이유는 무엇일까? 이윤 동기에 지배당하는 매체 회사들에게 일차적인 책임을 물어야 하겠지만 손바닥도 혼자서는 소리를 낼 수 없는 법. 상업화로 균형 감각을 상실한 방송이나 기사를 흥미롭게 보는 수용자들에게도 책임이 있다. 남의 사생활을 몰래 들여다보고 싶어 하는 욕망, 불행한 사건·사고들을 수수방관하면서도 그 전말에 대해서는 시시콜콜히 알고 싶어 하는 호기심, 집단의 열광 속에 파묻혀 자신이 잃어버린 무엇인가를 보상받고 싶어 하는 수동적 삶의 태도 등은 황색 저널리즘과 '낚시질'이 성행하는 터전이 된다. 바로 '우리'가 그들의 숨은 동조자일 수 있다.

22 다음 중 윗글로 알 수 있는 내용으로 옳은 것은?

① '낚시질'은 남의 사생활을 몰래 들여다보는 행위로, 인터넷상에서 벌어지는 특징적인 현상이다.
② 이윤 동기에 지배당하는 매체 회사들을 바로 상업적 방송의 '숨은 동조자'라 할 수 있다.
③ 신문 기사와 같은 매체 자료는 생산자의 주관적 동기에 영향을 받는다.
④ 매체 회사들이 생산한 매체 자료는 객관적이고 신뢰할 수 있다.

23 다음 중 윗글에 드러난 설명 방식이 아닌 것은?

① 비교
② 예시
③ 정의
④ 인용

24 다음 글을 통해 알 수 있는 내용으로 가장 적절한 것은?

> 나는 서울에서 고등학교를 다니는 학생이다. 며칠 전 제사가 있어서 대구에 있는 할아버지 댁에 갔다. 제사를 준비하면서 할아버지께서 나에게 심부름을 시키셨는데 사투리가 섞여 있어서 잘 알아들을 수가 없었다. 집으로 돌아올 때 할아버지께서 용돈을 듬뿍 주셔서 기분이 좋았다. 그런데 오늘 어머니께서 할아버지가 주신 용돈 중 일부를 달라고 하셨다. 나는 어머니께 그 용돈으로 '문상'을 다 샀기 때문에 남은 돈이 없다고 말씀드렸다. 어머니께서는 '문상'이 무엇이냐고 물으셨고 나는 '문화상품권'을 줄여서 사용하는 말이라고 말씀드렸다. 학교에서 친구들과 이야기할 때 흔히 사용하는 '컴싸'나 '훈남', '생파' 같은 단어들을 부모님과 대화할 때는 설명해 드려야 해서 불편할 때가 많다.

① 어휘는 세대에 따라서 달라지기도 한다.
② 어휘는 지역에 따라서 달라지지는 않는다.
③ 성별에 따라 사용하는 어휘가 달라지기도 한다.
④ 은어나 유행어는 청소년보다 어른들이 더 많이 사용한다.

25 다음 ㉠~㉺ 중, 문맥적 의미가 같은 것끼리 묶은 것은?

> 불문곡직하는 ㉠ 직설은 사람을 찌른다. 깜짝 놀라게 해서 제압하는 방식이다. 거기 비해 ㉡ 완곡함은 뜻을 들이면서 에두른다. 듣고 읽는 이가 비켜갈 ㉢ 틈을 준다. 그렇다고 완곡함이 곡필인 것도 아니다. 잘못된 길로 접어들도록 하는 게 아니라 화자와 독자의 교행이 이루어지는 ㉣ 공간을 준다. 곱씹어 볼 말이 사라지고 상상의 ㉤ 여지를 박탈하는 글이 군림하는 세상은 살풍경하다. 말과 글이 세상을 따라갈진대 세상을 갈아엎지 않고 말과 글이 세상과 함께 아름답기는 난망한 일인가. 아마 아닐 것이다. 막힐수록 옛것을 더듬으라고 했다. 물태와 인정이 극으로 나뉘는 ㉻ 세상에서 다산은 선인들이 왜 산을 바라보며 즐기되 그 흥취의 반을 항상 남겨 두는지 궁금했다. 그는 미인을 만났던 사람이 적어 놓은 글에서 그 까닭을 발견했다. 그가 본 글은 이러했다. '얼굴은 아름다웠으나 그 자태는 기록하지 않았다.'

① ㉠, ㉣, ㉤, ㉻ / ㉡, ㉢
② ㉠, ㉢, ㉤, ㉻ / ㉡, ㉣
③ ㉡, ㉢, ㉣, ㉤ / ㉠, ㉻
④ ㉡, ㉢, ㉣, ㉻ / ㉠, ㉤

01 다음 중 행정행위에 대한 판례의 태도가 옳지 않은 것은?(다툼이 있는 경우 판례에 의함)

① 환경의 보전 등 중대한 공익상 필요가 있다고 인정될 때에는 법규에 명문의 근거가 없더라도 산림훼손기간 연장허가를 거부할 수 있다.

② 학원의 설립인가는 강학상의 이른바 허가에 해당하는 것으로서 그 인가를 받은 자에게 특별한 권리를 부여하는 것은 아니고 일반적인 금지를 특정한 경우에 해제하는 것에 불과하다.

③ 허가 등의 행정처분은 원칙적으로 처분 시의 법령과 허가기준에 의하여 처리되어야 하지만 허가신청 후 허가기준이 변경되었다면 신청 시와 처분 시의 법령과 허가기준을 비교하여 신청한 자에게 더 이익이 있는 쪽을 기준으로 처분해야 한다.

④ 관세법상 보세구역의 설영특허는 보세구역의 설치, 경영에 관한 권리를 설정하는 이른바 공기업의 특허로서 그 특허의 부여 여부는 행정청의 자유재량에 속한다.

02 다음 중 제3자효 행정행위에서 "제3자"의 지위와 관련된 설명으로 옳지 않은 것은?(다툼이 있는 경우 통설과 판례에 의함)

① 처분 등을 취소하는 판결에 의하여 권리 또는 이익의 침해를 받은 제3자는 자기에게 책임 없는 사유로 소송에 참가하지 못함으로써 판결의 결과에 영향을 미칠 공격 또는 방어방법을 제출하지 못한 때에는 이를 이유로 확정된 종국판결에 대하여 재심의 청구를 할 수 있다.

② 동일한 사업구역 내의 동종의 사업용 화물자동차면허대수를 늘리는 보충인가처분에 대하여 기존업자는 그 취소를 구할 법률상 이익이 없다.

③ 행정절차법은 제3자에 대한 사전통지의무를 규정하고 있지 않다.

④ 제3자효 행정행위에 대해서는 부관을 붙일 수 있다.

03 다음 중 판례에 의할 경우 처분성이 인정되는 것은 몇 개인가?

ㄱ. 형사사건에 대한 검사의 기소 결정
ㄴ. 국가공무원법상 결격사유에 근거한 당연퇴직의 인사발령
ㄷ. 한국마사회의 기수면허 부여 및 그 취소 결정
ㄹ. 급수공사신청자에 대한 수도사업자의 급수공사비 납부 통지
ㅁ. 지방의회 의장에 대한 지방의회의 불신임의결
ㅂ. 4대강 마스터 플랜

① 1개
② 2개
③ 3개
④ 4개

04 「공공기관의 정보공개에 관한 법률」상 정보공개에 대한 설명으로 옳지 않은 것은?(다툼이 있는 경우 판례에 의함)

① 학교폭력대책자치위원회의 회의록은 '공개될 경우 업무의 공정한 수행에 현저한 지장을 초래한다고 인정할 만한 상당한 이유가 있는 정보'에 해당한다.

② 비공개대상정보로 '진행 중인 재판에 관련된 정보'는 재판에 관련된 일체의 정보가 그에 해당하는 것은 아니고, 진행 중인 재판의 심리 또는 재판결과에 구체적으로 영향을 미칠 위험이 있는 정보에 한정된다.

③ 법원이 행정기관의 정보공개거부처분의 위법 여부를 심리한 결과 공개를 거부한 정보에 비공개사유에 해당하는 부분과 그렇지 않은 부분이 혼합되어 있고, 공개청구의 취지에 어긋나지 않는 범위 안에서 두 부분을 분리할 수 있음을 인정할 수 있을 때에도 공개가 가능한 정보에 국한하여 정보공개 거부 처분의 일부취소를 명할 수는 없다.

④ 정보공개를 요구받은 공공기관이 법률에서 정한 비공개사유에 해당하는지를 주장·증명하지 아니한 채 개괄적인 사유만을 들어 공개를 거부하는 것은 허용되지 아니한다.

05 다음 중 「행정기본법」상 처분에 대한 설명으로 옳은 것은?

① "제재처분"이란 법령등에 따른 의무를 위반하거나 이행하지 아니하였음을 이유로 당사자에게 의무를 부과하거나 권익을 제한하는 처분을 말하는데, 행정상 강제도 포함된다.

② 행정청은 처분에 재량이 있는 경우 법령이나 행정규칙이 정하는 바에 따라 완전히 자동화된 시스템으로 처분할 수 있다.

③ 당사자의 신청에 따른 처분은 다른 법령에 특별한 규정이 있는 경우를 제외하고는 신청 당시의 법령등에 따른다.

④ 새로운 법령등은 법령등에 특별한 규정이 있는 경우를 제외하고는 그 법령등의 효력 발생 전에 완성되거나 종결된 사실관계 또는 법률관계에 대해서는 적용되지 아니한다.

06 행정계획에 대한 설명으로 옳지 않은 것은?(다툼이 있는 경우 판례에 의함)

① 「국토의 계획 및 이용에 관한 법률」상 도시계획시설결정에 이해관계가 있는 주민에게는 도시시설계획의 입안 내지 변경을 요구할 수 있는 법규상 또는 조리상의 신청권이 있다.

② 구 「도시계획법」상 도시기본계획은 도시계획입안의 지침이 되는 것으로서 일반 국민에 대한 직접적 구속력이 있다.

③ 정당하게 도시계획결정 등의 처분을 하였다고 하더라도 이를 관보에 게재하지 아니하였다면 대외적 효력은 발생하지 않는다.

④ 대법원은 택지개발예정지구 지정처분을 일종의 행정계획으로서 재량행위에 해당한다고 보았다.

07 「행정절차법」상 사전통지와 의견제출에 대한 설명으로 옳은 것은?(다툼이 있는 경우 판례에 의함)

① 신청에 대한 거부처분은 당사자의 권익을 제한하는 처분에 해당하므로 처분의 사전통지의 대상이 된다.

② 고시의 방법으로 불특정 다수인을 상대로 권익을 제한하는 처분을 하는 경우, 상대방에게 사전에 통지하여 의견제출 기회를 주어야 한다.

③ 행정청은 식품위생법 규정에 의하여 영업자지위승계 신고 수리처분을 할 경우 종전의 영업자에 대하여 행정절차법상 사전통지를 하고 의견제출 기회를 주어야 한다.

④ 국가공무원법상 직위해제처분을 하는 경우 처분의 사전통지 및 의견청취 등에 관한 행정절차법 규정이 별도로 적용된다.

08 행정소송에 대한 설명으로 옳지 않은 것은?(다툼이 있는 경우 판례에 의함)

① 검사의 불기소결정은 「행정소송법」상 처분에 해당되어 항고소송을 제기할 수 있다.

② 무효등확인소송에는 거부처분취소판결의 간접강제에 관한 규정을 두고 있지 않다.

③ 금융기관 임원에 대한 금융감독원장의 문책경고는 상대방의 권리의무에 직접 영향을 미치는 행위이므로 행정소송의 대상이 되는 행정처분에 해당한다.

④ 취소소송에 대한 판결이 확정된 후 그 확정판결의 기속력에 반하는 행정청의 행위는 위법하며 무효원인에 해당한다는 것이 판례의 입장이다.

09 공법상 계약에 대한 설명으로 옳지 않은 것은? (다툼이 있는 경우 판례에 의함)

① 구 「정부투자기관 관리기본법」의 적용 대상인 정부투자기관이 일방 당사자가 되는 계약은 사법상의 계약으로서 그에 관한 법령에 특별한 정함이 있는 경우를 제외하고는 사적 자치의 원칙이 그대로 적용된다.

② 채용계약상 특별한 약정이 없는 한, 지방계약직공무원에 대하여 「지방공무원법」, 「지방공무원 징계 및 소청 규정」에 정한 징계절차에 의하지 않고서는 보수를 삭감할 수 없다.

③ 행정청이 자신과 상대방 사이의 법률관계를 일방적인 의사표시로 종료시켰다면 그 의사표시는 공법상 계약관계의 일방 당사자로서 대등한 지위에서 행하는 의사표시가 아니라 공권력행사로서 행정처분에 해당한다.

④ 계약직공무원 채용계약해지는 국가 또는 지방자치단체가 대등한 지위에서 행하는 의사표시로서 처분이 아니므로 「행정절차법」에 의하여 근거와 이유를 제시하여야 하는 것은 아니다.

10 행정상 손해배상에 대한 설명으로 옳지 않은 것은?(다툼이 있는 경우 판례에 의함)

① 공무원의 위법한 직무행위나 공공영조물의 설치·관리의 하자로 인하여 개인에게 손해가 발생한 경우에 행정주체가 그 손해를 배상하는 것을 의미한다.

② 법관의 재판에 법령의 규정을 따르지 아니한 잘못이 있는 경우에는 이로써 바로 그 재판상 직무행위가 국가배상법 제2조 제1항에서 말하는 위법한 행위로 되어 국가의 손해배상책임이 발생한다.

③ 법령해석에 여러 견해가 있어 관계 공무원이 신중한 태도로 어느 일설을 취하여 처분한 경우 위법한 것으로 판명되었다고 하더라도 그것만으로 배상책임을 인정할 수 없다.

④ 생명·신체의 침해로 인한 국가배상을 받을 권리는 양도하거나 압류하지 못한다.

11 다음 행정청의 행위 중 판례에 의할 때 처분성이 인정되지 않는 것은 모두 몇 개인가?(다툼이 있는 경우에 판례에 의함)

> ㉠ 지적공부소관청이 토지분할신청을 반려한 행위
> ㉡ 건축물대장소관청이 용도변경신청을 거부한 행위
> ㉢ 지적공부소관청이 토지대장을 직권으로 말소한 행위
> ㉣ 소관청이 토지대장상의 소유자명의변경신청을 거부한 행위
> ㉤ 건물등재대장 소관청이 무허가건물을 무허가건물 관리대장에서 삭제하는 행위
> ㉥ 산업단지관리공단이 구 산업집적활성화 및 공장설립에 관한 법률 제38조 제2항에 따른 변경계약의 취소
> ㉦ 공무원연금법령에 따른 공무원연금공단의 급여에 관한 결정

① 1개

② 2개

③ 3개

④ 4개

12 다음 중 판례의 입장으로 옳지 않은 것은?

① 감액처분으로도 아직 취소되지 않고 남아 있는 부분이 위법하다 하여 다투고자 하는 경우 감액처분을 항고소송의 대상으로 할 수는 없고, 당초 징수결정 중 감액처분에 의하여 취소되지 않고 남은 부분을 항고소송의 대상으로 할 수 있을 뿐이다.

② 이미 제소기간이 지나 불가쟁력이 발생한 후에 행정청이 행정심판청구를 할 수 있다고 잘못 알린 경우에는 그 안내에 따라 청구된 행정심판 재결서 정본을 송달 받은 날부터 다시 취소소송의 제소기간이 기산된다.

③ 직무유기혐의 고소사건에 대한 내부 감사과정에서 경찰관들에게 받은 경위서는 비공개대상정보에 해당한다.

④ 행정청이 주택재건축사업조합 설립인가처분을 한 후 구 도시 및 주거환경정비법 시행령 제27조 각호에서 정하는 경미한 사항의 변경에 대하여 조합설립 변경인가 형식으로 처분을 한 경우 당초 조합설립인가처분을 다툴 소의 이익은 소멸하지 않는다.

13 다음 중 「질서위반행위규제법」에서 규정한 과태료에 대한 설명으로 옳지 않은 것은?(다툼이 있는 경우 판례에 의함)

① 행정청의 과태료 부과에 불복하는 당사자는 과태료 부과 통지를 받은 날부터 60일 이내에 해당 행정청에 서면으로 이의제기를 할 수 있다.

② 고의가 없는 질서위반행위는 과태료를 부과하지 않으나 과실이 없는 질서위반행위에 대해서는 과태료를 부과한다.

③ 과태료를 부과하는 근거 법령이 개정되어 행위시의 법률에 의하면 과태료 부과대상이었지만 재판시의 법률에 의하면 부과대상이 아니게 된 때에는 특별한 사정이 없는 한 과태료를 부과할 수 없다.

④ 행정청은 질서위반행위가 종료된 날(다수인이 질서위반행위에 가담한 경우에는 최종행위가 종료된 날을 말한다)부터 5년이 경과한 경우에는 해당 질서위반행위에 대하여 과태료를 부과할 수 없다.

14 행정행위의 하자 중 무효사유에 해당하지 않는 것은?(다툼이 있는 경우 판례에 의함)

① 도지사의 인사교류안 작성과 그에 따른 인사교류의 권고가 전혀 이루어지지 않은 상태에서 행하여진 관할구역 내 시장의 인사교류에 관한 처분

② 환경영향평가의 실시대상사업에 대하여 환경영향평가를 거치지 않고 행한 승인 등 처분

③ 임면권자가 아닌 국가정보원장이 5급 이상의 국가정보원직원에 대하여 한 의원면직처분

④ 구 폐기물처리시설 설치촉진 및 주변지역 지원 등에 관한 법률에 정한 입지선정위원회가 그 구성방법 및 절차에 관한 같은 법 시행령의 규정에 위배하여 군수와 주민대표가 선정·추천한 전문가를 포함시키지 않은 채 임의로 구성되어 의결을 한 경우, 그에 터잡아 이루어진 폐기물처리시설 입지결정처분

15 다음 중 법규명령에 대한 설명으로 옳지 않은 것은?(다툼이 있는 경우 통설과 판례에 의함)

① 헌법이 인정하고 있는 위임입법의 형식은 예시적인 것으로 보아야 한다.

② 집행명령은 상위법령의 집행에 필요한 세칙을 정하는 범위 내에서만 가능하지만 필요에 따라 예외적으로 새로운 국민의 권리·의무를 정할 수 있다.

③ 상위법령의 위임에 의하여 정하여진 행정규칙은 위임 한계를 벗어나지 아니하는 한 그 상위법령의 규정과 결합하여 대외적인 구속력이 있는 법규명령으로서의 효력을 갖게 된다.

④ 법규명령이 법률에 위반되었는지 여부가 재판의 전제가 된 경우에는 모든 법원에 판단권이 있으나, 대법원만이 최종적으로 심사할 권한을 갖는다.

16 「지방자치법」에 대한 설명으로 옳지 않은 것은?(다툼이 있는 경우 판례에 의함)

① 국가사무가 지방자치단체의 장에게 위임된 기관위임사무와 같이 지방자치단체의 장이 국가기관의 지위에서 수행하는 사무라고 할 수 있는 것은 원칙적으로 자치조례의 제정범위에 속한다.

② 법률의 위임 없이 보육시설 종사자의 정년을 규정한 조례안에 대한 재의결은 무효이다.

③ 주민은 법령으로 정하는 바에 따라 소속 지방자치단체의 재산과 공공시설을 이용할 권리와 그 지방자치단체로부터 균등하게 행정의 혜택을 받을 권리를 가진다.

④ 지방자치단체는 법령의 범위 안에서 그 사무에 관하여 조례를 제정할 수 있다. 다만, 주민의 권리 제한 또는 의무 부과에 관한 사항이나 벌칙을 정할 때에는 법률의 위임이 있어야 한다.

17 다음 중 「개인정보보호법」에 관한 설명으로 옳지 않은 것은?(다툼이 있는 경우 판례에 의함)

① 개인정보보호법상 "정보주체"란 처리되는 정보에 의하여 알아볼 수 있는 사람으로서 그 정보의 주체가 되는 사람을 말한다.

② 개인정보자기결정권의 보호대상이 되는 개인정보는 공적 생활에서 형성되었거나 이미 공개된 개인정보까지도 포함한다.

③ 행정절차법도 사생활이나 경영상 또는 거래상의 비밀을 정당한 이유없이 누설하면 안 된다는 개인정보 보호에 관한 규정을 두고 있다.

④ 개인정보처리자의 고의 또는 중대한 과실로 인하여 개인정보가 분실·도난·유출·위조·변조 또는 훼손된 경우로서 정보주체에게 손해가 발생한 때에는 법원은 그 손해액의 3배를 넘지 아니하는 범위서 손해배상액을 정할 수 있다. 이 경우 일반손해배상을 청구한 정보주체는 사실심 변론종결시까지 법정손해배상의 청구로 변경할 수 없다.

18 환경영향평가제도 등에 대한 설명으로 옳은 것만을 모두 고르면?(다툼이 있는 경우 판례에 의함)

> ㄱ. 국방부장관이 군사상 고도의 기밀보호가 필요하거나 군사작전의 긴급한 수행을 위하여 필요하다고 인정하면 환경영향평가 대상에서 제외한다.
> ㄴ. 인구 50만 이상의 시의 경우에는 그 지역을 관할하는 도가 환경영향평가의 실시에 관한 조례를 정한 경우에도 해당 시의 조례로 정하는 바에 따라 환경영향평가를 실시할 수 있다.
> ㄷ. 「환경영향평가법」을 위반하여 징역 이상의 실형을 선고받고 그 형의 집행이 끝나거나(집행이 끝난 것으로 보는 경우를 포함) 집행을 받지 아니하기로 확정된 날부터 2년이 지나지 아니한 사람은 환경영향평가업의 등록을 할 수 없다.
> ㄹ. 환경영향평가 대상지역 밖에 거주하는 주민은 헌법상의 환경권 또는 「환경정책기본법」에 근거하여 공유수면매립면허처분과 농지개량사업시행인가처분의 무효확인을 구할 원고적격이 있다.

① ㄱ, ㄴ

② ㄷ, ㄹ

③ ㄴ, ㄷ, ㄹ

④ ㄱ, ㄴ, ㄷ, ㄹ

19 행정재산의 목적 외 사용에 대한 설명으로 옳지 않은 것은?(다툼이 있는 경우 판례에 의함)

① 공유재산의 관리청이 하는 행정재산의 사용·수익에 대한 허가는 순전히 사경제주체로서 행하는 사법상의 행위가 아니라 관리청이 공권력을 가진 우월적 지위에서 행하는 행정처분이라고 보아야 할 것인바, 그 행정재산이 구 지방재정법 제75조의 규정에 따라 기부채납받은 재산이라 하여 그에 대한 사용·수익허가의 성질이 달라진다고 할 수는 없다.

② 국유재산의 무단점유자에 대하여 국가가 변상금 부과·징수권을 행사한 경우에는 민사상 부당이득반환청구권의 소멸시효가 중단된다.

③ 행정재산의 사용허가기간은 원칙상 5년 이내로 하며, 갱신할 경우에 갱신기간은 5년을 초과할 수 없다.

④ 행정재산의 사용·수익허가처분의 성질에 비추어 국민에게는 행정재산의 사용·수익허가를 신청할 법규상 또는 조리상의 권리가 있다고 할 것이므로 공유재산의 관리청이 행정재산의 사용·수익에 대한 허가 신청을 거부한 행위 역시 행정처분에 해당한다.

20 행정행위의 하자의 승계에 대한 설명으로 가장 적절하지 않은 것은?(다툼이 있는 경우 판례에 의함)

① 구 경찰공무원법 제50조 제1항에 의해 선행된 직위해제 처분의 위법사유를 들어 동법 제50조 제3항에 의한 후행 면직처분의 효력을 다툴 수 없다.

② 대집행에 있어서 선행처분인 계고처분이 하자가 있는 위법한 처분이라면 후행처분인 대집행영장발부통보처분의 취소를 청구하는 소송에서 청구원인으로 선행처분인 계고처분이 위법한 것이기 때문에 그 계고처분을 전제로 행하여진 대집행영장발부통보처분도 위법한 것이라는 주장을 할 수 있다.

③ 지방병무청장이 재신체검사 등을 거쳐 현역병입영대상편입처분을 보충역편입처분이나 제2국민역편입처분으로 변경하거나 보충역 편입처분을 제2국민역편입처분으로 변경하는 경우 비록 새로운 병역처분의 성립에 하자가 있다고 하더라도 그것이 당연무효가 아닌 한 일단 유효하게 성립하고 제소기간의 경과 등 형식적 존속력이 생김과 동시에 종전의 병역처분의 효력은 취소 또는 철회되어 확정적으로 상실된다고 보아야 할 것이므로 그 후 새로운 병역처분의 성립에 하자가 있었음을 이유로 하여 이를 취소한다고 하더라도 종전의 병역처분의 효력이 되살아난다고 할 수 없다.

④ 도로관리청이 도로점용허가를 함에 있어서 특별사용의 필요가 없는 부분을 도로점용허가의 점용장소 및 점용면적으로 포함한 흠이 있고 그로 인하여 점용료 부과처분에도 흠이 있게 된 경우, 흠 있는 부분에 해당하는 점용료를 감액하는 것은 당초 처분 자체를 일부 취소하는 변경처분이 아니라 흠의 치유에 해당한다.

21 행정행위의 불가변력과 불가쟁력에 관한 설명으로 옳지 않은 것은?(다툼이 있는 경우 판례에 의함)

① 불가쟁력은 무효인 행정행위에 대해서는 발생하지 않는다.

② 불가쟁력이 발생한 행정행위라도 처분청은 이를 직권으로 취소·철회할 수 있다.

③ 행정행위의 불가변력은 당해 행정행위에 대하여서만 인정되는 것이고, 동종의 행정행위라 하더라도 그 대상을 달리할 때에는 이를 인정할 수 없다.

④ 무효인 행정행위에는 불가변력이 발생하지 않고, 불가쟁력만 발생한다.

22 재량행위에 대한 설명으로 옳지 않은 것은?

① 하명은 수익적 행정행위이기 때문에 자유재량행위에 해당한다.

② 재량행위의 경우 법원은 독자의 결론을 도출함이 없이 당해 행위에 재량권의 일탈·남용이 있는지 여부만을 심사한다.

③ 공유수면매립면허는 특허로서 자유재량행위이고 실효된 공유수면매립면허의 효력을 회복시키는 처분도 자유재량행위이다.

④ 개발제한구역 내에서는 구역지정의 목적상 건축물의 건축 및 공작물의 설치 등 개발행위가 원칙적으로 금지되고 예외적으로 허가에 의하여 그러한 행위를 할 수 있게 되어 있으므로 그 허가는 재량행위에 속한다.

23 조세행정법에 대한 설명으로 옳지 않은 것은?(다툼이 있는 경우 판례에 의함)

① 법인세 부과처분 취소소송에서 과세처분의 적법성 및 과세요건사실의 존재에 대한 증명책임은 과세관청에게 있다.

② 소득의 귀속자에 대한 소득금액변동통지는 원천납세의무자인 소득 귀속자의 법률상 지위에 직접적인 법률적 변동을 가져오는 것이 아니므로, 항고소송의 대상이 되는 행정처분이라고 볼 수 없다.

③ 원천징수의무자에 대한 소득금액변동통지는 원천납세의무의 존부나 범위와 같은 원천납세의무자의 권리나 법률상 지위에 어떠한 영향을 준다고 할 수 없으므로 소득처분에 따른 소득의 귀속자는 법인에 대한 소득금액변동통지의 취소를 구할 법률상 이익이 없다.

④ 원천징수의 경우 국가 등에 대한 환급청구권자는 원천징수의무자가 아니라 원천납세의무자이다.

24 취소소송의 판결 효력에 대한 설명으로 옳지 않은 것은?(다툼이 있는 경우 판례에 의함)

① 재량행위인 과징금 납부명령이 재량권을 일탈하였을 경우, 법원이 적정하다고 인정하는 부분을 초과한 부분만 취소할 수 있다.

② 사정판결을 할 사정에 관한 주장·입증책임은 피고 처분청에 있지만 처분청의 명백한 주장이 없는 경우에도 사건 기록에 나타난 사실을 기초로 법원이 직권으로 석명권을 행사하거나 증거조사를 통해 사정판결을 할 수도 있다.

③ 취소확정판결의 기판력은 판결에 적시된 위법 사유에 한하여 미치므로 행정청이 그 확정판결에 적시된 위법사유를 보완하여 행한 새로운 행정처분은 확정판결에 의하여 취소된 종전 처분과는 별개의 처분으로서 확정판결의 기판력에 저촉되지 않는다.

④ 취소소송에서 소송의 대상이 된 거부처분을 실체법상의 위법사유에 기초하여 취소하는 확정판결이 있는 경우에는 당해 거부처분을 한 행정청은 원칙적으로 신청을 인용하는 처분을 하여야 하고, 사실심 변론종결 이전의 사유를 내세워 다시 거부처분을 하는 것은 기속력에 반하여 허용되지 아니한다.

25 과태료에 대한 설명으로 옳은 것은?(다툼이 있는 경우 판례에 의함)

① 과태료 부과처분에 불복하는 당사자는 다른 법률에 특별한 규정이 없는 한 과태료 부과처분의 취소를 구하는 행정소송을 제기할 수 있다.

② 자신의 행위가 위법하지 아니한 것으로 오인하고 행한 질서위반행위는 그 오인에 정당한 이유가 있는 때에 한하여 과태료를 부과하지 아니한다.

③ 지방자치단체의 조례는 과태료 부과의 근거가 될 수 없다.

④ 과태료는 당사자가 과태료 부과처분에 대하여 이의를 제기하지 아니한 채 이의제기 기한이 종료한 후 사망한 경우에는 그 상속재산에 대하여 집행할 수 없다.

QR코드 접속을 통해 풀이시간 측정, 자동 채점 그리고 결과 분석까지!

01 다음 중 과학적 관리법(Scientific Management)에 대한 설명으로 적절하지 않은 것은?

① 개인보다는 집단 중심의 보상을 더 중요시하였다.

② 시간 및 동작 연구(Time and Motion Study)가 주요한 기법으로 사용되었다.

③ 경제적 보상을 가장 중요한 동기부여의 수단으로 보았다.

④ 기획부제도, 기능식 직장제도, 작업지도표제도 등을 활용하였다.

02 다음 중 피들러의 리더십 상황이론에 대한 설명으로 옳지 않은 것을 모두 고른 것은?

> 가. 과업지향적 리더십과 관계지향적 리더십을 모두 갖춘 리더가 가장 높은 성과를 달성한다.
> 나. 리더의 특성을 LPC 설문에 의해 측정하였다.
> 다. 상황변수로 리더−구성원 관계, 과업구조, 부하의 성숙도를 고려하였다.
> 라. 리더가 처한 상황이 호의적인 경우, 관계지향적 리더십이 적합하다.
> 마. 리더가 처한 상황이 비호의적인 경우, 과업지향적 리더십이 적합하다.

① 가, 다   ② 가, 라, 마

③ 나, 라   ④ 가, 다, 라

03 A공장은 작업자 1명이 1시간에 25개의 제품을 생산하도록 설계되었다. 이번 달 가동률은 80%이며, 생산량은 8,000개이다. 작업자가 5명이고, 하루 8시간씩 한 달에 20일 작업한다고 할 때, 이 공장의 생산효율은?

① 40%

② 50%

③ 70%

④ 80%

04 다음 중 부하들 스스로가 자신을 리드하도록 만드는 리더십으로 옳은 것은?

① 슈퍼 리더십

② 서번트 리더십

③ 카리스마적 리더십

④ 거래적 리더십

05 인사평가 측정결과의 검증기준 중 '직무성과와 관련성이 있는 내용을 측정하는 정도'를 의미하는 것으로 옳은 것은?

① 신뢰성

② 수용성

③ 타당성

④ 구체성

06 다음 중 유동비율이 120%, 유동부채가 100억 원, 재고자산이 40억 원일 때 당좌비율로 옳은 것은?

① 70%

② 80%

③ 90%

④ 100%

07 다음 중 BCG 매트릭스와 GE/Mckinsey 매트릭스에 대한 설명으로 옳은 것은?

① BCG 매트릭스 분석결과로써 각 사업단위에 적용될 수 있는 전략으로는 확대, 철수, 유지, 수확 전략이 있다.

② BCG 매트릭스상에서 수익성이 낮고 시장전망이 어두워 철수 전략을 사용하는 영역은 별(Star)이다.

③ GE/Mckinsey 매트릭스는 산업매력도와 제품의 질을 기준으로 구분한 9개의 영역으로 구성된다.

④ GE/Mckinsey 매트릭스상에서 원의 크기는 각 사업단위가 진출한 시장에서의 시장점유율을 나타내며, 원 내에 진하게 표시된 부분의 크기는 원가상의 우위를 나타낸다.

08 기업의 경쟁력 향상을 위한 핵심 비즈니스 프로세스를 통합하는 과정인 공급사슬관리(Supply Chain Management)에 대한 설명으로 옳지 않은 것은?

① 공급사슬관리는 부분최적화보다는 정보의 공유와 공급사슬 흐름의 개선을 통하여 공급사슬 전체의 효율성을 제고시키는 것이 목적이다.

② 공급사슬상에서 수요왜곡의 정도가 증폭되는 채찍효과의 원인으로는 중복수요예측, 일괄주문처리, 제품의 가격변동, 리드타임의 증가 등이 있다.

③ 반응적 공급사슬은 재화와 서비스가 다양하고 수요예측이 어려운 환경에 적합하며, 반응시간을 줄이는 데 초점을 두어 시장수요에 신속하게 반응하고자 하는 것이다.

④ 공급사슬관리는 제품생산에 필요한 자재를 필요한 시각에 필요한 수량만큼 조달하여 낭비적 요소를 근본적으로 제거함으로써 작업자의 능력을 완전하게 활용하여 생산성 향상을 달성하는 관리방식이다.

09 다음 〈보기〉에 따른 상품 A의 손익분기점에 해당하는 매출액은?

┤ 보기 ├
- 단위당 가격: 20,000원
- 단위당 변동영업비: 14,000원
- 고정영업비용: 4,800,000원

① 15,000,000원
② 16,000,000원
③ 17,000,000원
④ 18,000,000원

10 다음 〈보기〉를 읽고 알맞은 해결 방법으로 가장 옳은 것은?

┤ 보기 ├
무역 거래 시 당사자 중 일방이 고의나 과실에 따라 계약을 위반할 경우 그로 인하여 손해를 입은 당사자는 손해를 구제받기 위하여 계약위반으로 손해를 유발한 당사자에게 무역 클레임을 제기할 수 있다. 무역 클레임은 무역 거래당사자 간에 주로 거래물품의 품질, 수량, 포장 등 상품자체에 대한 계약조건을 위반한 경우에 발생하며, 계약의 이행과 관련하여 제3자가 개입되므로 물품의 인도와 관련해 운송인과의 운송계약, 보험자와의 보험계약에 따라 클레임을 제기한다. 대금결제와 관련하여 신용장 방식인 경우에는 은행과의 환 계약 외국환 거래약정에 따라 매수인의 거래 은행인 신용장개설은행이 대금결제를 거절하기 위한 신용장 클레임을 제기하고, 무신용장 방식인 경우에는 무역계약에서 정하는 바에 따라 매수인이 물품 대금을 결제하지 않을 시 매도인이 매수인에게 직접 클레임을 제기한다.

① 중재
② 파산
③ 대리
④ 소송

11 다음 중 생산공정에 대한 설명으로 옳은 것은?

① 일반적으로 저가품 단일시장은 프로젝트 공정(Project Process)을 요구한다.

② 연속생산공정은 다양한 제조공정을 갖는 상이한 제품을 소량으로 생산하기에 적합하다.

③ 단속적 공정은 표준화된 제품을 대량으로 생산하기 위하여 설계된 생산공정으로 특정 제품의 생산만을 목적으로 하는 특수목적의 기계설비를 필요로 한다.

④ 대량생산공정(Mass Production Process)은 다른 공정에 비해 상대적으로 값싸고 덜 숙련된 노동자를 요구한다.

12 다음 중 원장에의 전기에 대한 설명으로 옳은 것은?

① 총계정원장의 차변과 대변 잔액의 일치 여부를 검증하는 것을 말한다.

② 수익과 비용 계정의 잔액을 집합손익 계정으로 대체하는 것을 말한다.

③ 분개장의 차변과 대변 금액을 총계정원장에 옮겨 적는 과정이다.

④ 기록되지 않은 거래를 발생주의에 따라 결산시점에 수정하는 절차이다.

13 다음 중 회계기간 말 재무상태표의 현금 및 현금성자산으로 표시될 수 있는 것으로 옳은 것은?

① 취득 시 상환일이 3개월 이내에 도래하고, 결산일 현재 상환일이 2개월 남은 상환우선주

② 보통주 등의 주식

③ 만기까지 남은 기간이 3개월 이상인 자산

④ 종업원의 가불증서

14 다음 중 버나드와 사이먼(C. Barnard & H. Simon)이 주장한 이론으로 옳은 것은?

① 과학적 관리법

② 관료제

③ 상황이론

④ 의사결정이론

15 〈보기〉의 대응전략과 모두 밀접한 관련이 있는 서비스 특성은?

┌─ 보기 ├─
• 서비스 가격을 차별화 한다.
• 비성수기 수요를 개발한다.
• 보완적 서비스를 제공한다.
• 예약시스템을 도입한다.
└─────────

① 소멸가능성(Perishability)

② 비분리성(Inseparability)

③ 이질성(Heterogeneity)

④ 무형성(Intangibility)

16 평가과정에서 자주 발생하는 오류로, '피평가자가 속한 집단의 특성에 근거하여 그 사람을 평가하는 경향'을 의미하는 것은?

① 현혹효과

② 상동적 태도

③ 주관의 객관화

④ 중심화 경향

17 신제품의 구입에 있어서 혁신소비자(Innovator) 집단의 특성에 해당되지 않는 것은?

① 교육수준이 높다.

② 자신의 가치관이나 판단에 따라 신제품을 구입한다.

③ 다른 집단보다 상표충성도가 높다.

④ 할인, 쿠폰, 샘플 등 새로운 판촉을 선호하는 경향이 있다.

18 다음 중 현금흐름표에 나타나는 3가지 구성요소가 아닌 것은?

① 재무 활동 현금흐름

② 영업 활동 현금흐름

③ 투자 활동 현금흐름

④ 정보 활동 현금흐름

19 다음 중 품질보증에 관한 국제 표준으로, 생산과정 등의 프로세스에 대한 신뢰성 여부를 판단하는 규격으로 옳은 것은?

① ISO 9000

② ISO 14000

③ ISO 26000

④ ISO 27001

20 A기업이 현금 1,000만 원을 투자하여 1년 후 2,000만 원의 현금유입이 발생하였다. 투자안의 순현재가치(NPV)는 얼마인가?(단, 요구수익률은 10%이다.)

① 618만 원

② 668만 원

③ 718만 원

④ 818만 원

21 대기행렬모형에 대한 설명으로 옳지 않은 것은?

① 대기행렬모형은 대기시간 최소화와 비용 최소화라는 두 가지 상충되는 목표를 고려하여 총비용을 최소화하는 최적 서비스 시설의 수를 결정하는 데 목표를 두고 있다.

② 대기행렬모형의 구조는 고객도착과 대기행렬로 구성된다.

③ 대기행렬모형의 종류에는 단일경로 단일단계, 단일경로 다수단계, 다수경로 단일단계, 다수경로 다수단계가 있다.

④ 대기행렬시스템에 도착하는 고객은 일정한 원칙 없이 무작위로 도착한다고 가정하며, 일반적으로 포아송분포(Poisson Distribution)가 널리 사용된다.

22 기업의 성과를 측정하기 위해 전통적인 재무 지표 외에 고객, 내부 비즈니스 프로세스, 학습과 성장 지표 등을 종합적으로 고려하는 측정시스템은?

① 균형성과표(Balanced Scorecard)

② 리엔지니어링(Reengineering)

③ 행위기준평가법(Behaviorally Anchored Rating Scales)

④ 평가센터법(Assessment Center Method)

23 SWOT 분석 결과 S-T 상황이라고 판단될 때, 대처 방법으로 옳은 것은?

① 회사의 규모를 줄이고 필요하다면 청산까지 고려한다.
② 내부적인 강점을 적극 활용하면서 안정적인 성장을 도모한다.
③ 외부로부터 기술이나 인적 자원을 적극 도입하는 우회전략을 추진한다.
④ 조직 내의 강점과 외부 상황을 이용할 수 있는 기회이므로 사업을 적극 다각화한다.

24 다음 중 〈보기〉에서 설명하는 단체교섭 방식은?

┤ 보기 ├
전국에 걸친 산업별 노조 또는 하부 단위노조로부터 교섭권을 위임받은 연합체 노조와 산업별 또는 지역별 사용자 단체 간의 단체교섭으로 기업별 특수성을 반영하기 어렵다는 단점이 있다.

① 집단교섭
② 대각선교섭
③ 기업별교섭
④ 통일교섭

25 다음 중 〈보기〉에서 설명하는 페이욜의 관리 일반 원칙은?

┤ 보기 ├
페이욜은 이것을 최상위로부터 최하위에 이르기까지의 '상급자의 사슬'로 보았다. 불필요하게 이 사슬로부터 이탈해서도 안 되겠지만, 이를 엄격하게 따르는 것이 오히려 해로울 때는 단축시킬 필요가 있다고 보았다.

① 지휘의 일원화
② 명령의 일원화
③ 권한과 책임
④ 계층의 연쇄

www.sdedu.co.kr

군무원 군수직 FINAL 실전 봉투모의고사
제5회 모의고사

군수 9급

제1과목	국어	제2과목	행정법
제3과목	경영학	제4과목	

응시번호		성 명	

〈 안 내 사 항 〉

1. 답안지의 모든 기재 및 표기사항은 반드시 『컴퓨터용 흑색사인펜』으로만 작성하여야 합니다.
   (사인펜에 "컴퓨터용"으로 표시되어 있음) (사인펜 본인 지참)
   * 매년 지정된 펜을 사용하지 않아 답안지가 무효처리 되는 상황이 빈발하고 있으므로, 답안지
   는 반드시 『컴퓨터용 흑색사인펜』으로만 표기하시기 바랍니다.

2. 답안은 매 문항마다 반드시 하나의 답만 골라 그 숫자에 "●"로 표기해야 하며, 표기한 내용은 수정
   테이프를 이용하여 정정할 수 있습니다. 단, 시험시행본부에서 수정테이프를 제공하지 않습니다.
   (표기한 부분을 긁는 경우 오답처리 될 수 있으며, 수정스티커 또는 수정액은 사용 불가)
   * 답안지는 훼손·오염되거나 구겨지지 않도록 주의해야 하며, 특히 답안지 상단의 타이밍마크
   (Ⅰ Ⅰ Ⅰ Ⅰ Ⅰ)를 절대로 훼손해서는 안 됩니다.

3. 필기시험 문제 관련 의견제시 기간 : 시험 당일을 포함한 5일간
   * 국방부 군무원채용관리홈페이지(http://recruit.mnd.go.kr) - 시험안내 - 시험묻고답하기

제5회 모의고사

제1과목: 국어

QR코드 접속을 통해 풀이시간 측정, 자동 채점 그리고 결과 분석까지!

01 다음 밑줄 친 부분과 같은 품사인 것은?

> 시험에 합격한 것이 <u>기뻐서</u> 잠이 오지 않는다.

① 이번 시험 문제는 <u>아주</u> 쉽다.
② 빈대떡을 아주 <u>맛있게</u> 굽는 가게가 있다.
③ 이 일은 부모님과 <u>만나</u> 의논하고 싶습니다.
④ 여기저기 돌아다니다 보니 신발이 다 <u>닳아</u> 못 쓰게 되었다.

02 다음 〈보기〉의 예에 해당하지 않는 것은?

┌ 보기 ├─
 '노인, 여자'의 경우에서처럼, 첫머리에서 'ㄹ, ㄴ' 음이 제약되어 '로인'이 '노인'으로, '녀자'가 '여자' 등으로 나타나는 것을 두음 법칙이라고 한다.

① 노기(怒氣)
② 논리(論理)
③ 이토(泥土)
④ 약도(略圖)

03 다음 중 국어의 특징에 대한 설명으로 가장 알맞은 것은?

① 어두(語頭)에 자음군(子音群)이 올 수 없으며, 꾸준한 국어 순화 운동으로 인해 한자어보다 고유어를 많이 사용한다.
② 문법적 관계를 나타내 주는 말이 많은 첨가어의 특질을 보여 주며, 음상의 차이로 인하여 어감이 달라지고 의미가 분화되는 경우가 있다.
③ 단어에 성과 수의 구별이 있으며, 친족 관계를 나타내는 어휘가 발달하였다.
④ 국어의 문장 배열은 서술어가 끝에 오며, 평등사상의 영향으로 높임법이 발달하였다.

04 다음 중 밑줄 친 단어를 고친 결과가 적절하지 않은 것은?

① 금년에도 S전자는 최근 전 세계 휴대전화 <u>부분(部分)</u> 시장 점유율 1위를 차지한 것으로 조사되었다. → 부문(部門)
② 그는 국왕이 명실상부하게 정치를 주도하는 <u>체계(體系)</u>를 구축하고자 노력하였다. → 체제(體制)
③ 진정한 공동체를 향한 새롭고 진지한 <u>모색(摸索)</u>을 바로 지금부터 시작해야 합니다. → 탐색(探索)
④ 환경 오염은 당면한 현실 문제라고 그가 지적한 것에 대해서는 나 역시 <u>동감(同感)</u>이 갔다. → 공감(共感)

05 다음은 훈민정음의 제자 방법에 대한 설명이다. 이에 대한 예로 옳은 것은?

> 훈민정음의 글자를 만드는 방법은 상형을 기본으로 하였다. 초성 글자의 경우 발음기관을 상형의 대상으로 삼아 ㄱ, ㄴ, ㅁ, ㅅ, ㅇ 기본 다섯 글자를 만들고 다른 글자들 중 일부는 '여(厲: 소리의 세기)'를 음성자질(音聲資質)로 삼아 기본 글자에 획을 더하여 만들었는데 이를 가획자라 한다.

① 설음 ㄱ에 획을 더해 가획자 ㅋ을 만들었다.
② 치음 ㄴ에 획을 더해 가획자 ㄷ을 만들었다.
③ 순음 ㅁ에 획을 더해 가획자 ㅂ을 만들었다.
④ 후음 ㅇ에 획을 더해 가획자 ㆁ(옛이응)을 만들었다.

06 다음 ㉠, ㉡에 들어갈 말이 바르게 연결된 것은?

> A: 가(㉠)오(㉠) 마음대로 해라.
> B: 지난겨울은 몹시 춥(㉡).

	㉠	㉡
①	-든지	-드라
②	-던지	-더라
③	-든지	-더라
④	-던지	-드라

[07~08] 다음 글을 읽고 물음에 답하시오.

> 미국의 어머니들은 자녀와 함께 놀이를 할 때 특정 사물에 초점을 맞추고 그 사물의 속성을 아이들에게 가르친다. 사물의 속성 자체에 관심을 기울이도록 훈련받은 아이들은 스스로 독립적인 행동을 하도록 교육받는다. 미국에서는 아이들에게 의사소통을 가르칠 때 자신의 생각을 분명하게 표현하고 말하는 사람의 입장에서 대화에 임해야 하며, 대화 과정에서 오해가 발생하면 그것은 말하는 사람의 잘못이라고 강조한다.

> (㉠) 일본의 어머니들은 대상의 '감정'에 특별히 신경을 써서 가르친다. 특히 자녀가 말을 안 들을 때에 그러하다. (㉡) "네가 밥을 안 먹으면, 고생한 농부 아저씨가 얼마나 슬프겠니?", "인형을 그렇게 던져 버리다니, 저 인형이 울잖아. 담장도 아파하잖아." 같은 말들로 꾸중하는 모습을 자주 볼 수 있다. 다른 사람과의 관계에 초점을 맞춘 훈련을 받은 아이들은 자신의 생각을 드러내기보다는 행동에 영향을 받는 다른 사람들의 감정을 미리 예측하도록 교육받는다. (㉢) 일본에서는 아이들에게 듣는 사람의 입장에서 말할 것을 강조한다.

07 윗글에 대한 이해로 적절하지 않은 것은?

① 미국의 어머니는 말하는 사람의 입장, 일본의 어머니는 듣는 사람의 입장을 강조한다.
② 미국의 어머니는 사물의 속성을 아는 것이 관계를 아는 것보다 더 중요하다고 생각한다.
③ 미국의 어머니는 어떤 일을 있는 그대로 보지 말고 이면에 있는 감정을 읽어야 한다고 생각한다.
④ 미국의 어머니는 자녀가 독립적인 행동을 하도록 교육하며, 일본의 어머니는 자녀가 타인의 감정을 예측하도록 교육한다.

08 ㉠~㉢에 들어갈 말로 옳게 짝 지은 것은?

	㉠	㉡	㉢
①	그래서	그렇지만	곧
②	그리고	하지만	또
③	그러나	또는	곧
④	반면에	예를 들어	즉

09 다음 중 한자어의 표기가 잘못된 것은?

> 정부는 협회가 초안한 품질 규격 기준을 승인하였다.

① 協會(협회) ② 草案(초안)
③ 基准(기준) ④ 承認(승인)

10 다음 글에 대한 설명으로 적절하지 않은 것은?

> 옛날에 환인(桓因) — 제석(帝釋)을 이른다. — 의 서자(庶子) 환웅(桓雄)이 항상 천하(天下)에 뜻을 두고 인간 세상(人間世上)을 몹시 바랐다. 아버지는 아들의 뜻을 알고, 삼위 태백(三危太伯)을 내려다보니, 인간 세계를 널리 이롭게 할 만했다. 이에 천부인(天符印) 세 개를 주어, 내려가서 세상을 다스리게 하였다.
> 환웅은 그 무리 3천 명을 거느리고 태백산(太伯山) 꼭대기 — 곧 태백산은 지금의 묘향산 — 의 신단수(神壇樹) 아래에 내려와서 이곳을 신시(神市)라 불렀다. 이분을 환웅천왕(桓雄天王)이라 한다. 그는 풍백(風伯)·우사(雨師)·운사(雲師)를 거느리고, 곡식·수명·질병·형벌·선악 등을 주관하고, 인간의 삼백예순여 가지 일을 주관하여 인간 세계를 다스려 교화(敎化)시켰다.
> … (중략) …
> 곰과 범은 이것을 받아서 먹었다. 기(忌)한 지 21일[三七日]만에 곰은 여자의 몸이 되었으나, 범은 능히 기하지 못했으므로 사람이 되지 못했다. 웅녀(熊女)는 그와 혼인할 상대가 없었으므로 항상 단수(壇樹) 아래에서 아이 배기를 축원했다. 환웅은 이에 임시로 변하여 그와 결혼해 주었더니, 그는 임신하여 아들을 낳았다. 이름을 단군왕검(檀君王儉)이라 하였다.
>
> — 작자 미상, 「단군 신화」

① 홍익인간이라는 건국 이념을 찾을 수 있다.
② 당시 사회가 농경 생활을 중시했음을 알 수 있다.
③ 우리 민족 최초 국가인 고조선의 천지 창조 신화이다.
④ '천부인(天符印) 세 개'는 환웅의 제사장으로서의 신성한 권능을 의미한다.

11 ㉠~㉣에 대한 설명이 잘못된 것은?

> ㉠ 막차는 좀처럼 오지 않았다
> 대합실 밖에는 밤새 송이눈이 쌓이고
> 흰 보라 수수꽃 눈시린 유리창마다
> 톱밥난로가 지펴지고 있었다
> 그믐처럼 몇은 졸고
> 몇은 감기에 쿨럭이고
> 그리웠던 순간들을 생각하며 나는
> ㉡ 한 줌의 톱밥을 불빛 속에 던져 주었다
> 내면 깊숙이 할 말들은 가득해도
> 청색의 손바닥을 불빛 속에 적셔 두고
> 모두들 아무 말도 하지 않았다
> 산다는 것이 때론 술에 취한 듯
> 한 두릅의 굴비 한 광주리의 사과를
> 만지작거리며 귀향하는 기분으로
> 침묵해야 한다는 것을
> 모두들 알고 있었다
> 오래 앓은 기침소리와
> 쓴 약 같은 입술담배 연기 속에서
> ㉢ 싸륵싸륵 눈꽃은 쌓이고
> 그래 지금은 모두들
> 눈꽃의 화음에 귀를 적신다
> 자정 넘으면
> 낯설음도 뼈아픔도 다 설원인데
> 단풍잎 같은 몇 잎의 차창을 달고
> 밤열차는 또 어디로 흘러가는지
> ㉣ 그리웠던 순간들을 호명하며 나는
> 한 줌의 눈물을 불빛 속에 던져 주었다
>
> — 곽재구, 「사평역에서」

① ㉠: 외롭고 쓸쓸한 분위기를 조성하는 공간적 배경이다.
② ㉡: 소외된 이웃에 대한 연민과 따뜻한 인간애가 드러난다.
③ ㉢: '눈꽃'은 가난한 이웃이 겪어야 하는 시련과 고난을 상징한다.
④ ㉣: 화자가 그리워하는 지난 때를 떠올리며 느끼는 정서를 화자의 행위에 투영하였다.

[12~13] 다음 글을 읽고 물음에 답하시오.

나는 강도를 안심시켜 편안한 맘으로 돌아가게 만들 절호의 기회라고 판단했다.

"그 피치 못할 사정이란 게 대개 그렇습니다. 가령 식구 중에 누군가가 몹시 아프다든가 빚에 몰려서……."

㉠ 그 순간 강도의 눈이 의심의 빛으로 가득 찼다. 분개한 나머지 이가 딱딱 마주칠 정도로 떨면서 그는 대청마루를 향해 나갔다. 내 옆을 지나쳐 갈 때 그의 몸에서는 역겨울 만큼 술냄새가 확 풍겼다. 그가 허둥지둥 끌어안고 나가는 건 틀림없이 갈기갈기 찢어진 한 줌의 자존심일 것이었다. 애당초 의도했던 바와는 달리 내 방법이 결국 그를 편안케 하긴커녕 외려 더욱더 낭패케 만들었음을 깨닫고 나는 그의 등을 향해 말했다.

㉡ "어렵다고 꼭 외로우란 법은 없어요. 혹 누가 압니까, 당신도 모르는 사이에 당신을 아끼는 어떤 이웃이 당신의 어려움을 덜어 주었을지?"

"개수작 마! 그따위 이웃은 없다는 걸 난 똑똑히 봤어! 난 이제 아무도 안 믿어!"

그는 현관에 벗어 놓은 구두를 신고 있었다. 그 구두를 보기 위해 전등을 켜고 싶은 충동이 불현듯 일었으나 나는 꾹 눌러 참았다. 현관문을 열고 마당으로 내려선 다음 부주의하게도 그는 식칼을 들고 왔던 자기 본분을 망각하고 엉겁결에 문간방으로 들어가려 했다. 그의 실수를 지적하는 일은 훗날을 위해 나로서는 부득이한 조처였다.

㉢ "대문은 저쪽입니다."

문간방 부엌 앞에서 한동안 망연해 있다가 이윽고 그는 대문 쪽을 향해 느릿느릿 걷기 시작했다. 비틀비틀 걷기 시작했다. 대문에 다다르자 그는 상체를 뒤틀어 이쪽을 보았다.

㉣ "이래봬도 나 대학까지 나온 사람이오."

누가 뭐라고 그랬나. 느닷없이 그는 자기 학력을 밝히더니만 대문을 열고는 보안등 하나 없는 칠흑의 어둠 저편으로 자진해서 삼켜져 버렸다.

– 윤흥길, 「아홉 켤레의 구두로 남은 사내」

---

12 윗글의 서술 방식으로 가장 적절한 것은?

① 작품 속의 서술자가 자신의 이야기를 서술하며, '나'는 이야기의 주인공이자 서술자이다.

② 작품 속의 '나'는 주인공을 관찰하는 서술자일 뿐, 주인공이 아니다.

③ 작품 밖의 서술자가 전지전능한 신과 같은 위치에서 모든 것을 다 아는 상태로 서술한다.

④ 작품 밖의 서술자가 외부 관찰자의 위치에서 사건과 대상을 관찰하여 전달한다.

13 ㉠~㉣에 대한 설명으로 적절하지 않은 것은?

① ㉠: '그'는 '나'가 자신의 정체를 알아차렸는지 의심하고 있다.

② ㉡: '나'는 '그'에게 희망을 주려고 하고 있다.

③ ㉢: '나'는 '그'의 정체가 드러나지 않도록 배려하고 있다.

④ ㉣: '그'는 '나'보다 학력 면에서 우월함을 표현하고 있다.

14 ㉠~㉤ 중 외래어 표기가 옳은 것만을 모두 고른 것은?

㉠ 글래스(glass)
㉡ 비지니스(business)
㉢ 도넛(doughnut)
㉣ 에어컨(air conditioner)
㉤ 심포지엄(symposium)

① ㉠, ㉡, ㉢

② ㉠, ㉢, ㉣

③ ㉡, ㉣, ㉤

④ ㉢, ㉣, ㉤

15 〈보기〉에서 국어의 로마자 표기가 옳은 것을 모두 고른 것은?

┌ 보기 ┐
ⓐ 묵호 Muko
ⓑ 울산 Ulsan
ⓒ 설악 Seorak
ⓓ 신문로 Sinmunro
ⓔ 해돋이 haedoji
└─────────────┘

① ⓐ, ⓑ, ⓔ
② ⓐ, ⓒ, ⓓ
③ ⓑ, ⓒ, ⓔ
④ ⓑ, ⓓ, ⓔ

16 밑줄 친 단어가 동음이의어로 묶인 것은?
① • 태풍의 눈이 또렷하게 보였다.
　　• 사람들의 눈이 무서운 줄 알아라.
② • 좋은 팔자를 타고 태어났다.
　　• 부동산 경기를 타고 건축 붐이 일었다.
③ • 시청으로 가는 길을 물어 보았다.
　　• 인류 문명이 발전해 온 길을 돌아본다.
④ • 그는 가쁘게 몰아쉬던 숨을 고르고 있다.
　　• 울퉁불퉁한 곳을 흙으로 메워 판판하게 골라 놓았다.

17 다음 글의 내용과 가장 거리가 먼 것은?

　　글의 기본 단위가 문장이라면 구어를 통한 의사소통의 기본 단위는 발화이다. 담화에서 화자는 발화를 통해 '명령', '요청', '질문', '제안', '약속', '경고', '축하', '위로', '협박', '칭찬', '비난' 등의 의도를 전달한다. 이때 화자의 의도가 직접적으로 표현된 발화를 직접 발화, 암시적으로 혹은 간접적으로 표현된 발화를 간접 발화라고 한다.
　　일상 대화에서도 간접 발화는 많이 사용되는데, 그 의미는 맥락에 의존하여 파악된다. "아, 덥다."라는 발화가 '창문을 열어라.'라는 의미로 파악되는 것이 대표적인 예이다. 방 안이 시원하지 않다는 상황을 고려하여 청자는 창문을 열게 되는 것이다. 이처럼 화자는 상대방이 충분히 그 의미를 파악할 수 있다고 판단될 때 간접 발화를 전략적으로 사용함으로써 의사소통을 원활하게 하기도 한다. 공손하게 표현하고자 할 때도 간접 발화는 유용하다. 남에게 무언가를 요구하려는 경우 직접 발화보다 청유 형식이나 의문 형식의 간접 발화를 사용하면 공손함이 잘 드러나기도 한다.

① 화자는 발화를 통해 다양한 의도를 전달한다.
② 직접 발화는 화자의 의도가 직접적으로 표현된다.
③ 간접 발화의 의미는 언어 사용 맥락에 기대어 파악된다.
④ 간접 발화가 직접 발화보다 화자의 의도를 더 잘 전달한다.

18 문장 부호의 사용에 대해 잘못 설명한 것은?
① 제목이나 표어에는 물음표를 쓰는 것을 원칙으로 한다.
② 의문의 정도가 약할 때는 물음표 대신 마침표를 쓸 수 있다.
③ 표제 다음에 해당 항목을 들거나 설명을 붙일 때에는 쌍점을 쓴다.
④ 직접 인용한 문장의 끝에는 마침표를 쓰는 것을 원칙으로 하되, 쓰지 않는 것을 허용한다.

19 밑줄 친 ㉠을 가장 자연스럽게 고친 것은?

나는 김 군을 만나면 글 이야기도 하고 잡담도 하며 시간을 보내는 때가 많았다. 어느 날 김 군과 저녁을 같이하면서 반찬으로 올라온 깍두기를 화제로 이야기를 나누었다.

깍두기는 조선 정종 때 홍현주(洪顯周)의 부인이 창안해 낸 음식이라고 한다. 궁중의 잔치 때에 각 신하들의 집에서 솜씨를 다투어 일품요리(一品料理)를 한 그릇씩 만들어 올리기로 하였다. 이때 홍현주의 부인이 만들어 올린 것이 그 누구도 처음 구경하는, 바로 이 소박한 음식이었다. 먹어 보니 얼근하고 싱싱하여 맛이 매우 뛰어났다. 그래서 임금이 "그 음식의 이름이 무엇이냐?"하고 묻자 "이름이 없습니다. 평소에 우연히 무를 깍둑깍둑 썰어서 버무려 봤더니 맛이 그럴듯하기에 이번에 정성껏 만들어 맛보시도록 올리는 것입니다."라고 하였다. "그러면 깍두기라 부르면 되겠구나." 그 후 깍두기가 우리 음식의 한 자리를 차지하여 상에 자주 오르내리게 된 것이 그 유래라고 한다. 그 부인이야말로 참으로 우리 음식을 만들 줄 아는 솜씨 있는 부인이었다고 생각한다.

아마 다른 부인들은 산해진미, 희한하고 값진 재료를 구하기에 애쓰고 주방 주위에서 흔히 볼 수 있는 무·파·마늘은 거들떠보지도 아니했을 것이다. 갖은 양념, 갖은 고명을 쓰기에 애쓰고 소금·고춧가루는 무시했을지도 모른다. 그러나 재료는 가까운 데 있고 허름한 데 있다. ㉠ 중국 음식의 모방이나 정통 궁중 음식을 본뜨거나 하여 음식을 만들기에 애썼으나 하나도 새로운 것은 없을 것이다. 더욱이 궁중에 올릴 음식으로 그렇게 막되게 썬, 규범에 없는 음식을 만들려 들지는 아니했을 것이다. 썩둑썩둑 무를 썰면 곱게 채를 치거나 나박김치처럼 납작납작 예쁘게 썰거나 장아찌처럼 갈찍갈찍 썰지, 그렇게 꺽둑꺽둑 막 썰 수는 없다. 고춧가루도 적당히 치는 것이지, 그렇게 시뻘겋게 막 버무리는 것을 보면 질색을 했을 것이다. 그 점에 있어서 깍두기는 무법이요, 창의적인 대담한 파격이다.

① 중국 음식을 모방하고 정통 궁중 음식을 본뜨거나 하여
② 중국 음식을 모방하거나 정통 궁중 음식을 본뜨거나 하여
③ 중국 음식의 모방과 정통 궁중 음식을 본뜨거나 하여
④ 중국 음식의 모방이나 정통 궁중 음식을 본떠

20 다음 글에 대한 설명으로 옳지 않은 것은?

가시리 가시리잇고 나는
부리고 가시리잇고 나는
위 증즐가 대평셩디(大平盛代)

날러는 엇디 살라ᄒᆞ고
부리고 가시리잇고 나는
위 증즐가 대평셩디(大平盛代)

잡ᄉᆞ와 두어리마ᄂᆞᄂᆞᆫ
선ᄒᆞ면 아니올셰라
위 증즐가 대평셩디(大平盛代)

셜온 님 보내ᄋᆞᆸ노니 나는
가시는 ᄃᆞᆺ 도셔 오쇼셔 나는
위 증즐가 대평셩디(大平盛代)

– 작자 미상, 「가시리」

① 후렴구와 반복법을 사용하여 운율을 형성한다.
② 4음보의 율격을 기본으로 분연체를 이룬다.
③ 민족 전통 정서인 '한'을 잘 나타내는 민요적 시가이다.
④ 시적 화자는 임이 다시 돌아오지 않을까 두려워 임을 보내려고 한다.

21 다음은 서로 의미가 유사한 속담과 한자 성어를 짝지은 것이다. 관련이 없는 것끼리 묶인 것은?

① 우물 안의 개구리 – 夏蟲疑氷
② 언 발에 오줌 누기 – 雪上加霜
③ 소 잃고 외양간 고친다 – 晚時之歎
④ 낫 놓고 기역자도 모른다 – 目不識丁

22 내용에 따른 ㉠~㉣의 배열 순서로 가장 적절한 것은?

> ㉠ 요즈음 청소년들의 외적인 체격은 과거에 비해 월등히 좋아졌으나, 그에 비해 영양 상태는 균형을 갖추지 못해 문제가 되고 있다. 잘못된 식습관은 청소년의 영양 불균형 문제를 더 심화한다. 어른들 못지않게 바쁜 요즘 청소년들의 건강을 위해서는 올바른 식습관이 필수적이다.
>
> ㉡ 또한, 영양소를 균형 있게 섭취하도록 한다. 패스트푸드 등은 고열량, 저영양 식품으로 영양 불균형을 초래하고 비만을 유발한다. 따라서 편식하지 않는 습관을 가지고 고루 섭취하는 균형 있는 식사를 해야 한다.
>
> ㉢ 우선 규칙적으로 식사하는 습관을 지니도록 한다. 세 끼를 제때 챙겨 먹되, 특히 아침 식사를 거르지 않도록 한다. 아침 식사를 하면 집중력이 좋아질 뿐만 아니라 공복감을 줄여 점심에 폭식을 하지 않게 되고 간식도 적게 먹게 된다.
>
> ㉣ 평소 생활 속에서 올바른 식습관을 지닐 수 있도록 노력하고, 즐겁고 긍정적인 생각을 하면서 식사해야 한다. 이러한 올바른 식습관은 우리의 건강을 지켜 주고 삶의 행복과 만족도를 높여 준다.

① ㉠ - ㉢ - ㉡ - ㉣
② ㉡ - ㉣ - ㉠ - ㉢
③ ㉢ - ㉡ - ㉠ - ㉣
④ ㉣ - ㉠ - ㉡ - ㉢

23 다음 중 홑문장에 해당하는 것은?

① 토끼는 앞발이 짧다.
② 그가 얼굴에 미소를 띠었다.
③ 하늘도 맑고, 바람도 잔잔하다.
④ 그는 우리가 돌아온 사실을 모른다.

[24~25] 다음 글을 읽고 물음에 답하시오.

> 부여의 정월 영고, 고구려의 10월 동맹, 동예의 10월 무천 등은 모두 하늘에 제사를 지내고, 나라 안 사람들이 모두 모여서 음주가무를 하였던 일종의 공동 의례였다. 이것은 상고시대 부족들의 종교·예술 생활이 담겨 있는 제정일치의 표현이라고 볼 수 있다. 제천행사는 힘든 농사일과 휴식의 관계 속에서 형성된 농경사회의 풍속이다. 씨뿌리기가 끝나는 5월과 추수가 끝난 10월에 각각 하늘에 제사를 지냈는데, 이때는 온 나라 사람이 춤추고 노래 부르며 즐겼다. 농사일로 쌓인 심신의 피로를 풀며 모든 사람들이 마음껏 즐겼던 일종의 (㉠)이자 동시에 풍년을 기원하고 추수를 감사하는 의식이었던 것이다.
>
> 이러한 고대의 축제는 국가적 공의(公儀)와 민간인들의 마을굿으로 나뉘어 전해 내려오게 되었다. 이것은 사졸들의 위령제였던 신라의 '팔관회'를 거쳐 고려조에서는 일종의 추수감사제 성격의 공동체 신앙으로 10월에 개최된 '팔관회'와, 새해 농사의 풍년을 기원하는 성격으로 정월 보름에 향촌 사회를 중심으로 향촌 구성원을 결속시켰던 '연등회'라는 두 개의 형식으로 구분되어서 전해 내려오게 되었다. 팔관회는 지배 계층의 결속을 강화하는 역할을 하였고, 연등회는 농경의례적인 성격의 종교집단행사였다고 볼 수 있다. 오늘날의 한가위 추석도 이런 제천의식에서 그 유래를 찾을 수 있다.
>
> 조선조에서는 연등회나 팔관회가 사라지고 중국의 영향을 받아 산대잡극이 성행했다. 즉 광대줄타기, 곡예, 재담, 음악 등이 연주되었다. 즉 공연자와 관람자가 (㉡), 직접 연행을 벌이는 사람들의 사회적 지위는 그들을 관람하는 사람들보다 낮은 것으로 평가되었다. 그러나 민간 차원에서는 마을굿이나 두레가 축제적 고유 성격을 유지하였다. 즉 도당굿, 별신굿, 단오굿, 동제 등이 지역민을 묶어주는 역할을 하였다는 것이다.

24 윗글의 전개 방식에 대한 설명으로 적절한 것은?

① 두 개념의 장점과 단점을 비교하여 서술하고 있다.
② 시대별로 중심 화제의 성격 변화를 서술하고 있다.
③ 통계수치를 활용하여 쉽게 이해할 수 있도록 한다.
④ 반론을 위한 전제를 제시하여 독자의 이해를 돕고 있다.

25 윗글의 ㉠, ㉡에 들어갈 말로 적절한 것은?

	㉠	㉡
①	개인적인 축제	분명히 구분되었고
②	개인적인 축제	구분되지 않았고
③	공동체적 축제	분명히 구분되었고
④	공동체적 축제	구분되지 않았고

제2과목: 행정법

QR코드 접속을 통해 풀이시간 측정, 자동 채점 그리고 결과 분석까지!

01 다음 특별행정법관계에 대한 설명으로 옳지 않은 것은?(다툼이 있는 경우 판례에 의함)

① 농지개량조합과 그 직원의 관계는 공법상 근로계약 관계가 아닌 사법상 특별권력관계이다.

② 국립교육대학 학생에 대한 퇴학처분은 행정처분으로 행정소송의 대상이 된다.

③ 서울특별시 지하철공사 사장의 소속 직원에 대한 징계처분은 행정소송의 대상으로 볼 수 없다.

④ 국가는 한센병 환자의 치료 및 격리수용을 위하여 운영·통제해 온 국립 병원 등에 입원해 있다가 위 병원 등에 소속된 의사 등으로부터 정관절제수술 또는 임신중절수술을 받았음을 이유로 제기한 국가 배상책임은 인정되지 않는다.

02 행정행위의 취소와 철회에 관한 설명 중 옳지 않은 것은?(다툼이 있는 경우 판례에 의함)

① 행정행위의 취소는 일단 유효하게 성립한 행정행위를 그 행위에 위법 또는 부당한 하자가 있음을 이유로 소급하여 그 효력을 소멸시키는 별도의 행정처분이다.

② 행정행위의 철회는 적법요건을 구비하여 완전히 효력을 발하고 있는 행정행위를 사후적으로 그 행위의 효력의 전부 또는 일부를 장래에 향해 소멸시키는 행정처분이다.

③ 행정행위의 철회는 처분청만이 행사할 수 있으며, 감독청은 법률에 근거가 있는 경우에 한하여 철회권을 가진다.

④ 처분 당시에 별다른 하자가 없었는데 처분을 존속시킬 필요가 없게 된 사정변경이 생겼음을 이유로 철회를 할 경우, 수익적 행정행위의 경우는 침익적 행정행위의 경우와는 달리 법적 근거가 필요하다.

03 행정행위의 부관에 대한 설명으로 옳지 않은 것은?(다툼이 있는 경우 판례에 의함)

① 행정처분과 부관 사이에 실제적 관련성이 있다고 볼 수 없는 경우 공무원이 공법상의 제한을 회피할 목적으로 행정처분의 상대방과 사이에 사법상 계약을 체결하는 형식을 취하였다면 이는 법치행정의 원리에 반하는 것으로서 위법하다.

② 고시에서 정하여진 허가기준에 따라 보존음료수 제조업의 허가에 부가된 조건은 행정행위에 부관을 부가할 수 있는 한계에 관한 일반적인 원칙이 적용되지 아니한다.

③ 기속행위적 행정처분에 부담을 부가한 경우 그 부담은 무효라 할지라도 본체인 행정처분 자체의 효력에는 일반적으로 영향이 없다.

④ 행정처분에 부가한 부담이 무효인 경우에도 그 부담의 이행으로 한 사법상 법률행위가 당연히 무효가 되는 것은 아니며 행정처분에 부가한 부담이 제소기간의 도과로 불가쟁력이 생긴 경우에도 그 부담의 이행으로 한 사법상 법률행위의 효력을 다툴 수 있다.

04 사인의 공법행위에 관한 설명 중 옳은 것은?(다툼이 있는 경우 판례에 의함)

① 「행정절차법」에 따르면 행정청은 신청을 받았을 때에는 다른 법령등에 특별한 규정이 있는 경우를 제외하고는 그 접수를 보류 또는 거부하거나 부당하게 되돌려 보내서는 아니 되며, 그 신청에 구비서류의 미비 등 흠이 있는 경우에는 보완에 필요한 상당한 기간을 정하여 지체 없이 신청인에게 보완을 요구하여야 한다.

② 국토의 계획 및 이용에 관한 법률상의 개발행위허가로 의제되는 건축신고가 개발행위 허가의 기준을 갖추지 못하더라도, 건축법상 적법한 요건을 갖춘 신고만 하면 건축을 할 수 있고 행정청의 수리 등 별단의 조처를 기다릴 필요는 없다.

③ 서울대공원 시설을 기부채납한 자가 무상사용기간 만료 후 확약 사실에 근거하여 10년의 유상사용허가를 신청하였으나 서울대공원 관리사업소장이 신청서를 반려하고 대신에 1년의 임시사용허가처분을 통보하였다면, 이는 10년의 유상사용 허가신청에 대한 거부처분이 아니라 부작위로 보아야 한다.

④ 구 「유통산업발전법」상 대규모점포의 개설 등록은 변형된 허가 또는 완화된 허가에 해당하며, 이른바 '수리를 요하는 신고'로 볼 수는 없다.

05 다음 중 판례의 입장으로 옳지 않은 것은?

① 정보통신매체를 이용하여 학습비를 받고 불특정 다수인에게 원격평생교육을 실시하기 위해 구 평생교육법 제22조 등에서 정한 형식적 요건을 모두 갖추어 신고한 경우이더라도 행정청이 실체적 사유를 들어 신고 수리를 거부할 수 있다.

② 어업에 관한 허가 또는 신고의 경우에는 어업면허와 달리 유효기간 연장제도가 마련되어 있지 아니하므로 그 유효기간이 경과하면 그 허가나 신고의 효력이 당연히 소멸한다.

③ 공익사업시행지구에 편입되는 주거용 건축물의 소유자 또는 세입자가 아닌 가구원이 사업시행자를 상대로 직접 주거이전비 지급을 구할 수 없다.

④ 수리란 신고를 유효한 것으로 판단하고 법령에 의하여 처리할 의사로 이를 수령하는 수동적 행위이므로 수리행위에 신고필증 교부 등 행위가 꼭 필요한 것은 아니다.

06 다음 중 법률유보원칙에 대한 설명으로 옳지 않은 것은?

① 법률유보원칙에서 법률이란 국회에서 제정한 형식적 의미의 법률뿐만 아니라 법률에서 구체적으로 위임을 받은 법규명령도 포함된다.

② 헌법재판소는 국회의 의결을 거쳐 확정되는 예산도 일종의 법규범이므로 법률과 마찬가지로 국가기관뿐만 아니라 국민도 구속한다고 본다.

③ 법률유보원칙은 의회민주주의원리, 법치국가원리, 기본권 보장을 그 이념적 기초로 한다.

④ 헌법재판소결정에 따를 때 기본권 제한에 관한 법률유보원칙은 법률에 근거한 규율을 요청하는 것이므로 그 형식이 반드시 법률일 필요는 없더라도 법률상의 근거는 있어야 한다.

07 기속행위와 재량행위에 대한 판례의 입장으로 옳지 않은 것은?

① 「여객자동차 운수사업법」에 의한 개인택시운송사업면허는 특정인에게 권리나 이익을 부여하는 행정행위로서 법령에 특별한 규정이 없는 한 재량행위이다.

② 재량권의 일탈·남용 여부에 대한 법원의 심사는 사실 오인, 비례·평등의 원칙 위배, 당해 행위의 목적 위반이나 동기의 부정 유무 등을 그 판단 대상으로 한다.

③ 귀화허가는 강학상 허가에 해당하므로, 귀화신청인이 귀화요건을 갖추어서 귀화허가를 신청한 경우에 법무부장관은 귀화허가를 해 주어야 한다.

④ 재량행위의 경우 그 근거법규에 대하여 법원이 사실인정과 관련 법규의 해석·적용을 통하여 일정한 결론을 도출한 후 그 결론에 비추어 행정청이 한 판단의 적법 여부를 독자의 결론을 도출함이 없이 당해 행위에 재량권의 일탈·남용이 있는지 여부만을 심사한다.

08 개인적 공권에 대한 설명으로 옳지 않은 것은?(다툼이 있는 경우 판례에 의함)

① 재량권이 영으로 수축하는 경우에는 무하자재량행사청구권이 행정개입청구권으로 전환되어 행정개입청구권이 인정된다.

② 지방자치단체장이 공장시설을 신축하는 회사에 대하여 사업승인 내지 건축허가 당시 부가하였던 조건을 이행할 때까지 신축공사를 중지하라는 명령을 한 경우에는 위 회사에게 중지명령의 원인사유가 해소되었음을 이유로 당해 공사중지명령의 해제를 요구할 수 있는 권리가 인정된다.

③ 국민이 행정청에 대하여 제3자에 대한 건축허가와 준공검사의 취소 및 제3자 소유의 건축물에 대한 철거명령을 요구할 수 있는 법규상 또는 조리상 권리는 인정되지 않는다.

④ 무하자재량행사청구권은 결정재량과 선택재량에서 인정되나, 행정개입청구권은 선택재량에서만 인정된다.

09 신고에 관한 다음 설명 중 옳지 않은 것은?(다툼이 있는 경우 판례에 의함)

① 사업양수에 의한 지위승계신고를 수리하는 행위는 행정처분에 해당한다.

② 인·허가의제 효과를 수반하는 건축신고는 자체완성적 신고이다.

③ 행위요건적 신고에 대하여 관할 행정청의 신고필증의 교부가 없더라도 적법한 신고가 있는 이상 신고의 법적효력에는 영향이 없다.

④ 주민등록의 신고는 행정청에 도달하기만 하면 신고로서의 효력이 발생하는 것이 아니라 행정청이 수리한 경우에 비로소 신고의 효력이 발생한다.

10 「행정기본법」상 법적용의 기준에 대한 설명으로 옳지 않은 것은?

① 새로운 법령은 법령에 특별한 규정이 있는 경우를 제외하고는 그 법령의 효력 발생 전에 완성되거나 종결된 사실관계 또는 법률관계에 대해서는 적용되지 아니한다.

② 법령등을 위반한 행위의 성립과 이에 대한 제재처분은 법령등에 특별한 규정이 있는 경우를 제외하고는 법령등을 위반한 행위 당시의 법령등에 따른다.

③ 법령을 위반한 행위 후 법령의 변경에 의하여 그 행위가 법령을 위반한 행위에 해당하지 아니하는 경우에도 해당 법령에 특별한 규정이 없는 경우 변경된 법령을 적용한다.

④ 당사자의 신청에 따른 처분은 법령에 특별한 규정이 있는 경우를 제외하고는 처분 당시의 법령에 따른다.

11 공용수용 및 손실보상에 대한 설명으로 옳지 않은 것은?(다툼이 있는 경우 판례에 의함)

① 헌법재판소는 산업입지 및 개발에 관한 법률에서 민간기업에게 산업단지개발사업에 필요한 토지 등을 수용할 수 있도록 규정한 조항이 헌법 제23조 제3항에 위반되지 않는다고 판시하였다.

② 공익사업을 위한 토지 등의 취득 및 보상에 관한 법률 제83조에 따른 이의의 신청이나 제85조에 따른 행정소송의 제기는 사업의 진행 및 토지의 수용 또는 사용을 정지시키지 아니한다.

③ 공익사업을 위한 토지 등의 취득 및 보상에 관한 법률상 토지소유자가 보상금의 증감에 관한 소송을 제기하고자 하는 경우에는 지방토지수용위원회를 피고로 행정소송을 제기하여야 한다.

④ 공익사업을 위한 토지 등의 취득 및 보상에 관한 법률상 보상액의 산정은 협의에 의한 경우에는 협의 성립 당시의 가격을, 재결에 의한 경우에는 수용 또는 사용의 재결 당시의 가격을 기준으로 한다.

12 수익적 행정처분의 취소에 관한 설명 중 옳은 것을 모두 고른 것은?(다툼이 있는 경우 판례에 의함)

> ㄱ. 수익적 행정행위 신청에 대한 거부처분은 당사자의 신청에 대하여 관할 행정청이 거절하는 의사를 대외적으로 명백히 표시함으로써 성립되며, 거부처분이 있은 후 당사자가 다시 신청을 한 경우에는 그 내용이 새로운 신청을 하는 취지라도 관할 행정청이 이를 다시 거절하는 것은 새로운 거부처분이 되지 아니한다.
>
> ㄴ. 당사자의 부정한 방법에 의한 신청행위를 이유로 수익적 행정처분을 직권취소하는 경우, 당사자는 처분에 관한 신뢰이익을 원용할 수 없음은 물론 행정청이 이를 고려하지 아니하였다고 하여도 재량권의 일탈·남용이 아니다.
>
> ㄷ. 수익적 행정처분을 직권으로 취소하는 경우에는 비록 취소의 사유가 있다고 하더라도 그 취소권의 행사가 기득권의 침해를 정당화할 만한 중대한 공익상의 필요 또는 제3자의 이익보호의 필요가 있고, 이를 상대방이 받는 불이익과 비교·교량하여 볼 때 공익상의 필요 등이 상대방이 입을 불이익을 정당화할 만큼 강한 경우에 허용된다.
>
> ㄹ. 수익적 행정처분의 쟁송취소는 취소를 통한 기득권의 침해를 정당화할 만한 중대한 공익상의 필요 또는 제3자 이익보호의 필요가 있는 때에 한하여 허용된다.

① ㄴ, ㄷ   ② ㄷ, ㄹ

③ ㄴ, ㄹ   ④ ㄱ, ㄹ

13 과징금에 대한 설명으로 옳지 않은 것은?(다툼이 있는 경우 판례에 의함)

① 재량권을 일탈한 과징금 납부명령에 대하여는 법원이 적정한 처분의 정도를 판단하여 그 초과되는 부분만 취소할 수 있다.

② 회사분할의 경우에 분할 전 법위반행위를 이유로 신설회사에 대하여 과징금을 부과하는 것은 허용되지 않는다.

③ 부과관청이 추후에 부과금 산정 기준이 되는 새로운 자료가 나올 경우 과징금액이 변경될 수도 있다고 유보하며 과징금을 부과했더라도, 새로운 자료가 나온 것을 이유로 새로이 부과처분을 할 수 없다.

④ 부동산실권리자명의 등기에 관한 법률 및 시행령상 명의신탁자에 대한 과징금부과처분은 행정청의 기속행위에 해당한다.

14 다음 중 판례의 입장으로 적절하지 않은 것은?

① 난민 인정 거부처분의 취소를 구하는 취소소송에서 그 거부처분을 한 후 국적국의 정치적 상황이 변화하였다 하더라도 처분의 적법 여부가 달라지는 것은 아니다.

② 건축불허가처분을 하면서 건축불허가 사유뿐만 아니라 구「소방법」에 따른 소방서장의 건축부동의 사유를 들고 있는 경우, 그 건축불허가처분에 관한 쟁송에서 건축법상의 건축불허가 사유뿐만 아니라 소방서장의 부동의 사유에 관하여도 다툴 수 있다.

③ 사실심에서 변론종결시까지 당사자가 주장하지 않던 직권조사사항에 해당하는 사항을 상고심에서 비로소 주장하는 경우, 그 직권조사 사항에 해당하는 사항은 상고심의 심판범위에 해당하지 않는다.

④ 개인식별정보뿐만 아니라 그 외에 정보의 내용을 구체적으로 살펴 개인에 관한 사항의 공개로 개인의 내밀한 내용의 비밀 등이 알려지게 되고 그 결과 인격적, 정신적 내면생활에 지장을 초래하거나 자유로운 사생활을 영위할 수 없게 될 위험성이 있는 정보도 비공개대상이 되는 정보에 해당한다.

15 행정상 입법에 대한 설명으로 옳지 않은 것은? (다툼이 있는 경우 판례에 의함)

① 법률이 대통령령으로 규정하도록 되어 있는 사항을 부령으로 정한 경우 그 부령의 효력은 무효에 해당한다.

② 일반적으로 법률의 위임에 의하여 효력을 갖는 법규명령의 경우, 구법에 위임의 근거가 없어 무효였더라도 사후에 법 개정으로 위임의 근거가 부여되면 그 때부터는 유효한 법규명령이 된다.

③ 다양한 사실관계를 규율하거나 사실관계가 수시로 변화될 것이 예상될 때에는 위임의 명확성의 요건이 완화되어야 한다.

④ 법률규정 자체에 위임의 구체적 범위를 명확히 규정하고 있지 아니하여 외형상으로는 일반적, 포괄적으로 위임한 것처럼 보이는 경우에는 그 법률의 전반적인 체계 등에 대한 해석을 통하여 그 내재적인 위임의 범위나 한계를 객관적으로 분명히 확정될 수 있는 것이더라도 일반적, 포괄적 위임에 해당한다.

16 행정법의 일반원칙에 대한 설명으로 옳지 않은 것은?(다툼이 있는 경우 판례에 의함)

① 제1종 보통면허로 운전할 수 있는 차량을 음주운전한 경우에는 제1종 보통면허의 취소 외에 동일인이 소지하고 있는 제1종 대형면허와 원동기장치자전거면허까지 취소할 수 있다.

② 「행정규제기본법」과 「행정절차법」은 각각 규제의 원칙과 행정지도의 원칙으로 비례원칙을 정하고 있다.

③ 헌법재판소의 위헌결정은 행정청이 개인에 대하여 신뢰의 대상이 되는 공적인 견해를 표명한 것이라고 할 수 있으므로 그 결정에 관련한 개인의 행위에 대하여는 신뢰보호의 원칙이 적용된다.

④ 같은 정도의 비위를 저지른 자들임에도 불구하고 그 직무의 특성 등에 비추어 개전의 정이 있는지 여부에 따라 징계 종류의 선택과 양정에서 다르게 취급하는 것은 평등의 원칙에 반하지 않는다.

17 행정행위와 이에 대한 분류 또는 설명으로 가장 옳지 않은 것은?

① 한의사면허: 진료행위를 할 수 있는 능력을 설정하는 설권행위

② 행정재산에 대한 사용허가: 특정인에게 행정재산을 사용할 권리를 설정하여 주는 행위

③ 재개발조합설립에 대한 인가: 공법인의 지위를 부여하는 설권적 처분

④ 재개발조합의 사업시행계획 인가: 조합의 행위에 대한 보충행위

18 행정상 손실보상에 대한 설명으로 가장 옳은 것은?

① 헌법재판소는 공용침해로 인한 특별한 손해에 대한 보상규정이 없는 경우에 관련 보상규정을 유추적용하여 보상하려는 경향이 있다.

② 처분의 효력정지는 처분등의 집행 또는 절차의 속행을 정지함으로써 목적을 달성할 수 있는 경우에는 허용되지 아니한다.

③ 공익사업의 시행으로 토석채취허가를 연장받지 못한 경우 그로 인한 손실은 적법한 공권력의 행사로 가하여진 재산상의 특별한 희생으로서 손실보상의 대상이 된다.

④ 개발제한구역지정으로 인한 지가의 하락은 원칙적으로 토지소유자가 감수해야 하는 사회적 제약의 범주에 속하나, 지가의 하락이 20% 이상으로 과도한 경우에는 특별한 희생에 해당한다.

19 「행정소송법」상 집행정지에 관한 설명 중 옳지 않은 것은?(다툼이 있는 경우 판례에 의함)

① 처분상대방이 집행정지결정을 받지 못했으나 본안소송에서 해당 제재처분이 위법함이 확인되어 취소하는 판결이 확정되면, 처분청은 그 제재처분으로 처분상대방에게 초래된 불이익한 결과를 제거하기 위하여 필요한 조치를 취하여야 한다.

② 집행정지의 결정 또는 기각의 결정에 대하여는 즉시항고할 수 있다. 이 경우 집행정지의 결정에 대한 즉시항고에는 결정의 집행을 정지하는 효력이 없다.

③ 집행정지의 결정이 확정된 후 집행정지가 공공복리에 중대한 영향을 미치거나 그 정지사유가 없어진 때에는 당사자의 신청 또는 직권에 의하여 결정으로써 집행정지의 결정을 취소할 수 있다.

④ 항고소송을 제기한 원고가 본안소송에서 패소확정판결을 받은 경우에는 집행정지결정의 효력이 소급적으로 소멸한다.

20 조세행정에 대한 설명으로 옳지 않은 것은?(다툼이 있는 경우 판례에 의함)

① 과세관청의 물납재산에 대한 환급결정이나 그 환급결정을 구하는 신청에 대한 환급거부결정도 같은 법 제51조에서 정한 환급결정이나 환급거부결정과 마찬가지로 납세의무자가 갖는 환급청구권의 존부 등에 구체적이고 직접적인 영향을 미치는 처분이 아니어서 항고소송의 대상이 되는 처분이라고 볼 수 없다.

② 국세환급금의 충당은 항고소송의 대상이 되는 처분에 해당한다.

③ 감액경정처분의 경우에 항고소송의 대상은 당초 신고나 부과처분 중 경정결정에 의하여 취소되지 않고 남은 부분이며, 감액경정결정이 항고소송의 대상이 되지는 아니한다 할 것이다.

④ 관세법상 신고납세방식의 조세에 있어서 과세관청이 납세 의무자의 신고에 따라 세액을 수령하는 것은 사실행위에 불과할 뿐 이를 부과처분으로 볼 수는 없다.

21 다음 중 준법률행위적 행정행위에 대한 설명으로 옳지 않은 것은?(다툼이 있는 경우 판례에 의함)

① 「건축법」 제14조 제2항에 의한 인·허가의제 효과를 수반하는 건축신고에 대한 수리거부는 처분성이 인정된다.

② 주택재개발정비사업조합의 설립인가신청에 대한 행정청의 조합설립인가처분은 행정주체의 지위를 부여하는 일종의 설권적 처분의 성질이다.

③ 「국가공무원법」에 근거하여 정년에 달한 공무원에게 발하는 정년퇴직 발령은 정년퇴직 사실을 알리는 동시에 공무원의 지위를 변경시키는 형성적 행정행위이다.

④ 무허가건물을 무허가건물관리대장에서 삭제하는 행위는 다른 특별한 사정이 없는 한 항고소송의 대상이 되는 행정처분이 아니다.

22 「질서위반행위규제법」상 과태료에 대한 설명으로 가장 적절한 것은?

① 과태료의 부과·징수, 재판 및 집행 등의 절차에 관한 다른 법률의 규정 중 이 법의 규정에 저촉되는 것은 다른 법률이 정하는 바에 따른다.

② 과태료사건은 다른 법령에 특별한 규정이 있는 경우를 제외하고는 당사자의 주소지의 지방법원 또는 그 지원의 관할로 한다.

③ 하나의 행위가 2 이상의 질서위반행위에 해당하는 경우에는 각 질서위반행위에 대하여 가장 경한 과태료를 부과한다.

④ 행정청은 당사자가 납부기한까지 과태료를 납부하지 아니한 때에는 납부기한을 경과한 날부터 체납된 과태료에 대하여 100분의 5에 상당하는 가산금을 징수한다.

23 단계적 행정작용에 대한 설명으로 옳지 않은 것은?(다툼이 있는 경우 판례에 의함)

① 원자로시설부지 인근 주민들은 방사성물질 등에 의한 생명·신체의 안전침해를 이유로 부지사전승인처분의 취소를 구할 원고적격이 있다.

② 환경영향평가법 제7조에 정한 환경영향평가대상지역 안의 주민들이 방사성물질 이외의 원인에 의한 환경침해를 받지 아니하고 생활할 수 있는 이익도 직접적·구체적 이익으로서 그 보호대상으로 삼고 있다고 보이므로, 위 환경영향평가대상지역 안의 주민에게는 방사성물질 이외에 원전냉각수 순환시 발생되는 온배수로 인한 환경침해를 이유로 부지사전승인처분의 취소를 구할 원고적격도 있다.

③ 도시·군계획시설결정과 실시계획인가는 도시·군계획시설사업을 위하여 이루어지는 단계적 행정절차에서 별도의 요건과 절차에 따라 별개의 법률효과를 발생시키는 독립적인 행정처분이므로 선행처분인 도시·군계획시설결정에 하자가 있더라도 그것이 당연무효가 아닌 한 원칙적으로 후행처분인 실시계획인가에 승계되지 않는다.

④ 폐기물관리법 관계 법령에 의한 폐기물처리업 허가권자의 부적정 통보는 행정처분에 해당하지 않는다.

24 다음 중 청문과 공청회에 대한 설명으로 옳지 않은 것은?

① 행정청은 법령상 청문실시의 사유가 있는 경우에도 당사자가 의견진술의 기회를 포기한다는 뜻을 명백히 표시한 경우에는 의견청취를 하지 않을 수 있다.

② 행정청은 공청회를 개최하려는 경우에는 공청회 개최 14일 전까지 당사자 등에게 통지하고 관보, 공보, 인터넷 홈페이지 또는 일간신문 등에 공고하는 등의 방법으로 널리 알려야 한다.

③ 청문서가 「행정절차법」에서 정한 날짜보다 다소 늦게 도달하였을 경우에도, 당사자가 이에 대하여 이의하지 아니하고 청문일에 출석하여 의견을 진술하였다면 청문서 도달기간을 준수하지 않은 하자는 치유된다.

④ 행정청은 소속 직원 또는 대통령령으로 정하는 자격을 가진 사람 중에서 청문 주재자를 공정하게 선정하여야 하며, 청문이 시작되는 날부터 10일 전까지 청문 주재자에게 청문과 관련한 필요한 자료를 미리 통지하여야 한다.

25 「군사행정법」에 대한 설명으로 가장 옳은 것은?

① 음주운전을 하여 차량접촉사고를 낸 후 출동한 경찰의 음주측정에 정당한 사유 없이 불응하여 벌금을 받은 동원관리관으로 근무하던 자에 대한 품위유지의무 위반을 이유로 한 해임은 재량권의 범위를 일탈·남용한 것으로 위법하다.

② 공익근무요원은 특정한 목적을 위해 소집되어 공익분야에 종사하는 사람으로서 보충역에 편입되어 있는 자이므로 군인이라 판단할 수 있다.

③ 모든 군무원은 형의 선고나 군무원인사법 또는 국가공무원법에서 정한 사유에 따르지 아니하고는 본인의 의사에 반하여 휴직·직위해제·강임(降任) 또는 면직을 당하지 아니한다.

④ 주한미군에 근무하면서 북한의 음성통신을 영어로 번역하는 업무를 수행하는 한국인 군무원에 대하여 미군 측의 고용해제 통보 후 국방부장관이 행한 직권면직의 인사발령은 항고소송의 대상이 되는 행정처분이라 보기 어렵다.

제3과목: 경영학

QR코드 접속을 통해 풀이시간 측정, 자동 채점 그리고 결과 분석까지!

01 경영조직론 관점에서 기계적 조직과 유기적 조직에 대한 설명으로 옳지 않은 것은?

① 기계적 조직은 효율성과 생산성 향상을 목표로 한다.

② 기계적 조직에서는 공식적 커뮤니케이션이 주로 이루어지고, 상급자가 조정자 역할을 한다.

③ 유기적 조직에서는 주로 분권화된 의사결정이 이루어진다.

④ 유기적 조직은 고객의 욕구 및 환경이 안정적이고 예측가능성이 높은 경우에 효과적이다.

02 다음 중 버나드의 조직이론에 대한 설명으로 옳지 않은 것은?

① 권한은 명령에 응하는 하급자의 수용의사에 달려있다는 권한수용설을 주장하며, 권한이 조직의 직능에서 유래함을 설명한다.

② 협동체계로서 사회는 참여자의 공헌과 만족 간에 균형을 유지해야 하고, 이때의 만족은 심리적인 보상만 영향을 준다.

③ 조직을 '2명 이상이 힘과 활동을 의식적으로 조정하는 협동체계'라고 정의한다.

④ 조직과 조직구성원 간의 균형 유지를 위한 협력관계에 따라 조직의 유효성이 결정된다.

03 통계적 품질관리(Statistical Quality Control)에 대한 설명으로 옳지 않은 것은?

① 샘플링 검사를 활용하는 품질관리 방식으로 표본수와 크기를 결정해야 한다.

② 관리도(Control Chart)를 활용하는 품질관리 방식으로 신뢰수준(Confidence Level)에 따라 관리상한선과 관리하한선이 달라질 수 있다.

③ 샘플링 검사를 활용하여 적은 비용과 시간으로 전체 생산품에서 불량품을 모두 선별하는 것을 목적으로 한다.

④ 관리도를 활용하여 품질변동을 초래하는 우연요인(Random Cause)과 이상요인(Assignable Cause) 중 이상요인을 파악하여 관리하고자 하는 기법이다.

04 다음 〈보기〉를 참고하여 전략적 목적과 업종이 바르게 짝 지어진 것을 고르면?

┤ 보기 ├

기업 인수합병(M&A)의 전략적 목적을 당사자 기업들이 속한 업종 간 관계에 따라 분류하면 수직 계열화, 수평적 통합, 관련형 다각화, 비관련형 다각화 등으로 나눌 수 있다.

① • 수직 계열화: 종합상사+식품회사
　• 수평적 통합: LCD회사+유리회사
　• 관련형 다각화: 자동차회사+철강회사

② • 수직 계열화: 식품회사+보험회사
　• 수평적 통합: 조선회사+조선회사
　• 관련형 다각화: 통신회사+항공사

③ • 수직 계열화: 항공사+여행사
　• 수평적 통합: 반도체회사+통신회사
　• 관련형 다각화: 건설회사+건설회사

④ • 수직 계열화: 철강회사+조선회사
　• 수평적 통합: 제약회사+제약회사
　• 관련형 다각화: 은행+카드회사

20　군무원 FINAL 실전 봉투모의고사

05 고관여(High Involvement) 상황하의 소비자 구매 의사결정과정 5단계를 바르게 나열한 것은?

① 문제 인식 → 정보 탐색 → 구매 → 대안 평가 → 구매 후 행동
② 문제 인식 → 정보 탐색 → 대안 평가 → 구매 → 구매 후 행동
③ 정보 탐색 → 문제 인식 → 구매 → 대안 평가 → 구매 후 행동
④ 정보 탐색 → 문제 인식 → 구매 → 구매 후 행동 → 대안 평가

06 사무용 의자를 생산하는 A기업의 총고정비는 1,000만 원, 단위당 변동비가 10만 원이다. A기업이 500개의 의자를 판매하여 1,000만 원의 이익을 목표로 한다면, 비용가산법(Cost Plus Pricing)에 의한 의자 1개의 가격으로 옳은 것은?

① 100,000원
② 120,000원
③ 140,000원
④ 160,000원

07 다음 중 재무비율에 대한 설명으로 옳지 않은 것은?

① 유동성 비율은 단기에 지급해야 할 기업의 채무를 갚을 수 있는지 기업의 능력을 측정하는 것이다.
② 수익성 비율이란 기업이 경영 활동을 하면서 어느 정도의 수익을 발생시키는지를 나타내는 지표이다.
③ 부채비율은 기업이 조달한 자본 중에서 자기자본에 의존하고 있는 정도를 나타내는 지표이다.
④ 활동성 비율은 기업의 자산이 효율적으로 관리되고 있는 정도를 나타내는 지표로서, 주로 기업의 자산과 자본 회전율에 의해 측정된다.

08 다음 〈보기〉를 읽고 수요예측치를 구하면?

┤ 보기 ├
2022년 5월의 수요예측치는 200개이고 실제수요치는 180개인 경우, 지수평활계수가 0.8이면 단순지수평활법에 의한 2022년 6월의 수요예측치를 구하시오.

① 164개
② 184개
③ 204개
④ 214개

09 〈보기〉에서 설명하는 경영혁신기법으로 옳은 것은?

┤ 보기 ├
이 기법은 통계적 품질관리를 기반으로 품질혁신과 고객만족을 달성하기 위하여 전사적으로 실행하는 경영혁신기법이며 제조과정뿐만 아니라 제품개발, 판매, 서비스, 사무업무 등 거의 모든 분야에서 활용 가능하다.

① 학습조직
② 6시그마
③ 리스트럭처링
④ 리엔지니어링

10 다음 중 기본 경제적 주문량(EOQ) 모형에 대한 설명으로 옳지 않은 것은?

① 주문은 한 번에 배달되고, 주문량에 따른 수량 할인은 없다고 가정한다.
② 재주문점은 리드타임에 일일 수요를 곱하여 구할 수 있다.
③ 발주비용은 발주량과 선형의 역비례 관계를 갖는다.
④ 주문사이클은 주문량을 연간 수요량으로 나눈 후 연간 조업일수를 곱하여 구할 수 있다.

11 〈보기〉의 직무평가방법 중 질적 평가방법으로 옳은 것은?

┌ 보기 ┐
ㄱ. 점수법   ㄴ. 서열법
ㄷ. 요소비교법   ㄹ. 분류법
└─────────────────────────┘

① ㄱ, ㄴ
② ㄱ, ㄷ
③ ㄴ, ㄷ
④ ㄴ, ㄹ

12 생산제품의 판매가치와 인건비의 관계에서 배분액을 계산하는 집단성과급제로 옳은 것은?

① 순응임금제
② 물가연동제
③ 스캔론플랜
④ 럭커플랜

13 제품수명주기에서 〈보기〉의 시기에 사용할 수 있는 유통 및 광고 전략은?

┌ 보기 ┐
• 다수의 잠재구매자들이 제품을 구매하여 판매성장이 둔화된다.
• 회사들 사이의 경쟁이 증가하기 때문에 이익은 정체되거나 하락한다.
└─────────────────────────┘

① 선택적 유통을 구축하고 수익성이 적은 경로를 폐쇄하며, 상표충성도가 강한 고객을 유지하는 데 초점을 둔다.
② 집중적인 유통을 구축하고 대중시장에서의 인식과 관심을 형성하는 데 초점을 둔다.
③ 기존에 구축된 유통망을 유지·강화하고 상표 재활성화와 제품의 이점을 강조하는 데 초점을 둔다.
④ 선택적인 유통을 구축하고 조기수용층과 판매상의 제품인지를 형성하는 데 초점을 둔다.

14 다음 중 합명회사에 대한 설명으로 옳은 것은?

① 무한책임사원과 유한책임사원으로 조직한다.
② 2인 이상의 무한책임사원으로 조직한다.
③ 사원이 출자금액을 한도로 유한의 책임을 진다.
④ 사원은 주식의 인수가액을 한도로 하는 출자의무를 부담할 뿐이다.

15 동기이론 중 허츠버그(F. Herzberg)의 2요인이론에 대한 설명으로 옳지 않은 것은?

① 임금, 작업조건, 동료관계 등은 동기유발요인에 해당된다.
② 동기유발요인은 만족요인, 위생요인은 불만족요인이라고도 한다.
③ 만족과 불만족을 동일 차원의 양극점이 아닌 별개의 차원으로 본다.
④ 직무불만족은 직무상황과 관련되고, 직무만족은 직무내용과 관련된다.

16 옵션 투자전략에 관한 설명으로 옳지 않은 것은?

① 순수포지션 전략(Naked Position)은 한 가지 상품에만 투자한 경우로 헤지(Hedge)가 되어 있지 않은 전략이다.
② 보호풋 전략(Protective Put)은 기초자산을 1개 매입하고 풋옵션을 1개 매입하는 전략이다.
③ 풋-콜 패리티(Put-Call Parity) 전략은 만기시점의 기초자산 가격과 관계없이 항상 행사가격만큼 얻게 되어 가격변동위험을 완전히 없앨 수 있다.
④ 방비콜(Covered Call) 전략은 기초자산을 보유한 투자자가 콜옵션을 매입하는 전략이다.

17 다음 중 촉진관리에 대한 설명으로 옳은 것은?

① 광고예산 결정방법에서 매출액 비율법의 단점은 광고비를 매출액의 결과가 아니라 원인으로 보는 것이다.

② 구매 공제는 소비자 판매촉진에 포함된다.

③ 광고 공제는 소비자 판매촉진에 포함된다.

④ 홍보는 PR 활동에 포함된다.

18 최종품목 또는 완제품의 주생산일정계획을 기반으로 제품생산에 필요한 각종 원자재, 부품, 중간조립품의 주문량과 주문시기를 결정하는 재고관리방법으로 옳은 것은?

① 자재소요계획(MRP)

② 적시생산시스템(JIT)

③ 린(Lean) 생산

④ 공급사슬관리(SCM)

19 투자안 분석에서 순현가법(Net Present Value Method)과 내부수익률법(Internal Rate of Return Method)을 비교한 설명으로 적절하지 않은 것은?

① 투자안에서 발생하는 현금유입을 순현가법에서는 할인율로, 내부수익률법에서는 내부수익률로 재투자한다고 가정한다.

② 순현가법에서는 순현가가 하나 존재하고, 내부수익률법에서는 내부수익률이 전혀 존재하지 않거나 여러 개의 내부수익률이 나타날 수 있다.

③ 순현가법에서는 가치의 가산원칙이 적용되지 않고, 내부수익률법에서는 가치의 가산원칙이 적용된다.

④ 독립적 투자안의 경우 순현가법이나 내부수익률법에 의한 투자평가결과가 항상 같지만, 상호배타적 투자안의 경우 두 방법의 투자평가결과가 서로 다를 수 있다.

20 〈보기〉에서 시장을 세분화하기 위한 행동적 변수들로만 묶인 것은?

┤ 보기 ├
ㄱ. 가족생애주기	ㄴ. 개성
ㄷ. 연령	ㄹ. 사회계층
ㅁ. 추구편익	ㅂ. 라이프스타일
ㅅ. 상표애호도	ㅇ. 사용량

① ㄱ, ㄴ, ㄷ

② ㄹ, ㅁ, ㅂ

③ ㅁ, ㅅ, ㅇ

④ ㅂ, ㅅ, ㅇ

21 다음 중 기계적 조직과 유기적 조직의 차이점으로 옳은 것은?

① 기계적 조직은 직무 전문화가 낮고, 유기적 조직은 직무 전문화가 높다.

② 기계적 조직은 의사결정권한이 분권화되어 있고, 유기적 조직은 의사결정권한이 집권화되어 있다.

③ 기계적 조직은 동태적이고 복잡한 환경에 적합하며, 유기적 조직은 안정적이고 단순한 환경에 적합하다.

④ 기계적 조직은 지휘계통이 길고, 유기적 조직은 지휘계통이 짧다.

22 다음 〈보기〉에서 현금 및 현금성자산 합계액으로 옳은 것은?

┤ 보기 ├
- 당좌수표: 35,000원
- 당좌개설보증금: 15,000원
- 당좌차월: 7,000원
- 우표: 2,500원
- 우편환증서: 12,000원
- 선일자수표(발행일 30일 이내): 17,500원
- 배당금지급통지표: 9,000원
- 2021년 12월 1일에 취득한 환매채(만기 2022년 1월 31일): 26,500원
- 만기가 도래한 국채이자표: 5,000원

① 52,500원
② 82,500원
③ 87,500원
④ 90,000원

23 다음 중 동기부여이론에 대한 설명으로 옳은 것은?

① 목표설정이론에 따르면 구체적인 목표보다 일반적인 목표를 제시하는 것이 구성원들의 동기부여에 더 효과적이다.

② 공정성이론에 따르면 분배 공정성, 절차 공정성, 상호작용 공정성의 순서로 동기부여가 이루어지는데, 하위 차원의 공정성이 달성된 이후에 상위 차원의 공정성이 동기부여에 영향을 미친다.

③ 교육훈련이나 직무재배치는 기대이론에서 말하는 1차 결과(노력-성과 관계)에 대한 기대감을 높여주는 방법이다.

④ 알더퍼(P. Alderfer)가 제시한 ERG 이론에 따르면 욕구의 충족을 위해 계속 시도함에도 불구하고 욕구가 좌절되는 경우 개인은 이를 포기하는 대신 이보다 상위욕구를 달성하기 위해 노력한다.

24 다음 〈보기〉에서 설명하는 것으로 옳은 것은?

┤ 보기 ├
기업의 자재, 회계, 구매, 생산, 판매, 인사 등 모든 업무의 흐름을 효율적으로 지원하기 위한 통합정보시스템

① CRM
② SCM
③ DSS
④ ERP

25 〈보기〉의 사항이 회사의 기말재고자산금액에 포함되어 있는 경우 이를 고려하여 감액할 재고자산금액으로 옳은 것은?

┤ 보기 ├
ㄱ. 반품권이 부여된(반품가능성 예측가능) 재고자산 10,000원(원가 8,500원)
ㄴ. 판매하여 운송 중인 상품 5,000원(도착지 인도조건)
ㄷ. 수탁상품 6,500원
ㄹ. 시송품 4,000원(원가 3,500원)

① 7,500원
② 8,000원
③ 8,500원
④ 9,000원

군무원 군수직
FINAL 실전 봉투모의고사

정답 및 해설

제1회 모의고사 정답 및 해설

제1과목: 국어

01	02	03	04	05	06	07	08	09	10
②	③	②	②	④	①	③	④	②	③
11	**12**	**13**	**14**	**15**	**16**	**17**	**18**	**19**	**20**
④	①	①	②	②	④	①	②	④	②
21	**22**	**23**	**24**	**25**					
①	④	①	①	①					

01
정답 ②

영역 문법 > 통사론

정답해설

② 커피 나오셨습니다(×) → 커피 나왔습니다(○): '커피'는 높임의 대상이 아니므로 존대할 필요가 없다.

오답해설

① 과장님의 소유물인 '넥타이'를 높여, 주체인 '과장님'을 높이는 간접 높임 표현이다.

③ 가족 이외의 사람에게 '아버지'에 대해 말할 때에는 높임 표현을 사용해야 한다.

④ '오라고 하셨어'는, '오다'의 주체인 '순영'은 높이지 않고 '(말)하다'의 주체인 '할아버지'를 높인 표현으로, 적절한 표현이다.

02
정답 ③

영역 문법 > 통사론

정답해설

③ 주어(개나리꽃이)와 서술어(피었다)가 한 번씩만 나오는 홑문장이다.

오답해설

① '말도 없이'는 서술어 '가버렸다'를 수식하는 부사절로, 부사절을 안은문장이다.

② '철수가 시험에 합격했다'는 인용절로, 인용절을 안은문장이다.

④ '나무를 심는'은 체언 '사람'을 수식하는 관형절로, 관형절을 안은문장이다.

03
정답 ②

영역 문법 > 어문 규정

오답해설

① 메세지(×) → 메시지(○): 어떤 사실을 알리거나 주장하거나 경고하기 위하여 보내는 전언(傳言)

③ 챔피온(×) → 챔피언(○): 운동 종목 따위에서, 선수권을 보유하고 있는 사람

④ 앵콜(×) → 앙코르(○): 출연자의 훌륭한 솜씨를 찬양하여 박수 따위로 재연을 청하는 일

04
정답 ②

영역 문법 > 형태론

정답해설

② 의존 형태소(5개): 에(조사)/돌-(어간)/-아(어미)/오-(어간)/-ㄴ(어미)

오답해설

① 총 형태소(8개): 집(명사)/에(조사)/돌-(어간)/-아(어미)/오-(어간)/-ㄴ(어미)/날(명사)/밤(명사)

③ 자립 형태소(3개): 집(명사)/날(명사)/밤(명사)

④ 실질 형태소(5개): 집(명사)/돌-(어간)/오-(어간)/날(명사)/밤(명사)

05
정답 ④

영역 문학 > 현대 소설

정답해설

④ '나'는 몰락한 집안에서 자랐기에 어머니에게 경제적으로 도움을 받은 적이 없고, 따라서 경제적인 부분에서 '빚'이 없음을 강조하고 있다.

오답해설

① '나'는 서술자이자 주인공이므로, 1인칭 주인공 시점의 소설이다.

② '나'는 어머니에게 경제적으로 진 빚이 없다는 사실을 들어 자식으로서 해야 할 도리를 부정하고 있다.

③ 어머니를 '노인'으로 지칭하는 것은 거리를 두기 위함이다.

06

영역 문학 > 현대 소설

정답해설

① ㉠은 괴롭고 답답한 '나'의 심정을 간접적으로 드러내는 소재이다.

> **The 알아보기** 이청준, 「눈길」
> - 갈래: 단편 소설
> - 주제: 어머니의 무한한 사랑에 대한 깨달음과 인간적 화해
> - 특징
>   - 1인칭 주인공 시점
>   - 회상과 대화를 통해 과거의 사실을 드러내는 역순행적 구성 방식을 취함
>   - 상징적 의미를 가진 소재를 사용하여 주제를 효과적으로 드러냄

07

영역 문학 > 현대시

정답해설

③ 자신의 삶에 대한 긍정적인 인식과 달관의 태도를 드러내고 있는 것이지 과거에 대한 반성을 표현한 것은 아니다.

오답해설

① 대비적인 의미의 시어를 사용하여 삶과 죽음에 대한 작가의 긍정적인 인식을 드러내고 있다.

② 화자는 담담하고 차분한 어조를 통해 죽음에 대한 두려움이 아닌 죽음에 대한 순응과 더 나아가 달관의 자세를 보이고 있다.

④ 화자는 삶이란 하늘에서 잠시 다녀가는 소풍과도 같은 것으로, 자신의 지난 삶은 소풍처럼 짧으면서도 즐거웠다는 고백과 함께 죽음이란 소풍을 끝내고 원래 있어야 할 하늘로 돌아가야 하는 것으로 표현하였다. 따라서 삶과 죽음이 구분되고 단절된 것이 아니라 결국에는 같은 연장선상에 있다는 인식을 통해 허무 의식을 내적으로 승화하고 있다.

> **The 알아보기** 천상병, 「귀천(歸天)」
> - 갈래: 자유시, 서정시
> - 성격: 관조적, 낙천적, 시각적, 서술적
> - 표현
>   - 대비적인 의미의 시어를 사용해 삶과 죽음에 대한 작가의 인식을 드러냄
>   - 하늘(본래적, 근원적, 영원함) ↔ 소풍, 이슬, 노을빛(순간적)
>   - 유사한 이미지의 시어를 각 연에 배열해 유기적인 이미지의 흐름을 보여 줌
> - 어조: 독백적, 긍정적, 달관적
> - 구성
>   - 기: 이슬과 함께 하늘로 돌아가리라(1연)
>   - 서: 노을빛과 함께 하늘로 돌아가리라(2연)
>   - 결: 하늘로 돌아가 이 세상 아름다웠다고 말하리라(3연)
> - 특징
>   - 3음보의 반복과 변조를 통해 운율감을 형성함
>   - 각 연의 첫 행을 같은 문장으로 반복해 운율감을 형성하고 의미를 강조함
> - 주제
>   - 죽음에 대한 관조(觀照)적 수용
>   - 삶에 대한 달관(達觀), 죽음의 정신적인 승화(昇華)

08

영역 문법 > 음운론

정답해설

④ 국밥: 예사소리(ㄱ, ㅂ), 파열음(ㄱ, ㅂ), 연구개음(ㄱ)

오답해설

① 해장
- 예사소리(ㅈ), 'ㅎ'은 어디에도 포함되지 않는다.
- 파찰음(ㅈ), 마찰음(ㅎ)
- 경구개음(ㅈ), 목청소리(ㅎ)

② 사탕
- 예사소리(ㅅ), 거센소리(ㅌ), 울림소리(ㅇ)
- 마찰음(ㅅ), 혀끝소리(ㅅ)

③ 낭만
- 울림소리(ㄴ, ㅁ, ㅇ)
- 비음(ㄴ, ㅁ, ㅇ)
- 연구개음(ㅇ), 혀끝소리(ㄴ), 입술소리(ㅁ)

09

영역 문법 > 형태론

정답해설

② • 합리적(명사)인 선택이라고 생각한다.
   • 그는 일을 합리적(명사)으로 진행하였다.

오답해설

① • 그를 잘못(부사) 건드리면 큰일 난다.
   • 잘못(명사)을 뉘우치면 용서해 주겠다.

③ • 감기에 걸렸을 때는 쉬는 게 제일(명사)이다.
   • 세상에서 제일(부사) 무서운 이야기이다.

④ • 신발은 첫째(명사)로 발이 편안해야 한다.
   • 이 가게는 매월 첫째(관형사) 주 화요일에 쉰다.

10

영역 문법 > 어문 규정

정답해설

ⓛ 송별연은 '별'의 종성인 'ㄹ'이 연음되어 [송벼련]으로 발음된다.

ⓔ 야금야금은 두 가지 발음 [야금냐금/야그먀금]이 모두 표준 발음으로 인정된다.

오답해설

㉠ 동원령[동원녕]

ⓒ 삯일[상닐]

11

영역 문학 > 현대시

정답해설

④ 암울한 현실에 대한 좌절감이 드러난 작품으로, 현실을 극복하는 의지가 강하게 드러나지는 않는다.

오답해설

① 자기들끼리 끼룩거리면서 자유롭게 날아가는 '흰 새 떼'는 일제히 일어나 애국가를 경청하는 '우리'와 대비를 이룬다.

② 자유를 억압하는 암울한 현실을 냉소적으로 비판하고 있다.

③ 군사 정권의 억압적인 현실과 절망감을 표현한 작품이다.

> **The 알아보기** 황지우, 「새들도 세상을 뜨는구나」
> • 갈래: 자유시, 서정시
> • 주제: 암울한 현실에 대한 풍자 및 냉소
> • 특징
> − 군사 정권의 억압적인 현실과 절망감을 표현
> − 냉소적 어조와 반어적 표현으로 현실을 풍자
> − 대조적 상황을 통해 좌절감을 강조

12

영역 문학 > 고전 운문

정답해설

① ㉠ '꿈'은 헤어진 임과 다시 만날 것을 간절히 염원하는 그리움의 표상이다.

오답해설

② 초장의 '이화우'와 중장의 '추풍낙엽'에서 계절의 대립적 변화는 나타나 있지만 ㉠은 작가의 소망을 나타낸 것일 뿐 대립적인 상황을 해소하는 계기가 되지는 않는다.

③ 인물의 과거 행적과 ㉠은 아무 관련이 없다.

④ '천 리에 외로운 꿈'은 둘 사이에 놓여 있는 공간적 거리감과 함께 잊을 수 없는 임에 대한 그리움의 표상이지 긴박한 분위기의 이완과는 관련이 없다.

13

영역 비문학 > 사실적 읽기

정답해설

① 목소리는 '준언어'에 포함되지만, 말의 내용은 '언어'에 포함된다.

14

영역 어휘 > 한자어

정답해설

- 정체성(正體性): 변하지 아니하는 존재의 본질을 깨닫는 성질
- 정체성(停滯性): 사물이 발전하거나 앞으로 나아가지 못하고 한곳에 머물러 있는 특성
- 단서(端緒): 어떤 문제를 해결하는 방향으로 이끌어 가는 일의 첫 부분, 어떤 일의 시초
- 단서(但書): 법률 조문이나 문서 따위에서, 본문 다음에 그에 대한 어떤 조건이나 예외 따위를 나타내는 글

15

정답 ②

영역 어휘 > 고유어

정답해설

② 핫옷: 안에 솜을 두어 만든 옷

오답해설

① 감실감실: 사람이나 물체, 빛 따위가 먼 곳에서 자꾸 아렴풋이 움직이는 모양

③ 닝큼닝큼: 머뭇거리지 않고 잇따라 빨리

④ 다붓하다: 조용하고 호젓하다

16

정답 ④

영역 비문학 > 추론적 읽기

정답해설

1문단의 마지막 문장 '생명체들이 그들의 환경 개변(改變)에 능동적으로 행동한다는 중요한 사실을 놓치고 있다.'와 2문단의 첫 번째 문장 '가장 고등한 동물인 인간도 다른 생명체와 마찬가지로 생존이나 적응을 넘어서 환경에 대해 적극성을 보인다.'에서 제시문의 주장은 ④ '생명체는 환경을 능동적으로 변형하며 살아간다.'임을 알 수 있다.

17

정답 ①

영역 비문학 > 추론적 읽기

정답해설

제목은 주제와 밀접한 관련을 갖는다. '기차 소리'(친숙하며 해가 없는 것으로 기억되어 있는 소리는 우리의 의식에 거의 도달하지 않음), '동물의 소리'(자신의 천적이나 먹이 또는 짝짓기 상대방이 내는 소리는 매우 잘 들림), '사람의 소리'(아무리 시끄러운 소리에도 잠에서 깨지 않는 사람이라도 자기 아기의 울음소리에는 금방 깸)의 예시를 통해 '인간이 소리를 듣는다는 것은 외부의 소리가 귀에 전달되는 것을 그대로 듣는 수동적인 과정이 아니라 소리가 뇌에서 재해석되는 과정임을 의미한다.'라는 주제문을 이끌어내고 있으므로, 제목은 ① '소리의 선택적 지각'이 적합하다.

18

정답 ②

영역 비문학 > 작문

정답해설

㉠의 앞에는 동물이 생존을 위해서는 소리를 잘 들어야 하는데, 즉각적인 반응을 보여야 하는 경우에는 더욱 잘 들어야 한다는 내용이, ㉠의 뒤에는 동물은 천적, 먹이, 짝짓기 등 생존과 관련된 소리를 아주 잘 듣는다는 내용이 나온다. 따라서 앞의 내용이 뒤의 내용의 원인이나 근거, 조건 따위가 될 때 쓰는 접속 부사 ② '그래서'가 들어가는 것이 적절하다.

19

정답 ④

영역 비문학 > 글의 전개 방식

정답해설

④ '해수면 상승'을 결과로 보면, '온실 효과로 지구의 기온이 상승하는 것'이 그 원인이다. 또, '해수면 상승'을 원인으로, '바다와 육지의 기후 변화와 섬나라나 저지대가 침수되는 것'이라는 결과가 나타난다. 따라서 '인과' 전개 방식의 예로 적절하다.

오답해설

① 대상을 구성 요소로 나누어서 설명하는 '분석'의 방식을 사용했다.

② 둘 이상의 대상 간에 상대적인 성질이나 차이점을 중심으로 설명하는 '대조'의 방식을 사용했다.

③ 어떤 대상이나 사물의 범위를 규정짓거나 그 사물의 본질을 진술하는 '정의'의 방식을 사용했다.

20
정답 ②

정답해설

② ⓒ의 앞에서는 황사의 이점에 대해서 언급했지만 ⓒ의 뒤
에서는 황사가 해를 끼친다는 내용이 나오므로 ⓒ에는 역
접의 접속어가 들어가야 한다. 따라서 '그러나' 또는 '하지
만' 등의 접속어를 쓰는 것이 적절하다.

오답해설

① 제시된 글의 중심 내용은 황사가 본래 이점도 있었지만 인
간이 환경을 파괴시키면서 심각하게 해를 끼치는 존재가
되었다는 것이다. '황사의 이동 경로의 다양성'은 글 전체
의 흐름을 방해하므로 삭제하는 것이 적절하다.

③ '덕분이다'는 어떤 상황에 긍정적인 영향을 준 경우 사용
되는 서술어이다. 환경 파괴로 인해 황사가 재앙의 주범
이 되는 부정적인 결과가 발생했으므로 '때문이다'를 사용
하는 것이 적절하다.

④ '독성 물질'은 서술어 '포함하고 있는'의 주체가 아니므로
'독성 물질을'로 고쳐 쓰는 것이 적절하다.

21
정답 ①

정답해설

제시문은 「토끼타령」을 현대어로 바꾸어 놓은 것이다. '정신
없이 달아날 제'라는 부분을 바탕으로 생각해 보면, 정황상
토끼가 쫓기는 상황이므로 '魂飛魄散(혼비백산)'이 가장 잘
어울리는 한자 성어이다. '혼비백산'은 혼백이 어지러이 흩어
진다는 뜻으로 몹시 놀라 넋을 잃음을 이르는 말이다.

오답해설

② 결초보은(結草報恩): 죽은 뒤라도 은혜를 잊지 않고 갚
음을 이르는 말이다. 중국 춘추 시대에 진나라의 위과(魏
顆)가 아버지가 세상을 떠난 후에 서모를 개가시켜 순사
(殉死)하지 않게 하였더니, 그 뒤 싸움터에서 그 서모 아
버지의 혼이 적군의 앞길에 풀을 묶어 적을 넘어뜨려 위
과가 공을 세울 수 있도록 하였다는 고사에서 유래한다.

③ 망양보뢰(亡羊補牢): 양을 잃고 난 후에 부서진 외양간을
고침을 뜻하는 말로, 실패한 후에 일을 대비했으나 때가
이미 늦음을 뜻하는 말이다.

④ 소탐대실(小貪大失): 작은 것을 탐하다가 큰 것을 잃어버
리는 상황을 의미한다.

22
정답 ④

오답해설

① 온가지(×) → 온갖(○)

② 머루치(×) → 멸치(○)

③ 천정(×) → 천장(○)

23
정답 ①

정답해설

① 「만분가」는 조위가 조선 연산군 4년(1498)에 전남 순천으
로 유배 가서 지은 우리나라 최초의 유배 가사이다.

오답해설

② · ③ · ④ 신재효의 판소리 6마당: 「춘향가」, 「심청가」, 「수
궁가」, 「흥부가」, 「적벽가」, 「변강쇠 타령」

24
정답 ①

정답해설

제시문은 고려 말기에 이첨(李詹)이 지은 「저생전」으로, 종이
를 의인화하여 위정자들에게 올바른 정치를 권유하는 내용이
며, 「동문선」에 실려 있다.

> **The 알아보기** 이첨, 「저생전」
> - 갈래: 가전체
> - 성격: 경세적, 교훈적, 풍자적, 우의적
> - 주제: 선비의 올바른 삶의 자세
> - 특징
>   - 작가의 자전적인 삶의 내용을 반영
>   - 평결부에서 주인공에 대해 논평을 하는 일반적인 가전체
>   형식과 달리, 주인공의 가계를 설명

25

영역 어휘 > 속담

정답해설

제시문에 따르면 봉평은 첫날밤 이후 처녀를 찾을 수 없었으므로 ㉠에는 '꿩 구워 먹은 자리(어떠한 일의 흔적이 전혀 없음을 비유적으로 이르는 말)'가 들어가는 것이 적절하다.

오답해설

② 원님 덕에 나팔[나발] 분다: 사또와 동행한 덕분에 나팔 불고 요란히 맞아 주는 호화로운 대접을 받는다는 뜻으로, 남의 덕으로 당치도 아니한 행세를 하게 되거나 그런 대접을 받고 우쭐대는 모양을 비유적으로 이르는 말

③ 굽은 나무가 선산을 지킨다: 자손이 빈한해지면 선산의 나무까지 팔아 버리나 줄기가 굽어 쓸모없는 것은 그대로 남게 된다는 뜻으로, 쓸모없어 보이는 것이 도리어 제구실을 하게 됨을 비유적으로 이르는 말

④ 똥 묻은 개가 겨 묻은 개 나무란다: 자기는 더 큰 흉이 있으면서 도리어 남의 작은 흉을 본다는 말

제2과목: 행정법

01	02	03	04	05	06	07	08	09	10
①	①	①	③	④	①	④	③	③	③
11	12	13	14	15	16	17	18	19	20
③	③	①	②	④	②	④	④	③	③
21	22	23	24	25					
④	④	④	②	②					

01

정답 ①

영역 행정법 서론 > 행정법

정답해설

① 대판 2003.6.27, 2002두6965

오답해설

② '제3자의 정당한 이익을 해할 우려가 있는 경우가 아니어야 함'도 신뢰보호원칙의 성립요건이다.

③ 처분청이 아닌 다른 기관이더라도 사실상 권한을 가진 기관이면 족하다.

④ 행정지도 등의 사실행위도 포함된다.

02

정답 ①

영역 행정법 서론 > 법률사실과 법률요건

정답해설

① 소멸시효는 객관적으로 권리가 발생하여 그 권리를 행사할 수 있는 때로부터 진행하고 그 권리를 행사할 수 없는 동안만은 진행하지 아니하는데, 여기서 권리를 행사할 수 없는 경우라 함은 그 권리행사에 법률상의 장애사유가 있는 경우를 말하는데, 변상금 부과처분에 대한 취소소송이 진행중이라도 그 부과권자로서는 위법한 처분을 스스로 취소하고 그 하자를 보완하여 다시 적법한 부과처분을 할 수도 있는 것이어서 그 권리행사에 법률상의 장애사유가 있는 경우에 해당한다고 할 수 없으므로, 그 처분에 대한 취소소송이 진행되는 동안에도 그 부과권의 소멸시효가 진행된다(대판 2006.2.10, 2003두5686).

오답해설

② 국가재정법 제96조(소멸시효 중단·정지) 제3항

③ 대판 1985.5.14, 83누655

안심Touch

④ '부정수급액'을 교부받은 운송사업자 등으로부터 부정수급액을 반환받을 권리에 대해서는 지방재정법 제82조 제1항에서 정한 5년의 소멸시효가 적용된다. 그 소멸시효는 부정수급액을 지급한 때부터 진행하므로, 반환명령일을 기준으로 이미 5년의 소멸시효가 완성된 부정수급액에 대해서는 반환명령이 위법하다(대판 2019.10.17, 2019두33897).

03

정답 ①

영역 행정법 서론 > 행정상 법률관계의 원인

정답해설

① 행정절차법 제17조가 '구비서류의 미비 등 흠의 보완'과 '신청 내용의 보완'을 분명하게 구분하고 있는 점에 비추어 보면, 행정절차법 제17조 제5항은 신청인이 신청할 때 관계 법령에서 필수적으로 첨부하여 제출하도록 규정한 서류를 첨부하지 않은 경우와 같이 쉽게 보완이 가능한 사항을 누락하는 등의 흠이 있을 때 행정청이 곧바로 거부처분을 하는 것보다는 신청인에게 보완할 기회를 주도록 함으로써 행정의 공정성·투명성 및 신뢰성을 확보하고 국민의 권익을 보호하려는 행정절차법의 입법 목적을 달성하고자 함이지, 행정청으로 하여금 신청에 대하여 거부처분을 하기 전에 반드시 신청인에게 신청의 내용이나 처분의 실체적 발급요건에 관한 사항까지 보완할 기회를 부여하여야 할 의무를 정한 것은 아니라고 보아야 한다(대판 2020.7.23, 2020두36007).

오답해설

② [다수의견] 건축법에서 인·허가의제제도를 둔 취지는, 인·허가 의제사항과 관련하여 건축허가 또는 건축신고의 관할 행정청으로 그 창구를 단일화하고 절차를 간소화하며 비용과 시간을 절감함으로써 국민의 권익을 보호하려는 것이지, 인·허가의제사항 관련 법률에 따른 각각의 인·허가 요건에 관한 일체의 심사를 배제하려는 것으로 보기는 어렵다. …… 따라서 인·허가의제 효과를 수반하는 건축신고는 일반적인 건축신고와는 달리, 특별한 사정이 없는 한 행정청이 그 실체적 요건에 관한 심사를 한 후 수리하여야 하는 이른바 '수리를 요하는 신고'로 보는 것이 옳다(대판 2011.1.20, 2010두14954 전합).

③ 대판 2003.2.14, 2001두7015

④ 수산제조업을 하고자 하는 사람이 형식적 요건을 모두 갖춘 수산제조업 신고서를 제출한 경우에는 담당 공무원이 관계 법령에 규정되지 아니한 사유를 들어 그 신고를 수리하지 아니하고 반려하였다고 하더라도 그 신고서가 제출된 때에 신고가 있었다고 볼 것이나, 담당 공무원이 관계 법령에 규정되지 아니한 서류를 요구하여 신고서를 제출하지 못하였다는 사정만으로는 신고가 있었던 것으로 볼 수 없다(대판 2002.3.12, 2000다73612).

04

정답 ③

영역 행정작용법 > 행정입법

정답해설

③ 일반적으로 법률의 위임에 따라 효력을 갖는 법규명령의 경우에 위임의 근거가 없어 무효였더라도 나중에 법 개정으로 위임의 근거가 부여되면 그때부터는 유효한 법규명령으로 볼 수 있다. 그러나 법규명령이 개정된 법률에 규정된 내용을 함부로 유추·확장하는 내용의 해석규정이어서 위임의 한계를 벗어난 것으로 인정될 경우에는 법규명령은 여전히 무효이다(대판 2017.4.20, 2015두45700 전합).

오답해설

① 헌법 제107조 제2항에서 '명령'은 법규명령을 의미하며, '규칙'은 자치입법으로서의 조례와 규칙, 국회규칙, 대법원규칙, 헌법재판소규칙, 중앙선거관리위원회규칙 등이 포함된다.

② 법률 하위의 법규명령은 법률에 의한 위임이 없으면 개인의 권리·의무에 관한 내용을 변경·보충하거나 법률이 규정하지 아니한 새로운 내용을 정할 수는 없지만, 법률의 시행령이나 시행규칙의 내용이 모법의 입법 취지와 관련 조항 전체를 유기적·체계적으로 살펴보아 모법의 해석상 가능한 것을 명시한 것에 지나지 아니하거나 모법 조항의 취지에 근거하여 이를 구체화하기 위한 것인 때에는 모법의 규율 범위를 벗어난 것으로 볼 수 없으므로, 모법에 이에 관하여 직접 위임하는 규정을 두지 아니하였다고 하더라도 이를 무효라고 볼 수는 없다(대판 2020.4.9, 2015다34444).

④ 헌법 제107조에 따른 구체적 규범통제의 결과 처분의 근거가 된 명령이 위법하다는 대법원의 판결이 난 경우 그 행정처분의 하자는 중대하기는 하나 위법하다는 법원의 판결이 있기 전에는 객관적으로 명백한 것이라고 할 수는 없으므로, 그 행정처분은 취소소송의 전제가 될 수 있을 뿐 당연무효사유는 아니라고 봄이 상당하다(대판 2002.11.8, 2001두3181).

05

정답 ④

영역 일반행정작용법 > 행정행위

정답해설

④ 처분 등을 취소하는 확정판결은 제3자에 대하여도 효력이 있다(행정소송법 제29조 제1항). 또한 동 규정은 무효등 확인소송(제38조 제1항), 부작위위법확인소송(제38조 제2항)에도 준용되므로, 이들 소송의 확정판결 역시 제3자에 대하여 효력이 인정된다.

오답해설

① 대통령이 담화를 발표하고 이에 따라 국방부장관이 삼청교육 관련 피해자들에게 그 피해를 보상하겠다고 공고하고 피해신고까지 받음으로써, 상대방은 그 약속이 이행될 것에 대한 강한 신뢰를 가지게 되고, 이러한 신뢰는 단순한 사실상의 기대를 넘어 법적으로 보호받아야 할 이익이라고 보아야 할 것이다(대판 2003.11.28, 2002다72156).

② 민사소송에 있어서 어느 행정처분의 당연무효 여부가 선결문제로 되는 때에는 이를 판단하여 당연무효임을 전제로 판결할 수 있고 반드시 행정소송 등의 절차에 의하여 그 취소나 무효확인을 받아야 하는 것은 아니다(대판 2010.4.8, 2009다90092).

③ 집합건물 중 일부 구분건물의 소유자인 피고인이 관할 소방서장으로부터 소방시설 불량사항에 관한 시정보완명령을 받고도 따르지 아니하였다는 내용으로 기소된 사안에서, 담당 소방공무원이 행정처분인 위 명령을 구술로 고지한 것은 당연무효이고, 무효인 명령에 따른 의무위반이 생기지 아니하는 이상 피고인에게 명령 위반을 이유로 소방시설 설치유지 및 안전관리에 관한 법률에 따른 행정형벌을 부과할 수 없다(대판 2011.11.10, 2011도11109).

06

정답 ①

영역 일반행정작용법 > 행정행위

정답해설

ㄱ. 부관은 재량행위에만 붙일 수 있고, 기속행위에는 붙일 수 없다는 것이 통설과 판례의 입장이다.

ㄷ. 행정행위의 부관은 행정행위의 일반적인 효력이나 효과를 제한하기 위하여 의사표시의 주된 내용에 부가되는 종된 의사표시이지 그 자체로서 직접 법적 효과를 발생하는 독립된 처분이 아니므로 현행 행정쟁송제도 아래서는 부관 그 자체만을 독립된 쟁송의 대상으로 할 수 없는

것이 원칙이나 행정행위의 부관 중에서도 행정행위에 부수하여 그 행정행위의 상대방에게 일정한 의무를 부과하는 행정청의 의사표시인 부담의 경우에는 다른 부관과는 달리 행정행위의 불가분적인 요소가 아니고 그 존속이 본체인 행정행위의 존재를 전제로 하는 것일 뿐이므로 부담 그 자체로서 행정쟁송의 대상이 될 수 있다(대판 1992.1.21, 91누1264).

오답해설

ㄴ. 행정처분에 이미 부담이 부가되어 있는 상태에서 그 의무의 범위 또는 내용 등을 변경하는 부관의 사후변경은, 법률에 명문의 규정이 있거나 그 변경이 미리 유보되어 있는 경우 또는 상대방의 동의가 있는 경우에 한하여 허용되는 것이 원칙이지만, 사정변경으로 인하여 당초에 부담을 부가한 목적을 달성할 수 없게 된 경우에도 그 목적달성에 필요한 범위 내에서 예외적으로 허용된다(대판 1997.5.30, 97누2627).

ㄹ. 행정행위의 효력의 발생 · 소멸을 장래의 불확실한 사실에 의존하게 하는 행정청의 종된 의사표시는 조건이다.

ㅁ. 행정행위의 효력의 발생 · 소멸을 장래의 확실한 사실에 의존하게 하는 행정청의 의사표시는 기한이다.

07

정답 ④

영역 행정법 서론 > 행정상 법률관계

정답해설

④ 적법한 수익적 행정행위의 철회의 제한의 경우는 신뢰보호의 필요성이 더욱 크므로 철회권을 유보한 경우나 부담을 이행하지 않은 경우 등과 같이 제한적인 경우에만 철회가 인정된다.

오답해설

① 철회권은 처분청만 갖는다. 감독청은 특별한 규정이 없는 한 철회권이 없다.

② 행정행위를 한 처분청은 그 처분 당시에 그 행정처분에 별다른 하자가 없었고 또 그 처분 후에 이를 취소할 별도의 법적 근거가 없다 하더라도 원래의 처분을 그대로 존속시킬 필요가 없게 된 사정변경이 생겼거나 또는 중대한 공익상의 필요가 발생한 경우에는 별개의 행정행위로 이를 철회하거나 변경할 수 있다(대판 1992.1.17, 91누3130).

③ 행정행위를 하면서 일정한 사실이 발생하게 되면 동 행정행위를 철회하겠다는 취지의 부관을 붙인 경우 유보된 사실의 발생과 더불어 행정청이 철회권을 행사할 수 있는데

이를 철회권의 유보라고 한다. 철회권이 유보되어 있다고 하더라도 유보된 사실이 발생해야 행정행위를 철회할 수 있으며, 이 경우에도 공익과 사익을 비교형량해 보아야 한다.

08
정답 ③

영역 행정작용법 > 그 밖의 행정의 주요 행위형식

정답해설
③ 토지구획정리사업법 제57조, 제62조 등의 규정상 환지예정지 지정이나 환지처분은 그에 의하여 직접 토지소유자 등의 권리의무가 변동되므로 이를 항고소송의 대상이 되는 처분이라고 볼 수 있으나, 환지계획은 위와 같은 환지예정지 지정이나 환지처분의 근거가 될 뿐 그 자체가 직접 토지소유자 등의 법률상의 지위를 변동시키거나 또는 환지예정지 지정이나 환지처분과는 다른 고유한 법률효과를 수반하는 것이 아니어서 이를 항고소송의 대상이 되는 처분에 해당한다고 할 수가 없다(대판 1999.8.20, 97누6889).

오답해설
① 대판 1999.8.20, 97누6889
② 후행 도시계획의 결정을 하는 행정청이 선행 도시계획의 결정 · 변경 등에 관한 권한을 가지고 있지 아니한 경우에 선행 도시계획과 서로 양립할 수 없는 내용이 포함된 후행 도시계획결정을 하는 것은 아무런 권한 없이 선행 도시계획결정을 폐지하고, 양립할 수 없는 새로운 내용이 포함된 후행 도시계획결정을 하는 것으로서, 선행 도시계획결정의 폐지 부분은 권한 없는 자에 의하여 행해진 것으로서 무효이고, 같은 대상지역에 대하여 선행 도시계획결정이 적법하게 폐지되지 아니한 상태에서 그 위에 다시 한 후행 도시계획결정 역시 위법하고, 그 하자는 중대하고도 명백하여 다른 특별한 사정이 없는 한 무효라고 보아야 한다(대판 2000.9.8, 99두11257).
④ 헌재 2000.6.1, 99헌마538

09
정답 ③

영역 행정절차와 행정공개 > 행정절차법

정답해설
③ 국가공무원법상 직위해제처분은 당해 행정작용의 성질상 행정절차를 거치기 곤란하거나 불필요하다고 인정되는 사항 또는 행정절차에 준하는 절차를 거친 사항에 해당하므로, 처분의 사전통지 및 의견청취 등에 관한 행정절차법의 규정이 별도로 적용되지 않는다(대판 2014.5.16, 2012두26180).

오답해설
① 행정절차법 제22조 제3항
② 행정절차법 제3조 제2항 제5호
④ 행정절차법 제3조 제2항 제1호

10
정답 ③

영역 행정법 서론 > 행정법

정답해설
③ 행정기본법 제6조 제2항 제1호 기간을 일, 주, 월 또는 연으로 정한 경우에는 기간의 첫날을 산입한다.

오답해설
① 행정기본법 제7조 제1호
② 행정기본법 제7조 제3호
④ 행정기본법 제6조 제1항

11
정답 ③

영역 행정과정의 규율 > 정보공개와 개인정보보호

정답해설
③ 정보공개법에서 말하는 공개대상 정보는 정보 그 자체가 아닌 정보공개법 제2조 제1호에서 예시하고 있는 매체 등에 기록된 사항을 의미하고, 공개대상정보는 원칙적으로 그 공개를 청구하는 자가 정보공개법 제10조 제1항 제2호에 따라 작성한 정보공개청구서의 기재내용에 의하여 특정되며, 만일 공개청구자가 특정한 바와 같은 정보를 공공기관이 보유 · 관리하고 있지 아니한 경우라면 특별한 사정이 없는 한 해당 정보에 대한 공개거부처분에 대하여는 그 취소를 구할 법률상 이익이 없다(대판 2013.1.24, 2010두18918).

오답해설
① 정보공개법 제19조 제2항
② 구 공공기관의 정보공개에 관한 법률 제4조 제1항은 "정보의 공개에 관하여는 다른 법률에 특별한 규정이 있는 경우를 제외하고는 이 법이 정하는 바에 의한다."라고 규정하고 있다. 여기서 '정보공개에 관하여 다른 법률에 특별한 규정이 있는 경우'에 해당한다고 하여 정보공개법의 적용을 배제하기 위해서는, 특별한 규정이 '법률'이어야

하고, 나아가 내용이 정보공개의 대상 및 범위, 정보공개의 절차, 비공개대상정보 등에 관하여 정보공개법과 달리 규정하고 있는 것이어야 한다(대판 2016.12.15, 2013두20882).

④ 일반적인 정보공개청구권의 의미와 성질, 구 공공기관의 정보공개에 관한 법률 제3조, 제5조 제1항, 제6조의 규정 내용과 입법 목적, 정보공개법이 정보공개청구권의 행사와 관련하여 정보의 사용 목적이나 정보에 접근하려는 이유에 관한 어떠한 제한을 두고 있지 아니한 점 등을 고려하면, 국민의 정보공개청구는 정보공개법 제9조에 정한 비공개 대상 정보에 해당하지 아니하는 한 원칙적으로 폭넓게 허용되어야 하지만, 실제로는 해당 정보를 취득 또는 활용할 의사가 전혀 없이 정보공개 제도를 이용하여 사회통념상 용인될 수 없는 부당한 이득을 얻으려 하거나, 오로지 공공기관의 담당공무원을 괴롭힐 목적으로 정보공개청구를 하는 경우처럼 권리의 남용에 해당하는 것이 명백한 경우에는 정보공개청구권의 행사를 허용하지 아니하는 것이 옳다(대판 2014.12.24, 2014두9349).

12
정답 ③

정답해설
ㄱ. 행정조사기본법 제24조
ㄹ. 우편물 통관검사절차에서 이루어지는 우편물의 개봉·시료채취·성분분석 등의 검사는 수출입물품에 대한 적정한 통관 등을 목적으로 한 행정조사의 성격을 가지는 것으로서 수사기관의 강제처분이라고 할 수 없으므로, 압수·수색영장 없이 우편물의 개봉·시료채취·성분분석 등의 검사가 진행되었다 하더라도 특별한 사정이 없는 한 위법하다고 볼 수 없다(대판 2013.9.26, 2013도7718).

오답해설
ㄴ. 행정기관의 장은 법령 등에서 규정하고 있는 조사사항을 조사 대상자로 하여금 스스로 신고하도록 하는 제도를 운영할 수 있다(행정조사기본법 제25조 제1항). 즉 자율신고제도는 권장사항이지 의무사항은 아니다.
ㄷ. 행정조사기본법 제15조 제2항(~여부를 확인할 수 있다)
ㅁ. 세무조사결정은 납세의무자의 권리·의무에 직접 영향을 미치는 공권력의 행사에 따른 행정작용으로서 항고소송의 대상이 된다(대판 2011.3.10, 2009두23617).

13
정답 ①

정답해설
① 계약직공무원 채용계약해지의 의사표시는 일반공무원에 대한 징계처분과는 달라서 항고소송의 대상이 되는 처분 등의 성격을 가진 것으로 인정되지 아니하고, 일정한 사유가 있을 때에 국가 또는 지방자치단체가 채용계약 관계의 한쪽 당사자로서 대등한 지위에서 행하는 의사표시로 취급되는 것으로 이해되므로, 이를 징계·해고 등에서와 같이 그 징계사유에 한하여 효력 유무를 판단하여야 하거나, 행정처분과 같이 행정절차법에 의하여 근거와 이유를 제시하여야 하는 것은 아니다(대판 2002.11.26, 2002두5948).

오답해설
③·④ 공중보건의사 채용계약 해지의 의사표시에 대하여는 대등한 당사자간의 소송형식인 공법상의 당사자소송으로 그 의사표시의 무효확인을 청구할 수 있는 것이지, 이를 항고소송의 대상이 되는 행정처분이라는 전제하에서 그 취소를 구하는 항고소송을 제기할 수는 없다(대판 1996.5.31, 95누10617).

14
정답 ②

정답해설
ㄴ. 과징금부과처분은 제재적 행정처분으로서 … (중략) … 공공복리를 증진한다는 행정목적의 달성을 위하여 행정법규 위반이라는 객관적 사실에 착안하여 가하는 제재이므로 반드시 현실적인 행위자가 아니라도 법령상 책임자로 규정된 자에게 부과되고 원칙적으로 위반자의 고의·과실을 요하지 않는다(대판 2014.10.15, 2013두5005).
ㄷ. 행정법상 의무불이행이 있는 경우에 행정기관이 직접 의무자의 신체·재산에 실력을 가하여 의무자가 스스로 의무를 이행한 것과 같은 상태를 실현하는 작용은 직접강제이다. 행정상 강제징수는 국민이 국가 등 행정주체에 대해 부담하고 있는 행정법상 금전급부의무의 불이행이 있는 경우에 행정청이 의무자의 재산에 실력을 가하여 의무의 이행이 있었던 것과 같은 상태를 실현하는 행정작용을 말한다.

오답해설
ㄱ. 국세징수법 제21조, 제22조가 규정하는 가산금 또는 중

안심Touch

가산금은 국세를 납부기한까지 납부하지 아니하면 과세청의 확정절차 없이도 법률 규정에 의하여 당연히 발생하는 것이므로 가산금 또는 중가산금의 고지가 항고소송의 대상이 되는 처분이라고 볼 수 없다(대판 2005.6.10, 2005다15482).

ㄹ. 이행강제금은 의무를 불이행한 자에게 심리적 압박에 의해 본인 스스로가 의무를 이행하도록 하는 제도인바, 이행강제금의 금액이 적정하다고 하기 위해서는 부과된 이행강제금이 영업 등을 계속하는 것을 단념하도록 심리적 압박을 가하여 의무를 이행하게 할 정도의 금액일 필요가 있다. 그리고 행정벌은 일사부재리의 원칙을 적용받게 되어 동일한 의무위반사항에 대해 반복 부과될 수 없지만 순수한 복종수단으로서 이행강제금은 이 원리가 적용되지 않아 동일한 의무위반사항에 대해 의무이행이 있을 때까지 반복·증액하여 부과할 수 있다(헌재 2004.2.26, 2001헌바80 등).

15 정답 ③

정답해설

③ 지방자치단체 소속 공무원이 지정항만순찰 등의 업무를 위해 관할관청의 승인 없이 개조한 승합차를 운행함으로써 구 자동차관리법을 위반한 사안에서, 지방자치법, 구 항만법, 구 항만법 시행령 등에 비추어 위 항만순찰 등의 업무가 지방자치단체의 장이 국가로부터 위임받은 기관위임사무에 해당하여, 해당 지방자치단체가 구 자동차관리법 제83조의 양벌규정에 따른 처벌대상이 될 수 없다(대판 2009.6.11, 2008도6530).

오답해설

① 행정청은 질서위반행위가 종료된 날(다수인이 질서위반행위에 가담한 경우에는 최종행위가 종료된 날을 말한다)부터 5년이 경과한 경우에는 해당 질서위반행위에 대하여 과태료를 부과할 수 없다(질서위반행위규제법 제19조 제1항).

② 행정청은 당사자가 납부기한까지 과태료를 납부하지 아니한 때에는 납부기한을 경과한 날부터 체납된 과태료에 대하여 100분의 3에 상당하는 가산금을 징수한다(질서위반행위규제법 제24조 제1항).

④ 질서위반행위규제법 제20조(이의제기)

16 정답 ③

정답해설

③ 관계 법령상 행정대집행의 절차가 인정되어 행정청이 행정대집행의 방법으로 건물의 철거 등 대체적 작위의무의 이행을 실현할 수 있는 경우에는 따로 민사소송의 방법으로 그 의무의 이행을 구할 수 없다(대판 2017.4.28, 2016다213916).

오답해설

① 법률(법률의 위임에 의한 명령, 지방자치단체의 조례를 포함)에 의하여 직접명령되었거나 또는 법률에 의거한 행정청의 명령에 의한 행위로서 타인이 대신하여 행할 수 있는 행위를 의무자가 이행하지 아니하는 경우 다른 수단으로써 그 이행을 확보하기 곤란하고 또한 그 불이행을 방치함이 심히 공익을 해할 것으로 인정될 때에는 당해 행정청은 스스로 의무자가 하여야 할 행위를 하거나 또는 제삼자로 하여금 이를 하게 하여 그 비용을 의무자로부터 징수할 수 있다(행정대집행법 제2조).

② 건축법에 위반하여 건축한 것이어서 철거의무가 있는 건물이라 하더라도 그 철거의무를 대집행하기 위한 계고처분을 하려면 다른 방법으로는 이행의 확보가 어렵고 불이행을 방치함이 심히 공익을 해하는 것으로 인정될 때에 한하여 허용되고 이러한 요건의 주장·입증책임은 처분행정청에 있다(대판 1996.10.11, 96누8086).

④ 대판 2017.4.28, 2016다213916

17 정답 ②

정답해설

② 공무원이 소속 장관으로부터 받은 "직상급자와 다투고 폭언하는 행위 등에 대하여 엄중 경고하니 차후 이러한 사례가 없도록 각별히 유념하기 바람"이라는 내용의 서면에 의한 경고가 공무원의 신분에 영향을 미치는 국가공무원법상의 징계의 종류에 해당하지 아니하고, 근무충실에 관한 권고행위 내지 지도행위로서 그 때문에 공무원으로서의 신분에 불이익을 초래하는 법률상의 효과가 발생하는 것도 아니므로, 경고가 국가공무원법상의 징계처분이나 행정소송의 대상이 되는 행정처분이라고 할 수 없어 그 취소를 구할 법률상의 이익이 없다(대판 1991.11.12, 91누2700).

오답해설

① 제75조에 따른 처분, 그 밖에 본인의 의사에 반한 불리한 처분이나 부작위(不作爲)에 관한 행정소송은 소청심사위원회의 심사·결정을 거치지 아니하면 제기할 수 없다(국가공무원법 제16조 제1항).

③ 공무원이 다음 각 호의 어느 하나에 해당하면 징계 의결을 요구하여야 하고 그 징계 의결의 결과에 따라 징계처분을 하여야 한다(국가공무원법 제78조 제1항).
1. 이 법 및 이 법에 따른 명령을 위반한 경우
2. 직무상의 의무(다른 법령에서 공무원의 신분으로 인하여 부과된 의무를 포함한다)를 위반하거나 직무를 태만히 한 때
3. 직무의 내외를 불문하고 그 체면 또는 위신을 손상하는 행위를 한 때

④ 근로기준법 등의 입법 취지, 지방공무원법과 지방공무원 징계 및 소청규정의 여러 규정에 비추어 볼 때, 채용계약상 특별한 약정이 없는 한, 지방계약직공무원에 대하여 지방공무원법, 지방공무원징계 및 소청규정에 정한 징계절차에 의하지 않고서는 보수를 삭감할 수 없다고 봄이 상당하다(대판 2008.6.12, 2006두16328).

18
정답 ④

영역 행정구제법 > 행정상 손실보상

정답해설

④ 공익사업을 위한 토지 등의 취득 및 보상에 관한 법률(이하 '토지보상법'이라고 한다) 제72조의 문언, 연혁 및 취지 등에 비추어 보면, 위 규정이 정한 수용청구권은 토지보상법 제74조 제1항이 정한 잔여지 수용청구권과 같이 손실보상의 일환으로 토지소유자에게 부여되는 권리로서 그 청구에 의하여 수용효과가 생기는 형성권의 성질을 지니므로, 토지소유자의 토지수용청구를 받아들이지 아니한 토지수용위원회의 재결에 대하여 토지소유자가 불복하여 제기하는 소송은 토지보상법 제85조 제2항에 규정되어 있는 '보상금의 증감에 관한 소송'에 해당(형식상 당사자소송)하고, 피고는 토지수용위원회가 아니라 사업시행자로 하여야 한다(대판 2015.1.9, 2014두46669).

오답해설

① 헌재결 2009.9.24, 2007헌바114

② 구역지정으로 인하여 예외적으로 토지를 종래의 목적으로도 사용할 수 없거나 또는 더 이상 법적으로 허용된 토지

이용의 방법이 없기 때문에 실질적으로 토지의 사용·수익의 길이 없는 경우에는 토지의 소유권은 이름만 남았을 뿐 알맹이가 없는 것이므로 토지소유자가 수인해야 하는 사회적 제약의 한계를 넘는 것으로 보아야 한다(89헌마214, 90헌바16, 97헌바78 병합).

③ 헌법 제23조 제3항이 규정하는 정당한 보상이란 원칙적으로 피수용재산의 객관적인 재산가치를 완전하게 보상하는 완전보상을 의미한다(헌재 2012.3.29, 2010헌바370 전합).

19
정답 ③

영역 행정구제법 > 행정쟁송

정답해설

㉠ 행정청의 처분 또는 부작위에 대하여는 다른 법률에 특별한 규정이 있는 경우 외에는 이 법에 따라 행정심판을 청구할 수 있다(행정심판법 제3조 제1항).

㉡ 대통령의 처분 또는 부작위에 대하여는 다른 법률에서 행정심판을 청구할 수 있도록 정한 경우 외에는 행정심판을 청구할 수 없다(행정심판법 제3조 제2항).

㉢ 다른 법률에서 특별행정심판이나 이 법에 따른 행정심판 절차에 대한 특례를 정한 경우에도 그 법률에서 규정하지 아니한 사항에 관하여는 이 법에서 정하는 바에 따른다(행정심판법 제4조 제2항).

오답해설

㉣ 관계 행정기관의 장이 특별행정심판 또는 이 법에 따른 행정심판 절차에 대한 특례를 신설하거나 변경하는 법령을 제정·개정할 때에는 미리 중앙행정심판위원회와 협의하여야 한다(행정심판법 제4조 제3항).

20
정답 ③

영역 행정법 서론 > 행정상 법률관계

정답해설

ㄴ. 병역법상 신체등위판정은 행정청이라고 볼 수 없는 군의관이 하도록 되어 있으며, 그 자체만으로 바로 병역법상의 권리의무가 정하여지는 것이 아니라 그에 따라 지방병무청장이 병역처분을 함으로써 비로소 병역의무의 종류가 정하여지는 것이므로 항고소송의 대상이 되는 행정처분이라 보기 어렵다(대판 1993.8.27, 93누3356).

ㄷ. 주민감사청구가 지방자치법에서 정한 적법요건을 모두

갖추었음에도, 감사기관이 해당 주민감사청구가 부적법하다고 오인하여 더 나아가 구체적인 조사·판단을 하지 않은 채 각하하는 결정을 한 경우, 감사청구한 주민은 위법한 각하결정 자체를 별도의 항고소송으로 다툴 필요 없이, 지방자치법이 규정한 다음 단계의 권리구제절차인 주민소송을 제기할 수 있다(대판 2020.6.25, 2018두67251).

ㅁ. 공정거래위원회의 경고의결은 당해 표시·광고의 위법을 확인하되 구체적인 조치까지는 명하지 아니하는 것으로 사업자가 장래 다시 표시광고법 위반행위를 할 경우 과징금 부과 여부나 그 정도에 영향을 주는 고려사항이 되어 사업자의 자유와 권리를 제한하는 행정처분에 해당한다(대판 2013.12.26, 2011두4930).

오답해설

ㄱ. 법의 목적, 내용 및 취지를 바탕으로, 피해자 등에게 명문으로 진실규명 신청권, 진실규명결정 통지 수령권 및 진실규명결정에 대한 이의신청권 등이 부여된 점, 진실규명결정이 이루어지면 그 결정에서 규명된 진실에 따라 국가가 피해자 등에 대하여 피해 및 명예회복 조치를 취할 법률상 의무를 부담하게 되는 점, 진실·화해를 위한 과거사정리위원회가 위와 같은 법률상 의무를 부담하는 국가에 대하여 피해자 등의 피해 및 명예 회복을 위한 조치로 권고한 사항에 대한 이행의 실효성이 법적·제도적으로 확보되고 있는 점 등 여러 사정을 종합하여 보면, 법이 규정하는 진실규명결정은 국민의 권리의무에 직접적으로 영향을 미치는 행위로서 항고소송의 대상이 되는 행정처분이라고 보는 것이 타당하다(대판 2013.1.16, 2010두228560).

ㄹ. 결국 위 통보는 해당 요양기관의 권리 또는 법률상 이익에 직접적인 영향을 미치는 공권력의 행사이고, 해당 요양기관으로 하여금 개개의 요양급여비용 감액 처분에 대하여만 다툴 수 있도록 하는 것보다는 그에 앞서 직접 위 통보의 적법성을 다툴 수 있도록 함으로써 분쟁을 조기에 근본적으로 해결하도록 하는 것이 법치행정의 원리에도 부합한다. 따라서 위 통보는 항고소송의 대상이 되는 처분으로 보는 것이 타당하다(대판 2013.11.14, 2013두13631).

21 정답 ④

영역 행정작용법 > 행정행위

정답해설

④ '주된 인·허가'요건뿐만 아니라 '의제되는 인·허가'요건까지 모두 구비된 경우에 '주된 인·허가'를 할 수 있다고 보는 절차집중효설이 통설·판례이다. 그 결과 절차집중효설에 의하면 타법상의 인·허가가 의제되는 허가를 하는 경우, 행정청은 타법상의 인·허가 요건에 대한 심사를 하여야 하고, '의제되는 인·허가'의 요건이 불비된 경우에는 '주된 인·허가'를 거부하여야 한다(대판 2002.10.11, 2001두151).

오답해설

① 건축허가는 대물적 성질을 갖는 것으로서 행정청으로서는 허가를 함에 있어 건축주가 누구인가 등 인적 요소에 대하여는 형식적 심사만 하고 신청서에 기재된 바에 따르게 된다(대판 1993.6.29, 92누17822).

② 일반적으로 행정처분에 효력기간이 정하여져 있는 경우에는 그 기간의 경과로 그 행정처분의 효력은 상실되고, 다만 허가에 붙은 기한이 그 허가된 사업의 성질상 부당하게 짧은 경우에는 이를 그 허가 자체(효력)의 존속기간이 아니라 그 허가조건의 존속기간(갱신기간)으로 본다(대판 2007.10.11, 2005두12404).

③ 허가 등의 행정처분은 원칙적으로 처분시의 법령과 허가기준에 의하여 처리되어야 하고 허가신청 당시의 기준에 따라야 하는 것은 아니며, 비록 허가신청 후 허가기준이 변경되었다 하더라도 그 허가관청이 허가신청을 수리하고도 정당한 이유없이 그 처리를 늦추어 그 사이에 허가기준이 변경된 것이 아닌 이상 변경된 허가기준에 따라서 처분을 하여야 한다(대판 1996.8.20, 95누10877).

22 정답 ④

영역 행정상 쟁송 > 행정소송

정답해설

④ 구 보조금법에 의하면, 보조금의 예산편성 및 관리에 관하여는 다른 법률에 특별한 규정이 있는 것을 제외하고는 보조금법이 정하는 바에 따르고(제3조 제1항), 보조사업자가 보조금을 다른 용도에 사용하거나 보조금 교부결정의 내용 등에 위반한 때에는 보조금 교부결정의 전부 또는 일부를 취소할 수 있으며(제30조 제1항), 보조금의 교부결정을 취소한 경우에 취소된 부분의 보조사업에 대하

여 이미 보조금이 교부되어 있을 때에는 취소한 부분에 해당하는 보조금의 반환을 명하여야 한다(대판 2017.7. 11, 2013두25498).

오답해설

① 행정소송법 제23조 제3항에서 집행정지의 요건으로 규정하고 있는 '공공복리에 중대한 영향을 미칠 우려'가 없을 것이라고 할 때의 '공공복리'는 그 처분의 집행과 관련된 구체적이고도 개별적인 공익을 말하는 것으로서 이러한 집행정지의 소극적 요건에 대한 주장·소명책임은 행정청에게 있다(대결 1999.12.20, 99무42).

② 사업여건의 악화 및 막대한 부채비율로 인하여 외부자금의 신규차입이 사실상 중단된 상황에서 285억 원 규모의 과징금을 납부하기 위하여 무리하게 외부자금을 신규차입하게 되면 주거래은행과의 재무구조개선약정을 지키지 못하게 되어 사업자가 중대한 경영상의 위기를 맞게 될 것으로 보이는 경우, 그 과징금납부명령의 처분으로 인한 손해는 효력정지 내지 집행정지의 적극적 요건인 '회복하기 어려운 손해'에 해당한다(대결 2001.10.10, 2001무29).

③ 절차적 요건에 불과한 총회결의 부분만을 대상으로 그 효력 유무를 다투는 확인의 소를 제기하는 것은 허용되지 아니하고, 한편 이러한 항고소송의 대상이 되는 행정처분의 효력이나 집행 혹은 절차속행 등의 정지를 구하는 신청은 행정소송법상 집행정지신청의 방법으로서만 가능할 뿐 민사소송법상 가처분의 방법으로는 허용될 수 없다(대결 2009.11.2, 2009마596).

23

정답 ④

영역 행정상 쟁송 > 행정소송

정답해설

④ 국회의원 개개인에게 특임공관장의 인사사항에 관한 구체적인 신청권을 부여한 것이라고 할 수 없어서, 국회의원에게는 대통령 및 외교통상부장관의 특임공관장에 대한 인사권 행사 등과 관련하여 대사의 직을 계속 보유하게 하여서는 아니된다는 요구를 할 수 있는 법규상 신청권이 있다고 할 수 없고, 그 밖에 조리상으로도 그와 같은 신청권이 있다고 보여지지 아니한다(대판 2000.2.25, 99두11455).

오답해설

① 대판 2002.6.28, 2000두4750

② 당사자가 행정청에 대하여 어떠한 행정행위를 하여 줄 것을 신청하지 아니하였거나 신청을 하였더라도 당사자가 행정청에 대하여 그러한 행정행위를 하여 줄 것을 요구할 수 있는 법규상 또는 조리상 권리를 갖고 있지 아니하든지 또는 행정청이 당사자의 신청에 대하여 거부처분을 한 경우에는 원고적격이 없거나 항고소송의 대상인 위법한 부작위가 있다고 볼 수 없어 그 부작위위법확인의 소는 부적법하다(대판 1993.4.23, 92누17099).

③ 부작위위법확인의 소(행정소송법 제4조 제3호)는 행정청이 당사자의 법규상 또는 조리상의 권리에 기한 신청에 대하여 상당한 기간 내에 그 신청을 인용하는 적극적 처분 또는 각하하거나 기각하는 등의 소극적 처분을 하여야 할 법률상의 응답의무가 있음에도 불구하고 이를 하지 아니하는 경우에 그 부작위가 위법하다는 것을 확인함으로써 행정청의 응답을 신속하게 하여 부작위 또는 무응답이라고 하는 소극적인 위법상태를 제거하는 것을 목적으로 하는 제도이다(대판 2019.1.17, 2014두41114).

24

정답 ②

영역 행정구제법 > 행정쟁송제도

정답해설

② 행정권한의 내부위임은 법률이 위임을 허용하고 있지 아니한 경우에도 행정관청의 내부적인 사무처리의 편의를 도모하기 위하여 그의 보조기관 또는 하급행정관청으로 하여금 그의 권한을 사실상 행사하게 하는 것이므로, 권한위임의 경우에는 수임관청이 자기의 이름으로 그 권한행사를 할 수 있지만 내부위임의 경우에는 수임관청은 위임관청의 이름으로만 그 권한을 행사할 수 있을 뿐 자기의 이름으로는 그 권한을 행사할 수 없는 것(대판 1995. 11.28, 94누6475)

오답해설

① "위임"이란 법률에 규정된 행정기관의 장의 권한 중 일부를 그 보조기관 또는 하급행정기관의 장이나 지방자치단체의 장에게 맡겨 그의 권한과 책임 아래 행사하도록 하는 것을 말한다(행정위임위탁규정 제2조 제1호).

③ 정부조직법 제5조 제1항

④ 행정청의 권한의 이전이 이루어지는 권한의 위임, 위탁은 단순한 등기, 소송 등에 대한 업무의 이전인 촉탁과는 구별되는 개념이다.

25

영역 특별행정작용법 > 공용부담법

정답해설

② 보존재산인 문화재보호구역 내의 국유 토지는 시효취득의 대상이 아니다(대판 1994.5.10, 93다23442).

오답해설

① 국가배상법 제5조 제1항 소정의 '공공의 영조물'에는 국가 또는 지방자치단체가 소유권, 임차권 그 밖의 권한에 기하여 관리하고 있는 경우뿐만 아니라 사실상의 관리를 하고 있는 경우도 포함한다(대판 1995.1.24, 94다45302).

③ 국유재산법 제51조 제1항에 의한 국유재산의 무단점유자에 대한 변상금부과는 대부나 사용, 수익허가 등을 받은 경우에 납부하여야 할 대부료 또는 사용료 상당액 외에도 그 징벌적 의미에서 국가측이 일방적으로 그 2할 상당액을 추가하여 변상금을 징수토록 하고 있으며 그 체납시에는 국세징수법에 의하여 강제징수토록 하고 있는 점 등에 비추어 보면 그 부과처분은 관리청이 공권력을 가진 우월적 지위에서 행하는 것으로서 행정처분이라고 보아야 하고, 그 부과처분에 의한 변상금징수권은 공법상의 권리로서 사법상의 채권과는 그 성질을 달리하므로 국유재산의 무단점유자에 대하여 국가가 민법상의 부당이득금 반환청구를 하는 경우 국유재산법 제51조 제1항이 적용되지 않는다(대판 1992.4.14, 91다42197).

④ 공유재산의 관리청이 행정재산의 사용·수익에 대한 허가는 순전히 사경제주체로서 행하는 사법상의 행위가 아니라 관리청이 공권력을 가진 우월적 지위에서 행하는 행정처분으로서 특정인에게 행정재산을 사용할 수 있는 권리를 설정하여 주는 강학상 특허에 해당한다(대판 1998. 2.27, 97누1105).

제3과목: 경영학

01	02	03	04	05	06	07	08	09	10
①	①	④	③	②	③	④	④	④	④
11	12	13	14	15	16	17	18	19	20
③	②	②	④	②	③	①	③	④	②
21	22	23	24	25					
③	①	①	①	②					

01

영역 경영정보시스템 > e 비즈니스 시스템 모델과 구성요소

오답해설

② 비즈니스 프로세스 리엔지니어링은 프로세스별로 기존의 업무를 고객만족의 관점에서 근본적으로 재설계함으로써 경영효율을 획기적으로 높이는 경영기법을 말한다.

③ 식스 시그마는 100만 개의 제품 중 3~4개의 불량만을 허용하는 품질 혁신 운동을 말한다.

④ 전사적 자원소요계획은 인사, 재무, 생산 등 기업의 전 부문에 걸쳐 독립적으로 운영되던 인사정보시스템, 재무정보시스템, 생산관리시스템 등을 하나로 통합한다. 기업 내의 인적·물적 자원의 활용도를 극대화하고자 하는 경영 혁신기법이다.

02

영역 재무관리 > 화폐의 시간가치

정답해설

B회사의 순자산의 공정가치는 40억 원이고 합병 후 영구적 영업현금흐름은 $\frac{3억}{0.1}$ =30억 원이므로 B회사의 전체 순자산의 가치는 70억 원이고, 60억 원을 지급하므로 10억 원의 합병차익을 산출할 수 있다.

16 군무원 FINAL 실전 봉투모의고사

03

영역 재무관리 > 주식과 채권의 평가

정답해설

항상성장모형은 기업의 이익과 배당이 매년 일정하게 성장한다고 가정할 경우 주식의 이론적 가치를 나타내는 모형이다.

$$당기\ 1주당\ 현재가치(주가) = \frac{차기\ 주당\ 배당금}{요구수익률 - 성장률}$$

$$= \frac{1,100}{0.15 - 0.10} = 22,000원$$

04

정답 ③

영역 마케팅 > 제품관리

오답해설

① 편의품(Convenience Goods)은 최소한의 노력으로 적합한 제품을 구매하려는 행동의 특성을 보이는 제품으로 주로 일상생활에서 소비빈도가 가장 높으며 가장 인접해 있는 점포에서 구매하는 상품을 말한다.

② 선매품(Shopping Goods)은 여러 점포를 방문하거나 다양한 제품들의 가격수준, 품질, 스타일 등에 대한 적합성을 비교하여 최선의 선택으로 결정하는 제품을 말한다.

④ 자본재(Capital Items)는 다른 재화를 생산하기 위해 사용되는 재화를 말한다.

05

정답 ②

영역 재무관리 > 옵션

정답해설

② 주식 풋옵션이란 시장가격에 관계없이 특정 상품을 특정 시점, 특정 가격에 매도할 수 있는 권리를 말한다. 행사가격이 시장가격보다 낮을 경우 주식 풋옵션의 권리 행사를 포기하게 된다.

06

정답 ③

영역 인사관리 > 노사관계 관리

정답해설

③ 유니온숍은 비조합원도 채용할 수 있으나 일정 기간이 지난 후 조합원이 되어야 하는 제도이다.

오답해설

① 오픈숍은 노동조합에 가입한 조합원이나 비노조원에 상관없이 고용할 수 있는 제도이다.

② 클로즈드숍은 결원보충이나 신규채용 시 조합원 중에서 고용해야 하는 제도이다.

④ 에이전시숍은 조합원이 아니더라도 모든 종업원에게 노동조합의 조합비를 납부할 것을 요구하는 제도이다.

07

정답 ④

영역 경영정보시스템 > e 비즈니스 시스템 모델과 구성요소

정답해설

④ ERP(Enterprise Resource Planning, 전사적 자원관리)는 다음과 같은 특징이 있다.
- 기업의 서로 다른 부서 간의 정보 공유를 가능하게 함
- 의사결정권자와 사용자가 실시간으로 정보를 공유하게 함
- 보다 신속한 의사결정과 효율적인 자원 관리를 가능하게 함

오답해설

① JIT(Just In Time)는 과잉생산이나 대기시간 등의 낭비를 줄이고 재고를 최소화하여 비용 절감과 품질 향상을 달성하는 생산시스템이다.

② MRP(Material Requirement Planning, 자재소요계획)는 최종제품의 제조과정에 필요한 원자재 등의 종속수요 품목을 관리하는 재고관리기법이다.

③ MPS(Master Production Schedule, 주생산계획)는 MRP의 입력자료 중 하나로, APP를 분해하여 제품이나 작업장 단위로 수립한 생산계획이다.

08

정답 ④

영역 경영정보시스템 > 경영정보시스템의 전략적 활용

정답해설

④ 전략정보시스템은 의사결정과정에서 조직의 전략수행이나 경쟁 우위 확보를 위해 정보기술을 활용하는 정보시스템을 말한다.

오답해설

① 경영지원시스템은 관리자에게 보고서를 제공하거나 기업이 보유하고 있는 과거 자료 및 현 상태에 대한 온라인 정보를 제공하는 시스템이다.

② 거래처리보고시스템은 컴퓨터를 활용하여 업무처리 및 거래 등을 자동화하기 위해 개발된 시스템이다.

③ 정보보고시스템은 관리 활동에 필요한 정보를 제공해 주는 시스템이다.

09

영역 경영정보시스템 > 경영정보시스템의 전략적 활용

정답해설

④ 포터는 기업이 경쟁에서 이기기 위해서는 차별화나 원가 (비용) 우위 둘 중 하나의 경쟁 우위에 집중해야 한다고 주장하였다.

The 알아보기 포터의 경쟁 전략

시장의 범위 \ 경쟁 우위의 변천	낮은 비용 (원가요인)	제품의 독창성 (고객인식요인)
넓음(전체 시장)	원가 우위전략	차별화 전략
좁음(부분 시장)	원가 중심 집중화 전략	차별 중심 집중화 전략

10

정답 ④

영역 재무관리 > 재무비율분석

정답해설

ROE(자기자본순이익률)

＝매출액순이익률×총자산회전율×(1＋부채비율)

＝0.05×1.2×(1＋1.0)

＝0.12 ⇒ 12%

The 알아보기 자기자본순이익률(ROE)

자기자본순이익률

$$=\frac{순이익}{자기자본}$$

$$=\frac{순이익}{매출액}\times\frac{매출액}{총자산}\times\frac{총자산}{자기자본}$$

$$=\frac{순이익}{매출액}\times\frac{매출액}{총자산}\times\left(1+\frac{부채}{자기자본}\right)$$

＝매출액순이익률×총자산회전율×(1＋부채비율)

11

정답 ③

영역 회계학 > 재무제표

정답해설

당기순이익	＋10,000원
감가상각비	＋5,000원
매출채권 증가	－5,000원
재고자산 감소	＋1,000원
매입채무 증가	＋3,000원
계	14,000원

The 알아보기 간접법(현금흐름표)

당기순손익에 현금이 수반되지 않는 수익과 비용, 그리고 영업 활동 관련 자산과 부채의 증감을 가감 조정하여 표시하는 방법이다. 관련 자료에서 유형자산 증가는 투자 활동으로 인한 현금흐름이고, 장기차입금 증가는 재무 활동으로 인한 현금흐름이므로 2가지는 제외하고 계산하면 된다.

12

정답 ②

영역 마케팅 > 가격관리

정답해설

② 종속제품 가격결정은 보완재 등의 판매 시 어떤 제품을 싸게 판 후 그 제품에 필요한 소모품이나 부품을 비싸게 팔아 수익을 남기는 정책을 의미한다.

오답해설

① 순수 묶음제품 가격결정은 두 개 이상의 다른 제품을 하나로 묶어서 단일가격으로 판매하는 것을 말한다. 소비자가 묶음으로만 구매 가능한 것은 순수 묶음가격이며, 소비자가 묶음으로 구매하거나 개별제품으로 구매할 수도 있는 것은 혼합 묶음가격이다.

③ 스키밍 가격결정은 가격−품질 연상효과가 있을 경우에 유리하며 수요의 탄력성이 작을 때 유리한 전략이다.

④ 시장침투 가격결정은 시장선점이 목적이며, 수요의 탄력성이 크다. 규모의 경제효과 및 학습효과가 클 경우에 유리한 정책이다.

13 정답 ②

정답해설

② 행위관찰평가법은 구체적 행위에 대한 피고과자들의 빈도를 측정하는 방법이다.

오답해설

① 직접서열법은 피평가자를 총체적으로 평가하여 서열을 매기는 직무평가방법이다.

③ 분류법은 인사고과방법이 아니라 직무평가방법이다.

④ 쌍대비교법은 구성원들을 둘씩 짝 지어 순위를 평가하는 직무평가방법이다.

14 정답 ④

오답해설

① MRP는 풀 생산방식이 아니라 푸시 생산방식이다. 대표적인 풀 생산방식에는 JIT가 있다.

② MRP는 독립수요가 아닌 종속수요를 갖는 부품들의 생산수량과 생산시기를 결정하는 방법이다.

③ 각 부품별 계획주문 발주시기는 자재명세서가 아닌 MRP의 결과물이다.

15 정답 ②

정답해설

② 역할연기법은 경영관리상의 문제 해결이나 이해를 위해 당사자가 문제의 주인공처럼 실연해서 문제의 핵심을 파악하는 것으로, 감독자 훈련이나 세일즈맨에 대한 기술훈련 등에 사용되고 있다. 따라서 역할연기법은 훈련의 필요성을 분석하는 방법이 아닌, 훈련방법에 해당한다.

16 정답 ③

정답해설

③ 비공식조직은 테일러의 과학적 관리법에 해당되지 않는다.

오답해설

① · ② 과학적 관리법은 표준적인 1일 작업량을 과업으로 정하고, 이에 따라 임금을 차별적 성과급제로 실시하여 생산능률을 향상시키는 관리방법이다.

④ 기능식 직장제도는 과학적 관리법과 함께 테일러가 주장한 이론으로, 수평적 분업관계에서 여러 전문 기능별 직장인들이 각기 그 전문적인 입장에서 모든 작업자를 지휘 · 감독하는 조직이다.

17 정답 ①

오답해설

② 개(Dog)에 해당하는 상황이다.

③ 물음표(Question)에 해당하는 상황이다.

④ 별(Star)에 해당하는 상황이다.

18 정답 ③

정답해설

③ 기회비용과 부수효과는 현금흐름에 포함시켜야 하지만, 매몰비용은 현금흐름에 아무런 영향을 미치지 못한다. 매몰비용이란 과거의 의사결정에 의해 이미 발생한 비용으로, 다시 회수할 수 없는 금액이다.

19 정답 ④

정답해설

④ 상동적 오류란 특정한 사람에 대해 갖고 있는 편견 등에 의해 나타나는 오류이다. 현혹효과가 피평가자의 한 가지 특성에 근거한 것인데 반해, 상동적 오류는 피평가자가 속한 집단의 한 가지 범주에 따라 피평가자를 판단할 때 나타날 수 있는 오류이다.

오답해설

① 관대화 경향은 피평가자의 실제 업적이나 능력보다 피평가자를 높게 평가하는 경향으로, 강제할당법이나 서열법으로 감소시킬 수 있다.

② 주관의 객관화는 평가자가 피평가자를 자신의 특성과 비교하여 평가할 때 생기는 오류이다.

③ 시간적 오류란 평가자가 쉽게 기억할 수 있는 최근의 실적을 중심으로 피평가자를 평가하려는 데서 생기는 오류를 말한다.

20

영역 마케팅 > 목표시장의 선정(STP)

정답해설

② 소멸 가능성이 아니라 지속 가능성(신뢰성)을 지녀야 시장 세분화가 유용해진다.

오답해설

① 측정 가능성이란 세분시장의 규모와 구매력을 측정할 수 있는 정도를 의미한다.

③ 충분한 규모의 시장성이란 세분시장의 규모가 수익을 내기에 충분한가를 의미한다.

④ 접근 가능성이란 세분시장에 접근할 수 있고 그 시장에서 활동할 수 있는 정도를 의미한다.

21

정답 ③

영역 조직행위 > 조직구조와 직무설계

정답해설

③ 태스크포스는 하나의 과제를 해결하기 위해 만들어진 팀으로, 프로젝트 팀이라고도 한다. 전문적 지식이 요구되어 여러 팀에서 인원들을 모았다가 과제가 끝난 뒤에는 해체한다. 따라서 수직적인 통합에 해당하지 않는다.

22

정답 ①

영역 조직행위 > 리더십이론

오답해설

② 서번트 리더십은 리더가 희생하여 조직의 발전을 추구하는 리더십이다.

③ 부하들이 자기통제에 의해 스스로를 이끌어 나가는 셀프 리더로 키우는 리더십은 슈퍼 리더십이다.

④ 변혁적 리더십은 감정에 의존하는 리더십이 아니다.

23

정답 ①

영역 경영학의 기초 > 기업의 이해

정답해설

① 콩글로메리트는 경영다각화를 위해 이종의 기업을 매수·합병하는 것으로, 매수합병, 인수합병 등의 방법을 이용한다.

오답해설

② 카르텔은 동일업종이나 유사업종에 속하는 기업들이 독립성을 유지하면서 일정한 협약에 따라 이루어지는 기업의 수평적 결합방식이다.

③ 트러스트는 카르텔보다 강력한 형태의 기업결합으로 각 기업이 법률적·경제적으로 독립성을 잃고 하나의 새로운 기업이 된다는 점에서 카르텔과 구별된다.

④ 콤비나트는 같은 지역 내의 기업들이 경영 합리화를 위하여 생산기술적인 측면에서 결합된 기업결합 형태로, 울산 공업단지, 석유화학 콤비나트 등이 있다.

24

정답 ①

영역 조직행위 > 동기부여이론

정답해설

① 목표는 특정한 결과를 성취할 수 있도록 구체적으로 설정되어야 한다. 따라서 추상적인 목표는 성과를 향상시키지 못한다.

25

정답 ②

영역 경영학의 기초 > 경영학의 이해

정답해설

② 호손실험의 결과, 인간의 감정, 비공식조직의 중요성이 강조되었다. 호손실험은 작업능률 내지 생산성 향상을 좌우하는 것이 물적 조건(임금, 환경)보다는 종업원의 심리적 태도(감정, 사기)와 비공식조직에 의한 조직 내의 사회적 관계(개인의 사회적 환경, 사내 세력관계)임을 시사하였다.

오답해설

① 호손실험은 인간관계론의 모태가 되었다.

제2회 모의고사 정답 및 해설

제1과목: 국어

01	02	03	04	05	06	07	08	09	10
①	④	①	①	④	②	①	②	②	①
11	**12**	**13**	**14**	**15**	**16**	**17**	**18**	**19**	**20**
②	①	④	②	②	①	③	④	①	③
21	**22**	**23**	**24**	**25**					
①	③	①	①	④					

01
정답 ①

영역 문법 > 어문 규정

정답해설

㉠ '안치다'는 '재료를 솥이나 냄비 따위에 넣고 불 위에 올리는 것'을 의미하며, '앉히다'는 '앉다'의 사동사로 쓰이거나, '문서에 줄거리를 따로 적어 놓다.', '버릇을 가르치다.'라는 뜻을 나타낸다.

㉢ '시키다'는 어떤 일이나 행동을 하게 하는 것을 의미하며, '식히다'는 '식다(더운 기가 없어지다 / 어떤 일에 대한 열의나 생각 따위가 줄거나 가라앉다)'의 사동사이다.

㉣ '거치다'는 '무엇에 걸리거나 막히다.', '오가는 도중에 어디를 지나거나 들르다.' 등의 뜻으로 쓰이는 동사이고, '걷히다'는 '걷다'의 피동사이다.

오답해설

㉡ 늘이다(×) → 느리다(○): '느리다'는 '동작을 하는 데 걸리는 시간이 길다'라는 뜻을 나타내고 '늘이다'는 '본디보다 더 길어지게 하다', '아래로 길게 처지게 하다'라는 뜻을 나타낸다.

㉤ 하느라고(×) → 하노라고(○): '-노라고'는 '자기 나름대로 꽤 노력했음'을 나타내고, '-느라고'는 '앞의 내용이 뒤에 오는 내용의 목적이나 원인이 됨'을 나타낸다.

02
정답 ④

영역 문법 > 어문 규정

정답해설

④ '겉으로 보고 대강 짐작하여 헤아리다.'를 의미하는 말은 '걷잡다'가 아니라 '겉잡다'이다.

오답해설

② 어미 '-대'는 '-다고 해'가 줄어든 말이고, '-데'는 해할 자리에 쓰여, 과거 어느 때에 직접 경험하여 알게 된 사실을 현재의 말하는 장면에 그대로 옮겨 와서 말함을 나타내는 종결 어미이다. '-대'는 직접 경험한 사실이 아니라 남이 말한 내용을 간접적으로 전달할 때 쓰고, '-데'는 화자가 직접 경험한 사실을 나중에 보고하듯이 말할 때 쓰이는 말로 '-더라'와 같은 의미를 전달하는 데 쓴다. 그러므로 '작데요'가 맞는 표현이다.

③ '등굣길'의 표준 발음은 [등교낄/등굗낄]로, 순우리말과 한자어로 된 합성어로서 앞말이 모음으로 끝나는 경우 뒷말의 첫소리가 된소리로 나면 사이시옷을 받치어 적는다.

03
정답 ①

영역 문법 > 어문 규정

오답해설

㉤ 프리젠테이션(×) → 프레젠테이션(○): 광고 대리업자가 예상 광고주를 대상으로 광고 계획서 따위를 제출하는 활동

04
정답 ①

영역 문법 > 어문 규정

정답해설

① sejong(×) → Sejong(○): 고유 명사는 첫 글자를 대문자로 적는다.

오답해설

② 'ㄴ, ㄹ'이 덧나는 경우 변화의 결과에 따라 적는다.

③ 고유 명사는 첫 글자를 대문자로 적고, 된소리되기는 표기에 반영하지 않는다.

④ 종성으로 소리 나는 'ㄱ, ㄷ, ㅂ'은 모음 앞에서는 'g, d, b'로, 자음 앞이나 어말에서는 'k, t, p'로 적는다.

05 정답 ④

정답해설

상수의 이야기에 대한 정민의 반응 '나도 그런 적이 있어.'를 보았을 때, ④와 같이 정민은 자신의 경험을 들어 상수 스스로 해결점을 찾도록 도와주고 있다. 이는 공감적 듣기의 적극적인 들어주기에 해당한다.

06 정답 ②

영역 문법 > 어문 규정

정답해설

② '들'이 두 개 이상의 사물을 나열할 때, 그 열거한 사물 모두를 가리키거나 그 밖에 같은 종류의 사물이 더 있음을 나타내는 의존 명사로 사용될 때 앞말과 띄어 쓴다.

오답해설

① '판'은 수관형사 뒤에서 승부를 겨루는 일을 세는 단위를 나타내는 의존 명사로 사용될 때 앞말과 띄어 쓴다.

③ '만'은 횟수를 나타내는 말 뒤에 쓰여 '앞말이 가리키는 횟수를 끝으로'라는 뜻을 나타내는 의존 명사이므로 앞말과 띄어 쓴다.

④ '만큼'은 앞의 내용에 상당한 수량이나 정도임을 나타내는 의존 명사로, 앞말과 띄어 쓴다.

07 정답 ①

영역 문법 > 언어와 국어

정답해설

〈보기〉의 ㉠은 같은 대상을 가리키는 말이 언어에 따라 달리 발음되는 사례이고, ㉡은 소리는 같지만 의미가 다르게 사용되는 사례이다. ㉢은 시간이 흐름에 따라 의미의 변화가 일어난 사례이다. 이런 사례들은 '언어의 자의성'을 나타낸다. 언어의 자의성이란 언어 기호의 말소리(형식)와 의미(내용) 사이에는 필연적인 관계가 없다는 것이다.

오답해설

② 연속된 실체를 분절하여 표현한다는 것은 '언어의 분절성'에 해당하는 설명이다.

③ 기본적인 어순이 정해져 있음은 '언어의 규칙성'에 대한 설명이다.

④ 한정된 기호만으로 무수히 많은 문장을 만들어 사용한다는 것은 '언어의 창조성'에 해당하는 설명이다.

08 정답 ②

영역 비문학 > 추론적 읽기

정답해설

제시문은 '예술 작품의 특성상 원본 고유의 예술적 속성을 복제본에서는 느낄 수 없다.'라는 사회적 통념에 대해 '이러한 생각은 잘못이다.'라고 반박하고 있다. 그리고 '빌 브란트가 마음만 먹었다면, 런던에 전시한 인화본의 조도를 더 낮추는 방식으로 다른 곳에 전시한 것과 다른 예술적 속성을 갖게 할 수 있었을 것이다.'라며 빌 브란트의 사진 작품을 그 근거로 들고 있다. 따라서 제시문의 주장은 ② '복제본도 원본과 다른 예술적 속성을 표현할 수 있다.'임을 알 수 있다.

09 정답 ②

영역 비문학 > 작문

정답해설

㉠ 뒤의 '이러한 생각은 잘못이다.'라는 문장을 통해, ㉠에는 앞의 내용과 뒤의 내용이 상반될 때 쓰는 ② '그러나'가 오는 것이 적절함을 알 수 있다.

10 정답 ①

영역 비문학 > 글의 전개 방식

오답해설

② 질병과 정치 문화적 박해로 하와이 원주민의 수가 급감하면서 하와이어를 사용하는 사람이 1778년 당시 80만 명에서 1900년에는 4만 명으로 감소했음을, 통계 수치를 활용하여 설명하고 있다.

③ 언어를 생로병사를 겪는 인간에 비유하고 있다.

④ 우비크, 쿠페뇨, 맹크스, 쿤월, 음바바람, 메로에, 컴브리아어 등 사라진 언어의 예를 들어 설명하고 있다.

11 정답 ②

영역 어휘 > 한자어

정답해설

② ㉡ 포식(捕食): 다른 동물을 잡아먹음

12

정답 ①

정답해설

㉠ 어른이면서 남성인 '아저씨'가 들어가야 한다.

㉡ 어른이 아니면서 남성인 '소년'이 들어가야 한다.

㉢ 어른이면서 남성이 아닌 '아주머니'가 들어가야 한다.

㉣ 어른이 아니면서 남성도 아닌 '소녀'가 들어가야 한다.

13

정답 ④

영역 문학 > 현대시

정답해설

④ ㉣의 원관념은 '눈물'로, 삶을 견디는 희망을 상징하는 것이 아니라, 어머니의 고달프고 한스러운 삶을 의미한다.

> **The 알아보기**   박재삼, 「추억에서」
> - 갈래: 자유시, 서정시
> - 주제: 유년기 추억 속의 가난과 어머니의 한스러운 삶
> - 특징
>   - 종결 어미를 통해 영탄적 분위기와 감정의 절제를 표현
>   - 시각적 이미지를 사용하여 주제를 형상화
>   - 시구의 반복으로 운율을 형성
>   - 토속적·향토적 시어를 사용

14

정답 ②

영역 문법 > 고전 문법

정답해설

② 'ㆆ'은 'ㅇ'의 가획자이다.

오답해설

① 'ㄹ'은 'ㄴ'의 이체자이다.

③ 'ㅿ'은 'ㅅ'의 이체자이다.

④ 'ㆁ'은 'ㄱ'의 이체자이다.

15

정답 ②

영역 문학 > 고전 운문

정답해설

「훈민가」는 정철이 강원도 관찰사로 재직할 당시 백성들을 교화하고 계몽시키기 위해 지은 작품이다. 백성들이 쉽게 이해할 수 있도록 평범한 일상어와 정감 어린 어휘를 사용한 것이 특징이다.

② 설의법은 쉽게 판단할 수 있는 사실을 의문의 형식을 사용하여 표현함으로써 독자가 스스로 판단하게 하고 필자가 의도하는 결론으로 독자를 이끄는 수사법이다. 따라서 제1수의 '두 분이 아니시면 이 몸이 살았을까', '하늘 같은 은덕을 어떻게 다 갚을까', 제8수의 '마소에 갓 고깔 씌워 밥 먹이나 다르냐'라는 부분을 통해 설의적 표현을 사용하여 주제를 강조하고 있음을 확인할 수 있다.

> **The 알아보기**   정철, 「훈민가」
> - 갈래: 평시조, 연시조, 정형시
> - 성격: 교훈적, 계몽적, 청유적
> - 주제: 유교 윤리의 실천 권장
> - 특징: 평이하면서도 정감 있는 어휘를 사용하여 강한 설득력을 지님

16

정답 ④

영역 문학 > 고전 운문

정답해설

④ ㉣의 'ᄆᆞ쇼'는 존귀한 사람과 격이 다른 미물에 해당하는 동물을 의미한다. 즉, 'ᄆᆞ쇼'는 남에게 도움이 되는 존재가 아니라 옳은 일을 하지 못했을 때의 인간을 비유적으로 표현한 것이다.

17

정답 ③

영역 문법 > 통사론

정답해설

주체가 제3의 대상에게 동작이나 행동을 하도록 시키는 사동 표현은 ③이다.

오답해설

① 철수가 자의로 옷을 입은 것이므로 주동 표현이 쓰였다.

②·④ 주체의 행위가 타의에 의한 것이므로 피동 표현이 쓰였다.

안심Touch

18

영역 문학 > 현대 소설

정답해설

④ ㉠과 ㉡ 모두 '안개'를 비유하는 말이다.

오답해설

① 1인칭 주인공 시점의 소설이다.

② 안개가 낀 '무진'은 몽환적이고 불투명하고 탈속적인 공간이다.

③ '안개'는 진정한 자아를 찾기 위해 방황하는 내면의 세계, 혼란스럽고 우울한 심리 상태, 현실과 꿈이 뒤섞인 혼돈의 상태 등을 의미한다.

19
정답 ①

영역 문학 > 현대 소설

정답해설

① '무진에서는 누구나 그렇게 생각하는 것이다. 타인은 모두 속물들이라고. 나 역시 그렇게 생각하는 것이다. 타인이 하는 모든 행위는 무위(無爲)와 똑같은 무게밖에 가지고 있지 않은 장난이라고.'를 통해 '무진'에 살고 있는 사람들은 타인과 단절된 채 자기 세계에 갇혀 있음을 알 수 있다.

오답해설

② 자연과 하나가 되는 삶을 꿈꾸고 있는 부분은 찾을 수 없다.

③ 타인이 하는 모든 행위를 무위(無爲)와 똑같이 여긴다는 서술을 통해, '무진' 사람들은 이웃과 소통하는 삶을 살지 않음을 알 수 있다.

④ '무진'의 명산물인 '안개'에 대한 비유적 표현만 있을 뿐, '무진'에 살고 있는 사람들이 눈에 보이지 않은 존재에 대한 공포심을 갖고 있는지는 알 수 없다.

The 알아보기 김승옥, 「무진기행」

• 갈래: 단편 소설

• 주제: 이상과 현실 사이에서 갈등하는 현대인의 허무주의적 의식

• 특징
  – '안개'라는 배경을 통해 '나'의 의식을 표출함
  – 상징적 장치인 '전보'를 통해 '나'의 내면 심리를 표현함

20
정답 ③

영역 문법 > 통사론

정답해설

㉠ '비가 오기'는 목적격 조사와 결합하여 안긴문장이 목적어로 쓰였다.

㉡ '집에 가기'는 부사격 조사 '에'와 결합하여 안긴문장이 부사어로 쓰였다.

㉢ '그는 1년 후에 돌아오기'는 부사격 조사 '로'와 결합하여 안긴문장이 부사어로 쓰였다.

㉣ '어린 아이들은 병원에 가기'는 안긴문장이 목적어로 쓰였다. 이때 목적격 조사는 생략되었다.

③ ㉠과 ㉣은 안긴문장이 목적어로 쓰이는 명사절이고, ㉡과 ㉢은 안긴문장이 부사어로 쓰이는 명사절이다.

21
정답 ①

영역 문법 > 형태론

정답해설

① 구름, 무덤(묻-+-엄), 빛나다(빛-+나-+-다)로 분석할 수 있다.

오답해설

② 지우개(파생어), 헛웃음(파생어), 덮밥(합성어)

③ 맑다(단일어), 고무신(합성어), 선생님(파생어)

④ 웃음(파생어), 곁눈(합성어), 시나브로(단일어)

22
정답 ③

영역 어휘 > 속담·관용어

정답해설

③ 말로 온 동네 다 겪는다: 음식이나 물건으로는 힘이 벅차서 많은 사람을 다 대접하지 못하므로 언변으로나마 잘 대접한다는 말 / 말로만 남을 대접하는 체한다는 말

오답해설

① 말하는 남생이: 남생이가 토끼를 속여 용궁으로 끌고 갔다는 이야기에서 온 말로 아무도 그가 하는 말을 신용하지 못한다는 말

② 말 많은 집은 장맛도 쓰다: 집안에 잔말이 많으면 살림이 잘 안된다는 말 / 입으로는 그럴듯하게 말하지만 실상은 좋지 못하다는 말

④ 말은 보태고 떡은 뗀다: 말은 퍼질수록 더 보태어지고, 음식은 이 손 저 손으로 돌아가는 동안 없어지는 것이라는 말

23

영역 어휘 > 한자 성어

정답해설

① 오상고절(傲霜孤節): 서릿발이 심한 속에서도 굴하지 아니하고 외로이 지키는 절개라는 뜻으로, '국화'를 이르는 말

오답해설

② 염화미소(拈華微笑): 말로 통하지 아니하고 마음에서 마음으로 전하는 일

③ 용호상박(龍虎相搏): 용과 범이 서로 싸운다는 뜻으로, 강자끼리 서로 싸움을 이르는 말

④ 고장난명(孤掌難鳴): 외손뼉만으로는 소리가 울리지 아니한다는 뜻으로 혼자의 힘만으로 어떤 일을 이루기 어려움을 이르는 말 / 맞서는 사람이 없으면 싸움이 일어나지 않음을 이르는 말

24

정답 ①

영역 문법 > 의미론

정답해설

①과 나머지 ② · ③ · ④는 글자의 소리가 서로 같지만 뜻이 다른 동음이의어이다. ①의 '쓰다'는 '얼굴에 어떤 물건을 걸거나 덮어쓰다.'의 의미로 쓰였다. ② · ③ · ④는 단어 사이에 의미의 연관성이 있는 다의어 관계이며, ①의 '쓰다'와는 다른 단어인 '쓰다'를 사용하고 있다.

오답해설

② '어떤 일을 하는 데에 재료나 도구, 수단을 이용하다.'의 의미로 쓰였다.

③ '어떤 일에 마음이나 관심을 기울이다.'의 의미로 쓰였다.

④ '사람에게 어떤 일을 하게 하다.'의 의미로 쓰였다.

25

정답 ④

영역 비문학 > 사실적 읽기

정답해설

④ 제시문에서 직업에 따라 조세 부담 비율을 다르게 했는지는 알 수 없다. 단지 조세 부담 능력이 큰 사람에게는 무거운 부담을, 조세 부담 능력이 작은 사람에게는 가벼운 부담을 지운다고 했다. 따라서 소득에 따라 조세 부담 비율을 달리한 것으로 볼 수 있다.

오답해설

① 3문단의 '특히 조세 부담은 ~ 부담을 지울 수 있다.'에서 확인할 수 있다.

② 1문단에서 직접세, 간접세에 대하여 설명하고 있으며, 아울러 각각의 특징과 예를 제시하고 있다.

③ 2문단에서는 우리나라의 31개 조세를 구분의 방법으로 설명하고 있다.

제2과목: 행정법

01	02	03	04	05	06	07	08	09	10
①	④	①	④	②	③	③	①	④	③
11	**12**	**13**	**14**	**15**	**16**	**17**	**18**	**19**	**20**
④	④	①	③	②	②	①	③	④	①
21	**22**	**23**	**24**	**25**					
③	②	①	③	④					

01

정답 ①

영역 행정법 서론 > 행정법

정답해설

① 폐기물처리업 사업계획에 대하여 적정통보를 한 것만으로 그 사업부지 토지에 대한 국토이용계획변경신청을 승인하여 주겠다는 취지의 공적인 견해표명을 한 것으로 볼 수 없고, 그럼에도 불구하고 원고가 그 승인을 받을 것으로 신뢰하였다면 원고에게 귀책사유가 있다 할 것이므로, 이 사건 처분이 신뢰보호의 원칙에 위배된다고 할 수 없다(대판 2005.4.28, 2004두8828).

오답해설

② 국가가 국민의 생명·신체의 안전에 대한 보호의무를 다하지 않았는지 여부를 헌법재판소가 심사할 때에는 국가가 이를 보호하기 위하여 적어도 적절하고 효율적인 최소한의 보호조치를 취하였는가 하는 이른바 '과소보호 금지원칙'의 위반 여부를 기준으로 삼아, 국민의 생명·신체의 안전을 보호하기 위한 조치가 필요한 상황인데도 국가가 아무런 보호조치를 취하지 않았든지 아니면 취한 조치가 법익을 보호하기에 전적으로 부적합하거나 매우 불충분한 것임이 명백한 경우에 한하여 국가의 보호의무의 위반을 확인하여야 한다(전합 2008.12.26, 2008헌마419·423·436 병합)

③ 헌법 제11조 제1항의 평등의 원칙은 일체의 차별적 대우를 부정하는 절대적 평등을 뜻하는 것이 아니라 입법과 법의 적용에 있어서 합리적인 근거가 없는 차별을 하여서는 아니된다는 상대적 평등을 뜻하고 따라서 합리적 근거가 있는 차별 또는 불평등은 평등의 원칙에 반하는 것이 아니다(대판 1999.10.12, 99도2309).

④ 소급입법은 새로운 입법으로 이미 종료된 사실관계 또는

법률관계에 작용케 하는 진정소급입법과 현재 진행중인 사실관계 또는 법률관계에 작용케 하는 부진정소급입법으로 나눌 수 있는바, 부진정소급입법은 원칙적으로 허용되지만 소급효를 요구하는 공익상의 사유와 신뢰보호의 요청 사이의 교량과정에서 신뢰보호의 관점이 입법자의 형성권에 제한을 가하게 되는데 반하여, 기존의 법에 의하여 형성되어 이미 굳어진 개인의 법적 지위를 사후입법을 통하여 박탈하는 것 등을 내용으로 하는 진정소급입법은 개인의 신뢰보호와 법적 안정성을 내용으로 하는 법치국가원리에 의하여 특단의 사정이 없는 한 헌법적으로 허용되지 아니한다(전합 1999.7.22, 97헌바76, 98헌바50·51·52·54·55 병합).

02

정답 ④

영역 행정과정의 규율 > 행정절차

정답해설

④ 행정절차법 제3조 제2항, 같은 법 시행령 제2조 제6호에 의하면 공정거래위원회의 의결·결정을 거쳐 행하는 사항에는 행정절차법의 적용이 제외되게 되어 있으므로, 설사 공정거래위원회의 시정조치 및 과징금납부명령에 행정절차법 소정의 의견청취절차 생략사유가 존재한다고 하더라도, 공정거래위원회는 행정절차법을 적용하여 의견청취절차를 생략할 수는 없다(대판 2001.5.8, 2000두10212).

오답해설

① 대판 2014.10.15, 2012두5756

② 대판 2007.9.21, 2006두20631

③ 대판 2004.5.28, 2004두1254

03

정답 ①

영역 행정의 실효성 확보수단 > 행정상 강제

정답해설

① 통고처분은 상대방의 임의의 승복을 그 발효요건으로 하기 때문에 그 자체만으로는 통고이행을 강제하거나 상대방에게 아무런 권리의무를 형성하지 않으므로 행정심판이나 행정소송의 대상으로서의 처분성을 부여할 수 없다(헌재 1998.5.28, 96헌바4 전합).

오답해설

② 도로교통법 제118조에서 규정하는 경찰서장의 통고처분은 행정소송의 대상이 되는 행정처분이 아니므로 그 처분

의 취소를 구하는 소송은 부적법하고, 도로교통법상의 통고처분을 받은 자가 그 처분에 대하여 이의가 있는 경우에는 통고처분에 따른 범칙금의 납부를 이행하지 아니함으로써 경찰서장의 즉결심판청구에 의하여 법원의 심판을 받을 수 있게 될 뿐이다(대판 1995.6.29, 95누4674).

③ 통고처분에 대하여 이의가 있으면 통고내용을 이행하지 않음으로써 고발되어 형사재판절차에서 통고처분의 위법·부당함을 얼마든지 다툴 수 있다(헌재 1998.5.28, 96헌바4 전합).

④ 범칙금의 납부에 따라 확정판결에 준하는 효력이 인정되는 범위는 범칙금 통고의 이유에 기재된 당해 범칙행위 자체 및 그 범칙행위와 동일성이 인정되는 범칙행위에 한정된다. 따라서 범칙행위와 같은 시간과 장소에서 이루어진 행위라 하더라도 범칙행위의 동일성을 벗어난 형사범죄행위에 대하여는 범칙금의 납부에 따라 확정판결에 준하는 일사부재리의 효력이 미치지 아니한다(대판 2011. 4.28, 2009도12249). 따라서 동일성이 인정되면 일사부재리의 효력이 미친다고 해석하는 것이 맞다.

04
정답 ④

영역 일반행정작용법 > 행정행위

정답해설

④ 친일재산은 친일반민족행위자재산조사위원회가 국가귀속결정을 하여야 비로소 국가의 소유로 되는 것이 아니라 특별법의 시행에 따라 그 취득·증여 등 원인행위시에 소급하여 당연히 국가의 소유로 되고, 위 위원회의 국가귀속결정은 당해 재산이 친일재산에 해당한다는 사실을 확인하는 이른바 준법률행위적 행정행위의 성격을 가진다(대판 2008.11.13, 2008두13491).

오답해설

① 대판 2012.6.14, 2010두19720

② 대판 2004.4.22, 2003두9015 전합

③ 대판 1991.8.13, 90누9414

05
정답 ②

영역 행정구제법 > 행정심판

정답해설

② 거부처분에 대한 취소심판이나 무효등 확인심판청구에서 인용재결이 있는 경우는 간접강제만 허용되고 직접처분권

은 인정되지 않는다(행정심판법 제50조의2 제1항).

오답해설

① 사정재결은 의무이행심판, 취소심판에 허용된다.

③ 행정심판법 제27조 제6항

④ 행정심판법 제6조 제3항

06
정답 ③

영역 행정절차와 행정공개 > 정보공개와 개인정보보호

정답해설

③ 개인정보처리자는 다음에 정해진 경우를 제외하고는 법령에 따라 개인을 고유하게 구별하기 위하여 부여된 식별정보로서 대통령령으로 정하는 정보(고유식별정보)를 처리할 수 없다(개인정보보호법 제24조 제1항).

1. 정보주체에게 제15조 제2항 각 호 또는 제17조 제2항 각 호의 사항을 알리고 다른 개인정보의 처리에 대한 동의와 별도로 동의를 받은 경우

2. 법령에서 구체적으로 고유식별정보의 처리를 요구하거나 허용하는 경우

오답해설

① 정보주체는 개인정보처리자가 이 법을 위반한 행위로 손해를 입으면 개인정보처리자에게 손해배상을 청구할 수 있다. 이 경우 그 개인정보처리자는 고의 또는 과실이 없음을 입증하지 아니하면 책임을 면할 수 없다(개인정보보호법 제39조 제1항).

② 개인정보보호법 제2조 제1호 가목

④ 개인정보처리자가 개인정보를 처리할 때 개인정보에 관한 권리 또는 이익을 침해받은 사람은 보호위원회에 그 침해 사실을 신고할 수 있다(개인정보보호법 제62조 제1항).

07
정답 ③

영역 행정구제법 > 행정상 손해배상

정답해설

③ 인사업무담당 공무원이 다른 공무원의 공무원증 등을 위조한 행위에 대하여 실질적으로는 직무행위에 속하지 아니한다 할지라도 외관상으로 국가배상법 제2조 제1항의 직무집행관련성을 인정(대판 2005.1.14, 2004다26805)

오답해설

① 국가배상법 제2조 소정의 "공무원"이라 함은 국가공무원법이나 지방공무원법에 의하여 공무원으로서의 신분을 가진 자에 국한하지 않고, 널리 공무를 위탁받아 실질적으

로 공무에 종사하고 있는 일체의 자를 가리킨다(대판 1991.7.9, 91다5570).

② 국가배상법 제2조(배상책임) 제1항 국가나 지방자치단체는 공무원 또는 공무를 위탁받은 사인(이하 "공무원"이라 한다)이 직무를 집행하면서 고의 또는 과실로 법령을 위반하여 타인에게 손해를 입히거나, 자동차손해배상 보장법에 따라 손해배상의 책임이 있을 때에는 이 법에 따라 그 손해를 배상하여야 한다. 다만, 군인·군무원·경찰공무원 또는 예비군대원이 전투·훈련 등 직무 집행과 관련하여 전사(戰死)·순직(殉職)하거나 공상(公傷)을 입은 경우에 본인이나 그 유족이 다른 법령에 따라 재해보상금·유족연금·상이연금 등의 보상을 지급받을 수 있을 때에는 이 법 및 민법에 따른 손해배상을 청구할 수 없다.

④ 대판 1994.11.8, 94다26141

08

정답 ①

영역 행정구제법 > 행정쟁송

정답해설

① 이전고시의 효력 발생으로 이미 대다수 조합원 등에 대하여 획일적·일률적으로 처리된 권리귀속 관계를 모두 무효화하고 다시 처음부터 관리처분계획을 수립하여 이전고시 절차를 거치도록 하는 것은 정비사업의 공익적·단체법적 성격에 배치되므로, 이전고시가 효력을 발생하게 된 이후에는 조합원 등이 관리처분계획의 취소 또는 무효확인을 구할 법률상 이익이 없다고 봄이 타당하다(대판 2012. 3.22, 2011두6400 전합).

오답해설

② 건축사법 제28조 제1항이 건축사 업무정지처분을 연 2회 이상 받고 그 정지기간이 통산하여 12월 이상이 될 경우에는 가중된 제재처분인 건축사사무소 등록취소처분을 받게 되도록 규정하여 건축사에 대한 제재적인 행정처분인 업무정지명령을 더 무거운 제재처분인 사무소등록취소처분의 기준요건으로 규정하고 있으므로, 건축사 업무정지처분을 받은 건축사로서는 위 처분에서 정한 기간이 경과하였다 하더라도 위 처분을 그대로 방치하여 둠으로써 장래 건축사사무소 등록취소라는 가중된 제재처분을 받을 우려가 있어 건축사로서 업무를 행할 수 있는 법률상 지위에 대한 위험이나 불안을 제거하기 위하여 건축사 업무정지처분의 취소를 구할 이익이 있으나, 업무정지처분을 받은 후 새로운 업무정지처분을 받음이 없이 1년이 경과

하여 실제로 가중된 제재처분을 받을 우려가 없어졌다면 위 처분에서 정한 정지기간이 경과한 이상 특별한 사정이 없는 한 그 처분의 취소를 구할 법률상 이익이 없다(대판 2000.4.21, 98두10080).

③ 대판 2005.5.13, 2004두4369

④ 대판 2000.5.16, 99두7111

09

정답 ④

영역 행정법 각론 > 지방자치법

정답해설

④ 지방자치단체가 자치조례를 제정할 수 있는 사항은 자치단체의 고유사무인 자치사무와 개별법령에 의하여 지방자치단체에 위임된 단체위임사무에 한하는 것이고, 국가사무가 지방자치단체의 장에게 위임된 기관위임사무는 원칙적으로 자치조례의 제정 범위에 속하지 않는다 할 것이고, 다만 기관위임사무에 있어서도 그에 관한 개별법령에서 일정한 사항을 조례로 정하도록 위임하고 있는 경우에는 위임받은 사항에 관하여 개별법령의 취지에 부합하는 범위 내에서 이른바 위임조례를 정할 수 있다(대판 2000. 5.30, 99추85).

오답해설

① 지방자치단체의 장은 제2항에 따라 재의결된 사항이 법령에 위반된다고 인정되면 대법원에 소(訴)를 제기할 수 있다. 이 경우에는 제172조 제3항을 준용한다(지방자치법 제107조 제3항).

② 지방자치단체장의 요구에 대하여 재의한 결과 재적의원 과반수의 출석과 출석의원 3분의 2 이상의 찬성으로 전과 같은 의결을 하면 그 의결사항은 확정된다(지방자치법 제107조 제2항)

③ 법률이 주민의 권리·의무에 관한 사항에 관하여 구체적으로 아무런 범위도 정하지 아니한 채 조례로 정하도록 포괄적으로 위임하였다고 하더라도, 행정관청의 명령과는 달리, 조례도 주민의 대표기관인 지방의회의 의결로 제정되는 지방자치단체의 자주법인 만큼, 지방자치단체가 법령에 위반되지 않는 범위 내에서 주민의 권리·의무에 관한 사항을 조례로 제정할 수 있는 것이다(대판 1991.8. 27, 90누6613).

10

영역 행정작용법 > 행정입법

정답해설

③ 일반적·추상적인 법령이나 규칙 등은 국민의 구체적인 권리·의무에 직접적 변동을 초래하지 않는다면 취소소송의 대상이 될 수 없다. 법령이나 규칙은 일반적·추상적 규율로서 처분의 요소가 포함되어 있지 않으므로 취소소송의 대상이 되지 않는다. 다만 처분적 법규인 경우에만 행정소송의 대상이 될 수 있다.

오답해설

① 행정절차법 제41조 이하에서는 입법예고에 관하여 규정을 두고 있다.

② 중앙행정심판위원회는 심판청구를 심리·재결할 때에 처분 또는 부작위의 근거가 되는 명령 등(대통령령·총리령·부령·훈령·예규·고시·조례·규칙 등을 말한다. 이하 같다)이 법령에 근거가 없거나 상위 법령에 위배되거나 국민에게 과도한 부담을 주는 등 크게 불합리하면 관계 행정기관에 그 명령 등의 개정·폐지 등 적절한 시정조치를 요청할 수 있다. 이 경우 중앙행정심판위원회는 시정조치를 요청한 사실을 법제처장에게 통보하여야 한다(행정심판법 제59조 제1항).

④ 명령·규칙 또는 처분이 헌법이나 법률에 위반되는 여부가 재판의 전제가 된 경우에는 대법원은 이를 최종적으로 심사할 권한을 가진다(헌법 제107조 제2항).

11

영역 행정법 각론 > 병역법

정답해설

ㄴ. 현역입영통지서 수령을 거절(예비적 공소사실)하였을 뿐 이를 적법하게 수령하였다고 볼 수 없다는 이유로 현역병입영대상자인 피고인이 현역입영통지서를 받았음에도 정당한 사유 없이 입영기일부터 3일이 경과하여도 입영하지 않았다는 이 사건 주위적 공소사실에 대하여는 그 범죄의 증명이 없는 때에 해당(→ 처벌이 인정되지 않는다)한다고 판단한 것은 정당하고, 거기에 상고이유 주장과 같이 병역의무부과통지서의 송달에 관한 법리를 오해하여 판결에 영향을 미친 위법이 있다고 할 수 없다(대판 2009.6.25, 2009도3387).

ㄹ. 공익근무요원소집처분은 보충역편입처분을 받은 공익근무요원소집대상자에게 기초적 군사훈련과 구체적인 복무기관 및 복무분야를 정한 공익근무요원으로서의 복무를 명하는 구체적인 행정처분이므로, 위 두 처분은 후자의 처분이 전자의 처분을 전제로 하는 것이기는 하나 각각 단계적으로 별개의 법률효과를 발생하는 독립된 행정처분이라고 할 것이므로, 따라서 보충역편입처분의 기초가 되는 신체등위 판정에 잘못이 있다는 이유로 이를 다투기 위하여는 신체등위 판정을 기초로 한 보충역편입처분에 대하여 쟁송을 제기하여야 할 것이며, 그 처분을 다투지 아니하여 이미 불가쟁력이 생겨 그 효력을 다툴 수 없게 된 경우에는, 병역처분변경신청에 의하는 경우는 별론으로 하고, 보충역편입처분에 하자가 있다고 할지라도 그것이 당연무효라고 볼만한 특단의 사정이 없는 한 그 위법을 이유로 공익근무요원소집처분의 효력을 다툴 수 없다(대법 2002.12.10, 2001두5422).

오답해설

ㄱ. 현역입영대상자로서는 현실적으로 입영을 하였다고 하더라도, 입영 이후의 법률관계에 영향을 미치고 있는 현역병입영통지처분 등을 한 관할지방병무청장을 상대로 위법을 주장하여 그 취소를 구할 소송상의 이익이 있다(대판 2003.12.26, 2003두1875).

ㄷ. 송달은 병역의무자의 현실적인 수령행위를 전제로 하고 있다고 보아야 하므로, 병역의무자가 현역입영통지의 내용을 이미 알고 있는 경우에도 여전히 현역입영통지서의 송달은 필요하고, 다른 법령상의 사유가 없는 한 병역의무자로부터 근거리에 있는 책상 등에 일시 현역입영통지서를 둔 것만으로는 병역의무자의 현실적인 수령행위가 있었다고 단정할 수 없다(대판 2009.6.25, 2009도3387).

12

영역 행정상 쟁송 > 행정소송

정답해설

④ 기속력은 판결의 주문과 이유 중의 요건사실에 대해서까지 미치지만, 기판력은 판결 주문에 한하여 미친다.

오답해설

① 행정소송법 제30조(취소판결 등의 기속력)

② 어떠한 행정처분에 위법한 하자가 있다는 이유로 그 취소를 소구한 행정소송에서 그 행정처분을 취소하는 판결이 선고되어 확정된 경우에 처분행정청이 그 행정소송의 사실심변론종결 이전의 사유를 내세워 다시 확정판결에 저

촉되는 행정처분을 하는 것은 확정판결의 기판력에 저촉되어 허용될 수 없고 이와 같은 행정처분은 그 하자가 명백하고 중대한 경우에 해당되어 당연무효이다(대판 1989.9.12, 89누985).

③ 원고의 청구가 이유있다고 인정하는 경우에도 처분등을 취소하는 것이 현저히 공공복리에 적합하지 아니하다고 인정하는 때에는 법원은 원고의 청구를 기각할 수 있다. 이 경우 법원은 그 판결의 주문에서 그 처분 등이 위법함을 명시하여야 한다(행정소송법 제28조 제1항).

13 정답 ①

영역 행정법 서론 > 행정상 법률관계

정답해설

ⓒ 선량한 풍속 기타 사회질서에 위반된 행위는 취소사유이므로 공정력이 인정된다(통설).

오답해설

㉠ 사인의 공법행위에는 행정행위에서 인정되는 공정력이나 강제력 등이 부정된다.

ⓒ · ⓔ 공정력은 취소할 수 있는 행정행위에만 인정되므로 비권력적 행정작용인 공법상 계약이나 행정지도에서는 인정되지 않는다.

ⓜ 적법한 건축물에 대한 철거명령은 무효사유이므로 공정력이 인정되지 않는다.

ⓗ 법규명령은 법규의 성질을 가지는 명령으로 일반적 · 추상적 명령 중 국민의 권리와 의무에 관한 사항을 규율하는 법규범이다. 따라서 공정력이 부정된다.

14 정답 ③

영역 행정구제법 > 손해전보제도

정답해설

③ 이주대책은 정당한 보상에 포함되는 것이라기보다는 이에 부가하여 이주자들에게 종전의 생활상태를 회복시키기 위한 생활보상의 일환으로서 그 실시 여부는 입법자의 입법정책적 재량의 영역에 속한다.

오답해설

① 사업시행자에게 이주대책을 수립 · 실시할 의무를 부과하고 있다고 하여 그 규정 자체만에 의하여 이주자에게 사업시행자가 수립한 이주대책상의 택지분양권이나 아파트 입주권 등을 분양받을 수 있는 구체적인 권리(수분양권)

가 직접 발생하는 것이라고는 볼 수 없고, 사업시행자가 이주대책에 관한 구체적인 계획을 수립하여 이를 이주자에게 통지하거나 공고한 후 이주자가 수분양권을 취득하기를 희망하여 이주대책에 정한 절차에 따라 사업시행자에게 이주대책 대상자 선정신청을 하고 사업시행자가 그 신청을 받아들여 이주대책 대상자로 확인 · 결정을 하여야만 비로소 구체적인 수분양권이 발생하게 된다(대판 1995.6.30, 94다14391).

② 협의취득시 건물소유자가 협의취득대상 건물에 대하여 약정한 철거의무는 공법상 의무가 아닐 뿐만 아니라, 공익사업을 위한 토지 등의 취득 및 보상에 관한 법률 제89조에서 정한 행정대집행법의 대상이 되는 '이 법 또는 이 법에 의한 처분으로 인한 의무'에도 해당하지 아니하므로 위 철거의무에 대한 강제적 이행은 행정대집행법상 대집행의 방법으로 실현할 수 없다(대판 2006.10.13, 2006두7096).

④ 하천법 제50조에 의한 하천수 사용권은 하천법 제33조에 의한 하천의 점용허가에 따라 해당 하천을 점용할 수 있는 권리와 마찬가지로 특허에 의한 공물사용권의 일종으로서, 양도가 가능하고 이에 대한 민사집행법상의 집행 역시 가능한 독립된 재산적 가치가 있는 구체적인 권리라고 보아야 한다(대판 2018.12.27, 2014두11601).

15 정답 ②

영역 행정상 쟁송 > 행정심판

정답해설

② 행정심판법은 재결에 의하여 취소되거나 무효 또는 부존재로 확인되는 처분이 당사자의 신청을 거부하는 것을 내용으로 하는 경우에는 그 처분을 한 행정청은 재결의 취지에 따라 다시 이전의 신청에 대한 처분을 하여야 한다고 규정하고 있다(행정심판법 제49조 제2항).

오답해설

① 심판청구에 대한 재결이 있으면 그 재결 및 같은 처분 또는 부작위에 대하여 다시 행정심판을 청구할 수 없다. 이 경우에 재결 자체에 고유한 위법이 있다면 바로 행정소송을 제기하여야 한다.

③ 감사원법에 의한 심사청구는 감사원의 직무수행에 도움을 주고 행정운영의 개선을 기하고자 하는 취지에 불과하기 때문에 행정심판에 해당하지 않는다(대판 1990.10.26, 90누5528).

④ 행정청의 위법 또는 부당한 처분을 취소하거나 변경하는 행정심판은 현행법상 허용된다(행정심판법 제5조 제1호).

16
정답 ②

영역 행정법 서론 > 법률사실과 법률요건

정답해설

② 공무원의 사직서 제출이 감사기관이나 상급관청 등의 강박에 의한 경우에는 그 정도가 의사결정의 자유를 박탈할 정도에 이른 것이라면 그 의사표시가 무효로 될 것이다.

오답해설

① 건축주 등은 신고제하에서도 건축신고가 반려될 경우 당해 건축물의 건축을 개시하면 시정명령, 이행강제금, 벌금의 대상이 되거나 당해 건축물을 사용하여 행할 행위의 허가가 거부될 우려가 있어 불안정한 지위에 놓이게 된다. 따라서 건축신고 반려행위가 이루어진 단계에서 당사자로 하여금 반려행위의 적법성을 다투어 그 법적 불안을 해소한 다음 건축행위에 나아가도록 함으로써 장차 있을지도 모르는 위험에서 미리 벗어날 수 있도록 길을 열어 주고, 위법한 건축물의 양산과 그 철거를 둘러싼 분쟁을 조기에 근본적으로 해결할 수 있게 하는 것이 법치행정의 원리에 부합한다. 그러므로 건축신고 반려행위는 항고소송의 대상이 된다고 보는 것이 옳다(대판 2010.11.18, 2008두167 전합).

③ 행정청은 요건을 갖추지 못한 신청서가 제출된 경우 상당한 기간을 정해 신청서의 보완을 명해야 한다. 이때 행정청의 보완 요구는 구체적이어야 한다.

④ 사인의 공법행위는 행정주체의 공권력 발동행위인 행정행위와 다르며, 따라서 공정력 · 존속력 · 강제력 등은 인정되지 않는다.

17
정답 ①

영역 행정구제법 > 행정쟁송

정답해설

① 처분의 변경이 있음을 안 날로부터 60일 이내에 하여야 한다(행정소송법 제22조 제1, 2항).

오답해설

② 행정소송법 제21조 제4항 · 제14조 제4항 · 제14조 제5항
③ 행정소송법 제21조 제2항
④ 행정소송법 제21조 제1항

> **The 알아보기** 부작위위법확인소송
> • 집행정지규정 적용 부정
> • 사정판결규정 적용 부정
> • 간접강제규정 적용 긍정

18
정답 ③

영역 행정구제법 > 손해전보제도

정답해설

③ 국가배상법 제5조 소정의 공공의 영조물이란 공유나 사유임을 불문하고 행정주체에 의하여 특정 공공의 목적에 공여된 유체물 또는 물적 설비를 의미하므로 사실상 군민의 통행에 제공되고 있던 도로 옆의 암벽으로부터 떨어진 낙석에 맞아 소외인이 사망하는 사고가 발생하였다고 하여도 동 사고지점 도로가 피고 군에 의하여 노선인정 기타 공용개시가 없었으면 이를 영조물이라 할 수 없다(대판 1981.7.7, 80다2478).

오답해설

① 국가배상법 제5조 제1항 소정의 '공공의 영조물'이라 함은 국가 또는 지방자치단체에 의하여 특정 공공의 목적에 공여된 유체물 내지 물적 설비를 말하며, 국가 또는 지방자치단체가 소유권, 임차권 그 밖의 권한에 기하여 관리하고 있는 경우뿐만 아니라 사실상의 관리를 하고 있는 경우도 포함된다(대판 1998.10.23, 98다17381).

② 고등학교 3학년 학생이 교사의 단속을 피해 담배를 피우기 위하여 3층 건물 화장실 밖의 난간을 지나다가 실족하여 사망한 경우, 학교 관리자에게 그와 같은 이례적인 사고가 있을 것을 예상하여 복도나 화장실 창문에 난간으로의 출입을 막기 위하여 출입금지장치나 추락위험을 알리는 경고표지판을 설치할 의무가 있다고 볼 수는 없으므로 학교시설의 설치 · 관리상의 하자가 없다(대판 1997.5.16, 96다54102).

④ 영조물 설치의 '하자'라 함은 영조물의 축조에 불완전한 점이 있어 이 때문에 영조물 자체가 통상 갖추어야 할 완전성을 갖추지 못한 상태에 있음을 말한다고 할 것인바 그 '하자' 유무는 객관적 견지에서 본 안전성의 문제이고 그 설치자의 재정사정이나 영조물의 사용목적에 의한 사정은 안전성을 요구하는데 대한 정도 문제로서 참작사유에는 해당할지언정 안전성을 결정지을 절대적 요건에는 해당하지 아니한다 할 것이다(대판 1967.2.21, 66다1723).

19 정답 ④

정답해설

ㄱ. 행정청이 행정심판청구를 할 수 있다고 잘못 알린 경우에 행정심판청구가 있은 때의 기간은 재결서의 정본을 송달받은 날부터 기산한다(행정소송법 제20조 제1항 단서).

ㄴ. 행정처분이 있음을 알고 처분에 대하여 곧바로 취소소송을 제기하는 방법을 선택한 때에는 처분이 있음을 안 날부터 90일 이내에 취소소송을 제기하여야 하고, 행정심판을 청구하는 방법을 선택한 때에는 처분이 있음을 안 날부터 90일 이내에 행정심판을 청구하고 행정심판의 재결서를 송달받은 날부터 90일 이내에 취소소송을 제기하여야 한다. 따라서 처분이 있음을 안 날부터 90일 이내에 행정심판을 청구하지도 않고 취소소송을 제기하지도 않은 경우에는 그 후 제기된 취소소송은 제소기간을 경과한 것으로서 부적법하고, 처분이 있음을 안 날부터 90일을 넘겨 청구한 부적법한 행정심판청구에 대한 재결이 있은 후 재결서를 송달받은 날부터 90일 이내에 원래의 처분에 대하여 취소소송을 제기하였다고 하여 취소소송이 다시 제소기간을 준수한 것으로 되는 것은 아니다(대판 2011.11.24, 2011두18786).

ㄷ. 행정소송법 제20조 제1항이 정한 제소기간의 기산점인 '처분 등이 있음을 안 날'이란 통지, 공고 기타의 방법에 의하여 당해 처분 등이 있었다는 사실을 현실적으로 안 날을 의미한다. 상대방이 있는 행정처분의 경우에는 특별한 규정이 없는 한 의사표시의 일반적 법리에 따라 행정처분이 상대방에게 고지되어야 효력을 발생하게 되므로, 행정처분이 상대방에게 고지되어 상대방이 이러한 사실을 인식함으로써 행정처분이 있다는 사실을 현실적으로 알았을 때 행정소송법 제20조 제1항이 정한 제소기간이 진행한다고 보아야 한다(대판 2014.9.25, 2014두8254).

ㄹ. 대판 2012.11.29, 2012두3743

20 정답 ①

정답해설

① 지방의회는 매년 1회 그 지방자치단체의 사무에 대하여 시·도에서는 14일의 범위에서, 시·군 및 자치구에서는 9일의 범위에서 감사를 실시한다(지방자치법 제49조 제1항).

오답해설

② 지방자치법 제49조 제3항

③ 지방자치법 제49조 제5항

④ 지방자치법 제50조 제3항

21 정답 ③

정답해설

③ 개발부담금부과처분이 취소된 이상 그 후의 부당이득으로서의 과오납금 반환에 관한 법률관계는 단순한 민사관계에 불과한 것이고, 행정소송절차에 따라야 하는 관계로 볼 수 없다(대판 1995.12.22, 94다51253).

오답해설

① 공법상 부당이득은 행정객체뿐만 아니라 행정주체에게도 성립할 수 있다. 따라서 공법상 부당이득반환에 대한 청구권의 행사는 개별적인 사안에 따라 행정주체도 할 수 있다.

② 지방재정법 제87조 제1항에 의한 변상금부과처분이 당연무효인 경우에 이 변상금부과처분에 의하여 납부자가 납부하거나 징수당한 오납금은 지방자치단체가 법률상 원인 없이 취득한 부당이득에 해당한다(대판 2005.1.27, 2004다50143).

④ 잘못 지급된 보상금 등에 해당하는 금액을 징수하는 처분을 해야 할 공익상 필요와 그로 인하여 당사자가 입게 될 기득권과 신뢰의 보호 및 법률생활 안정의 침해 등의 불이익을 비교·교량한 후, 공익상 필요가 당사자가 입게 될 불이익을 정당화할 만큼 강한 경우에 한하여 보상금 등을 받은 당사자로부터 잘못 지급된 보상금 등에 해당하는 금액을 환수하는 처분을 하여야 한다(대판 2014.10.27, 2012두17186).

22 정답 ②

정답해설

② 대판 1992.6.12, 91누13564

오답해설

① 관계 법령상 행정대집행의 절차가 인정되어 행정청이 행정대집행의 방법으로 건물의 철거 등 대체적 작위의무의 이행을 실현할 수 있는 경우에는 따로 민사소송의 방법으로 그 의무의 이행을 구할 수 없다(대판 2017.4.28, 2016

다213916).

③ 절대적 금지나 허가를 유보한 상대적 금지를 위반한 경우에는 당해 법령에서 그 위반자에 대하여 위반에 의하여 생긴 유형적 결과의 시정을 명하는 행정처분의 권한을 인정하는 규정(예컨대, 건축법 제69조, 도로법 제74조, 하천법 제67조, 도시공원법 제20조, 옥외광고물등관리법 제10조 등)을 두고 있지 아니한 이상, 법치주의의 원리에 비추어 볼 때 위와 같은 부작위의무로부터 그 의무를 위반함으로써 생긴 결과를 시정하기 위한 작위의무를 당연히 끌어낼 수는 없으며, 또 위 금지규정(특히 허가를 유보한 상대적 금지규정)으로부터 작위의무, 즉 위반결과의 시정을 명하는 권한이 당연히 추론(推論)되는 것도 아니라고 할 것이다(대판 1996.6.28, 96누4374).

④ 건물의 소유자에게 위법건축물을 일정기간까지 철거할 것을 명함과 아울러 불이행할 때에는 대집행한다는 내용의 철거대집행 계고처분을 고지한 후 이에 불응하자 다시 제2차, 제3차 계고서를 발송하여 일정기간까지의 자진철거를 촉구하고 불이행하면 대집행을 한다는 뜻을 고지하였다면 행정대집행법상의 건물철거의무는 제1차 철거명령 및 계고처분으로서 발생하였고 제2차, 제3차의 계고처분은 새로운 철거의무를 부과한 것이 아니고 다만 대집행기한의 연기통지에 불과하므로 행정처분이 아니다(대판 1994.10.28, 94누5144).

23
정답 ①

영역 일반행정작용법 > 기타행정행위

정답해설
ㄱ. 대판 2003.9.23, 2001두10936
ㄴ. 대판 1985.12.10, 85누186

오답해설
ㄷ. 인허가의제에서 계획확정기관이 의제되는 인허가의 실체적 및 절차적 요건에 기속되는지 여부와 관련하여 관할집중설, 절차집중설, 제한적 실체집중설 등이 있는데, 인허가의 절차적 요건에 대해서만 기속된다고 보는 절차집중설이 다수설·판례의 입장이다.

ㄹ. 도시관리계획결정·고시와 그 도면에 특정 토지가 도시관리계획에 포함되지 않았음이 명백한데도 도시관리계획을 집행하기 위한 후속 계획이나 처분에서 그 토지가 도시관리계획에 포함된 것처럼 표시되어 있는 경우가 있다. 이것은 실질적으로 도시관리계획결정을 변경하는 것에 해당하여 구 국토의 계획 및 이용에 관한 법률 제30조 제5항에서 정한 도시관리계획 변경절차를 거치지 않는 한 당연무효이다(대판 2019.7.11, 2018두47783).

24
정답 ③

영역 일반행정작용법 > 행정행위

정답해설
③ 지방식품의약품안전청장이 수입 녹용 중 전지 3대를 절단 부위로부터 5cm까지의 부분을 절단하여 측정한 회분함량이 기준치를 0.5% 초과하였다는 이유로 수입 녹용 전부에 대하여 전량 폐기 또는 반송 처리를 지시한 경우, 녹용 수입업자가 입게 될 불이익이 의약품의 안전성과 유효성을 확보함으로써 국민보건의 향상을 기하고 고가의 한약재인 녹용에 대하여 부적합한 수입품의 무분별한 유통을 방지하려는 공익상 필요보다 크다고는 할 수 없으므로 폐기 등 지시처분이 재량권을 일탈·남용한 경우에 해당하지 않는다(대판 2006.4.14, 2004두3854).

오답해설
① 행정행위가 그 재량성의 유무 및 범위와 관련하여 이른바 기속행위 내지 기속재량행위와 재량행위 내지 자유재량행위로 구분된다고 할 때, 그 구분은 당해 행위의 근거가 된 법규의 체재·형식과 그 문언, 당해 행위가 속하는 행정 분야의 주된 목적과 특성, 당해 행위 자체의 개별적 성질과 유형 등을 모두 고려하여 판단하여야 하고, 이렇게 구분되는 양자에 대한 사법심사는, 전자의 경우 그 법규에 대한 원칙적인 기속성으로 인하여 법원이 사실인정과 관련 법규의 해석·적용을 통하여 일정한 결론을 도출한 후 그 결론에 비추어 행정청이 한 판단의 적법 여부를 독자의 입장에서 판정하는 방식에 의하게 되나, 후자의 경우 행정청의 재량에 기한 공익판단의 여지를 감안하여 법원은 독자의 결론을 도출함이 없이 당해 행위에 재량권의 일탈·남용이 있는지 여부만을 심사하게 되고, 이러한 재량권의 일탈·남용 여부에 대한 심사는 사실오인, 비례·평등의 원칙 위배, 당해 행위의 목적 위반이나 동기의 부정 유무 등을 그 판단 대상으로 한다(대판 2001.2.9, 98두17593).

② 대판 1989.3.28, 87누436

④ 경찰공무원이 그 단속의 대상이 되는 신호위반자에게 먼저 적극적으로 돈을 요구하고 다른 사람이 볼 수 없도록 돈을 접어 건네주도록 전달방법을 구체적으로 알려주었으

며 동승자에게 신고시 범칙금 처분을 받게 된다는 등 비위신고를 막기 위한 말까지 하고 금품을 수수한 경우, 비록 그 받은 돈이 1만 원에 불과하더라도 위 금품수수행위를 징계사유로 하여 당해 경찰공무원을 해임처분한 것은 징계재량권의 일탈·남용이 아니라고 보았다(대판 2006. 12. 21, 2006두16274).

25
정답 ④

영역 행정의 실효성 확보수단 > 행정조사

정답해설
④ 행정기관의 장은 법령 등에서 규정하고 있는 조사사항을 조사대상자로 하여금 스스로 신고하도록 하는 제도를 운영할 수 있다. 행정기관의 장은 조사대상자가 자율신고제도에 따라 신고한 내용이 거짓의 신고라고 인정할 만한 근거가 있거나 신고내용을 신뢰할 수 없는 경우를 제외하고는 그 신고내용을 행정조사에 갈음할 수 있다(행정조사기본법 제25조).

오답해설
① 행정조사기본법 제4조 제4항
② 행정조사기본법 제20조 제2항
③ 행정조사기본법 제17조 제1항

01
정답 ②

영역 회계학 > 회계의 순환과정과 거래의 기록

정답해설
② 상품의 매매, 금전의 수입과 지출 등 결과적으로 기업의 자산, 부채, 자본, 수익, 비용의 증감 변화를 일으키는 모든 사실을 회계상 거래라고 하며, 이를 화폐금액으로 표시할 수 있어야 한다. 따라서 일상생활에서는 거래로 간주되지 않는 일반적인 손실이나 이득에 대해서도 회계상 거래로 인식하여 재무제표에 반영하기도 한다. 그러나 사원의 채용, 상품 등의 주문, 단순 계약 등은 회계상 거래에 포함되지 않는다.

02
정답 ①

영역 회계학 > 회계의 순환과정과 거래의 기록

정답해설
① 거래가 발생하면 분개하여 이를 원장에 옮기는 전기 과정 다음 결산 과정을 거친다. 결산 과정의 예비 절차에서는 시산표·재고 조사·수정분개·정산표를 작성하고, 본 절차에서는 포괄손익계산서 각 계정의 마감 후 재무상태표의 계정을 마감한다. 이후 작성된 재무제표를 공시한다.

03
정답 ④

영역 경영정보시스템 > 경영정보시스템의 기초 개념

정답해설
④ 중역정보시스템(EIS): 그래픽과 통신을 통해 기업의 고위 경영자들의 비구조화된 의사결정을 지원하도록 설계된 전략적 수준의 정보시스템이다.

오답해설

① 전사적 자원관리(ERP): 기업의 중심적 활동에 속하는 생산, 판매, 인사, 회계 등의 업무를 통합·관리하는 소프트웨어 패키지로, 전사적 경영자원의 체계적 관리를 통한 생산성 향상을 목표로 한다.

② 전자문서교환(EDI): 기업 서류를 서로 합의된 통신 표준에 따라 컴퓨터 간에 교환하는 정보전달방식이다.

③ 판매시점관리시스템(POS): 금전등록기와 컴퓨터 단말기의 기능을 결합한 시스템으로 매상금액을 정산할 뿐만 아니라 동시에 소매경영에 필요한 각종 정보와 자료를 수집·처리하는 시스템이다.

04 정답 ④

영역 조직행위 > 조직구조와 직무설계

정답해설

④ 과업정체성이란 전체 직무에서 과업이 차지하는 정도를 의미한다.

오답해설

① 작업자의 성장욕구는 조절변수로 작용하므로 직무설계를 할 때 고려해야 할 요소이다.

② 직무특성이론은 직무성과가 작업자의 주요 심리상태에서 얻어진다는 가정에 근거한다.

③ 과업중요성이란 과업이 다른 사람들에게 영향을 미치는 정도를 의미한다.

05 정답 ①

영역 계획 > 기업외부환경분석

정답해설

① 자산과 원재료, 소모품 등을 구입하는 활동은 구매행위로 지원 활동에 포함된다.

오답해설

② 투입요소를 최종제품 형태로 만드는 활동은 운영 활동으로 본원적 활동에 포함된다.

③ 제품을 구매자에게 유통시키기 위한 수집, 저장, 물적 유통과 관련된 활동은 물류산출 활동으로 본원적 활동에 포함된다.

④ 구매자가 제품을 구입할 수 있도록 유도하는 활동은 마케팅 활동으로 본원적 활동에 포함된다.

06 정답 ④

영역 경영학의 기초 > 경영학의 이해

정답해설

④ 허츠버그의 2요인이론은 직원들의 직무만족도를 증감시키는 요인을 2가지로 구분한 것이다. ㄴ, ㅁ은 동기요인에, ㄱ, ㄷ, ㄹ은 위생요인에 해당한다.

> **The 알아보기** 허츠버그의 2요인이론
> • 동기요인: 성취, 인정, 책임소재, 업무의 질 등
> • 위생요인: 회사의 정책, 작업 조건, 동료와의 관계, 임금, 직위 등

07 정답 ②

영역 경영학의 기초 > 경영혁신

오답해설

① 전사적 품질경영(TQM)은 고객만족을 목표로 전사적인 참여를 통하여 조직 내 업무 프로세스와 시스템을 지속적으로 개선시키고자 하는 통합적인 기법을 말한다.

③ 벤치마킹(BM)은 지속적인 개선을 위해 기업 내부의 활동과 기능, 관리능력을 외부 기업과의 비교를 통해 평가하는 것으로 최고의 성과를 얻기 위하여 최고의 실제 사례를 찾는 과정을 말한다.

④ 전사적 자원관리(ERP)는 인사, 재무, 생산 등 기업의 전 부문에 걸쳐 독립적으로 운영되던 인사정보시스템, 재무정보시스템, 생산관리시스템 등을 하나로 통합한 관리기법을 말한다.

08 정답 ①

영역 조직행위 > 동기부여이론

오답해설

② 논리적 오류는 고과자의 평소 논리적인 사고에 얽매여 피고과자를 임의적으로 평가해 버리는 경우를 말한다.

③ 후광효과는 어떤 한 개인을 평가할 때 그 사람의 부분이나 특징이 그 사람에 대한 구체적인 평가에 영향을 미치는 것을 말한다.

④ 주관의 객관화는 타인을 평가할 때 자신의 감정이나 경향을 귀속·전가시키는 데서 초래하는 지각의 오류를 말한다.

09

정답 ③

영역 재무관리 > CAPM, 요인모형, APT

정답해설

③ 효율적 포트폴리오는 자본시장선에 적용되지 않는다.

10

정답 ③

영역 마케팅 > 마케팅 커뮤니케이션(촉진관리)

정답해설

③ 풀 전략에 해당한다. 풀 전략은 제조업자 쪽으로 '당긴다'는 의미로 소비자를 상대로 적극적인 프로모션 활동을 하여 소비자들이 스스로 제품을 찾게 만들고, 중간상들은 소비자가 원하기 때문에 제품을 취급할 수밖에 없게 만드는 전략을 말한다.

오답해설

①·②·④ 푸시 전략에 해당한다.

11

정답 ②

영역 경영학의 기초 > 경영전략

정답해설

② 성숙기는 기존고객을 만족시키고 생산성을 증대하는 시기로, 매출의 증가비율은 둔화되지만 현금유입이 가장 많아지는 주기이다.

12

정답 ③

영역 마케팅 > 시장기회 분석과 소비자 행동

정답해설

③ 분산분석은 각각의 모집단은 정규분포를 가정하고 있고, 분산은 모두 동일한 값을 가진다고 가정하며 귀무가설과 대립가설을 비교·검증하는 기법이다.

오답해설

① 요인분석은 여러 개의 변수들이 서로 어떻게 연결되어 있는가를 분석하여 이들 변수 간의 관계를 공동 요인을 활용하여 설명하는 다변량 기법이다.

② 군집분석은 비슷한 특성을 가진 집단을 확인하기 위해 시도하는 통계적 기법이다.

④ 컨조인트분석은 어떠한 제품 또는 서비스 등이 지니고 있는 속성에 소비자가 부여하는 가치를 추정함으로써 해당 소비자가 어떠한 제품을 선택할지 예측하는 기법이다.

13

정답 ②

영역 회계학 > 손익과 비용

정답해설

손익분기점의 매출량을 구하는 공식에 대입하면 다음과 같다.

$$손익분기점\ 매출량 = \frac{고정비}{매출액 - 변동비}$$

$$= \frac{7억\ 2천만\ 원}{30만\ 원 - 6만\ 원}$$

$$= \frac{72,000만\ 원}{24만\ 원}$$

$$= 3,000대$$

> **The 알아보기 손익분기점 매출액과 매출량**
>
> - $손익분기점\ 매출액 = \dfrac{고정비}{1 - \dfrac{변동비}{매출액}}$
>
> - $손익분기점\ 매출량 = \dfrac{고정비}{매출액 - 변동비}$

14

정답 ②

영역 마케팅 > 마케팅 조사

정답해설

② 표본의 크기가 커질수록 조사비용과 조사시간은 증가하지만 표본오류는 감소한다.

오답해설

③ 비표본오류는 자료를 수집하는 과정에서 발생하는 오류로, 주로 잘못된 설문지나 조사과정에서 조사자의 잘못된 의사소통 및 조사 상황에 따라 발생한다. 전수조사에는 표본오류는 없지만 비표본오류가 존재한다.

④ 층화표본추출은 표본을 무작위로 추출하는 방법으로 적절한 층화변수를 선정하기가 어렵고, 비용이 많이 발생하는 단점이 있다.

15

영역 생산관리 > 품질관리

정답해설

③ TQM은 전통적 조직에 비하여 과업의 전문화가 낮고, 팀 단위로 과업이 이루어진다.

오답해설

① TQM은 종업원의 참여를 통한 프로세스의 지속적 개선을 통해 고객 만족도를 향상시키는 것을 목표로 한다.

② TQM은 지속적 개선을 강조한다. 지속적 개선은 '계획 → 실행 → 검토 → 조치'의 과정을 통해 이루어진다.

④ TQM은 고객 만족도 향상이라는 공동의 목적을 달성하기 위해 기업의 전 부문 종업원들이 참여하는 방식이다.

16

정답 ①

영역 경영학의 기초 > 경영자의 역할

정답해설

① 상대적으로 강력한 리더십을 발휘하는 경영자는 소유경영자이다. 기업을 소유하고 있고, 출자자나 대주주가 직접 경영에 참가하여 운영·관리하기 때문이다. 전문경영자는 소유와 경영의 분리에 따라 경영의 역할만을 담당한다.

17

정답 ②

영역 인사관리 > 임금관리의 개념

정답해설

② 생계비 순응임금제는 인플레이션일 때 근로자의 실질임금의 저하를 방지하기 위하여 사용된다.

오답해설

① 판매가격 순응임금제는 판매가격에 따라 임률을 비례적으로 등락하는 제도를 말한다.

③ 이익 순응임금제는 이익에 따라 임률을 비계적으로 등락하는 제도를 말한다.

18

정답 ④

영역 조직행위 > 동기부여이론

정답해설

④ 목표관리는 목표의 설정뿐 아니라 성과평가 과정에도 부하직원이 참여하는 관리기법이다.

오답해설

① 목표설정이론은 명확하고 도전적인 목표가 성과에 미치는 영향을 분석한다.

② 목표는 지시적 목표 · 자기설정 목표 · 참여적 목표로 구분되고, 이 중 참여적 목표가 종업원의 수용성이 가장 높다.

③ 목표관리는 조직의 상하 구성원이 모두 협의하여 목표를 설정한다.

19

정답 ①

영역 인사관리 > 인사고과

정답해설

① 강제할당법은 미리 정해놓은 비율에 따라 피고과자를 강제로 할당하는 방법이다. 따라서 피고과자의 수가 많을 때 타당성이 있다.

오답해설

② 서열법은 피고과자의 능력과 업적에 대하여 순위를 매기는 방법으로 동일한 직무에 대해서만 적용 가능하다.

③ 평정척도법은 피고과자가 실제 직무에서 행하는 행위의 관찰에 근거한 성과평가방법이다.

④ 자기고과법은 피고과자가 자신의 능력과 희망을 서술한 것을 토대로 고과하는 평가방법이다.

20

정답 ③

영역 인사관리 > 인사관리의 현대적 이슈들

오답해설

① 모집 활동과 관련이 있다.

② 보상 활동과 관련이 있다.

④ 유지 활동과 관련이 있다.

21

정답 ③

영역 경영학의 기초 > 新경영전략

정답해설

③ 블루오션 전략은 틈새시장을 확보하려는 전략이 아닌 경쟁이 없는 신규시장을 창출하려는 것이다.

22

영역 마케팅 > 마케팅 조사

정답해설

② 할당표본추출 방법에 관한 설명으로 미리 정해진 비율만큼 표본을 추출하는 것이 핵심이다.

오답해설

① 할당표본추출 방법은 비확률표본추출 방법에 해당한다.

③ 층화표본추출 방법에 관한 설명이다.

④ 군집표본추출 방법에 관한 설명이다.

23

영역 재무관리 > 자본예산 기법-투자안의 경제성 분석

정답해설

② DCF(현금흐름할인법)는 기술의 경제적 수명을 고려한 현금흐름 추정기간 동안의 미래 현금흐름을 할인율로 할인한 현재가치의 합으로 기업가치를 추정하는 방법이다. 과거의 실적보다는 미래의 실적에 더욱 관심을 가진다.

24

영역 마케팅 > 마케팅 계획 수립과정

오답해설

① 횡축은 상대적 시장점유율, 종축은 시장성장률이다.

③ 별 영역은 시장성장률이 높고 상대적 시장점유율도 높다.

④ 캐시카우 영역은 시장점유율이 높아 자금투자보다 자금산출이 많다.

25

영역 조직행위 > 커뮤니케이션과 의사결정

정답해설

④ 명목집단기법은 모임의 참여자들이 그들의 생각을 서면으로 정리한 후, 순서대로 발표하고, 수집된 아이디어를 대상으로 순위를 매겨 가장 많은 표를 얻은 아이디어를 채택하는 기법이다.

오답해설

① 능력이 뛰어난 개인이 모인 집단이 그만한 힘을 발휘하지 못할 때 원인을 찾아 문제를 해결하는 새로운 경영기법이다.

② 어떤 문제의 해결책을 찾기 위해 회의 형식을 채택하고, 구성원의 자유발언을 통한 아이디어의 제시로 해결책을 찾아내는 방법이다.

③ 전문가들의 의견을 종합하는 기법으로, 전문가들이 집단 토의를 하는 경우 발생하는 약점을 극복하기 위해서 개발되었다. 반복적인 피드백을 통한 하향식 의견 도출로 문제를 해결하려는 미래 예측기법이다.

제3회 모의고사 정답 및 해설

제1과목: 국어

01	02	03	04	05	06	07	08	09	10
②	②	④	③	④	④	③	①	④	③
11	12	13	14	15	16	17	18	19	20
②	④	②	②	①	③	③	④	①	②
21	22	23	24	25					
④	①	④	①	④					

01
정답 ②

영역 문법 > 어문 규정

정답해설

② '어떤 분야를 대표할 만하다.'를 의미하는 단어는 '내노라하다'가 아니라 '내로라하다'가 맞다.

오답해설

① '뻘겋다'에 '−어서'가 결합하면 '뻘게서'가 된다.

③ '잠그다'는 '으' 탈락 용언으로, 기본형 '잠그다'에 어미 '−아'가 결합하면 '잠가'가 되므로 '잠가야'가 맞는 표현이다.

④ '가름'은 '쪼개거나 나누어 따로따로 되게 하는 일', '승부나 등수 따위를 정하는 일'을 의미한다. '다른 것으로 바꾸어 대신함'을 의미하는 단어는 '갈음'이다.

02
정답 ②

영역 문법 > 국어 규범

정답해설

② • 날씨가 덥다. → 어간만 바뀌는 활용, 'ㅂ' 불규칙 활용
   • 목적지에 이르다. → 어미만 바뀌는 활용, '러' 불규칙 활용
   • 벽이 까맣다. → 어간과 어미가 바뀌는 활용, 'ㅎ' 불규칙 활용

오답해설

① • 물을 붓다. → 어간만 바뀌는 활용, 'ㅅ' 불규칙 활용
   • 물건을 팔다. → 규칙 활용
   • 값을 치르다. → 규칙 활용

③ • 일손이 바쁘다. → 규칙 활용
   • 밥을 푸다. → 어간만 바뀌는 활용, '우' 불규칙 활용
   • 발을 담그다. → 규칙 활용

④ • 하늘을 날다. → 규칙 활용
   • 은행잎이 노랗다. → 어간과 어미가 바뀌는 활용, 'ㅎ' 불규칙 활용
   • 친구를 부르다. → 어간만 바뀌는 활용, '르' 불규칙 활용

03
정답 ④

영역 문법 > 음운론

정답해설

④ 형태소를 분석하면 '집/앞/으로/맑/은/물/이/흐르/ㄴ/다' 10개이다.

오답해설

① 음절: 지/바/프/로/말/근/무/리/흐/른/다 → 11개

② 어절: 집/앞으로/맑은/물이/흐른다 → 5개

③ 단어: 집/앞/으로/맑은/물/이/흐른다 → 7개

04
정답 ③

영역 문법 > 어문 규정

정답해설

ⓒ Hangnyeoul(○): '학여울[항녀울]'과 같이 'ㄴ, ㄹ'이 덧나는 경우 변화의 결과에 따라 적는다.

오답해설

㉠ Nam−san(×) → Namsan(○): 자연 지물명, 문화재명, 인공 축조물명은 붙임표(−) 없이 붙여 쓴다.

㉡ Wolgod(×) → Wolgot(○): '월곶[월곧]'의 'ㄱ, ㄷ, ㅂ'은 모음 앞에서는 'g, d, b'로, 자음 앞이나 어말에서는 'k, t, p'로 적는다.

㉣ Sokrisan(×) → Songnisan(○): '속리산[송니산]'과 같이 자음 사이에서 동화 작용이 일어나는 경우 변화의 결과에 따라 적는다.

05

정답 ④

정답해설

④ '발을 끊다'는 오가지 않거나 관계를 끊는 것을 의미하는 표현이므로 문맥상 적절하지 않다. 아이가 돌아오지 않아 매우 안타까워하거나 다급해하는 표현으로는 '발을 구르다'가 적절하다.

오답해설

① 발을 디딜 틈이 없다: 복작거리어 혼잡스럽다.

② 발이 묶이다: 몸을 움직일 수 없거나 활동할 수 없는 형편이 되다.

③ 발을 빼다: 어떤 일에서 관계를 완전히 끊고 물러나다.

06

정답 ④

정답해설

'나·랏:말ᄊᆞ·미'의 'ㅣ'와 '百·빅姓·셩·이'의 '이'에서 주격 조사가 사용되었으나, 주격 조사 '가'의 쓰임은 찾아볼 수 없다.

> **The 알아보기** 「훈민정음 언해」
> • 갈래: 번역문
> • 주제: 훈민정음 창제의 취지
> • 특징
>   – 15세기 국어의 중요한 자료
>   – 자주정신, 애민정신, 창조정신, 실용정신이 나타남
> • 현대어 풀이
>   우리나라의 말이 중국과 달라서 한자와는 서로 통하지 아니하므로 이런 까닭으로 어리석은 백성이 말하고자 하는 바가 있어도 마침내 제 뜻을 능히 펴지 못하는 사람이 많다. 내 이를 불쌍히 여겨 새로 스물여덟 자를 만드니 사람으로 하여금 쉽게 익히게 하여 날마다 쓰는 데 편하게 하고자 할 따름이다.

07

정답 ③

정답해설

③ 禮定(×) → 豫定(○): '앞으로 일어날 일이나 해야 할 일을 미리 정하거나 생각함'을 의미하는 한자어는 '예정(豫定)'이다.

오답해설

① 민첩(敏捷)하다: 재빠르고 날쌔다.

② 낙오(落伍)되다: 사회나 시대의 진보에 뒤떨어지게 되다.

④ 내실(內實): 내적인 가치나 충실성

08

정답 ①

정답해설

① '손주 때문에 눈물로 세월을 보내더니'를 통해, ㉠에는 '자나 깨나 잊지 못함'을 의미하는 '오매불망(寤寐不忘)'이 들어가는 것이 적절함을 알 수 있다.

오답해설

② 간담상조(肝膽相照): 서로 속마음을 털어놓고 친하게 사귐

③ 자가당착(自家撞着): 같은 사람의 말이나 행동이 앞뒤가 서로 맞지 아니하고 모순됨

④ 배은망덕(背恩忘德): 남에게 입은 은덕을 저버리고 배신하는 태도가 있음

09

정답 ④

정답해설

④ '책가방'은 주로 학생들이 책이나 학용품 따위를 넣어서 들거나 메고 다니는 가방으로, 앞 어근이 뒤 어근에 의미상 종속되어 있는 종속 합성어이다.

오답해설

①·②는 대등 합성어, ③은 융합 합성어이다.

10

정답 ③

정답해설

③ '자연주의'가 아니라 '낭만주의'에 대한 설명이다. '자연주의'는 인간의 삶과 사회의 문제를 있는 그대로 묘사하는 것에 중점을 둔 문예 사조로, 19세기 말 프랑스를 중심으로 하여 일어났다.

오답해설

① '반영론적 관점'은 문학과 사회를 연관 지어 해석하는 것이다. 가령, 한용운의 작품 「님의 침묵」에서 '님'을 빼앗긴 조국으로 해석하는 관점이다.

② '서사 갈래'는 인물과 사건을 중심으로 전개되는 갈래로, 이야기를 전달하는 서술자가 존재한다.

④ '문학의 보편성'이란 문학은 지역을 초월하여 인류가 추구하는 보편적 가치를 지향한다는 의미인 반면, '문학의 특수성'이란 문학은 개개의 특수한 형상물이라는 의미이다.

11   정답 ②

영역 문법 > 의미론

정답해설

② '갈리다¹'은 '갈다¹'의 피동사이고, '갈리다²'는 '갈다²'의 피동사인데 둘은 모두 동사이다. 이로 보아 '갈다¹'과 '갈다²'의 품사가 같음을 알 수 있다.

오답해설

① '갈리다¹'이 두 가지 의미를 가지고 있는 것으로 보아 '갈다¹' 역시 여러 가지 의미를 가지고 있는 다의어임을 알 수 있다.

③ '갈리다¹'은 '갈다¹'에 피동 접미사 '-리-'가 결합하여 이루어진 피동사이다.

④ '갈리다¹'의 첫 번째 용례로 보아 기본형인 '갈다'를 해당 용례로 쓸 수 있다.

12   정답 ④

영역 문학 > 고전 운문

정답해설

정지상의 「송인(送人)」은 우리나라 한시 송별가 중 최고작으로 대동강에서 친한 벗과의 이별에 대한 슬픔을 노래한 작품이다. 따라서 시의 주된 정조로는 그리워서 잊지 못한다는 의미의 ④ '연연불망(戀戀不忘)'이 가장 적절하다.

오답해설

① 아전인수(我田引水): 자기 논에 물 대기라는 뜻으로, 자기에게만 이롭게 되도록 생각하거나 행동함을 이르는 말

② 유유자적(悠悠自適): 속세를 떠나 아무 속박 없이 조용하고 편안하게 삶

③ 맥수지탄(麥秀之歎/麥秀之嘆): 고국의 멸망을 한탄함을 이르는 말

The 알아보기   정지상, 「송인(送人)」

• 갈래: 7언 절구

• 주제: 이별의 슬픔, 임을 보내는 정한

• 특징
 – 이별시의 백미로 꼽히는 한시
 – 과장과 도치로 이별의 슬픔을 효과적으로 표현함
 – 대동강 물을 통해 슬픔의 깊이를 극대화함

• 작품 해석

雨歇長堤草色多(우헐장제초색다)
비 갠 긴 언덕에는 풀빛이 푸른데

送君南浦動悲歌(송군남포동비가)
그대를 남포에서 보내며 슬픈 노래 부르네

大同江水何時盡(대동강수하시진)
대동강 물은 그 언제 마를 것인가

別淚年年添綠波(별루년년첨록파)
이별의 눈물 해마다 푸른 물결에 더하는 것을

13   정답 ②

영역 문법 > 어문 규정

정답해설

외래어 표기법 규정에 따라 받침으로 사용할 수 있는 것은 'ㄱ, ㄴ, ㄹ, ㅁ, ㅂ, ㅅ, ㅇ'이므로, '케잌(cake)'은 잘못된 표기이다. 'cake'는 '케이크'라고 표기해야 한다.

14   정답 ②

영역 문법 > 한자어

정답해설

② '상이(相異)'는 '서로 다르다.'라는 의미를 가진다.

오답해설

① '상관(相關)'은 '서로 관련 있다.'라는 의미를 가진다.

③ '상응(相應)'은 '서로 응하다.'라는 의미를 가진다.

④ '상충(相衝)'은 '서로 충돌하다.'라는 의미를 가진다.

15   정답 ①

영역 문학 > 현대 소설

정답해설

① 제시된 글에는 인물과 인물 사이의 외적 갈등이 드러나지 않는다.

안심Touch

② 인물의 대화를 중심으로 내용을 압축하여 이야기를 전개하고 있다.

③ 외부 서술자인 작가의 눈을 통해 사건을 전개하는 전지적 작가 시점의 소설이다.

④ '기차는 눈발이 날리는 어두운 들판을 항해서 달려갔다.'라는 결말은 인물의 삶과 심리를 암시하고 여운을 주고 있다.

16
정답 ③

영역 문학 > 현대 소설

정답해설

③ ㉢: 산업화에 대한 비판적 시각이 나타난다.

> **The 알아보기** 황석영, 「삼포 가는 길」
> - 갈래: 단편 소설
> - 주제: 산업화 과정에서 소외된 하층민들의 애환과 연대 의식
> - 특징
>   - 전지적 작가 시점
>   - 대화를 중심으로 내용을 압축하여 이야기를 전개
>   - 여운을 남기는 형식으로 결말을 마무리

17
정답 ③

영역 문학 > 문학 일반

정답해설

제시된 시의 밑줄 친 부분에는 겉으로 보면 서로 이치에 어긋나거나 모순되는 것 같지만 속에는 어떤 진실을 담고 있는 표현 방법인 '역설법'이 사용되었다. ③의 '결별이 이룩하는 축복'에 역설법이 사용되었다.

> **The 알아보기** 김영랑, 「모란이 피기까지는」
> - 갈래: 자유시, 서정시
> - 주제: 모란에 대한 간절한 소망과 기다림
> - 특징
>   - 섬세하고 아름다운 시어 사용
>   - 언어의 조탁
>   - 수미상관 구조

18
정답 ④

영역 문학 > 고전 운문

정답해설

④ 낙구의 감탄사는 10구체 향가의 전형적인 특징이므로 다른 향가 작품에서 찾기 어려운 표현이라고 볼 수 없다.

오답해설

① 「제망매가(祭亡妹歌)」는 월명사가 죽은 누이를 추모하며 지은 노래로, 슬픔을 불도로 닦아 극복하겠다는 불교적 색채가 짙은 작품이다.

② 누이와 만날 날을 기약하고 있음을 9~10행을 통해 알 수 있다.

③ '한 가지'는 같은 부모를 의미하는 말로, 시적 화자와 시적 대상이 같은 부모에게서 태어난 친동기간임을 나타낸다.

> **The 알아보기** 월명사, 「제망매가(祭亡妹歌)」
> - 갈래: 10구체 향가
> - 주제: 누이에 대한 추모와 슬픔의 종교적 승화
> - 성격: 애상적, 추모적, 불교적
> - 특징
>   - 비유적 이미지를 통해 삶과 죽음의 갈림길에서 느끼는 허망감을 표현
>   - 「찬기파랑가」와 함께 향가 중에서 표현의 기교와 서정성이 뛰어난 작품으로 평가됨

19
정답 ①

영역 비문학 > 추론적 읽기

정답해설

제시된 실험의 요지는 학생들이 인류학 교수의 수업에서 공감하며 듣는 반응을 보이기 시작하면서 긍정적인 변화가 일어났다는 것이므로, 제시문의 제목으로 가장 적절한 것은 ① '공감하며 듣기의 중요성'이다.

20
정답 ②

영역 비문학 > 작문

정답해설

㉡은 '리셋 증후군'이라는 말이 언제부터 쓰이기 시작하였는지를 설명하고 있고, ㉡ 앞의 문장은 '리셋 증후군 환자들의 증상'에 대해 설명하고 있다. 따라서 ㉡을 첫 번째 문장 뒤로 옮겨 '리셋 증후군'이라는 말이 언제부터 쓰이기 시작하였는

지를 설명한 뒤 '리셋 증후군 환자들의 증상'을 설명하는 것이 글의 흐름상 적절하다.

오답해설

① '꼽혀지다'는 '꼽다'의 어간 '꼽-'에 피동 접미사 '-히-'와 '-어지다'를 결합한 불필요한 이중 피동 표현이다. 문장의 주어는 '리셋 증후군'이므로 서술어에는 '꼽고 있다'가 아닌 '꼽히고 있다'로 피동 표현을 사용하여야 한다.

③ '막다른 골목'은 '더는 어떻게 할 수 없는 절박한 경우를 비유적으로 이르는 말'이고, '달리는 말에 채찍질'은 '기세가 한창 좋을 때 더 힘을 가한다는 말 / 힘껏 하는데도 자꾸 더 하라고 한다는 말'이다. 따라서 '막다른 골목'을 '달리는 말에 채찍질하듯'으로 수정하는 것은 적절하지 않다.

④ ㉢의 앞 문장은 '리셋 증후군의 판별과 진단의 어려움'에 대해 설명하고 있고, ㉢의 뒤 문장은 '리셋 증후군을 예방하기 위한 방법'에 대해 설명하고 있다. 따라서 '이와 같이'를 상반 관계를 나타내는 '그러나'로 수정하는 것은 적절하지 않고, 원인과 근거의 관계를 나타내는 '그러므로'로 수정하는 것이 적절하다.

21 정답 ④

영역 문법 > 형태론

정답해설

④ 그래서(부사): 앞의 내용이 뒤의 내용의 원인이나 근거, 조건 따위가 될 때 쓰는 접속 부사

오답해설

① · ② · ③은 모두 감탄사이다.

① 아니(감탄사): 놀라거나 감탄스러울 때, 또는 의아스러울 때 하는 말

② 아니요(감탄사): 윗사람이 묻는 말에 부정하여 대답할 때 쓰는 말

③ 어(감탄사): 놀라거나, 당황하거나, 초조하거나, 다급할 때 나오는 소리

22 정답 ①

영역 비문학 > 글의 설명 방식

정답해설

제시문의 '인간은 인간을 속이지만 동물은 인간을 속이지 않는다는 것을 알고 인간에게 실망한 사람들이 동물에게 더 많은 애정을 보인다.'에서 동일 범주에 속한 대상의 차이를 들

어 설명하는 '대조'를 사용하고 있음을 알 수 있다. ① 역시 공부와 등산의 차이점을 설명한 글로, '대조'의 방식이 사용되었다.

오답해설

② 시간에 따라 사건을 전개시키는 '서사'의 방식을 사용하였다.

③ 기호의 의미에 대해서 이야기하고 기호에 속하는 것들에는 어떠한 것들이 있는지 설명하고 있다. 따라서 '정의'의 방식을 사용하였다. 또한 수학, 신호등, 언어 등을 기호의 예를 제시하는 '예시'의 방식을 사용하였다.

④ 좋은 교육을 가능하게 하는 요소들과 맛있는 음식을 만들기 위한 요소들을 비교하면서 설명하고 있다. 따라서 같은 종류의 것 또는 비슷한 것에 기초하여 다른 사물을 미루어 추측하는 '유추'의 방식을 사용하였다.

23 정답 ④

영역 비문학 > 사실적 읽기

정답해설

④ 두 번째 문단을 보면, 영어와 이탈리어를 읽는 사람은 모두 좌반구의 읽기 네트워크를 사용하지만 무의미한 단어를 읽을 때는 영어를 읽는 사람이 암기된 단어의 인출과 연관된 뇌 부위에 더 의존한다고 밝히고 있다.

오답해설

① 첫 번째 문단을 보면, 영어는 묵음과 같은 예외가 많은 편이고 글자에 대응하는 소리도 매우 다양하다는 것을 알 수 있다. 이는 스페인어에 비해 소리와 글자의 대응이 덜 규칙적이라는 것을 의미한다.

② 첫 번째 문단을 보면, 이탈리아어와 스페인어의 사용자는 한 글자에 대응되는 소리가 규칙적이기 때문에 의미를 전혀 모르는 새로운 단어를 발견하더라도 보자마자 정확한 발음을 할 수 있다는 점을 설명하고 있다. 따라서 이탈리아어는 낯선 단어를 발음할 때 영어에 비해 철자 읽기의 명료성이 높다는 것을 파악할 수 있다.

③ 첫 번째 문단에서 '알파벳 언어는 표기 체계에 따라 철자 읽기의 명료성 수준이 달라진다.'고 하였으므로 철자 읽기의 명료성을 판단하는 기준이 각 소리가 지닌 특성이라고 한 것은 적절하지 않다.

24 정답 ①

영역 문법 > 의미론

정답해설

① ㉠: '어떤 사실을 널리 알려서 깨우쳐 줌'을 의미하는 '고유(告諭)'가 아니라, '본래부터 가지고 있는 특유한 것'을 의미하는 '고유(固有)'이다.

오답해설

② ㉡ 묵음(默音): 발음되지 아니하는 소리

③ ㉢ 인출(引出): 끌어서 빼냄

④ ㉣ 반면(反面): 뒤에 오는 말이 앞의 내용과 상반됨을 나타내는 말

25 정답 ④

영역 문법 > 음운론

정답해설

④ '급행열차'가 [그팽녈차]로 발음되는 과정에서, '급행'의 'ㅂ'과 'ㅎ'이 하나의 음운 'ㅍ'으로 '축약(㉢)'되는 현상을 관찰할 수 있으며, '열'이 [녈]로 발음되는 과정에서 새로운 음운 'ㄴ'이 '첨가(㉢)'되는 현상을 확인할 수 있다.

오답해설

①·② '나뭇잎[나문닙]'과 '윗잇몸[원닌몸]'에서 확인할 수 있는 음운 변동은 교체와 첨가이다.

③ '박하다[바카다]'에서 확인할 수 있는 음운 변동은 축약이다.

제2과목: 행정법

01	02	03	04	05	06	07	08	09	10
③	③	③	①	③	③	③	①	④	①
11	**12**	**13**	**14**	**15**	**16**	**17**	**18**	**19**	**20**
③	①	①	④	①	④	④	④	④	③
21	**22**	**23**	**24**	**25**					
②	③	③	④	②					

01 정답 ③

영역 행정법 서론 > 행정법

정답해설

③ 남북정상회담의 개최는 고도의 정치적 성격을 지니고 있는 행위라 할 것이므로 특별한 사정이 없는 한 그 당부를 심판하는 것은 사법권의 내재적·본질적 한계를 넘어서는 것이 되어 적절하지 못하지만, 남북정상회담의 개최과정에서 재정경제부장관에게 신고하지 아니하거나 통일부장관의 협력사업 승인을 얻지 아니한 채 북한 측에 사업권의 대가 명목으로 송금한 행위 자체는 헌법상 법치국가의 원리와 법 앞에 평등원칙 등에 비추어 볼 때 사법심사의 대상이 된다고 판단한 원심판결을 수긍한 사례(대판 2004. 3.26, 2003도7878)

오답해설

① 대통령의 긴급재정경제명령은 국가긴급권의 일종으로서 고도의 정치적 결단에 의하여 발동되는 통치행위에 속한다고 할 수 있으나, 통치행위를 포함하여 모든 국가작용은 국민의 기본권적 가치를 실현하기 위한 수단이라는 한계를 반드시 지켜야 하는 것이고, 헌법재판소는 헌법의 수호와 국민의 기본권 보장을 사명으로 하는 국가기관이므로 비록 고도의 정치적 결단에 의하여 행해지는 국가작용이라고 할지라도 그것이 국민의 기본권 침해와 직접 관련되는 경우에는 당연히 헌법재판소의 심판대상이 된다(헌재 1996.2.29, 93헌마186).

② 대법원은 기본권 보장의 최후 보루인 법원으로서는 마땅히 유신헌법 제53조에 근거한 긴급조치 제1호에 규정된 형벌법규에 대하여 사법심사권을 행사함으로써, 대통령의 긴급조치권 행사로 인하여 국민의 기본권이 침해되고 나아가 우리나라 헌법의 근본이념인 자유민주적 기본질서가

부정되는 사태가 발생하지 않도록 그 책무를 다하여야 한다는 입장이다(대판 2010.12.16, 2010도5986).

④ 대통령의 비상계엄의 선포나 확대 행위는 고도의 정치적·군사적 성격을 지니고 있는 행위라 할 것이므로, 그것이 누구에게도 일견하여 헌법이나 법률에 위반되는 것으로서 명백하게 인정될 수 있는 등 특별한 사정이 있는 경우라면 몰라도, 그러하지 아니한 이상 그 계엄선포의 요건 구비 여부나 선포의 당·부당을 판단할 권한이 사법부에는 없다고 할 것이나, 비상계엄의 선포나 확대가 국헌문란의 목적을 달성하기 위하여 행하여진 경우에는 법원은 그 자체가 범죄행위에 해당하는지의 여부에 관하여 심사할 수 있다(대판 1997.4.17, 96도3376).

02
정답 ③

영역 일반행정작용법 > 행정상 입법

정답해설

③ 행정청은 입법예고를 할 때에 입법안과 관련이 있다고 인정되는 중앙행정기관, 지방자치단체, 그 밖의 단체 등이 예고사항을 알 수 있도록 예고사항을 통지하거나 그 밖의 방법으로 알려야 한다(행정절차법 제42조 제3항).

오답해설

① 상위법령 등의 단순한 집행을 위한 경우에는 행정상 입법예고를 하지 아니할 수 있다(행정절차법 제41조).

② 긴급한 필요가 있거나 미리 법률로써 자세히 정할 수 없는 부득이한 사정이 있는 경우에 한하여 수권법률(위임법률)이 구성요건의 점에서는 처벌대상인 행위가 어떠한 것인지 이를 예측할 수 있을 정도로 구체적으로 정하고, 형벌의 점에서는 형벌의 종류 및 그 상한과 폭을 명확히 규정하는 것을 전제로 위임입법이 허용된다(헌재 1996.2.29, 94헌마213).

④ 입법예고기간은 예고할 때 정하되, 특별한 사정이 없으면 40일(자치법규는 20일) 이상으로 한다(행정절차법 제43조).

03
정답 ③

영역 행정법 서론 > 행정상 법률관계

정답해설

③ 구청장이 사회복지법인에 특별감사 결과 지적사항에 대한 시정지시와 그 결과를 관계서류와 함께 보고하도록 지시한 경우, 그 시정지시는 비권력적 사실행위가 아니라 항

고소송의 대상이 되는 행정처분에 해당한다고 한 사례(대판 2008.4.24, 2008두3500)

오답해설

① 대판 2008.9.11, 2006두18362

② 대판 1988.2.23, 87누1046

④ 대판 2008.1.31, 2005두8269

04
정답 ①

영역 행정법 서론 > 행정상 법률관계

정답해설

① 건축법 소정의 건축허가권자는 건축허가신청이 건축법, 도시계획법등 관계 법규에서 정하는 어떠한 제한에 배치되지 않는 이상 당연히 같은 법조 소정의 건축허가를 하여야 하므로, 법률상의 근거 없이 그 신청이 관계 법규에서 정한 제한에 배치되는지의 여부에 대한 심사를 거부할 수 없고, 심사 결과 그 신청이 법정요건에 합치하는 경우에는 특별한 사정이 없는 한 이를 허가하여야 하며, 공익상 필요 없음에도 불구하고 요건을 갖춘 자에 대한 허가를 관계 법령에서 정하는 제한사유 이외의 사유를 들어 거부할 수 없다(대판 1995.6.13, 94다56883).

오답해설

② 주민등록은 단순히 주민의 거주관계를 파악하고 인구의 동태를 명확히 하는 것 외에도 주민등록에 따라 공법관계상의 여러 가지 법률상 효과가 나타나게 되는 것으로서, 주민등록의 신고는 행정청에 도달하기만 하면 신고로서의 효력이 발생하는 것이 아니라 행정청이 수리한 경우에 비로소 신고의 효력이 발생한다. 따라서 주민등록 신고서를 행정청에 제출하였다가 행정청이 이를 수리하기 전에 신고서의 내용을 수정하여 위와 같이 수정된 전입신고서가 수리되었다면 수정된 사항에 따라서 주민등록 신고가 이루어진 것으로 보는 것이 타당하다(대판 2009.1.30, 2006다17850).

③ 대판 2011.9.8, 2009두6766.

④ 구 유통산업발전법에 따른 대규모점포의 개설등록 및 구 재래시장법에 따른 시장관리자 지정은 행정청이 실체적 요건에 관한 심사를 한 후 수리하여야 하는 이른바 '수리를 요하는 신고'로서 행정처분에 해당한다(대판 2019. 9.10, 2019다208953).

수리를 요하지 않는 신고와 수리를 요하는 신고의 비교

구분	수리를 요하지 않는 신고	수리를 요하는 신고
효력시기	신고 시 법적 효과 발생	수리 시 법적 효과 발생
수리거부	수리를 거부하더라도 처분성 부정	수리를 거부할 경우 처분성 인정
신고필증	확인적 의미	법적 의미
명문규정	행정절차법에 규정 있음	행정절차법에 규정 없음

05

정답 ③

영역 행정상 쟁송 > 행정소송

정답해설

③ 신청은 행정청에게 권력적인 처분을 할 것을 요구하는 것이므로 사경제적 계약 체결의 요구 또는 비권력적 사실행위의 요구는 포함되지 않는다.

오답해설

① 부작위위법확인의 소에 있어 당사자가 행정청에 대하여 어떠한 행정행위를 하여 줄 것을 요구할 수 있는 법규상 또는 조리상 권리를 갖고 있지 아니한 경우에는 원고적격이 없거나 항고소송의 대상인 위법한 부작위가 있다고 볼 수 없어 그 부작위위법확인의 소는 부적법하다(대판 1999. 12.7, 97누17568).

② 행정소송법 제36조

④ 행정소송법상 행정청으로 하여금 일정한 행정처분을 하도록 명하는 이른바 이행판결을 구하는 소송은 허용되지 않는다(대판 1989.5.23, 88누8135).

06

정답 ③

영역 행정작용법 > 행정행위

정답해설

③ 건축물대장소관청의 용도변경신청 거부행위는 국민의 권리관계에 영향을 미치는 것으로서 항고소송의 대상이 되는 행정처분에 해당한다(대판 2009.1.30, 2007두7277).

오답해설

① 수리란 타인의 행정청에 대한 행위를 유효하다고 받아들이는 행위를 말한다. 따라서 행정행위로서 행하는 수리는 하나의 의사작용으로 일정한 법적 효과가 부여된다는 점에서 단순한 사실로서의 도달이나 접수(판단을 하지 않고 단지 받아 두는 행위)와 구별된다.

② 구 지적법 제20조, 제38조 제2항의 규정은 토지소유자에게 지목변경신청권과 지목정정신청권을 부여한 것이고, 한편 지목은 토지에 대한 공법상의 규제, 개발부담금의 부과대상, 지방세의 과세대상, 공시지가의 산정, 손실보상가액의 산정 등 토지행정의 기초로서 공법상의 법률관계에 영향을 미치고, 토지소유자는 지목을 토대로 토지의 사용·수익·처분에 일정한 제한을 받게 되는 점 등을 고려하면, 지목은 토지소유권을 제대로 행사하기 위한 전제요건으로서 토지소유자의 실체적 권리관계에 밀접하게 관련되어 있으므로 지적공부 소관청의 지목변경신청 반려행위는 국민의 권리관계에 영향을 미치는 것으로서 항고소송의 대상이 되는 행정처분에 해당한다(대판 2004.4.22, 2003두9015 전합).

④ 대판 2009.3.12, 2008두11525

07

정답 ③

영역 일반행정작용법 > 행정행위

정답해설

㉠ 국토의 계획 및 이용에 관한 법률이 정한 용도지역 안에서 토지의 형질변경행위·농지전용행위를 수반하는 건축허가 역시 재량행위에 해당(대판 2017.10.12, 2017두48956)

㉡ 한의사 면허는 경찰금지를 해제하는 명령적 행위(강학상 허가)에 해당(대판 1998.3.10, 97누4289)

㉢ 하천의 점용허가는 특정인에게 하천이용권이라는 독점적 권리를 설정하여 주는 '처분'에 해당(대판 2018.12.27, 2014두11601)

㉣ 건축법에서 인허가의제 제도를 둔 취지는, 인허가의제사항과 관련하여 건축허가의 관할 행정청으로 창구를 단일화하고 절차를 간소화하며 비용과 시간을 절감함으로써 국민의 권익을 보호하려는 것이지, 인허가의제사항 관련 법률에 따른 각각의 인허가 요건에 관한 일체의 심사를 배제하려는 것으로 보기는 어려우므로, 도시계획시설인 주차장에 대한 건축허가신청을 받은 행정청으로서는 건축

법상 허가 요건뿐 아니라 국토의 계획 및 이용에 관한 법령이 정한 도시계획시설사업에 관한 실시계획인가 요건도 충족하는 경우에 한하여 이를 허가해야 한다(대판 2015. 7.9, 2015두39590).

08
정답 ①

영역 일반행정작용법 > 행정행위

정답해설

① 우편물이 등기취급의 방법으로 발송된 경우 그것이 도중에 유실되었거나 반송되었다는 등의 특별한 사정에 대한 반증이 없는 한 그 무렵 수취인에게 배달되었다고 추정할 수 있다(대판 2017.3.9, 2016두60577). 판례에 의하면 간주(반증을 들어도 법규가 의제한 효과 번복 불가)가 아닌 추정(반증을 들면 그 가정된 효과는 번복)이다.

오답해설

② 청구인이 정보공개거부처분의 취소를 구하는 소송에서 공공기관이 청구정보를 증거 등으로 법원에 제출하여 법원을 통하여 그 사본을 청구인에게 교부 또는 송달되게 하여 결과적으로 청구인에게 정보를 공개하는 셈이 되었다고 하더라도, 이러한 우회적인 방법은 정보공개법이 예정하고 있지 아니한 방법으로서 정보공개법에 의한 공개라고 볼 수는 없으므로, 당해 정보의 비공개결정의 취소를 구할 소의 이익은 소멸되지 않는다(대판 2016.12.15, 2012두11409·11416).

③ 우편집배원의 위와 같은 직무상 의무위반과 집행채권자의 손해 사이에는 상당인과관계가 있다고 봄이 상당하고, 국가는 국가배상법에 의하여 그 손해에 대하여 배상할 책임이 있다(대판 2009.7.23, 2006다87798).

④ 문서는 수신자에게 도달(전자문서의 경우는 수신자가 관리하거나 지정한 전자적 시스템 등에 입력되는 것을 말한다)됨으로써 효력을 발생한다(행정 효율과 협업 촉진에 관한 규정 제6조 제2항).

09
정답 ④

영역 일반행정작용법 > 행정행위

정답해설

④ 행정행위를 한 처분청은 그 행위에 흠(하자)이 있는 경우 별도의 법적 근거가 없더라도 스스로 이를 취소할 수 있고, 다만 수익적 행정처분을 취소할 때에는 이를 취소하여야 할 공익상의 필요와 그 취소로 인하여 당사자가 입게 될 기득권과 신뢰보호 및 법률생활 안정의 침해 등 불이익을 비교·교량한 후 공익상의 필요가 당사자가 입을 불이익을 정당화할 만큼 강한 경우에 한하여 취소할 수 있다(대판 2010.11.11, 2009두14934).

오답해설

① 불가쟁력이 발생한 행정행위라도 불가변력이 발생하지 않았다면 권한 있는 기관은 이를 취소·변경할 수 있으므로, 위법한 침익적 행정행위에 대해서 불가쟁력이 발생한 경우라 하더라도 처분행정청은 위법한 행정행위로 인한 피해를 제거하기 위하여 직권으로 취소가 가능하다.

② 행정행위를 한 처분청은 그 행위에 하자가 있는 경우에는 별도의 법적 근거가 없더라도 스스로 이를 취소할 수 있다(대판 1986.2.25, 85누664).

③ 행정행위의 직권취소는 행정행위의 성립상의 위법한 하자를 원인으로 하므로 법적 근거가 없어도 처분청의 직권취소가 가능하다(대판 2006.5.25, 2003두4669).

10
정답 ①

영역 행정작용법 > 행정행위

정답해설

① 부담이 아닌 기타 부관은 독립하여 쟁송대상이 되지 않으므로 요건심사 단계에서 각하판결을 받게 된다.

오답해설

② 부담이 아닌 부관이 위법할 경우 판례는 부진정일부취소를 인정하지 않고 있다. 따라서 판례상으로는 부관부행정행위 전체의 취소를 청구하든지(대판1985.7.9, 84누604), 아니면 행정청에 부관이 없는 처분으로 변경해 줄 것을 청구하고 그 청구가 거부된 경우 거부처분취소소송을 제기해야 한다(대판 1990.4.27, 89누6308).

③ 대판 1994.3.8, 92누1728

④ 대판 1999.5.25, 98다53134

11

영역 일반행정작용법 > 기타행정행위

정답해설

ㄴ. 행정지도는 그 목적 달성에 필요한 최소한도에 그쳐야 하며, 행정지도의 상대방의 의사에 반하여 부당하게 강요하여서는 아니 된다(행정절차법 제48조 제1항).

ㄷ. 대판 2008.9.25, 2006다8228

오답해설

ㄱ. 행정지도가 말로 이루어지는 경우에 상대방이 제1항의 사항을 적은 서면의 교부를 요구하면 그 행정지도를 하는 자는 직무 수행에 특별한 지장이 없으면 이를 교부하여야 한다(행정절차법 제49조 제2항). 즉, 행정지도는 구술에 의해서도 가능하다.

ㄹ. 행정지도는 상대방의 임의적 협력을 전제로 하는 비권력적 사실행위이다. 그러나 행정지도의 상대방은 해당 행정지도의 방식·내용 등에 관하여 행정기관에 의견제출을 할 수 있다(행정절차법 제50조).

12

영역 일반행정작용법 > 행정행위

정답해설

① 행정청이 당사자와 사이에 도시계획사업의 시행과 관련한 협약을 체결하면서 관계 법령 및 행정절차법에 규정된 청문의 실시 등 의견청취절차를 배제하는 조항을 두었다고 하더라도, 국민의 행정참여를 도모함으로써 행정의 공정성·투명성 및 신뢰성을 확보하고 국민의 권익을 보호한다는 행정절차법의 목적 및 청문제도의 취지 등에 비추어 볼 때, 위와 같은 협약의 체결로 청문의 실시에 관한 규정의 적용을 배제할 수 있다고 볼 만한 법령상의 규정이 없는 한, 이러한 협약이 체결되었다고 하여 청문의 실시에 관한 규정의 적용이 배제된다거나 청문을 실시하지 않아도 되는 예외적인 경우에 해당한다고 할 수 없다(대판 2004.7.8, 2002두8350).

오답해설

②·④ 행정절차법 제22조 제1항

> **제22조(의견청취)** ① 행정청이 처분을 할 때 다음 각 호의 어느 하나에 해당하는 경우에는 청문을 한다.
> 1. 다른 법령등에서 청문을 하도록 규정하고 있는 경우
> 2. 행정청이 필요하다고 인정하는 경우
> 3. 다음 각 목의 처분 시 제21조 제1항 제6호에 따른 의견제출기한 내에 당사자등의 신청이 있는 경우
>   가. 인허가 등의 취소
>   나. 신분·자격의 박탈
>   다. 법인이나 조합 등의 설립허가의 취소

③ 구 공중위생법상 유기장업허가취소처분을 함에 있어서 두 차례에 걸쳐 발송한 청문통지서가 모두 반송되어 온 경우, 행정절차법 제21조 제4항 제3호에 정한 청문을 실시하지 않아도 되는 예외 사유에 해당한다고 단정하여 당사자가 청문일시에 불출석하였다는 이유로 청문을 거치지 않고 이루어진 위 처분이 위법하지 않다고 판단한 원심판결을 파기한 사례(대판 2001.4.13, 2000두3337)

13

영역 행정절차와 행정공개 > 정보공개와 개인정보보호

정답해설

① 정보의 공개를 청구하는 자는 해당 정보를 보유하거나 관리하고 있는 공공기관에 다음 각 호의 사항을 적은 정보공개 청구서를 제출하거나 말로써 정보의 공개를 청구할 수 있다(정보보호법 제10조).

오답해설

② 공공기관이 보유·관리하는 정보는 공개 대상이 된다. 다만, 정보보호법 제9조 제1항 각 호에 명시된 공개하지 않아도 되는 정보에 해당할 경우 정보의 공개여부에 대한 결정은 공공기관의 재량행위에 속한다.

③ 정보보호법 제7조 제1항 제5호의 사항은 비공개대상정보를 예시적으로 열거한 것이라고 할 것이므로 의사결정과정에 제공된 회의관련 자료나 의사결정 과정이 기록된 회의록 등은 의사가 결정되거나 의사가 집행된 경우에는 더 이상 의사결정과정에 있는 사항 그 자체라고는 할 수 없으나, 의사결정과정에 있는 사항에 준하는 사항으로서 비공개대상정보에 포함될 수 있다(대판 2003.8.22, 2002두12946).

④ 국민의 정보공개 청구는 정보공개법 제9조에 정한 비공개 대상 정보에 해당하지 아니하는 한 원칙적으로 폭넓게 허용되어야 하지만, 실제로는 해당 정보를 취득 또는 활용할 의사가 전혀 없이 정보공개 제도를 이용하여 사회통념상 용인될 수 없는 부당한 이득을 얻으려 하거나, 오로지 공공기관의 담당공무원을 괴롭힐 목적으로 정보공개 청구를 하는 경우처럼 권리의 남용에 해당하는 것이 명백한 경우에는 정보공개 청구권의 행사를 허용하지 아니하는 것이 옳다(대판 2014.12.24, 2014두9349).

14
정답 ③

영역 행정의 실효성 확보수단 > 행정상 강제

정답해설
③ 행정조사기본법 제24조(조사결과의 통지)

오답해설
① 행정조사기본법 제6조(연도별 행정조사운영계획의 수립 및 제출) 제1항 ~국무조정실장에게 제출하여야 한다.
② 행정조사기본법 제15조(중복조사의 제한) 제2항 ~ 행정조사를 실시하였는지 여부를 확인할 수 있다.
④ 행정조사기본법 제9조(출석·진술 요구), 제10조(보고요구와 자료제출의 요구) ~발송하여야 한다.

15
정답 ①

영역 행정의 실효성 확보수단 > 행정벌

정답해설
① 허가권자는 시정명령을 받은 자가 이를 이행하면 새로운 이행강제금의 부과를 즉시 중지하되, 이미 부과된 이행강제금은 징수하여야 한다(건축법 제80조 제6항).

오답해설
② 이행강제금(집행벌)은 의무자의 신체·재산에 직접적으로 실력을 가하여 의무이행상태를 실현하는 것이 아니라, 일정한 기한 내에 의무를 이행하지 않으면 금전적 불이익을 과할 것을 계고함으로써 의무자에게 심리적 압박을 가하여 그 의무의 이행을 간접적으로 강제하는 수단을 말한다.
③ 이행강제금 부과처분을 받은 자가 이행강제금을 기한 내에 납부하지 아니한 때에는 그 납부를 독촉할 수 있으며, 납부독촉에도 불구하고 이행강제금을 납부하지 않으면 체납절차에 의하여 이행강제금을 징수할 수 있고, 이때 이행강제금 납부의 최초 독촉은 징수처분으로서 항고소송의

대상이 되는 행정처분이 될 수 있다(대판 2009.12.24, 2009두14507).
④ 현행 건축법상 위법건축물에 대한 이행강제수단으로 대집행과 이행강제금이 인정되고 있는데, 양 제도는 각각의 장·단점이 있으므로 행정청은 개별사건에 있어서 위반내용, 위반자의 시정의지 등을 감안하여 대집행과 이행강제금을 선택적으로 활용할 수 있으며, 이처럼 그 합리적인 재량에 의해 선택하여 활용하는 이상 중첩적인 제재에 해당한다고 볼 수 없다(헌재 2004.2.26, 2001헌바80).

16
정답 ④

영역 행정의 실효성 확보수단 > 행정상 강제

정답해설
④ 독촉절차 없이 한 압류처분에 대해 학설은 무효로 보나, 판례는 그러한 경우에도 중대하고 명백한 하자로 인정하지 않고 있다(대판 1992.3.10, 91누6030).

오답해설
① 대집행의 계고나 강제징수의 독촉은 준법률행위적 행정행위인 통지에 해당하며 모두 처분성이 인정된다.
② 판례는 과세관청이 체납처분으로서 행하는 압류재산에 대한 공매의 법적 성격을 공법상 대리로서 행정행위 내지 처분으로 보고 있다(대판 1984.9.25, 84누201).
③ 매각은 공정성 확보를 위해 입찰 또는 경매 등 공매에 의해 이루어지는 것이 원칙이지만 예외적으로 수의계약에 의하는 경우도 있다.

17
정답 ④

영역 행정구제법 > 손해전보제도

정답해설
④ 지구심의회에서 배상신청이 기각(일부기각된 경우를 포함한다) 또는 각하된 신청인은 결정정본이 송달된 날부터 2주일 이내에 그 심의회를 거쳐 본부심의회나 특별심의회에 재심을 신청할 수 있다(국가배상법 제15조의2 제1항).

오답해설
① 국가배상법 제10조(배상심의회) 제1항
② 동법 시행령 제7조 제3항
③ 국가배상법 제3조의2 제1항

18

영역 행정구제법 > 행정상 손실보상

정답해설

③ 헌법 제23조 제3항은 "공공필요에 의한 재산권의 수용·사용 또는 제한 및 그에 대한 보상은 법률로써 하되, 정당한 보상을 지급하여야 한다."라고 규정하고 있는바, 이 헌법의 규정은 보상청구권의 근거에 관하여서 뿐만 아니라 보상의 기준과 방법에 관하여서도 법률의 규정에 유보하고 있는 것으로 보아야 하고, 위 구 토지수용법과 지가공시법의 규정들은 바로 헌법에서 유보하고 있는 그 법률의 규정들로 보아야 할 것이다. 그리고 "정당한 보상"이라 함은 원칙적으로 피수용재산의 객관적인 재산가치를 완전하게 보상하여야 한다는 완전보상을 뜻하는 것이라 할 것이나, 투기적인 거래에 의하여 형성되는 가격은 정상적인 객관적 재산가치로는 볼 수 없으므로 이를 배제한다고 하여 완전보상의 원칙에 어긋나는 것은 아니며, 공익사업의 시행으로 지가가 상승하여 발생하는 개발이익은 궁극적으로는 국민 모두에게 귀속되어야 할 성질의 것이므로 이는 완전보상의 범위에 포함되는 피수용토지의 객관적 가치 내지 피수용자의 손실이라고는 볼 수 없다(대판 1993.7. 13, 93누2131).

오답해설

① 공공용지의 취득 및 손실보상에 관한 특례법 제9조 제3항, 같은 법 시행령 제7조 제1항, 제3항 및 토지수용법 제73조 내지 제75조의2의 각 규정에 의하면 토지수용법 제75조의2 제2항에 의하여 사업시행자가 환매권자를 상대로 하는 소송은 공법상의 당사자소송으로 사업시행자로서는 환매가격이 환매대상토지의 취득 당시 지급한 보상금 상당액보다 증액 변경될 것을 전제로 하여 환매권자에게 그 환매가격과 위 보상금 상당액의 차액의 지급을 구할 수 있다(대판 2000.11.28, 99두3416).

② 대판 2006.5.18, 2004다6207 전합

④ 손실보상은 국가배상과는 달리 일반법이 없다.

19

영역 행정상 쟁송 > 행정소송

정답해설

④ 대판 2008.2.1, 2007두20997

오답해설

① 행정소송법 제20조 제1항에 따르면, 취소소송은 처분 등

이 있음을 안 날부터 90일 이내에 제기하여야 하는데, 행정심판청구를 할 수 있는 경우에 행정심판청구가 있은 때의 기간은 재결서의 정본을 송달받은 날부터 기산한다. 이처럼 취소소송의 제소기간을 제한함으로써 처분 등을 둘러싼 법률관계의 안정과 신속한 확정을 도모하려는 입법 취지에 비추어 볼 때, 여기서 말하는 '행정심판'은 행정심판법에 따른 일반행정심판과 이에 대한 특례로서 다른 법률에서 사안의 전문성과 특수성을 살리기 위하여 특히 필요하여 일반행정심판을 갈음하는 특별한 행정불복절차를 정한 경우의 특별행정심판(행정심판법 제4조)을 뜻한다(대판 2014.4.24, 2013두10809).

② 부작위위법확인의 소는 부작위상태가 계속되는 한 그 위법의 확인을 구할 이익이 있다고 보아야 하므로 원칙적으로 제소기간의 제한을 받지 않는다. 그러나 행정소송법 제38조 제2항이 제소기간을 규정한 같은 법 제20조를 부작위위법확인소송에 준용하고 있는 점에 비추어 보면, 행정심판 등 전심절차를 거친 경우에는 행정소송법 제20조가 정한 제소기간 내에 부작위위법확인의 소를 제기하여야 한다(대판 2009.7.23, 2008두10560).

③ 취소소송에 관한 제소기간에 관한 규정(동법 제20조)은 무효등확인소송에서 준용하고 있지 않기 때문에(동법 제38조), 제소기간의 제한이 없다.

20

영역 행정상 쟁송 > 행정심판

정답해설

③ 그 처분의 성질이나 그 밖의 불가피한 사유로 위원회가 직접 처분을 할 수 없는 경우에는 그러하지 아니하다(행정심판법 제50조 제1항 단서). 즉, 행정심판위원회는 정보를 보유하지 않기 때문에, 직접 처분이 불가능한 경우에 해당한다.

오답해설

① 취소·변경재결은 행정심판위원회가 취소심판의 청구가 이유 있다고 인정하는 때에 처분을 취소 또는 변경하거나 처분청에게 취소 또는 변경할 것을 명하는 재결이다(행정심판법 제43조 제3항).

② 대판 1993.4.23, 92누17099. 판례는 '절차적 심리설'을 취하며, 이는 부작위의 위법 여부만을 심판한다는 것이다.

④ 행정심판법 제50조의2 제6항

50 군무원 FINAL 실전 봉투모의고사

21

영역 행정의 실효성 확보수단 > 행정상 강제

정답해설

② 공무원연금관리공단의 지급정지처분 여부에 관계없이 개정된 구 공무원연금법시행규칙이 시행된 때로부터 그 법규정에 의하여 당연히 퇴직연금 중 일부 금액의 지급이 정지되는 것이므로, 공무원연금관리공단이 위와 같은 법령의 개정사실과 퇴직연금 수급자가 퇴직연금 중 일부 금액의 지급정지대상자가 되었다는 사실을 통보한 것은 단지 위와 같이 법령에서 정한 사유의 발생으로 퇴직연금 중 일부 금액의 지급이 정지된다는 점을 알려주는 관념의 통지에 불과하고, 그로 인하여 비로소 지급이 정지되는 것은 아니므로 항고소송의 대상이 되는 행정처분으로 볼 수 없다(대판 2004.7.8, 2004두244).

오답해설

① 국세기본법 제67조(조세심판원) 제1항, 제80조(결정의 효력) 제1항

③ 조세 부과의 근거가 되었던 법률규정이 위헌으로 선언된 경우, 비록 그에 기한 과세처분이 위헌결정 전에 이루어졌고, 과세처분에 대한 제소기간이 이미 경과하여 조세채권이 확정되었으며, 조세채권의 집행을 위한 체납처분의 근거규정 자체에 대하여는 따로 위헌결정이 내려진 바 없다고 하더라도, 위와 같은 위헌결정 이후에 조세채권의 집행을 위한 새로운 체납처분에 착수하거나 이를 속행하는 것은 더 이상 허용되지 않고, 나아가 이러한 위헌결정의 효력에 위배하여 이루어진 체납처분은 그 사유만으로 하자가 중대하고 객관적으로 명백하여 당연무효라고 보아야 한다(대판 2012.2.16, 2010두10907 전합).

④ 국세기본법은 제81조의4 제1항에서 "세무공무원은 적정하고 공평한 과세를 실현하기 위하여 필요한 최소한의 범위에서 세무조사를 하여야 하며, 다른 목적 등을 위하여 조사권을 남용해서는 아니 된다."라고 규정하고 있다. 이 조항은 세무조사의 적법 요건으로 객관적 필요성, 최소성, 권한 남용의 금지 등을 규정하고 있는데, 이는 법치국가원리를 조세절차법의 영역에서도 관철하기 위한 것으로서 그 자체로서 구체적인 법규적 효력을 가진다(대판 2016.12.15, 2016두47659).

22

영역 행정상 쟁송 > 행정소송

정답해설

③ 개발제한구역 안에서의 공장설립을 승인한 처분이 위법하다는 이유로 쟁송취소되었다고 하더라도 그 승인처분에 기초한 공장건축허가처분이 잔존하는 이상, 공장설립승인처분이 취소되었다는 사정만으로 인근 주민들의 환경상 이익이 침해되는 상태나 침해될 위험이 종료되었다거나 이를 시정할 수 있는 단계가 지나버렸다고 단정할 수는 없고, 인근 주민들은 여전히 공장건축허가처분의 취소를 구할 법률상 이익이 있다고 보아야 한다(대판 2018.7.12, 2015두3485).

오답해설

① 인·허가 등의 수익적 행정처분을 신청한 수인이 서로 경쟁관계에 있어서 일방에 대한 허가 등의 처분이 타방에 대한 불허가 등으로 귀결될 수밖에 없는 때 허가 등의 처분을 받지 못한 자는 비록 경원자에 대하여 이루어진 허가 등 처분의 상대방이 아니라 하더라도 당해 처분의 취소를 구할 원고 적격이 있다(대판 2009.12.10, 2009두8359).

② 부과처분을 위한 과세관청의 질문조사권이 행해지는 세무조사결정이 있는 경우 납세의무자는 세무공무원의 과세자료 수집을 위한 질문에 대답하고 검사를 수인하여야 할 법적 의무를 부담하게 되는 점, … (중략) … 세무조사결정은 납세의무자의 권리·의무에 직접 영향을 미치는 공권력의 행사에 따른 행정작용으로서 항고소송의 대상이 된다(대판 2011.3.10, 2009두23617·23624).

④ 변상금의 체납 시 국세징수법에 의하여 강제징수토록 하고 있는 점 등에 비추어 보면 국유재산의 관리청이 그 무단점유자에 대하여 하는 변상금 부과처분은 순전히 사경제주체로서 행하는 사법상의 법률행위라 할 수 없고 이는 관리청이 공권력을 가진 우월적 지위에서 행한 것으로서 행정소송의 대상이 되는 행정처분이라고 보아야 한다(대판 1988.2.23, 87누1046).

23

영역 행정작용법 > 행정행위

오답해설

ㄹ. (×) 기본행위가 성립하지 않거나 무효인 경우에 인가가 있어도 당해 인가는 무효이며, 기본행위도 유효한 행위로 전환되지 않는다.

The 알아보기	인가
개념	제3자의 법률적 행위를 보충하여 그의 법률상의 효과를 완성시키는 행위
성질	형성적 행위의 일종이며, 특별한 규정이 없는 한 기속행위에 속함
수정 인가	신청에 의하여 행해지므로 쌍방적 행정행위이며, 상대방의 출원이 필요요건이므로 수정인가는 인정되지 않음(행정주체가 그 법률행위의 내용을 수정하여 인가하려고 하는 경우에는 법률의 명시적 근거가 있어야 함)
형식	반드시 특정인에 대하여 구체적인 처분의 형식으로 행해짐
효과	• 인가란 행해지면 비로소 제3자의 법률적 행위의 효과를 완성시켜주는 보충행위임 • 무인가행위는 무효이나 특별한 규정이 없는 한 행정상의 강제집행 또는 행정벌의 대상은 되지 않음
대상	성질상 반드시 법률적 행위만을 대상으로 하므로 사실행위는 제외되지만 법률적 행위인 한 공법상의 행위(토지거래계약허가, 주택건설촉진법상 재건축조합설립인가 등)이건 사법상의 행위(특허기업의 사업양도인가, 하천점유권의 양도인가 등)이건 불문함
인가와 기본적 행위의 관계	• 인가는 보충행위이므로 기본적 행위가 불성립 또는 무효로 된 경우에는 인가를 받더라도 유효하게 되지 않음, 즉 인가는 기본적 행위의 하자를 치유하는 효력이 없음 • 기본적 행위가 적법·유효하게 성립한 후 실효되면 인가도 당연히 효력을 상실함 • 기본적 행위에 하자가 있는 경우에는 기본적 행위를 쟁송의 대상으로 삼을 것이지, 인가를 다툴 것은 아님(판례)
기본적 행위와 인가에 대한 쟁송 방법	• 기본적 행위에 하자가 있는 경우: 기본적 행위에 하자가 있는 경우에는 기본행위를 다툴 수 있지만 인가를 다툴 수는 없음 • 인가에 하자가 있는 경우: 인가에 하자가 있는 경우에는 인가를 다툴 수 있지만 기본행위를 다툴 수는 없음

24

영역 행정구제법 > 서설

정답해설

④ 원래 소유자의 손실보상청구를 배척하는 것은 헌법상 재산권 보장의 이념과 앞서 본 하천편입토지보상법의 취지에 부합한다고 보기 어려운 점 등을 종합하면, 점유취득시효가 완성되어 국가에 소유권이전등기청구권이 발생하였다는 사정은 토지 소유자가 국가를 상대로 소유권에 기초한 물권적 청구권을 행사하는 것을 저지할 수 있는 사유는 될 수 있으나, 나아가 토지 소유자가 그 소유권의 상실을 전제로 하여 하천편입토지보상법에 기한 손실보상청구권을 행사하는 것을 저지하는 사유가 될 수는 없다고 보아야 한다(대판 2016.6.28, 2016두35243).

오답해설

① 구 공익사업법상 손실보상 및 사업인정고시 후 토지 등의 보전에 관한 위 각 규정의 내용에 비추어 보면, 사업인정고시 전에 공익사업시행지구 내 토지에 설치한 공작물 등 지장물은 원칙적으로 손실보상의 대상이 된다고 보아야 한다(대판 2013.2.15, 2012두22096).

② 대판 2002.2.5, 2001두5286

③ 취소소송은 행정소송법 제20조 제1항 단서에 규정된 경우를 제외하고는 취소 등의 원인이 있음을 안 날로부터 90일 이내에 제기하여야 하고(행정소송법 제20조 제1항 본문), 제소기간의 준수 여부는 소송요건으로서 법원의 직권조사사항이다. 한편 고시에 의한 행정처분에 이해관계를 갖는 자는 고시가 있었다는 사실을 현실적으로 알았는지 여부에 관계없이 고시가 효력을 발생한 날에 행정처분이 있음을 알았다고 보아야 하고, 고시·공고 등 행정기관이 일정한 사항을 일반에 알리기 위한 공고문서의 경우에는 그 문서에 특별한 규정이 있는 경우를 제외하고는 그 고시 또는 공고가 있은 후 5일이 경과한 날부터 효력을 발생한다(대판 2013.3.14, 2010두2623).

25

영역 행정의 실효성 확보수단 > 행정조사

정답해설

② 행정절차법은 행정조사에 관한 명문의 규정을 두고 있지 않지만 행정조사가 처분에 해당하는 경우에는 행정절차법 상의 처분절차에 관한 규정이 적용된다.

오답해설

① 행정기관의 장은 제1항에 따른 시료채취로 조사대상자에게 손실을 입힌 때에는 대통령령으로 정하는 절차와 방법에 따라 그 손실을 보상하여야 한다(행정조사기본법 제12조 제2항).

③ 우편물 통관검사절차에서 이루어지는 우편물의 개봉, 시료채취, 성분분석 등의 검사는 수출입물품에 대한 적정한 통관 등을 목적으로 한 행정조사의 성격을 가지는 것으로서 수사기관의 강제처분이라고 할 수 없으므로, 압수·수색영장 없이 우편물의 개봉, 시료채취, 성분분석 등의 검사가 진행되었다 하더라도 특별한 사정이 없는 한 위법하다고 볼 수 없다(대판 2013.9.26, 2013도7718).

④ 납세의무자로 하여금 개개의 과태료 처분에 대하여 불복하거나 조사 종료 후의 과세처분에 대하여만 다툴 수 있도록 하는 것보다는 그에 앞서 세무조사결정에 대하여 다툼으로써 분쟁을 조기에 근본적으로 해결할 수 있는 점 등을 종합하면, 세무조사결정은 납세의무자의 권리·의무에 직접 영향을 미치는 공권력의 행사에 따른 행정작용으로서 항고소송의 대상이 된다(대판 2011.3.10, 2009두23617·23624).

제3과목: 경영학

01	02	03	04	05	06	07	08	09	10
①	②	④	④	②	①	③	③	③	①
11	12	13	14	15	16	17	18	19	20
③	④	②	④	④	②	③	①	②	③
21	22	23	24	25					
④	②	②	④	④					

01

영역 생산관리 > 재고자산관리

정답해설

경제적 주문량을 구하는 공식에 대입하면 다음과 같다.

$$경제적\ 주문량 = \sqrt{\frac{2 \times 연간\ 수요량 \times 1회\ 주문비}{재고유지비}}$$
$$= \sqrt{\frac{2 \times 20,000 \times 2,000}{2,000}}$$
$$= \sqrt{40,000}$$
$$= 200단위$$

02

영역 인사관리 > 임금관리의 개념

오답해설

① 연봉제는 개별 구성원의 능력·실적 및 조직 공헌도 등을 평가하여 계약에 의해 연간 임금액을 책정하는 보수체계이다.

③ 임금피크제는 근로자들의 임금을 삭감하지 않고 고용을 유지하기 위해 근무시간을 줄여 고용을 보장하기 위한 제도이다.

④ 개인성과급제는 노동의 성과를 측정하여 그 결과에 따라 임금을 차등 지급하는 제도이다.

03

영역 회계학 > 거래의 이중성과 거래요소의 결합

정답해설

④ 복식부기 제도의 거래의 본질에서 회계상 거래는 반드시 자산, 부채, 자본의 증가 및 감소와 수익, 비용 발생의 대립이라는 관계로 나타난다. 여기서 대립하는 두 거래가 동일한 금액으로 양쪽에 기록되는데 왼쪽은 차변, 오른쪽은 대변이라고 하며 거래에서 양쪽이 동일한 금액으로 변동되는 것을 거래의 이중성이라고 한다.

04
정답 ④

영역 마케팅 > 가격관리

정답해설

④ 가격계열화는 동일 상품군에 속하는 개별 상품의 품질이나 디자인을 고려하여 다양한 가격대를 설정하는 전략을 말한다. 소비자가 상품의 가격이 비쌀수록 품질이나 디자인이 더 좋은 것으로 기대하도록 유인하는 마케팅 전략이다.

오답해설

① 기업이 신제품을 출시할 때 처음에는 경쟁제품보다 낮은 가격을 제시한 후 점차적으로 가격을 올리는 전략을 말한다. 출시 초기에 판매량을 늘리기 위해 사용한다.

② 소비자가 제품을 살 때 심리적으로 만족할 수 있도록 정하는 가격을 말한다. 예를 들어 9,900원의 물건을 사면 소비자는 10,000원에서 할인을 받는다는 느낌을 갖는다.

③ 동일한 상품의 가격을 지리적·시간적 요건에 따라 각각 다르게 정하는 일을 말한다. 가령, 지리적인 차별화로는 수출품의 국내외 시장 판매가격 차이를, 시간적인 차별화로는 영화관의 조조할인 요금을 말한다.

05
정답 ②

영역 생산관리 > 수요예측

정답해설

② 시계열 분석은 과거의 수요를 분석하여 시간에 따른 수요의 패턴을 파악하고 이에 따라 미래의 수요를 예측하는 방법으로, 양적 예측기법이다.

오답해설

① 델파이법은 설계된 절차의 앞부분에서 일치된 의견으로부터 얻어지는 정보와 피드백을 중간 부분에 삽입하는 연속적인 질문 적용 기법이다.

③ 전문가패널법은 전문가들이 의견을 자유롭게 교환하여 일치된 예측결과를 얻는 기법이다.

④ 자료유추법은 유사한 기존 제품의 과거 자료를 기초로 하여 예측하는 기법이다.

06
정답 ①

영역 조직행위 > 리더십 이론

정답해설

① 암묵지는 경험을 통해 학습하는 이론으로, 주관적이고 글이나 그림 등으로 표현이 어려워 지식의 전달이나 공유, 이해가 비교적 어렵다.

07
정답 ③

영역 경영정보시스템 > e 비즈니스 시스템 모델과 구성요소

정답해설

③ 균형성과표란 기업의 성과를 재무, 고객, 내부 프로세스, 학습과 성장의 4가지 분야로 구분하여 평가 및 관리하는 기법을 말한다. 4가지 분야의 측정 결과를 바탕으로 전체적인 기업의 경영전략 및 사업부 조직단위별 전략을 관리한다.

08
정답 ③

영역 인사관리 > 임금관리의 개념

정답해설

③ 직능급은 직무수행 능력을 기준으로 임금을 차등 지급하는 제도이다.

오답해설

① 직무급은 직무의 상대적 가치에 따라 임금을 차등 지급하는 제도이다.

② 연공급은 종업원의 나이, 근속연수에 따라 임금을 산정하는 제도이다.

④ 성과급은 성과에 비례하여 임금을 지급하는 제도이다.

09
정답 ③

영역 경영학의 기초 > 경영전략

정답해설

마이클 포터의 경쟁전략은 기업의 경쟁력을 결정하는 5가지 요인(잠재적 진입자, 기존 업체 간 경쟁, 공급자의 교섭력, 구매자의 교섭력, 대체제의 위협)이 기업을 위협하는 환경에서 경쟁 우위에 서기 위해 취할 수 있는 전략을 말한다.

10
정답 ①

영역 마케팅 > 제품관리

정답해설

① 조기수용자는 혁신소비자 다음으로 수용하는 그룹으로 의견선도자 역할을 한다.

오답해설

② 혁신소비자는 신제품 도입 초기에 제품을 수용하는 소비자로 모험적이며, 새로운 경험을 추구한다.

③ 조기다수자는 대부분의 일반소비자로 신중한 편이다.

④ 후기다수자는 대부분의 일반소비자로 신제품 수용에 의심이 많다.

11
정답 ③

영역 재무관리 > 자본비용과 자본구조이론

정답해설

MM의 자본구조이론은 1958년 모딜리아니와 밀러가 자본구조 무관계론을 발표하면서 본격적으로 발전하였다. 기업 조직의 가치는 해당 기업이 하고 있는 사업의 수익성 및 위험도에 의해 결정될 뿐 투자에 있어 필요한 자금을 어떠한 방식으로 조달하는가와는 무관하다는 입장이다.

오답해설

ㄴ. 증권시장이 국제화되었을 때 나타날 수 있는 현상이다.

12
정답 ④

영역 회계학 > 회계의 순환과정과 거래의 기록

정답해설

회계의 순환과정은 기업 조직이 재무보고를 위해 선택하는 일련의 회계처리과정으로, '거래의 식별과 인식 → 분개 → 전기 → 총계정원장 → 수정 전 시산표 작성 → 수정분개 → 수정 후 시산표 작성 → 재무제표 작성 → 마감분개 → 이월 시간표 작성'의 순서로 진행된다.

13
정답 ②

영역 회계학 > 수익과 비용

정답해설

〈보기〉에서 고정비는 10,000,000원이고, 단위당 판매가격은 10,000원이며, 단위당 변동비가 5,000원이므로 변동비율은 0.5이다.

$$손익분기점 \ 매출량 = \frac{고정비}{단위당 \ 공헌이익}$$
$$= \frac{고정비}{단위당 \ 판매가격 - 단위당 \ 변동비}$$
$$= \frac{10,000,000}{10,000 - 5,000}$$
$$= 2,000개$$

> **The 알아보기 손익분기점 분석**
>
> 손익분기점 분석(BEP analysis; Break-Even Point analysis)은 손익분기점을 찾아내는 분석기법을 말한다. 이때, 손익분기점이란 수익과 비용이 일치하여 이익이 '0'이 되는 판매량 또는 매출액을 의미한다.

14
정답 ④

영역 재무관리 > 화폐의 시간가치

정답해설

원금이 a, 연이자율이 r일 때 n년 후의 미래가치는 다음 공식에 대입하여 계산한다.

$$미래가치 = a \times (1+r)^n$$
$$= 100,000 \times (1+0.1)^2$$
$$= 121,000원$$

15

영역 마케팅 > 목표시장의 선정(STP)

정답해설

ㄱ, ㄴ, ㄷ, ㄹ 모두 각 포지셔닝의 유형에 해당하는 목적을 바르게 기술했다.

The 알아보기   포지셔닝의 유형

속성에 의한 포지셔닝	제품의 속성, 특징, 고객편익과 관련한 포지셔닝
사용자에 의한 포지셔닝	제품을 사용하는 데 적절한 사용자 집단이나 계층에 의한 포지셔닝
경쟁자에 의한 포지셔닝	경쟁 제품과 기능, 이미지를 명시적 혹은 묵시적으로 비교하여 자사 제품의 장점이나 차별화된 이미지를 인지시키는 포지셔닝
사용 상황에 의한 포지셔닝	제품 사용의 적절한 상황 묘사를 통한 포지셔닝

16

정답 ②

영역 경영학의 기초 > 경영전략

정답해설

제품수명주기는 '도입기(개발사업) → 성장기(성장사업) → 성숙기(수익창출원) → 쇠퇴기(사양사업)'의 순서로 진행된다.

17

정답 ③

영역 재무관리 > 주식과 채권의 평가

오답해설

① · ② · ④ 모두 선물거래가 아닌 선도계약에 대한 설명이다.

① · ② 선도계약은 거래당사자의 합의에 의해 계약조건이 결정되고, 거래가 진행된다. 상품이 표준화되어 있지 않다.

④ 선물거래는 선물거래소에서 거래를 체결할 수 있다.

The 알아보기   선물거래의 개념과 특징

- 개념: 장래의 일정한 기일에 현품을 인수 · 인도할 것을 조건으로 하여 매매 약정을 맺는 거래이다.
- 특징
  - 거래조건이 표준화되어 있다.
  - 공인된 선물거래소에서 거래가 이루어진다.
  - 결제소에 의해 일일정산이 이루어진다.
  - 결제소가 계약이행을 보증해주므로 계약불이행의 위험이 없다.
  - 시장상황의 변화에 따라 자유로운 중도청산이 가능하다.

18

정답 ①

영역 마케팅 > 마케팅 계획 수립과정

오답해설

② 전방통합에 해당하는 설명이다.

③ 수평적 통합에 해당하는 설명이다.

④ 복합기업에 해당하는 설명이다.

19

정답 ②

영역 경영학의 기초 > 기업의 이해

정답해설

② 합자회사는 무한책임사원과 유한책임사원으로 조직된다.

오답해설

① 합명회사는 인적 신뢰관계를 바탕으로 한 소수인의 공동기업 형태로, 무한책임사원으로만 조직된 회사이다.

③ 유한회사는 균등액의 출자로써 성립하는 자본에 대한 출자의무만을 부담할 뿐, 회사 채권자에 대하여는 아무런 책임을 지지 않는 유한책임사원으로 구성된 회사이다.

④ 주식회사는 자기가 인수한 주식의 금액을 한도로 회사에 대하여 출자할 뿐 회사 채권자에 대하여는 전혀 책임을 지지 않는 주주만으로 구성된 회사이다.

20
정답 ③

영역 생산관리 > 생산시스템의 설계

정답해설

③ 생산시스템은 단순하게 개체들을 모아 놓은 것이 아닌 의미가 있는 하나의 전체이며, 어떠한 목적을 달성하는 데 기여할 수 있다. 각각의 개체는 고유한 기능을 갖지만 타 개체와 관계를 맺음으로써 비로소 전체의 목적에 기여할 수 있다.

21
정답 ④

영역 회계학 > 재무제표

정답해설

④ 이익잉여금 처분계산서는 기업의 이익잉여금의 처분사항을 명확히 보고하기 위하여 이월 이익잉여금의 총변동사항을 표시한 재무제표이다. 일정 시점에 있어서 기업의 재무상태를 나타내는 정태보고서는 대차대조표(재무상태표)이다.

22
정답 ②

영역 생산관리 > 재고자산관리

정답해설

최적주문횟수(EOQ)를 구하는 공식에 대입하면 다음과 같다.

$$최적주문횟수 = \sqrt{\frac{2 \times 수요량 \times 주문비용}{연간\ 재고유지비}}$$

$$= \sqrt{\frac{2 \times 50,000원 \times 100대}{200,000원 \times 0.1 + 5,000원}}$$

$$= \sqrt{\frac{10,000,000원}{25,000원}} = \sqrt{400}$$

$$= 20대$$

23
정답 ②

영역 조직행위 > 커뮤니케이션과 의사결정

오답해설

① 집단 양극화 현상에 대한 설명이다.

③ 도덕적 환상에 대한 설명이다.

④ 몰입의 상승효과에 대한 설명이다.

24
정답 ④

영역 생산관리 > 자재소요계획(MRP)

오답해설

① MRP는 푸시생산방식이다.

② MRP는 종속수요를 갖는 부품들의 생산수량과 생산시기를 결정하는 방법이다.

③ 각 부품별 계획 주문 발주시기는 MRP의 결과물이다.

25
정답 ④

영역 국제경영과 국제경제 > 무역계약

정답해설

④ 운임보험료 포함 가격(CIF)은 매도인이 도착항까지의 운임비와 보험료를 부담하는 조건으로, 국제무역거래 시 FOB 조건과 더불어 가장 많이 이용되고 있는 정형거래조건이다. 따라서 CIF 가격은 FOB 가격에 목적항까지 수출입상품의 운임보험료를 포함한 가격이다.

안심Touch

제4회 모의고사 정답 및 해설

제1과목: 국어

01	02	03	04	05	06	07	08	09	10
④	④	②	②	①	①	①	②	②	③
11	12	13	14	15	16	17	18	19	20
②	①	③	③	④	③	②	④	④	③
21	22	23	24	25					
③	③	①	①	③					

01
정답 ④

영역 문법 > 형태론

정답해설

• 단일어: 도시락, 아버지
• 파생어: 지우개, 개살구, 선생님, 가위질, 달리기
• 합성어: 기와집, 부슬비, 곧잘, 덮밥, 책가방

02
정답 ④

영역 문법 > 어문 규정

정답해설

ⓒ '갈음'은 '다른 것으로 바꾸어 대신함', '일한 뒤나 외출할 때 갈아입는 옷' 등을 의미하고, '가름'은 '쪼개거나 나누어 따로따로 되게 하는 일', '승부나 등수 따위를 정하는 일' 등을 의미한다.

ⓔ '맞히다'는 '침, 주사 따위로 치료를 받게 하다.', '문제에 대한 답을 틀리지 않게 하다.'라는 뜻을 지니고, '마치다'는 '어떤 일이나 과정, 절차 따위가 끝나다.'라는 뜻을 지닌다.

ⓜ '-므로'는 까닭이나 근거를 나타내는 연결 어미이다.

오답해설

㉠ 저렸다(×) → 절였다(○): '저리다'는 '뼈마디나 몸의 일부가 쑤시듯이 아프다.'라는 뜻이고, '절이다'는 '푸성귀나 생선 따위에 소금기나 식초, 설탕 따위를 배어들게 하다.'라는 뜻이다.

㉡ 대표로써(×) → 대표로서(○): '-로서'는 지위나 신분, 자격을 나타내며, '-로써'는 재료, 수단, 도구 등을 나타낸다.

03
정답 ②

영역 문법 > 어문 규정

정답해설

ㄱ. 의존 명사 '때'는 앞말 '알아볼(관형어)'과 띄어 써야 하며, 조사 '까지'는 앞말과 붙여 써야 한다.

ㄷ. 단위성 의존 명사 '채'는 수 관형사 '한'과 띄어 써야 한다.

오답해설

ㄴ. 관형어 다음의 '만큼'은 의존 명사이므로 띄어 써야 하지만, 체언 다음의 '만큼'은 조사이므로 붙여 쓴다.

ㄹ. 체언 다음의 '입니다'는 서술격 조사이므로 반드시 붙여 써야 한다.

04
정답 ②

영역 문법 > 형태론

정답해설

② 말을 이용하여 빚을 갚는다는 의미이므로 '어떤 일의 수단이나 도구를 나타내는 격 조사'인 '로써'를 사용하여 '말로써 천 냥 빚을 갚는다고 한다.'로 쓰는 것이 적절하다.

오답해설

① 어떤 물건의 재료나 원료를 나타내는 격 조사 '로써'

③ 지위나 신분 또는 자격을 나타내는 격 조사 '로서'

④ 시간을 셈할 때 셈에 넣는 한계를 나타내거나 어떤 일의 기준이 되는 시간임을 나타내는 격 조사 '로써'

05
정답 ①

영역 문법 > 언어 일반

정답해설

① (가)는 시간의 흐름에 따라 어휘의 의미가 변화하는 양상을 보여주므로 '언어의 역사성'과 관련이 있다. '언어의 규칙성'이란 언어를 사용하기 위해서는 여러 가지 규칙(문법, 규범)이 필요함을 의미한다.

오답해설

② (나)는 '언어의 사회성'의 예로 볼 수 있다.

③ (다)는 '언어의 창조성'과 관련이 있다.

④ (라)는 '언어의 자의성'에 해당된다.

06

영역 문법 > 의미론

정답해설

①은 다의어 관계, ②·③·④는 동음이의어이다.

① • 금, 줄, 주름살, 흠집 따위가 생기다.
  • 지금 있는 곳에서 어떠한 목적을 가지고 다른 곳으로 옮기다.

오답해설

② • 규칙적으로 되풀이되는 자연 현상에 따라서 일 년을 구분한 것
  • 사리를 분별할 수 있는 힘

③ • 불씨나 높은 열로 불이 붙어 번지거나 불꽃이 일어나다.
  • 도로, 줄, 산, 나무, 바위 따위를 밟고 오르거나 그것을 따라 지나가다.

④ • 물건을 흙이나 다른 물건 속에 넣어 보이지 않게 쌓아 덮다.
  • 가루, 풀, 물 따위가 그보다 큰 다른 물체에 들러붙거나 흔적이 남게 되다.

07

정답 ①

영역 문법 > 어문 규정

정답해설

① 고유어에 대응하는 한자어를 함께 보일 때에는 소괄호가 아니라 대괄호를 쓴다. 따라서 '손발[手足]을 가지런히 모으고 앉아 있어라.'라고 써야 한다.

오답해설

② 우리말 표기와 원어 표기를 아울러 보일 때 소괄호를 쓴다.
③ 주석이나 보충적인 내용을 덧붙일 때 소괄호를 쓴다.
④ 생략할 수 있는 요소임을 나타낼 때 소괄호를 쓴다.

08

정답 ②

영역 문법 > 어문 규정

오답해설

① 가디건(×) → 카디건(○): 털로 짠 스웨터의 하나
③ 레크레이션(×) → 레크리에이션(○): 피로를 풀고 새로운 힘을 얻기 위하여 함께 모여 놀거나 운동 따위를 즐기는 일
④ 워크샾(×) → 워크숍(○): 학교 교육이나 사회 교육에서 학자나 교사의 상호 연수를 위하여 열리는 합동 연구 방식

09

정답 ②

영역 문법 > 어문 규정

정답해설

② Wangsimni(○): '왕십리[왕심니]'와 같이 자음 사이에서 동화 작용이 일어나는 경우 변화의 결과에 따라 적는다.

오답해설

① Dok-do(×) → Dokdo(○): 자연 지물명, 문화재명, 인공 축조물명은 붙임표(-) 없이 붙여 쓴다.
③ Daegwanryeong(×) → Daegwallyeong(○): '대관령[대괄령]'의 'ㄹ'은 모음 앞에서는 'r'로, 자음 앞이나 어말에서는 'l'로 적는다. 단, 'ㄹㄹ'은 'll'로 적는다.
④ Jipyeonjeon(×) → Jiphyeonjeon(○): '집현전[지편전]'과 같이 체언에서 'ㄱ, ㄷ, ㅂ' 뒤에 'ㅎ'이 따를 때에는 'ㅎ'을 밝혀 적는다.

10

정답 ③

영역 어휘 > 한자어

정답해설

ⓒ '특정(特定)'은 '바를 정(正)'이 아닌 '정할 정(定)'을 쓴다.

11

정답 ②

영역 문법 > 음운론

정답해설

홑이불: [홑니불]('ㄴ' 첨가) → [혼니불](음절의 끝소리 규칙) → [혼니불](자음 동화 – 비음화)

The 알아보기 두음 법칙

한자음의 어두에 올 수 있는 자음을 제한하는 현상을 말한다.
• ㄴ > ㅇ: 녀, 뇨, 뉴, 니 > 여, 요, 유, 이
• ㄹ > ㅇ: 랴, 려, 례, 료, 류, 리 > 야, 여, 예, 요, 유, 이
• ㄹ > ㄴ: 라, 래, 로, 뢰, 루, 르 > 나, 내, 노, 뇌, 누, 느

12

정답 ①

영역 어휘 > 한자 성어

정답해설

① 무용지물(無用之物): 쓸모없는 물건이나 사람

오답해설

② 구사일생(九死一生): 아홉 번 죽을 뻔하다 한 번 살아난다

는 뜻으로, 죽을 고비를 여러 차례 넘기고 겨우 살아남을
이르는 말
③ 사면초가(四面楚歌): 아무에게도 도움을 받지 못하는, 외
롭고 곤란한 지경에 빠진 형편을 이르는 말
④ 설상가상(雪上加霜): 눈 위에 서리가 덮인다는 뜻으로, 난
처한 일이나 불행한 일이 잇따라 일어남을 이르는 말

13 정답 ③

영역 어휘 > 속담·관용어

정답해설
③ 비단옷 입고 밤길 걷기: 비단옷을 입고 밤길을 걸으면 아
무도 알아주지 않는다는 뜻으로, 생색이 나지 않는 공연한
일에 애쓰고도 보람이 없는 경우를 비유적으로 이르는 말

오답해설
① 말로 온 동네 다 겪기: 음식이나 물건으로는 힘이 벅차서
많은 사람을 다 대접하지 못하므로 언변으로나마 잘 대접
한다는 말 / 말로만 남을 대접하는 체한다는 말
② 남의 떡으로 선심 쓰기: 남의 것으로 생색냄을 비유적으
로 이르는 말
④ 사람 밥 빌어먹는 구멍은 삼천 몇 가지: 사람이 먹고살아
나가기 위한 생활 수단이 매우 다양함을 이르는 말

14 정답 ③

영역 문학 > 고전 운문

정답해설
③ ㉢은 '올벼논과 텃밭이 여드레 동안 갈 만한 큰 땅(조선 팔
도)이 되었도다.'로 해석할 수 있다. 이는 조선의 땅이 기
름지고 넓어짐을 비유한 말이지 '외침으로 인해 피폐해진
현실'을 의미하는 것이 아니다.

오답해설
① ㉠은 '할아버님(태조 이성계를 비유)께서 살림을 시작하였
을 때'로 해석할 수 있다. 이는 태조 이성계가 조선 왕조를
창업한 사실과 관련지을 수 있다.
② ㉡은 '풀을 베고 터를 닦아 큰 집(조선 건국)을 지어 내고'
로 해석할 수 있다. 이는 나라의 기초를 닦은 조선 왕조의
모습과 관련지을 수 있다.
④ ㉣은 '마음을 다투는 듯 우두머리(호수)를 시기하는 듯'으
로 해석할 수 있다. 이는 신하들이 서로 다투고 시기하는
상황과 관련지을 수 있다.

The 알아보기 허전, 「고공가(雇工歌)」
• 갈래: 조선 후기 가사, 경세가(警世歌), 풍자가
• 성격: 풍자적, 비유적, 교훈적, 계도적, 경세적(警世的)
• 주제: 나태하고 이기적인 관리들의 행태 비판
• 표현
  − 3·4조, 4음보의 율격을 사용하여 음악성을 확보함
  − 나라의 일을 집안의 농사일로, 화자를 주인으로, 탐욕을
    추구하는 관리들을 머슴(고공)으로 비유하여 표현함
• 특징
  − 농사의 어려움을 국사(國事)에 비유하여, 농가의 한 어른
    이 바르지 못한 머슴들의 행동을 나무라는 표현 형식을
    취함
  − 정사(政事)에 게을리 하는 조정 백관의 탐욕과 무능함을
    은유적으로 표현함
• 현대어 풀이
  집에 옷과 밥을 두고 빌어먹는 저 머슴아
  우리 집 소식을 아는가, 모르는가.
  비 오는 날 일 없을 때 새끼 꼬며 이르리라.
  처음에 할아버님 살림살이 하려 할 때
  인심을 많이 쓰니 사람이 절로 모여
  풀 뽑아 터를 닦아 큰 집을 지어 내고
  써레, 보습, 쟁기, 소로 논밭을 갈아 내니
  올벼논 텃밭이 여드레 동안 갈 만한 큰 땅이 되었도다.
  자손에 물려주어 대대로 내려오니
  논밭도 좋거니와 머슴도 근검하더라.

  저희마다 농사지어 부요하게 살던 것을
  요사이 머슴들은 셈이 어이 아주 없어
  밥사발 크나 작으나 동옷이 좋으나 궂으나
  마음을 다투는 듯 호수를 시기하듯
  무슨 일 속임 당해 흘깃흘깃 하는가?
  너희네 일 안하고 시절조차 사나워서
  가뜩이나 내 세간이 풀어지게 되었는데
  엊그제 화강도에 가산이 탕진하니
  집 하나 불 타 붙고 먹을 것이 전혀 없다.
  크나 큰 세사를 어떻게 이루려나?
  김가 이가 머슴들아! 새 마음먹어 다오.

15

영역 문학 > 고전 운문

정답해설

④ 김상헌의 「가노라 삼각산(三角山)아」는 임진왜란이 아니라 병자호란을 배경으로 하는 작품이다.

The 알아보기 김상헌, 「가노라 삼각산(三角山)아」

- 갈래: 평시조
- 주제: 우국지사의 비분강개한 심정
- 특징
  - 의인법, 대구법 사용
  - 병자호란이 끝나고 청나라로 끌려가는 절박한 상황에서 조국애와 충정을 노래함

16

정답 ③

영역 문학 > 현대시

정답해설

③ 색채의 대비가 잘 드러나는 작품으로, 청각적 이미지가 아니라 시각적 이미지가 두드러진다.

오답해설

① '외로운 황홀한 심사이어니'에 역설적 표현이 나타난다.

② 어린 자식을 잃은 아버지의 애절한 슬픔을 차분하고 절제된 목소리로 표현한 작품이다.

④ '유리창'은 이승과 저승의 운명적 단절을 의미함과 동시에 이승과 저승을 이어주는 교감의 매개체로 쓰였다.

17

정답 ②

영역 문학 > 현대시

정답해설

② ㉡은 죽음의 세계를 의미한다.

오답해설

㉠ · ㉢ · ㉣은 죽은 아이의 영상을 의미한다.

The 알아보기 정지용, 「유리창 1」

- 갈래: 자유시, 서정시
- 주제: 죽은 자식에 대한 그리움
- 특징
  - 선명하고 감각적인 이미지와 비유법을 사용
  - 역설적 표현을 사용
  - 죽은 자식에 대한 그리움을 '물 먹은 별', '산ㅅ새'의 시각적 이미지로 표현

18

정답 ④

영역 비문학 > 작문

정답해설

④ ㉣의 뒤에 제시된 문장은 앞의 내용을 예를 들어 보충하고 있으므로 ㉣에는 '그러나'가 아니라 '가령'이나 '예를 들어'가 들어가는 것이 적절하다.

오답해설

① ㉠의 앞에서는 '역사의 연구'에 대한 일반적인 진술을 하고 있으며, ㉠의 뒤에서는 '역사의 연구(역사학)'에 대한 부연 진술을 하고 있다. 따라서 ㉠에는 '즉, 이를테면, 다시 말해' 등이 들어가는 것이 적절하다.

② ㉡의 뒤에 제시된 문장은 앞의 내용을 예를 들어 보충하는 것이므로 '가령'이 들어가는 것이 적절하다.

③ ㉢의 뒤에 제시된 문장은 앞에서 언급했던 모든 내용을 정리하고 있다. 따라서 ㉢에는 '요컨대'가 들어가는 것이 적절하다.

19

정답 ④

영역 어휘 > 한자 성어

정답해설

④ '생기사귀(生寄死歸)'는 '사람이 이 세상에 사는 것은 잠시 머무는 것일 뿐이며 죽는 것은 원래 자기가 있던 본집으로 돌아가는 것임을 이르는 말'로 등장인물의 삶의 태도와 일치한다.

오답해설

① 안빈낙도(安貧樂道): 가난한 생활을 하면서도 편안한 마음으로 도를 즐겨 지킴

② 방약무인(傍若無人): 곁에 사람이 없는 것처럼 아무 거리낌 없이 함부로 말하고 행동하는 태도가 있음

③ 살신성인(殺身成仁): 자기의 몸을 희생하여 인(仁)을 이룸

20
정답 ③

영역 문학 > 현대 소설

정답해설

「레디메이드 인생」은 일제 강점기를 배경으로 하는 작품으로, '인테리'이지만 취직조차 할 수 없는 사회에 대한 비판, 즉 ③의 '인물과 인물이 처한 사회 환경 사이의 갈등(외적 갈등)'이 드러난다.

21
정답 ③

영역 비문학 > 글의 전개 방식

정답해설

〈보기〉는 '사이토카인 폭풍'의 개념을 설명한 부분이다. ⓒ의 뒷부분에는 사이토카인 폭풍이 면역 능력이 강한 사람에게 더욱 세게 일어난다는 설명이 나오므로, 〈보기〉는 ⓒ에 들어가는 것이 가장 적절하다.

22
정답 ③

영역 비문학 > 사실적 읽기

정답해설

③ 4문단에서 '이윤 동기에 지배당하는 매체 회사들'이나 '상업화로 균형 감각을 상실한 방송이나 기사'라는 부분을 통해 확인할 수 있다.

오답해설

① 4문단에서 보듯이 '낚시질'이 성행하는 이유 중에 '남의 사생활을 몰래 들여다보고 싶어 하는 욕망'이 있는 것이지 '낚시질'의 개념 자체가 '남의 사생활을 몰래 들여다보는 행위'인 것은 아니다.

② 4문단에서 "이윤 동기에 지배당하는 매체 회사들에게 일차적인 책임을 물어야 하겠지만 ~"이라고 하였으나 끝 부분에서 "바로 '우리'가 그들의 숨은 동조자일 수 있다."라고 제시한 것으로 보아 '숨은 동조자'는 수용자인 '우리'이지 이윤 동기에 지배당하여 상업적 방송을 하는 매체 회사들 자체를 말하는 것이 아니다.

④ 4문단에서 "이윤 동기에 지배당하는 매체 회사들"이라 하였고, 3문단에서 "매체가 중립적이지 않다면 매체를 통해 전달되는 메시지들도 자연 중립적일 수가 없다."를 통해 알 수 있다.

23

영역 비문학 > 글의 전개 방식

정답해설

① 화제인 '낚이다'나 비판의 대상인 '매체 회사들'과 비교되어 나타난 대상이 없으므로 '비교'의 방법은 사용되지 않았다.

오답해설

② 예시: 1문단에서 '낚이다'에 대해 기사 제목을 예시로 들어 설명하고 있다. 또한 4문단에서 황색 저널리즘과 '낚시질'이 성행하는 이유를 수용자의 태도와 관련지어 구체적으로 예시를 들어 설명하고 있다.

③ 정의: 1문단에서 '낚이다'의 개념을 정의의 방법으로 설명하고 있다.

④ 인용: 2문단에서 캐나다의 매체 이론가인 마셜 매클루언의 말을 인용하여 설명하고 있다.

24

정답 ①

영역 비문학 > 사실적 읽기

정답해설

제시문에서 내가 어머니께 할아버지가 주신 용돈으로 '문상'을 다 샀기 때문에 남은 돈이 없다고 말씀드리자 어머니께서 '문상'이 무엇이냐고 물으셨다는 부분과 학교에서 친구들과 이야기할 때 흔히 사용하는 단어들을 부모님과 대화할 때는 설명을 해 드려야 해서 불편하다는 부분을 통해 ① '어휘는 세대에 따라서 달라지기도 한다.'는 것을 알 수 있다.

오답해설

② 할아버지께서 심부름을 시키셨지만 '사투리'가 섞여 있어 잘 알아들을 수 없었다는 내용을 통해 어휘는 지역에 따라서 달라지기도 한다는 것을 알 수 있다

③ 제시문에서 지역 간, 세대 간에 사용하는 어휘가 달라 생기는 불편함에 대해서 서술하고 있지만, 성별에 따라 사용하는 어휘가 달라지기도 한다는 내용은 제시되지 않았다.

④ '컴싸'나 '훈남', '생파'와 같은 줄임말들을 학교에서 친구들과 흔히 사용한다는 부분을 통해 은어나 유행어는 청소년층이 쓰는 경우가 많다는 것을 알 수 있다.

25

정답 ③

영역 비문학 > 추론적 읽기

정답해설

제시문에서는 '직설'과 '완곡함'을 대비하고 있다. 완곡한 말과 글은 '듣고 읽는 이가 비켜갈 틈'과 '화자와 독자의 교행이 이루어지는 공간', '상상의 여지'를 준다. 따라서 '틈', '공간', '여지'는 모두 '완곡함'과 관련이 있다고 볼 수 있다. 이와 달리 '세상'은 극으로 나뉘는 '직설'과 유사한 특징을 지닌다. 따라서 ㉠·㉲의 의미가 유사하고, ㉡·㉢·㉣·㉢의 의미가 유사하다.

01	02	03	04	05	06	07	08	09	10
③	②	①	③	④	②	③	①	③	②
11	12	13	14	15	16	17	18	19	20
②	②	②	③	②	①	④	②	②	④
21	22	23	24	25					
④	①	④	①	②					

01
정답 ③

영역 일반행정작용법 > 행정행위

정답해설

③ 허가 등의 행정처분은 원칙적으로 처분 시의 법령과 허가기준에 의하여 처리되어야 하고 허가신청 당시의 기준에 따라야 하는 것은 아니며, 비록 허가신청 후 허가기준이 변경되었다 하더라도 그 허가관청이 허가신청을 수리하고도 정당한 이유 없이 그 처리를 늦추어 그 사이에 허가기준이 변경된 것이 아닌 이상 변경된 허가기준에 따라서 처분을 하여야 한다(대판2006.8.25, 2004두974).

오답해설

① 산림훼손은 국토 및 자연의 유지와 수질 등 환경의 보전에 직접적으로 영향을 미치는 행위이므로 법령이 규정하는 산림훼손 금지 또는 제한 지역에 해당하는 경우는 물론 금지 또는 제한 지역에 해당하지 않더라도 허가관청은 산림훼손허가신청 대상 토지의 현상과 위치 및 주위의 상황 등을 고려하여 국토 및 자연의 유지와 환경의 보전 등 중대한 공익상 필요가 있다고 인정될 때에는 허가를 거부할 수 있고, 그 경우 법규에 명문의 근거가 없더라도 거부처분을 할 수 있는 것이며, 이는 산림훼손기간을 연장하는 경우에도 마찬가지이다(대판 1997.8.29, 96누15213).

② 학원의 설립·운영에 관한 법률 제5조 제2항에 의한 학원의 설립인가는 강학상의 이른바 허가에 해당하는 것으로서 그 인가를 받은 자에게 특별한 권리를 부여하는 것은 아니고 일반적인 금지를 특정한 경우에 해제하여 학원을 설립할 수 있는 자유를 회복시켜 주는 것에 불과하다(대판 1992.4.14, 91다39986).

④ 관세법 제78조 소정의 보세구역의 설영특허는 보세구역의 설치, 경영에 관한 권리를 설정하는 이른바 공기업의

특허로서 그 특허의 부여여부는 행정청의 자유재량에 속하며, 특허기간이 만료된 때에 특허는 당연히 실효되는 것이어서 특허기간의 갱신은 실질적으로 권리의 설정과 같으므로 그 갱신여부도 특허관청의 자유재량에 속한다(대판 1989.5.9, 88누4188).

02
정답 ②

영역 행정작용법 > 행정행위

정답해설

② 자동차운수사업법 제6조 제1항 제1호에서 당해 사업계획이 당해 노선 또는 사업구역의 수송수요와 수송력공급에 적합할 것을 면허의 기준으로 정한 것은 자동차운수사업에 관한 질서를 확립하고 자동차운수사업의 종합적인 발달을 도모하여 공공의 복리를 증진함과 동시에 업자 간의 경쟁으로 인한 경영의 불합리를 미리 방지하자는 데 그 목적이 있다 할 것이므로 개별화물자동차운송사업면허를 받아 이를 영위하고 있는 기존의 업자로서는 동일한 사업구역 내의 동종의 사업용 화물자동차면허대수를 늘리는 보충인가처분에 대하여 그 취소를 구할 법률상 이익이 있다(대판 1992.7.10, 91누9107).

오답해설

① 행정소송법 제31조 제1항

③ 행정절차법은 제3자에 대한 사전통지의무를 규정하고 있지 않다.

④ 제3자효 행정행위에는 부관을 붙일 수 있다(통설).

03
정답 ①

영역 행정법 서론 > 행정상 법률관계

정답해설

ㅁ. 지방의회를 대표하고 의사를 정리하며 회의장 내의 질서를 유지하고 의회의 사무를 감독하며 위원회에 출석하여 발언할 수 있는 등의 직무권한을 가지는 지방의회 의장에 대한 불신임의결은 의장으로서의 권한을 박탈하는 행정처분의 일종으로서 항고소송의 대상이 된다(대판 1994. 10.11, 94두23).

오답해설

ㄱ. 형사소송법에 의하면 검사가 공소를 제기한 사건은 기본적으로 법원의 심리대상이 되고 피의자 및 피고인은 수사의 적법성 및 공소사실에 대하여 형사소송절차를 통하

여 불복할 수 있는 절차와 방법이 따로 마련되어 있으므로 검사의 공소제기가 적법절차에 의하여 정당하게 이루어진 것이냐의 여부에 관계없이 검사의 공소에 대하여는 형사소송절차에 의하여서만 이를 다툴 수 있고 행정소송의 방법으로 공소의 취소를 구할 수는 없다(대판 2000. 3.28, 99두11264). 따라서 검사의 기소 결정은 행정소송이 아니고 형사소송의 절차이므로 처분성이 인정되지 않는다.

ㄴ. 국가공무원법 제69조에 의하면 공무원이 제33조 각 호의 1에 해당할 때에는 당연히 퇴직한다고 규정하고 있으므로, 국가공무원법상 당연퇴직은 결격사유가 있을 때 법률상 당연히 퇴직하는 것이지 공무원관계를 소멸시키기 위한 별도의 행정처분을 요하는 것이 아니며, 당연퇴직의 인사발령은 법률상 당연히 발생하는 퇴직사유를 공적으로 확인하여 알려주는 이른바 관념의 통지에 불과하고 공무원의 신분을 상실시키는 새로운 형성적 행위가 아니므로 행정소송의 대상이 되는 독립한 행정처분이라고 할 수 없다(대판 1995.11.14, 95누2036).

ㄷ. 한국마사회가 조교사 또는 기수의 면허를 부여하거나 취소하는 것은 경마를 독점적으로 개최할 수 있는 지위에서 우수한 능력을 갖추었다고 인정되는 사람에게 경마에서의 일정한 기능과 역할을 수행할 수 있는 자격을 부여하거나 이를 박탈하는 것에 지나지 아니하므로, 이는 국가 기타 행정기관으로부터 위탁받은 행정권한의 행사가 아니라 일반 사법상의 법률관계에서 이루어지는 단체 내부에서의 징계 내지 제재처분이다(대판 2008.1.31, 2005두8269).

ㄹ. 수도사업자가 급수공사신청자에 대하여 급수공사비 내역과 이를 지정기일 내에 선납하라는 취지로 한 납부통지는 강제성이 없는 의사 또는 사실상의 통지행위라고 풀이함이 상당하고, 이를 가리켜 항고소송의 대상이 되는 행정처분이라고 볼 수 없다(대판 1993.10.26, 93누6331).

ㅂ. 국토해양부, 환경부, 문화체육관광부, 농림수산부, 식품부가 합동으로 2009.6.8. 발표한 '4대강 살리기 마스터플랜' 등은 행정기관 내부에서 사업의 기본방향을 제시하는 계획일 뿐 국민의 권리·의무에 직접 영향을 미치는 것이 아니어서, 행정처분에 해당하지 않는다고 한 사례(대판 2011.4.21, 2010무111)

04

정답 ③

영역 행정절차와 행정공개 > 정보공개와 개인정보보호

정답해설

③ 법원이 행정기관의 정보공개거부처분의 위법 여부를 심리한 결과 공개를 거부한 정보에 비공개사유에 해당하는 부분과 그렇지 않은 부분이 혼합되어 있고, 공개청구의 취지에 어긋나지 않는 범위 안에서 두 부분을 분리할 수 있음을 인정할 수 있을 때에는 공개가 가능한 정보에 국한하여 일부취소를 명할 수 있다. 이러한 정보의 부분 공개가 허용되는 경우란 그 정보의 공개방법 및 절차에 비추어 당해 정보에서 비공개대상정보에 관련된 기술 등을 제외 혹은 삭제하고 나머지 정보만을 공개하는 것이 가능하고 나머지 부분의 정보만으로도 공개의 가치가 있는 경우를 의미한다(대판 2009.12.10, 2009두12785).

오답해설

① 자치위원회가 피해학생의 보호를 위한 조치, 가해학생에 대한 조치, 학교폭력과 관련된 분쟁의 조정 등에 관하여 심의한 결과를 기재한 회의록은 정보공개법 제9조 제1항 제5호의 '공개될 경우 업무의 공정한 수행에 현저한 지장을 초래한다고 인정할 만한 상당한 이유가 있는 정보'에 해당한다고 보아야 할 것이다(대판 2010.6.10, 2010두2913).

② '진행 중인 재판에 관련된 정보'에 해당한다는 사유로 정보공개를 거부하기 위하여는 반드시 그 정보가 진행 중인 재판의 소송기록 자체에 포함된 내용일 필요는 없다. 그러나 재판에 관련된 일체의 정보가 그에 해당하는 것은 아니고 진행 중인 재판의 심리 또는 재판결과에 구체적으로 영향을 미칠 위험이 있는 정보에 한정된다고 보는 것이 타당하다(대판 2011.11.24, 2009두19021).

④ 구 '정보공개법' 제13조 제4항은 공공기관이 정보를 비공개하는 결정을 한 때에는 비공개이유를 구체적으로 명시하여 청구인에게 그 사실을 통지하여야 한다고 규정하고 있다. 정보공개법 제1조, 제3조, 제6조는 국민의 알 권리를 보장하고 국정에 대한 국민의 참여와 국정운영의 투명성을 확보하기 위하여 공공기관이 보유·관리하는 정보를 모든 국민에게 원칙적으로 공개하도록 하고 있다. 그러므로 국민으로부터 보유·관리하는 정보에 대한 공개를 요구받은 공공기관으로서는, 정보공개법 제9조 제1항 각 호에서 정하고 있는 비공개사유에 해당하지 않는 한 이를 공개하여야 한다. 이를 거부하는 경우라 할지라도, 대상이 된 정보의 내용을 구체적으로 확인·검토하여, 어느

제4회 모의고사 정답 및 해설 **65**

부분이 어떠한 법익 또는 기본권과 충돌되어 정보공개법 제9조 제1항 몇 호에서 정하고 있는 비공개사유에 해당하는지를 주장·증명하여야만 하고, 그에 이르지 아니한 채 개괄적인 사유만을 들어 공개를 거부하는 것은 허용되지 아니한다(대판 2018.4.12, 2014두5477).

05 정답 ④

영역 행정법 서론 > 행정법

정답해설
④ 행정기본법 제14조(법 적용의 기준) 제1항

오답해설
① 행정상 강제는 제외한다(행정기본법 제2조 제5호).
② 행정청은 법률로 정하는 바에 따라 완전히 자동화된 시스템으로 처분을 할 수 있다. 다만, 처분에 재량이 있는 경우는 그러하지 아니하다(행정기본법 제20조).
③ 당사자의 신청에 따른 처분은 법령등에 특별한 규정이 있거나 처분 당시의 법령등을 적용하기 곤란한 특별한 사정이 있는 경우를 제외하고는 처분 당시의 법령등에 따른다(행정기본법 제14조 제2항).

06 정답 ②

영역 행정구제법 > 행정쟁송제도

정답해설
② 구 도시계획법 제10조의2 소정의 도시기본계획은 직접적 구속력이 없으며 처분에 해당하지 않는다(대판 2002.10. 11, 2000두8226).

오답해설
① 도시계획구역내 토지 등을 소유하고 있는 사람과 같이 당해 도시계획시설결정에 이해관계가 있는 주민으로서는 도시시설계획의 입안권자 내지 결정권자에게 도시시설계획의 입안 내지 변경을 요구할 수 있는 법규상 또는 조리상의 신청권이 있고, 이러한 신청에 대한 거부행위는 항고소송의 대상이 되는 행정처분에 해당한다(대판 2015. 3.26, 2014두42742).
③ 정당하게 도시계획결정 등의 처분을 하였다고 하더라도 이를 관보에 게재하지 아니하였다면 대외적 효력은 발생하지 않는다(대판 1985.12.10, 85누186).
④ 택지개발예정지구 지정처분은 건설교통부장관이 법령의 범위 내에서 도시지역의 시급한 주택난 해소를 위한 택지

를 개발·공급할 목적으로 주택정책상의 전문적·기술적 판단에 기초하여 행하는 일종의 행정계획으로서 재량행위라고 할 것이므로 그 재량권의 일탈·남용이 없는 이상 그 처분을 위법하다고 할 수 없다(대판 1997.9.26, 96누10096).

07 정답 ③

영역 행정절차와 행정공개 > 행정절차법

정답해설
③ 행정청이 당사자에게 의무를 과하거나 권익을 제한하는 처분을 함에 있어서는 당사자 등에게 처분의 사전통지를 하고 의견제출의 기회를 주어야 하며, 여기서 당사자라 함은 행정청의 처분에 대하여 직접 그 상대가 되는 자를 의미한다 할 것이고, … (중략) … 위 규정들을 종합하면 위 행정청이 구 식품위생법 규정에 의하여 영업자지위승계신고를 수리하는 처분은 종전의 영업자의 권익을 제한하는 처분이라 할 것이고 따라서 종전의 영업자는 그 처분에 대하여 직접 그 상대가 되는 자에 해당한다고 봄이 상당하므로, 행정청으로서는 위 신고를 수리하는 처분을 함에 있어서 행정절차법 규정 소정의 당사자에 해당하는 종전의 영업자에 대하여 위 규정 소정의 행정절차를 실시하고 처분을 하여야 한다(대판 2003.2.14, 2001두7015).

오답해설
① 신청에 따른 처분이 이루어지지 아니한 경우에는 아직 당사자에게 권익이 부과되지 아니하였으므로 특별한 사정이 없는 한 신청에 대한 거부처분이라고 하더라도 직접 당사자의 권익을 제한하는 것은 아니어서 신청에 대한 거부처분을 여기에서 말하는 '당사자의 권익을 제한하는 처분'에 해당한다고 할 수 없는 것이어서 처분의 사전 통지대상이 된다고 할 수 없다(대판 2003.11.28, 2003두674).
② '고시'의 방법으로 불특정 다수인을 상대로 의무를 부과하거나 권익을 제한하는 처분은 성질상 의견제출의 기회를 주어야 하는 상대방을 특정할 수 없으므로, 이와 같은 처분에 있어서까지 구 행정절차법 제22조 제3항에 의하여 그 상대방에게 의견제출의 기회를 주어야 한다고 해석할 것은 아니다(대판 2014.10.27, 2012두7745).
④ 국가공무원법상 직위해제처분은 구 행정절차법 제3조 제2항 제9호, 구 행정절차법 시행령 제2조 제3호에 의하여 당해 행정작용의 성질상 행정절차를 거치기 곤란하거나 불필요하다고 인정되는 사항 또는 행정절차에 준하는 절

차를 거친 사항에 해당하므로, 처분의 사전통지 및 의견
청취 등에 관한 행정절차법의 규정이 별도로 적용되지 않
는다(대판 2014.5.16. 2012두26180). 직위해제처분은
비위에 대한 조사 등으로 그 직무를 계속하기 곤란한 사
정이 있어 잠정적으로 직위를 부여하지 않는 조치로서,
징벌적 제재로서의 징계 등에서 요구되는 것과 같은 동일
한 절차적 보장을 요구할 수는 없기 때문이다.

08 정답 ①

영역 행정상 쟁송 > 행정소송

정답해설

① 검사의 불기소결정에 대해서는 검찰청법에 의한 항고와
재항고, 형사소송법에 의한 재정신청에 의해서만 불복할
수 있는 것이므로, 이에 대해서는 행정소송법상 항고소송
을 제기할 수 없다(대판 2018.9.28. 2017두47465).

오답해설

② 무효등확인소송에 대하여 행정소송법은 거부처분취소판
결의 간접강제에 관한 규정인 제34조를 준용하는 규정을
두고 있지 않은 반면, 부작위위법확인소송에 대해서는 거
부처분취소판결의 간접강제에 관한 규정을 준용하고 있
다.

③ 금융기관의 임원에 대한 금융감독원장의 문책경고는 그
상대방에 대한 직업선택의 자유를 직접 제한하는 효과를
발생하게 하는 등 상대방의 권리의무에 직접 영향을 미치
는 행위로서 항고소송의 대상이 되는 행정처분에 해당한
다(대판 2005.2.17. 2003두14765).

④ 어떠한 행정처분에 위법한 하자가 있다는 이유로 그 취소
를 소구한 행정소송에서 그 행정처분을 취소하는 판결이
선고되어 확정된 경우에 처분행정청이 그 행정소송의 사
실심변론종결 이전의 사유를 내세워 다시 확정판결에 저
촉되는 행정처분을 하는 것은 확정판결의 기판력에 저촉
되어 허용될 수 없고 이와 같은 행정처분은 그 하자가 명
백하고 중대한 경우에 해당되어 당연무효이다(대판 1989.
9.12. 89누985).

09 정답 ③

영역 행정법 서론 > 행정상 법률관계

정답해설

③ 중소기업기술정보진흥원장이 甲 주식회사와 중소기업 정
보화지원사업 지원대상인 사업의 지원에 관한 협약을 체
결하였는데, 협약이 甲 회사에 책임이 있는 사업실패로
해지되었다는 이유로 협약에서 정한 대로 지급받은 정부
지원금을 반환할 것을 통보한 사안에서, 협약의 해지 및
그에 따른 환수통보는 행정청이 우월한 지위에서 행하는
공권력의 행사로서 행정처분에 해당한다고 볼 수 없다(대
판 2015.8.27. 2015두41449).

오답해설

① 대판 2014.12.24. 2010다83182

② 지방계약직공무원규정의 시행에 필요한 사항을 규정하기
위한 '서울특별시 지방계약직공무원 인사관리규칙' 제8조
제3항은 근무실적 평가 결과 근무실적이 불량한 사람에
대하여 봉급을 삭감할 수 있도록 규정하고 있는바, 보수
의 삭감은 이를 당하는 공무원의 입장에서는 징계처분의
일종인 감봉과 다를 바 없음에도 징계처분에 있어서와 같
이 자기에게 이익이 되는 사실을 진술하거나 증거를 제출
할 수 있는 등의 절차적 권리가 보장되지 않고 소청 등의
구제수단도 인정되지 아니한 채 이를 감수하도록 하는 위
규정은, 그 자체 부당할 뿐만 아니라 지방공무원법이나
지방계약직공무원규정에 아무런 위임의 근거도 없는 것이
거나 위임의 범위를 벗어난 것으로서 무효이다(대판
2008.6.12. 2006두16328).

④ 계약직공무원에 관한 현행 법령의 규정에 비추어 볼 때,
계약직공무원 채용계약해지의 의사표시는 일반공무원에
대한 징계처분과는 달라서 항고소송의 대상이 되는 처분
등의 성격을 가진 것으로 인정되지 아니하고, 일정한 사
유가 있을 때에 국가 또는 지방자치단체가 채용계약 관계
의 한쪽 당사자로서 대등한 지위에서 행하는 의사표시로
취급되는 것으로 이해되므로, 이를 징계해고 등에서와 같
이 그 징계사유에 한하여 효력 유무를 판단하여야 하거
나, 행정처분과 같이 행정절차법에 의하여 근거와 이유를
제시하여야 하는 것은 아니다(대판 2002.11.26. 2002두
5948).

10

영역 행정구제법 > 손해전보제도

정답해설

② 법관의 재판에 법령의 규정을 따르지 아니한 잘못이 있다 하더라도 이로써 바로 그 재판상 직무행위가 국가배상법 제2조 제1항에서 말하는 위법한 행위로 되어 국가의 손해 배상책임이 발생하는 것은 아니고, 그 국가배상책임이 인 정되려면 당해 법관이 위법 또는 부당한 목적을 가지고 재판을 하였다거나 법이 법관의 직무수행상 준수할 것을 요구하고 있는 기준을 현저하게 위반하는 등 법관이 그에 게 부여된 권한의 취지에 명백히 어긋나게 이를 행사하였 다고 인정할 만한 특별한 사정이 있어야 한다(대판 2003. 7.11, 99다24218).

오답해설

① 행정상 손해배상이란 공무원의 위법한 직무행위 또는 공 공의 영조물의 설치·관리의 하자로 인하여 개인에게 손 해가 발생한 경우, 국가 등이 그 손해를 보전하는 것을 말 한다.

③ 법령의 해석이 복잡 미묘하여 어렵고 학설, 판례가 통일 되지 않을 때에 공무원이 신중을 기해 그 중 어느 한 설을 취하여 처리한 경우에는 그 해석이 결과적으로 위법한 것 이었다 하더라도 국가배상법상 공무원의 과실을 인정할 수 없다(대판 1973.10.10, 72다2583).

④ 국가배상법 제4조(양도 등 금지)

11

영역 행정작용법 > 행정행위

정답해설

② ㄹ, ㅁ 2개가 처분성이 부정된다.

ㄹ 토지대장에 기재된 일정한 사항을 변경하는 행위는, 그것 이 지목의 변경이나 정정 등과 같이 토지소유권 행사의 전제요건으로서 토지소유자의 실체적 권리관계에 영향을 미치는 사항에 관한 것이 아닌 한 행정사무집행의 편의와 사실증명의 자료로 삼기 위한 것일 뿐이어서, 그 소유자 명의가 변경된다고 하여도 이로 인하여 당해 토지에 대한 실체상의 권리관계에 변동을 가져올 수 없고 토지 소유권 이 지적공부의 기재만에 의하여 증명되는 것도 아니다. 따라서 소관청이 토지대장상의 소유자명의변경신청을 거 부한 행위는 이를 항고소송의 대상이 되는 행정처분이라 고 할 수 없다(대판 2012.1.12, 2010두12354).

ㅁ 무허가건물관리대장은 당해 무허가 건물에 대한 실체상의 권리관계에 변동을 가져오는 것이 아니고, 무허가건물의 건축시기, 용도, 면적 등이 무허가건물관리대장의 기재에 의해서만 증명되는 것도 아니므로, 관할관청이 무허가건 물의 무허가건물관리대장 등재 요건에 관한 오류를 바로 잡으면서 당해 무허가건물을 무허가건물관리대장에서 삭 제하는 행위는 다른 특별한 사정이 없는 한 항고소송의 대상이 되는 행정처분이 아니고(대판 2009.3.12, 2008두 11525).

오답해설

ㄱ 지목은 토지소유권을 제대로 행사하기 위한 전제요건으로 서 토지소유자의 실체적 권리관계에 밀접하게 관련되어 있으므로 지적공부 소관청의 지목변경신청 반려행위는 국 민의 권리관계에 영향을 미치는 것으로서 항고소송의 대 상이 되는 행정처분에 해당한다(대판 2004.4.22, 2003두 9015).

ㄴ 건축물대장의 용도는 건축물의 소유권을 제대로 행사하기 위한 전제요건으로서 건축물 소유자의 실체적 권리관계에 밀접하게 관련되어 있으므로 건축물대장 소관청의 용도변 경신청 거부행위는 국민의 권리관계에 영향을 미치는 것 으로서 항고소송의 대상이 되는 행정처분에 해당한다(대 판 2009.1.30, 2007두7277).

ㄷ 토지대장은 토지의 소유권을 제대로 행사하기 위한 전제 요건으로서 토지 소유자의 실체적 권리관계에 밀접하게 관련되어 있으므로, 이러한 토지대장을 직권으로 말소한 행위는 국민의 권리관계에 영향을 미치는 것으로서 항고 소송의 대상이 되는 행정처분에 해당한다(대판 2013.10. 24, 2011두13286).

ㅂ 구 산업집적활성화 및 공장설립에 관한 법률 규정들에서 알 수 있는 산업단지관리공단의 지위, 입주계약 및 변경 계약의 효과, 입주계약 및 변경계약 체결 의무와 그 의무 를 불이행한 경우의 형사적 내지 행정적 제재, 입주계약 해지의 절차, 해지통보에 수반되는 법적 의무 및 그 의무 를 불이행한 경우의 형사적 내지 행정적 제재 등을 종합 적으로 고려하면, 입주변경계약 취소는 행정청인 관리권 자로부터 관리업무를 위탁받은 산업단지관리공단이 우월 적 지위에서 입주기업체들에게 일정한 법률상 효과를 발 생하게 하는 것으로서 항고소송의 대상이 되는 행정처분 에 해당한다(대판 2017.6.15, 2014두46843).

ㅅ 공무원연금법령에 따른 피고의 급여에 관한 결정은 국민 의 권리에 직접 영향을 미치는 것이어서 행정처분에 해당

한다고 할 것이고, 피고의 급여지급결정에 불복하려는 자는 공무원연금급여재심사위원회의 심사결정을 거쳐 피고의 급여지급결정을 대상으로 행정소송을 제기하여야 한다(대판 2017.2.15, 2015두35789).

12
정답 ②

영역 행정구제법 > 행정쟁송

정답해설

② 행정소송법 제20조 제1항은 '취소소송은 처분 등이 있음을 안 날부터 90일 이내에 제기하여야 하나 행정청이 행정심판청구를 할 수 있다고 잘못 알린 경우에 행정심판청구가 있은 때의 기간은 재결서의 정본을 송달받은 날부터 기산한다'고 규정하고 있는데, 위 규정의 취지는 불가쟁력이 발생하지 않아 적법하게 불복청구를 할 수 있었던 처분 상대방에 대하여 행정청이 법령상 행정심판청구가 허용되지 않음에도 행정심판청구를 할 수 있다고 잘못 알린 경우에, 잘못된 안내를 신뢰하여 부적법한 행정심판을 거치느라 본래 제소기간 내에 취소소송을 제기하지 못한 자를 구제하려는 데에 있다. 이와 달리 이미 제소기간이 지남으로써 불가쟁력이 발생하여 불복청구를 할 수 없었던 경우라면 그 이후에 행정청이 행정심판청구를 할 수 있다고 잘못 알렸다고 하더라도 그 때문에 처분 상대방이 적법한 제소기간 내에 취소소송을 제기할 수 있는 기회를 상실하게 된 것은 아니므로 이러한 경우에 잘못된 안내에 따라 청구된 행정심판 재결서 정본을 송달받은 날부터 다시 취소소송의 제소기간이 기산되는 것은 아니다. 불가쟁력이 발생하여 더 이상 불복청구를 할 수 없는 처분에 대하여 행정청의 잘못된 안내가 있었다고 하여 처분 상대방의 불복청구 권리가 새로이 생겨나거나 부활한다고 볼 수는 없기 때문이다(대판 2012.9.27, 2011두27247).

오답해설

① 행정청이 산업재해보상보험법에 의한 보험급여 수급자에 대하여 부당이득 징수결정을 한 후 징수결정의 하자를 이유로 징수금 액수를 감액하는 경우에 감액처분은 감액된 징수금 부분에 관해서만 법적 효과가 미치는 것으로서 당초 징수결정과 별개 독립의 징수금 결정처분이 아니라 그 실질은 처음 징수결정의 변경이고, 그에 의하여 징수금의 일부취소라는 징수의무자에게 유리한 결과를 가져오는 처분이므로 징수의무자에게는 그 취소를 구할 소의 이익이 없다. 이에 따라 감액처분으로도 아직 취소되지 않고 남

아 있는 부분이 위법하다 하여 다투고자 하는 경우, 감액처분을 항고소송의 대상으로 할 수는 없고, 당초 징수결정 중 감액처분에 의하여 취소되지 않고 남은 부분을 항고소송의 대상으로 할 수 있을 뿐이며, 그 결과 제소기간의 준수 여부도 감액처분이 아닌 당초 처분을 기준으로 판단해야 한다(대판 2012.9.27, 2011두27247).

③ 직무유기혐의 고소사건에 대한 내부 감사과정에서 경찰관들에게서 받은 경위서를 공개하라는 고소인 갑의 정보공개신청에 대하여 관할 경찰서장이 공공기관의 정보공개에 관한 법률 제9조 제1항 제5호 등의 사유를 들어 비공개결정을 한 사안에서, 위 경위서는 갑의 고소사건을 조사하는 과정이 아니라 내부 감사과정에서 제출받은 것인 점 등 위 경위서가 징구된 경위와 과정을 비롯하여 정보공개법 제9조 제1항 제5호에 따른 비공개대상정보의 입법 취지 등을 종합할 때, 경위서가 공개될 경우 앞으로 동종 업무 수행에 현저한 지장을 가져올 개연성이 상당하다(대판 2012.10.11, 2010두18758).

④ 조합설립인가처분과 동일한 요건과 절차가 요구되지 않는 구 도시 및 주거환경정비법 시행령 제27조 각 호에서 정하는 경미한 사항의 변경에 대하여 행정청이 조합설립의 변경인가라는 형식으로 처분을 하였다고 하더라도, 그 성질은 당초의 조합설립인가처분과는 별개로 위 조항에서 정한 경미한 사항의 변경에 대한 신고를 수리하는 의미에 불과한 것으로 보아야 하므로, 경미한 사항의 변경에 대한 신고를 수리하는 의미에 불과한 변경인가처분이 있다고 하더라도 설권적 처분인 조합설립인가처분을 다툴 소의 이익이 소멸된다고 볼 수는 없다(대판 2012.10.25, 2010두25107).

13
정답 ②

영역 행정의 실효성 확보수단 > 행정벌

정답해설

② 고의 또는 과실이 없는 질서위반행위는 과태료를 부과하지 아니한다(질서위반행위규제법 제7조).

오답해설

① 질서위반행위규제법 제20조 제1항

③ 질서위반행위에 대하여 과태료를 부과하는 근거 법령이 개정되어 행위시의 법률에 의하면 과태료 부과대상이었지만 재판시의 법률에 의하면 부과대상이 아니게 된 때에는 개정 법률의 부칙 등에서 행위시의 법률을 적용하도록 명

시하는 등 특별한 사정이 없는 한 재판시의 법률을 적용하여야 하므로 과태료를 부과할 수 없다(대판 2017.4.7, 2016마1626).
④ 질서위반행위규제법 제19조 제1항

14
정답 ③

정답해설

③ 임면권자가 아닌 국가정보원장이 5급 이상의 국가정보원 직원에 대하여 한 의원면직처분은 당연 무효가 아니다(대판 2007.7.26, 2005두15748).

오답해설

① 대판 2005.6.24, 2004두10968
② 대판 2006.6.30, 2005두14363
④ 대판 2007.4.12, 2006두20150

15
정답 ②

정답해설

② 집행명령은 법규명령의 일종임에도 불구하고 법률상 근거 없이 발할 수 있으므로 국민의 권리와 의무 사항을 새로이 규율할 수 없다(통설·판례).

오답해설

① 헌법이 인정하고 있는 위임입법의 형식은 예시적인 것으로 보아야 할 것이고, 그것은 법률이 행정규칙에 위임하더라도 그 행정규칙은 위임된 사항만을 규율할 수 있으므로, 국회입법의 원칙과 상치되지도 않는다(헌재 2004.10.28, 99헌바91).
③ 제정형식은 비록 법규명령이 아닌 고시·훈령·예규 등과 같은 행정규칙이더라도 그것이 상위법령의 위임한계를 벗어나지 않는 한 상위법령과 결합하여 대외적인 구속력을 갖는 법규명령으로서 기능하게 된다고 보아야 할 것인바, 헌법소원의 청구인이 법령과 예규의 관계규정으로 말미암아 직접 기본권을 침해받았다면 이에 대하여 헌법소원을 청구할 수 있다(헌재 2000.7.20, 99헌마455).
④ 법규명령이 법률에 위반되었는지 여부가 재판의 전제가 된 경우에는 모든 법원에 판단권이 있으나, 대법원만이 이를 최종적으로 심사할 권한을 갖는다(헌법 제107조 제2항).

16
정답 ①

정답해설

① 지방자치단체가 조례를 제정할 수 있는 사항은 지방자치단체의 고유사무인 자치사무와 개별 법령에 따라 지방자치단체에 위임된 단체위임사무에 한정된다. 국가사무가 지방자치단체의 장에게 위임되거나 상위 지방자치단체의 사무가 하위 지방자치단체의 장에게 위임된 기관위임사무에 관한 사항은 원칙적으로 조례의 제정범위에 속하지 않는다(대판 2017.12.5, 2016추5162).

오답해설

② 영유아보육법이 보육시설 종사자의 정년에 관한 규정을 두거나 이를 지방자치단체의 조례에 위임한다는 규정을 두고 있지 않음에도 보육시설 종사자의 정년을 규정한 '서울특별시 중구 영유아 보육조례 일부개정조례안' 제17조 제3항은, 법률의 위임 없이 헌법이 보장하는 직업을 선택하여 수행할 권리의 제한에 관한 사항을 정한 것이어서 그 효력을 인정할 수 없으므로, 위 조례안에 대한 재의결은 무효이다(대판 2009.5.28, 2007추134).
③ 지방자치법 제17조(주민의 권리) 제1항
④ 지방자치법 제28조(조례)

17
정답 ④

정답해설

④ 정보주체는 개인정보처리자의 고의 또는 과실로 인하여 개인정보가 분실·도난·유출·위조·변조 또는 훼손된 경우에는 300만원 이하의 범위에서 상당한 금액을 손해액으로 하여 배상을 청구할 수 있다(개인정보보호법 제39조의2 제1항). 또한 일반손해배상을 청구한 정보주체는 사실심 변론종결시까지 법정손해배상의 청구로 변경할 수 있다(개인정보보호법 제39조의2 제3항).

오답해설

① 개인정보보호법 제2조 제3호
② 개인정보자기결정권의 보호대상이 되는 개인정보는 개인의 신체, 신념, 사회적 지위, 신분 등과 같이 개인의 인격주체성을 특징짓는 사항으로서 그 개인의 동일성을 식별할 수 있게 하는 일체의 정보라고 할 수 있고, 반드시 개인의 내밀한 영역이나 사사(私事)의 영역에 속하는 정보에 국한되지 않고 공적 생활에서 형성되었거나 이미 공개

된 개인정보까지 포함한다(헌재 2005.7.21. 2003헌마 282·425).

③ 누구든지 청문을 통하여 알게 된 사생활이나 경영상 또는 거래상의 비밀을 정당한 이유없이 누설하거나 다른 목적으로 사용하여서는 아니 된다(행정절차법 제37조 제6항).

18
정답 ②

영역 특별행정작용법 > 규제행정법

정답해설

ㄷ. 환경영향평가법 제55조 제4호

ㄹ. 환경영향평가 대상지역 밖의 주민이라 할지라도 공유수면매립면허처분 등으로 인하여 그 처분 전과 비교하여 수인한도를 넘는 환경피해를 받거나 받을 우려가 있는 경우에는, 공유수면매립면허처분 등으로 인하여 환경상 이익에 대한 침해 또는 침해우려가 있다는 것을 입증함으로써 그 처분 등의 무효확인을 구할 원고적격을 인정받을 수 있다(대판 2006.3.16. 2006두330 전합).

오답해설

ㄱ. 환경부장관과의 협의가 있어야 제외된다(환경영향평가법 제23조 제2호).

ㄴ. 그 지역을 관할하는 도가 환경영향평가의 실시에 관한 조례를 정하지 않은 경우만 해당된다(환경영향평가법 제42조 제2항).

19
정답 ②

영역 특별행정작용법 > 급부행정법

정답해설

② 국유재산법 제72조 제1항, 제73조 제2항에 의한 변상금 부과·징수권이 민사상 부당이득반환청구권과 법적 성질을 달리하는 별개의 권리인 이상 한국자산관리공사가 변상금 부과·징수권을 행사하였다 하더라도 이로써 민사상 부당이득반환청구권의 소멸시효가 중단된다고 할 수 없다(대판 2014.9.4. 2013다3576).

오답해설

① 공유재산의 관리청이 하는 행정재산의 사용·수익에 대한 허가는 순전히 사경제주체로서 행하는 사법상의 행위가 아니라 관리청이 공권력을 가진 우월적 지위에서 행하는 행정처분이라고 보아야 할 것인바, 행정재산을 보호하고 그 유지·보존 및 운용 등의 적정을 기하고자 하는 지방

재정법 및 그 시행령 등 관련 규정의 입법 취지와 더불어 잡종재산에 대해서는 대부·매각 등의 처분을 할 수 있게 하면서도 행정재산에 대해서는 그 용도 또는 목적에 장해가 없는 한도 내에서 사용 또는 수익의 허가를 받은 경우가 아니면 이러한 처분을 하지 못하도록 하고 있는 구 지방재정법 제82조 제1항, 제83조 제2항 등 규정의 내용에 비추어 볼 때 그 행정재산이 구 지방재정법 제75조의 규정에 따라 기부채납받은 재산이라 하여 그에 대한 사용·수익허가의 성질이 달라진다고 할 수는 없다(대판 2001.6.15. 99두509).

③ 행정재산의 사용허가기간은 5년 이내로 한다. 다만, 제34조 제1항 제1호의 경우에는 사용료의 총액이 기부를 받은 재산의 가액에 이르는 기간 이내로 한다. 제1항의 허가기간이 끝난 재산에 대하여 대통령령으로 정하는 경우를 제외하고는 5년을 초과하지 아니하는 범위에서 종전의 사용허가를 갱신할 수 있다. 다만, 수의의 방법으로 사용허가를 할 수 있는 경우가 아니면 1회만 갱신할 수 있다(국유재산법 제35조 제1항·제2항).

④ 행정재산의 사용·수익허가처분의 성질에 비추어 국민에게는 행정재산의 사용·수익허가를 신청할 법규상 또는 조리상의 권리가 있다고 할 것이므로 공유재산의 관리청이 행정재산의 사용·수익에 대한 허가 신청을 거부한 행위 역시 행정처분에 해당한다(대판 1998.2.27. 97누1105).

20
정답 ④

영역 행정작용법 > 행정행위

정답해설

④ 행정청은 행정소송이 계속되고 있는 때에도 직권으로 그 처분을 변경할 수 있고, 행정소송법 제22조 제1항은 이를 전제로 처분변경으로 인한 소의 변경에 관하여 규정하고 있다. 점용료 부과처분에 취소사유에 해당하는 흠이 있는 경우 도로관리청으로서는 당초 처분 자체를 취소하고 흠을 보완하여 새로운 부과처분을 하거나, 흠 있는 부분에 해당하는 점용료를 감액하는 처분을 할 수 있다. 한편 흠 있는 행정행위의 치유는 원칙적으로 허용되지 않을 뿐 아니라, 흠의 치유는 성립 당시에 적법한 요건을 갖추지 못한 흠 있는 행정행위를 그대로 존속시키면서 사후에 그 흠의 원인이 된 적법 요건을 보완하는 경우를 말한다. 그런데 앞서 본 바와 같은 흠 있는 부분에 해당하는 점용료

를 감액하는 처분은 당초 처분 자체를 일부 취소하는 변경처분에 해당하고, 그 실질은 종래의 위법한 부분을 제거하는 것으로서 흠의 치유와는 차이가 있다(대판 2019. 1.17, 2016두56721·56738).

오답해설
① 구 경찰공무원법 제50조 제1항에 의한 직위해제처분과 같은 제3항에 의한 면직처분은 후자가 전자의 처분을 전제로 한 것이기는 하나 각각 단계적으로 별개의 법률효과를 발생하는 행정처분이어서 선행직위 해제처분의 위법사유가 면직처분에는 승계되지 아니한다 할 것이므로 선행된 직위해제 처분의 위법사유를 들어 면직처분의 효력을 다툴 수는 없다(대판 1984.9. 11, 84누191).
② 대집행의 계고, 대집행영장에 의한 통지, 대집행의 실행, 대집행에 요한 비용의 납부명령 등은 타인이 대신하여 행할 수 있는 행정의무의 이행을 의무자의 비용부담하에 확보하고자 하는, 동일한 행정목적을 달성하기 위하여 단계적인 일련의 절차로 연속하여 행하여지는 것으로서, 서로 결합하여 하나의 법률효과를 발생시키는 것이므로, 선행처분인 계고처분이 하자가 있는 위법한 처분이라면, 비록 그 하자가 중대하고도 명백한 것이 아니어서 당연무효의 처분이라고 볼 수 없고 행정소송으로 효력이 다투어지지도 아니하여 이미 불가쟁력이 생겼으며, 후행처분인 대집행영장발부통보처분 자체에는 아무런 하자가 없다고 하더라도, 후행처분인 대집행영장발부통보처분의 취소를 청구하는 소송에서 청구원인으로 선행처분인 계고처분이 위법한 것이기 때문에 그 계고처분을 전제로 행하여진 대집행영장발부통보처분도 위법한 것이라는 주장을 할 수 있다(대판 1996.2.9, 95누12507).
③ 대판 2002.5.28, 2001두9653

21 정답 ④
영역 행정법 서론 > 행정상 법률관계
정답해설
④ 무효인 행정행위에 대하여는 제소기간의 제한을 받지 않으므로 불가쟁력이 발생하지 않는다.
오답해설
① 불가쟁력은 적법한 행정행위나 단순 위법의 취소사유가 있는 하자있는 행정행위에 한해서 발생한다.
② 불가쟁력이 발생한 경우라도 위법한 침익행위는 행정행위의 상대방 및 기타 이해관계인들에게 영향을 미치므로 처

분청은 위법성을 원인으로 하여 이를 직권으로 취소·철회할 수 있다.
③ 국민의 권리와 이익을 옹호하고 법적안정을 도모하기 위하여 특정한 행위에 대하여는 행정청이라 하여도 이것을 자유로이 취소, 변경 및 철회할 수 없다는 행정행위의 불가변력은 당해 행정행위에 대하여서만 인정되는 것이고, 동종의 행정행위라 하더라도 그 대상을 달리할 때에는 이를 인정할 수 없다(대판 1974.12.10, 73누129).

22 정답 ①
영역 일반행정작용법 > 행정행위
정답해설
① 하명은 침익적 행정행위이기 때문에 반드시 법적 근거가 있어야 하는 기속행위이며, 또한 명령적 행위이다.
오답해설
② 행정행위를 기속행위와 재량행위로 구분하는 경우 양자에 대한 사법심사는, 전자의 경우 그 법규에 대한 원칙적인 기속성으로 인하여 법원이 사실인정과 관련 법규의 해석·적용을 통하여 일정한 결론을 도출한 후 그 결론에 비추어 행정청이 한 판단의 적법 여부를 독자의 입장에서 판정하는 방식에 의하게 되나, 후자의 경우 행정청의 재량에 기한 공익판단의 여지를 감안하여 법원은 독자의 결론을 도출함이 없이 해당 행위에 재량권의 일탈·남용이 있는지 여부만을 심사하게 되고, 이러한 재량권의 일탈·남용 여부에 대한 심사는 사실오인, 비례·평등의 원칙위배 등을 그 판단 대상으로 한다(대판 2007.6.14, 2005두1466).
③ 공유수면매립면허는 설권행위인 특허의 성질을 갖는 것이므로 원칙적으로 행정청의 자유재량에 속하며, 일단 실효된 공유수면매립면허의 효력을 회복시키는 행위도 특단의 사정이 없는 한 새로운 면허부여와 같이 면허관청의 자유재량에 속한다고 할 것이므로 공유수면매립법 부칙 제4항의 규정에 의하여 위 법 시행 전에 같은 법 제25조 제1항의 규정에 의하여 효력이 상실된 매립면허의 효력을 회복시키는 처분도 특단의 사정이 없는 한 면허관청의 자유재량에 속하는 행위라고 봄이 타당하다(대판 1989.9.12, 88누9206).
④ 개발제한구역 내에서는 구역지정의 목적상 건축물의 건축 및 공작물의 설치 등 개발행위가 원칙적으로 금지되고, 다만 구체적인 경우에 이러한 구역지정의 목적에 위배되

지 아니할 경우 예외적으로 허가에 의하여 그러한 행위를 할 수 있게 되어 있음이 그 규정의 체제와 문언상 분명하고, 이러한 예외적인 개발행위의 허가는 상대방에게 수익적인 것이 틀림이 없으므로 그 법률적 성질은 재량행위 내지 자유재량행위에 속하는 것이다(대판 2004.3.25, 2003두12837).

23 정답 ④

영역 특별행정작용법 > 재무행정법

정답해설

④ 원천징수세제에 있어 원천징수의무자가 원천납세의무자로부터 원천징수대상이 아닌 소득에 대하여 세액을 징수·납부하였거나 징수하여야 할 세액을 초과하여 징수·납부하였다면, 이로 인한 환급청구권은 원천납세의무자가 아닌 원천징수의무자에게 귀속되는 것인바, 이는 원천징수의무자가 원천납세의무자에 대한 관계에서는 법률상 원인 없이 이익을 얻은 것이라 할 것이므로 원천납세의무자는 원천징수의무자에 대하여 환급청구권 상당액을 부당이득으로 구상할 수 있다(대판 2003.3.14, 2002다68294).

오답해설

① 대판 2014.8.20, 2012두23341
② 대판 2015.3.26, 2013두9267
③ 원천징수의무자에 대한 소득금액변동통지는 원천납세의무의 존부나 범위와 같은 원천납세의무자의 권리나 법률상 지위에 어떠한 영향을 준다고 할 수 없으므로 소득처분에 따른 소득의 귀속자는 법인에 대한 소득금액변동통지의 취소를 구할 법률상 이익이 없다(대판 2015.3.26, 2013두9267).

24 정답 ①

영역 행정구제법 > 행정쟁송

정답해설

① 처분을 할 것인지 여부와 처분의 정도에 관하여 재량이 인정되는 과징금 납부명령에 대하여 그 명령이 재량권을 일탈하였을 경우, 법원으로서는 재량권의 일탈 여부만 판단할 수 있을 뿐이지 재량권의 범위 내에서 어느 정도가 적정한 것인지에 관하여는 판단할 수 없어 그 전부를 취소할 수밖에 없고, 법원이 적정하다고 인정하는 부분을 초과한 부분만 취소할 수는 없다(대판 2009.6.23, 2007두

18062).

오답해설

② 위법한 처분을 취소·변경하는 것이 도리어 현저히 공공복리에 적합하지 아니하는 경우에는 그 취소를 허용하지 아니하는 사정판결을 할 수 있고, 이러한 사정판결의 필요성에 관한 주장·입증책임은 피고인 처분청에게 있지만, 사정판결의 필요성에 관하여 당사자의 명백한 주장이 없는 경우에도 기록에 나타난 여러 사정을 기초로 직권으로 판단할 수 있다(대판 2006.12.21, 2005두16161).
③ 대판 1997.2.11, 96누13057
④ 대판 2001.3.23, 99두5238

25 정답 ②

영역 행정의 실효성 확보수단 > 행정벌

정답해설

② 자신의 행위가 위법하지 아니한 것으로 오인하고 행한 질서위반행위는 그 오인에 정당한 이유가 있는 때에 한하여 과태료를 부과하지 아니한다(질서위반행위규제법 제8조).

오답해설

① 법원이 비송사건절차법(현 질서위반행위규제법)에 따라서 하는 과태료 재판은 관할 관청이 부과한 과태료처분에 대한 당부를 심판하는 행정소송절차가 아니라 법원이 직권으로 개시·결정하는 것이므로, 원칙적으로 과태료 재판에서는 행정소송에서와 같은 신뢰보호의 원칙 위반여부가 문제로 되지 아니하고, 다만 위반자가 그 의무를 알지 못하는 것이 무리가 아니었다고 할 수 있어 그것을 정당시할 수 있는 사정이 있을 때 또는 그 의무의 이행을 그 당사자에게 기대하는 것이 무리라고 하는 사정이 있을 때 등 그 의무 해태를 탓할 수 없는 정당한 사유가 있는 때에는 이를 부과할 수 없다(대판 2006.4.28, 2003마715).
③ 질서위반행위란 법률(지방자치단체의 조례를 포함)상의 의무를 위반하여 과태료를 부과하는 행위를 말한다(질서위반행위규제법 제2조 제1호).
④ 과태료는 당사자가 과태료 부과처분에 대하여 이의를 제기하지 아니한 채 제20조 제1항에 따른 기한이 종료한 후 사망한 경우에는 그 상속재산에 대하여 집행할 수 있다(질서위반행위규제법 제24조의2 제1항).

제3과목: 경영학

01	02	03	04	05	06	07	08	09	10
①	④	②	①	③	②	①	④	②	①
11	12	13	14	15	16	17	18	19	20
④	③	①	④	①	②	③	④	①	④
21	22	23	24	25					
②	①	②	④	④					

01
정답 ①

영역 조직행위 > 조직행위론의 이해

정답해설

① 과학적 관리법에서는 노동자들의 과업달성에 따라 차별적으로 성과급을 지급하기 때문에 개인을 더 중요하게 생각하는 관점이다.

02
정답 ④

영역 조직행위 > 리더십 이론

정답해설

가. 리더십 스타일은 리더가 가진 고유한 특성으로 한 명의 리더가 과업지향적 리더십과 관계지향적 리더십을 모두 가질 수 없다. 따라서 어떤 상황에 어떤 리더십이 어울리는가를 분석한 것이다.

다. 상황이 호의적인지, 비호의적인지를 판단하는 상황변수로 리더-구성원 관계, 과업구조, 리더의 직위 권력을 고려하였다.

라. 상황변수들을 고려하여 총 8가지 상황을 분류하였고, 이를 다시 호의적인 상황, 보통의 상황, 비호의적인 상황으로 구분하였다. 이때 상황이 호의적이거나 비호의적인 경우에는 과업지향적 리더십이 적합하며, 상황이 보통인 경우에는 관계지향적 리더십이 적합하다.

오답해설

나. LPC 설문을 통해 리더의 특성을 측정하였다. LPC 점수가 낮으면 과업지향적 리더십, 높으면 관계지향적 리더십으로 정의한다.

마. 리더가 처한 상황이 호의적이거나 비호의적인 경우, 과업지향적 리더십이 적합하다.

03
정답 ②

영역 생산관리 > 생산일정계획

정답해설

생산효율을 구하는 공식은 다음과 같다.

$$생산효율 = \frac{실제\ 생산량}{이론적\ 생산량}$$

먼저 이론적 생산량을 구하면,

$25 \times 5 \times 8 \times 20 = 20,000$개이다.

이번 달 가동률이 80%이므로 실제 생산량은

$20,000 \times 0.8 = 16,000$개이다.

$$생산효율 = \frac{8,000}{16,000} = 0.5 \Rightarrow 50\%$$

04
정답 ①

영역 조직행위 > 리더십 이론

오답해설

② 서번트 리더십은 구성원들과 수평적 관계를 형성하고 파트너십을 강조하는 것이 특징이다. 지속적인 변화가 필요한 상황 및 장기적인 조직성장이 필요한 상황에 적극적으로 대응하기 위해 필요한 리더십이다.

③ 카리스마적 리더십은 능력이 뛰어나고 전문성을 보유하며 구성원들로부터 존경과 지지를 받는 리더가 현 상황에 불만을 가지고 변화를 위해 노력하는 과정에서 이상적인 비전을 제시하고, 이를 실현하기 위해 구성원들과 비전을 공유 및 소통하는 방식의 리더십이다.

④ 거래적 리더십은 목표달성을 위해 규정된 과업행동을 효율적으로 수행할 수 있도록 적절한 강화기제를 사용하는 리더십이다.

05
정답 ③

영역 인사관리 > 인적자원계획

오답해설

① 신뢰성은 평가가 얼마나 일관되게 측정되었는가를 나타내는 정도를 말한다.

② 수용성은 평가제도에 대해 구성원들이 이를 합당한 것으로 받아들이고 정당한 제도라고 믿으며, 평가의 공정성과 활용목적에 대해 전적으로 신뢰하는 것을 말한다.

④ 구체성은 평가항목을 구체적이고 명확하게 구성하는 것을 말한다.

06
정답 ②

정답해설

유동비율이 120%일 때 유동부채가 100억 원이라고 주어지면 유동자산을 구할 수 있다.

유동비율(%) = $\dfrac{\text{유동자산}}{\text{유동부채}} \times 100$ 이므로

$120(\%) = \dfrac{\text{유동자산}}{100억 원} \times 100$

따라서 유동자산은 120억 원이다.

당좌비율을 구하는 공식은 다음과 같다.

당좌비율 = $\dfrac{\text{유동자산} - \text{재고자산}}{\text{유동부채}} \times 100$

$= \dfrac{120 - 40}{100} \times 100 = 80\%$

07
정답 ①

정답해설

① 별(Star)은 확대 혹은 수확, 물음표(Question Mark)는 확대 혹은 철수, 캐시카우(Cash Cow)는 유지, 개(Dog)는 철수 전략을 사용할 수 있다.

오답해설

② 수익성이 낮고 시장전망이 어두워 철수 전략을 사용하는 영역은 개(Dog)이다.

③ GE/Mckinsey 매트릭스는 산업매력도와 사업의 강점(경쟁력)을 기준으로 한다.

④ GE/Mckinsey 매트릭스에서 원의 크기는 산업의 전체 규모를 나타내며, 원 내에서 진하게 표시된 부분의 크기는 특정 사업부의 시장점유율을 나타낸다.

08
정답 ④

정답해설

④ 공급사슬관리는 물자, 정보 및 재정 등이 공급자로부터 생산자, 도매업자, 소매상인, 그리고 소비자에게 이동함에 따라 그 진행 과정을 통합적으로 관리하는 것이다. 재고 감소를 통한 비용절감 및 생산성 제고를 목표로 한다.

09
정답 ②

정답해설

손익분기점의 매출액을 구하는 공식은 다음과 같다.

손익분기점의 매출액 = $\dfrac{\text{총 고정비용}}{1 - \dfrac{\text{단위당 변동비용}}{\text{제품가격}}}$

〈보기〉의 정보를 식에 대입하여 계산하면

손익분기점의 매출액 = $\dfrac{4,800,000}{1 - \dfrac{14,000}{20,000}}$

$= \dfrac{4,800,000}{\dfrac{3}{10}}$

$= 16,000,000$원

10
정답 ①

정답해설

① 무역 거래 시 만약 발생할지도 모르는 클레임은 예방하는 것이 최선이나 불가피하게 클레임이 발생한 경우, 제3자의 개입에 의한 해결보다는 청구권의 포기나 화해 등과 같은 방법으로 당사자 간에 해결하는 것이 낫다. 그러나 불가피하게 제3자가 개입하여 해결하여야 하는 경우 중재의 방법을 사용하는 것이 적절하다.

The 알아보기 중재(Arbitration)

당사자 간의 중재 합의에 따라 법원 이외에 제3자인 중재인에게 클레임의 해결을 부탁하고 중재인의 중재판정에 복종함으로써 최종적으로 클레임을 해결하는 방법이다.

11

영역 생산관리 > 생산시스템의 설계

정답해설

④ 대량생산공정은 많은 물품을 계속 생산하는 데 적합한 방식으로, 필요한 원자재가 대량으로 구매되므로 공급이 저렴하고, 단순한 작업을 계속해서 진행하므로 덜 숙련된 노동자도 작업이 가능하다.

오답해설

① 프로젝트 공정은 1회에 한 가지 제품을 생산하기 위하여 설계된 공정을 말한다. 아파트 건설, 선박, 항공기 등 특수 생산시스템에 적합한 공정이다.

② 연속생산공정이 아닌 단속적 공정이 다양한 제조공정을 갖는 상이한 제품을 소량으로 생산하기 위하여 설계된 공정으로, 일반목적의 기계설비를 필요로 한다.

③ 대량생산공정이 아닌 연속생산공정에 해당하는 내용이다.

12

정답 ③

영역 회계학 > 회계의 순환과정과 거래의 기록

오답해설

① 시산표에 대한 설명이다.

② 손익계산서 계정의 마감에 대한 설명이다.

④ 결산 수정분개에 대한 설명이다.

13

정답 ①

영역 회계학 > 자산

오답해설

② 보통주 등의 주식은 매일 가격변동이 심하기 때문에 현금성자산에 포함되지 않고 유가증권으로 분류한다.

③ 만기까지 남은 기간이 3개월 이상인 자산은 단기금융상품으로 분류한다.

④ 종업원에게 가불증을 급여로 선급한 경우 종업원단기대여금으로 분류한다.

The 알아보기   현금성자산

큰 거래비용 없이 현금으로 전환이 용이하고 이자율 변동에 따른 가치변동의 위험이 중요하지 않은 유가증권 및 단기금융상품으로서 취득 당시 만기(또는 상환일)가 3개월 이내에 도래하는 것을 의미한다.

- 취득당시 만기가 3개월 이내에 도래하는 국공채 및 사채
- 취득당시 상환일까지의 기간이 3개월 이내인 상환우선주
- 취득당시 만기가 3개월 이내에 도래하는 양도성예금증서 (CD; Certificate of Deposit)
- 3개월 이내의 환매조건을 가지는 환매채(RP; Repurchase Agreement)
- 초단기 수익증권(MMF; Money Market Fund)

14

정답 ④

영역 경영학의 기초 > 경영학의 이해

오답해설

① 과학적 관리법은 근로자의 근로의욕을 높이고 능률을 증진하는 합리적인 작업관리의 방법을 말하며, 테일러(F. Taylor)의 이론에 해당한다.

② 관료제는 구조와 운영이 고도로 성문화된 법규에 의해 지배되는 조직을 말하는 것으로, 베버(M. Webwer)의 이론에 해당한다.

③ 상황이론은 로렌스와 로쉬(P. Lawrence & J. Lorsch)가 주장한 이론이다. 최적의 전략방향과 관리제도는 존재하지 않으며, 상황에 따라 가장 효과적인 방법이 따로 존재한다는 것이다.

15

정답 ①

영역 마케팅 > 제품관리

정답해설

① 〈보기〉는 서비스의 소멸가능성에 대한 설명이다. 서비스는 저장이 곤란하기 때문에 한 번 생산된 서비스는 소비되지 않으면 곧바로 소멸되는 특성이 있다. 예를 들어 비행기의 경우 이륙하는 순간 빈 좌석에 대한 항공서비스는 그대로 사라져버리게 된다.

오답해설

② 서비스는 서비스가 생산되고 소비되는 과정에 소비자가 참여하는 특성이 있다. 그렇기 때문에 서비스는 생산과 동시에 소비된다. 이와 같이 생산과 소비가 분리되지 않

고 동시에 일어나는 특성을 비분리성이라고 한다.
③ 서비스는 서비스를 제공하는 제공자에 따라 서비스 품질이 달라진다는 특성이 있다. 같은 서비스라고 하더라도 A와 B가 제공하는 서비스의 품질이 다를 수 있다. 이러한 서비스의 특성을 이질성이라고 한다.
④ 서비스는 기본적으로 눈에 보이지 않기 때문에 무형성을 갖는다. 서비스는 구매 전에 냄새를 맡거나 만지거나 볼 수 없기 때문에 그 서비스의 품질을 느끼기 위해서는 다른 유형적 특성들을 활용하여 품질을 유추해야 한다.

16
정답 ②

영역 인사관리 > 인사고과

정답해설
② 상동적 태도는 소속집단에 대한 고정관념을 기초로 이루어지는 오류이다.

오답해설
① 현혹효과는 개인의 특정 부분에서 받은 그의 지각으로 전반적인 인상을 평가하려는 오류로 후광효과라고도 한다.
③ 주관의 객관화는 자신의 감정이나 관점으로 상대방을 평가하려는 오류로 투영효과라고도 한다.
④ 중심화 경향은 평가 시에 매우 좋음과 매우 나쁨의 판단을 기피하여 중간으로 평가하는 오류이다.

17
정답 ③

영역 마케팅 > 제품관리

정답해설
③ 혁신소비자 집단은 교육수준이 높고, 가치관 판단에 따라 신제품을 구입하며, 할인 쿠폰이나 샘플을 선호하는 경향이 있다.

18
정답 ④

영역 회계학 > 재무제표

정답해설
④ 현금흐름표는 일정 기간 동안 기업실체의 현금유입과 현금유출에 대한 정보를 제공하는 재무제표이다. 정보를 영업 활동 현금흐름, 투자 활동 현금흐름, 재무 활동 현금으로 구분하여 제공한다.

오답해설
① 재무 활동이란 기업의 납입자본과 차입금의 크기 및 구성 내용에 변동을 가져오는 활동을 말하며, 이는 영업 활동과 관련이 없는 부채 및 자본의 증가·감소거래를 의미한다.
② 영업 활동은 주로 기업의 주요 수익 창출 활동에서 발생한다.
③ 투자 활동이란 장기성 자산 및 현금성자산에 속하지 않는 기타 투자자산의 취득과 처분 활동을 말하며, 이는 영업 활동과 관련이 없는 자산의 증가·감소거래를 의미한다.

19
정답 ①

영역 생산관리 > 품질관리

오답해설
② ISO 14000: 기업의 환경경영체제를 평가하여 국제규격임을 인증하는 제도
③ ISO 26000: 국제표준화기구가 제정한 기업의 사회적 책임에 대한 국제표준
④ ISO 27001: 국제표준 정보보호인증으로 정보보호 분야에서 가장 권위있는 인증

20
정답 ④

영역 재무관리 > 자본예산 기법

정답해설
순현재가치는 투자안의 현금유출과 현금유입의 현재가치를 모두 더한 값이다. 0보다 크면 투자안을 채택하고 0보다 작으면 투자안을 기각하는데, NPV를 구하는 공식은 다음과 같다.

$$NPV = \sum_{t=1}^{N} \frac{C_t}{(1+r)^t} = C_0$$

t: 현금 흐름의 기간
N: 사업의 전체 기간
r: 요구수익률
C_t: 시간 t에서의 순현금흐름
C_0: 투하자본(투자액)
따라서 NPV는 $1,818 - 1,000 = 818$만 원이다.

21

정답 ②

정답해설

② 대기행렬모형의 서비스라인 기본구조는 '고객-시설-산출(서비스)'로 구성되며, 생산라인의 기본구조는 '투입-변형(설비)-산출'로 구성된다.

22

정답 ①

오답해설

② 리엔지니어링은 환경 변화에 적응하기 위하여 조직구조, 생산방법, 기타 역량을 재편하는 기법을 말한다.

③ 행위기준평가법은 현대적 인사고과 방법 중 하나로 피고과자의 구체적인 행위에 근거하여 평가하는 방법을 말한다.

④ 평가센터법은 인적자원계획에서 외부충원에 해당하는 선발도구이다. 다수의 지원자들을 일정 기간 동안 합숙을 통하여 평가하고, 다양한 선발도구를 동원해서 평가할 수 있다.

23

정답 ②

정답해설

② S-T 상황은 내부에는 강점이 있고, 외부에는 위협이 있는 상황이므로 내부의 강점을 활용하여 위협을 극복해야 한다.

오답해설

① W-T 상황에 적합한 대처방안이다.

③ W-O 상황에 적합한 대처방안이다.

④ S-O 상황에 적합한 대처방안이다.

24

정답 ④

오답해설

① 집단교섭은 여러 개의 단위노조와 사용자가 집단으로 연합전선을 구축해서 교섭하는 방식으로 기업별교섭과 통일교섭의 절충 형태이다.

② 대각선교섭은 단위노조가 소속된 상부 단체와 각 단위노조에 대응하는 개별기업의 사용자 간에 행해지는 교섭방식이다.

③ 기업별교섭은 기업 단위노조와 사용자 간 단체교섭으로, 각 사업장의 특수성을 반영할 수 있으나 노동시장에 대한 지배력이 없고 기업별·사업장별교섭 등에서 오는 제약이 따른다.

25

정답 ④

오답해설

① 지휘의 일원화란 동일한 목표를 가지고 활동하는 각 집단은 한 명의 상사와 한 개의 계획을 가져야만 하는 것을 말한다.

② 명령의 일원화란 종업원이 한 사람의 상사에게서만 명령을 받아야 하는 것을 말한다.

③ 권한과 책임이란 책임은 권한의 필연적인 결과이자 권한으로부터 생겨난다고 보는 것이다.

제5회 모의고사 정답 및 해설

제1과목: 국어

01	02	03	04	05	06	07	08	09	10
②	①	②	③	③	③	③	④	③	③

11	12	13	14	15	16	17	18	19	20
③	②	④	④	③	②	④	①	②	②

21	22	23	24	25					
②	①	②	②	③					

01
정답 ②

영역 문법 > 형태론

정답해설

② 제시된 문장의 '기쁘다'는 '욕구가 충족되어 마음이 흐뭇하고 흡족하다.'라는 의미의 형용사이고, ②의 '맛있다' 역시 '음식의 맛이 좋다.'라는 의미의 형용사이다.

오답해설

① 아주(부사): 보통 정도보다 훨씬 더 넘어선 상태로

③ 만나다(동사): 누군가 가거나 와서 둘이 서로 마주 보다.

④ 닳다(동사): 갈리거나 오래 쓰여서 어떤 물건이 낡아지거나, 그 물건의 길이, 두께, 크기 따위가 줄어들다.

02
정답 ①

영역 문법 > 어문 규정

정답해설

① '노기(怒氣)'의 '노(怒)'는 본음이 '성낼 노'이다. 두음 법칙은 첫 음에 한자음 '니, 녀, 뇨, 뉴' 등이 오지 못하는 것이므로 노기(怒氣)와는 상관없다. 참고로, '희로애락(喜怒哀樂)'의 '로'는 음을 부드럽게 발음하기 위해 변한 '활음조(滑音調)'일 뿐이다.

오답해설

② 論: 말할 론(논)

③ 泥: 진흙 니(이)

④ 略: 간략할 략(약)

03
정답 ②

영역 문법 > 언어와 국어

오답해설

① 고유어보다 한자 계열의 단어가 많다.

③ 단어에 성과 수의 구별이 없다.

④ 높임법의 발달은 상하 관계를 중시하던 전통 유교 사회의 영향이다.

04
정답 ③

영역 어휘 > 한자어

정답해설

③ '모색(摸索)'은 '일이나 사건 따위를 해결할 수 있는 방법이나 실마리를 찾는 것'을 의미하므로 적절하게 사용되었다. '탐색(探索)'은 '드러나지 않은 사물이나 현상 따위를 찾아내거나 밝히기 위하여 살피어 찾음'을 뜻한다.

05
정답 ③

영역 문법 > 고전 문법

정답해설

③ 순음의 기본자는 ㅁ이며, ㅁ에 획을 더해 가획자 ㅂ을 만들었다.

오답해설

① ㄱ은 아음이며, 아음 ㄱ에 획을 더해 가획자 ㅋ을 만들었다.

② ㄴ은 설음이며, 설음 ㄴ에 획을 더해 가획자 ㄷ을 만들었다.

④ ㆁ(옛이응)은 아음의 이체자이다. 후음의 기본자 ㅇ의 가획자는 ㆆ(여린이응)과 ㅎ(히읗)이다.

06
정답 ③

영역 문법 > 어문 규정

정답해설

물건이나 일의 내용을 가리지 아니하는 뜻을 나타내는 조사와 어미는 '(−)든지'로 적고, 지난 일을 나타내는 어미는 '−더라', '−던'으로 적는다.

07

영역 비문학 > 사실적 이해

정답해설

③ 미국 어머니가 이면에 있는 감정을 읽어야 한다고 생각한다는 것은 제시문의 내용과는 거리가 멀다. 오히려 행동 이면에 있는 다른 사람들의 감정을 예측하는 것은 일본 어머니의 교육법과 부합한다.

오답해설

① 1문단을 통해 미국의 어머니는 말하는 사람의 입장을 강조한다는 것을 알 수 있으며, 2문단을 통해 일본의 어머니는 듣는 사람의 입장에서 말할 것을 강조한다는 것을 알 수 있다.

② 1문단에 따르면 미국의 어머니는 특정 사물에 초점을 맞추고 그 사물의 속성을 아이들에게 가르치는 것을 중시하고, 2문단에 따르면 일본의 어머니는 다른 사람과의 관계에 초점을 맞추어 아이들을 훈련한다는 사실을 알 수 있다.

④ 1문단에 따르면 미국의 아이들은 스스로 독립적인 행동을 하도록 교육받고, 2문단에 따르면 일본의 아이들은 자신들의 생각을 드러내기보다는 다른 사람들의 감정을 미리 예측하도록 교육받는다는 것을 알 수 있다.

08
정답 ④

영역 비문학 > 작문

정답해설

㉠ ㉠의 앞에는 사물의 속성에 관심을 기울이도록 교육하는 미국의 어머니에 대한 설명이, ㉠의 뒤에는 대상의 감정에 귀를 기울이도록 교육하는 일본의 어머니에 대한 설명이 나온다. 따라서 ㉠에는 뒤에 오는 말이 앞의 내용과 상반됨을 나타내는 말인 '반면에', '그러나' 등이 들어가는 것이 적절하다.

㉡ ㉡의 뒤 문장은 앞 내용에 대한 예시이므로, '예를 들면'이 들어가는 것이 적절하다.

㉢ ㉢에는 앞 내용을 다시 한 번 정리하는 말인 '즉', '곧', '따라서' 등이 들어가는 것이 적절하다.

09
정답 ③

영역 어휘 > 한자어

정답해설

③ 기준은 '基準'이라고 표기하여야 한다.
- 準(준할 준): 基準(기준), 標準(표준), 水準(수준)
- 准(승인할/준할 준): 批准(비준), 認准(인준), 准將(준장)

10
정답 ③

영역 문학 > 고전 산문

정답해설

③「단군 신화」는 단군의 출생과 즉위에 관한 고조선 건국 신화로, 세상을 만드는 천지 창조 신화와는 관련이 없다.

오답해설

① '홍익인간(弘益人間)'은 '널리 인간을 이롭게 함'을 뜻하는 말로,「단군 신화」에 등장하는 단군의 건국 이념이다.

② 환웅이 풍백(風伯), 우사(雨師), 운사(雲師)를 거느리고 내려온 것을 통해 당시 사회가 농경 생활을 중시했음을 알 수 있다.

④ '천부인'은 환인이 아들 환웅이 인간 세상을 다스리는 데 사용하도록 준 신물(神物)로, 제사장으로서의 신성한 권능을 의미한다.

The 알아보기 작자 미상,「단군 신화」
- 갈래: 건국 신화
- 주제: 단군의 탄생과 고조선의 건국
- 특징
  - 『삼국유사』에 기록되어 전해짐
  - 널리 인간을 이롭게 한다는 홍익인간의 이념이 반영됨
  - 제정일치(祭政一致) 사회
  - 풍백(風伯), 우사(雨師), 운사(雲師)를 거느리고 내려오는 것을 통해 당시 사회가 농경을 중시하는 사회임을 알 수 있음

11

정답 ③

영역 문학 > 현대시

정답해설

③ '눈꽃'은 시련과 고난을 의미하는 말이 아니라, 가난하고 소외된 사람들을 위로해 주는 존재이다.

> **The 알아보기**   곽재구, 「사평역에서」
> • 갈래: 자유시, 서정시
> • 주제: 삶의 애환과 소외된 사람들에 대한 연민
> • 특징
> – 감각적, 회고적, 애상적 성격
> – 소외된 사람들의 절망감과 슬픔이 잘 드러남

12

정답 ②

영역 문학 > 현대 소설

정답해설

② 윤흥길의 「아홉 켤레의 구두로 남은 사내」는 1인칭 관찰자 시점의 소설로, '나'는 주인공 '권 씨'의 이야기를 전달하는 서술자이다.

오답해설

① 1인칭 주인공 시점에 대한 설명이다.

③ 전지적 작가 시점에 대한 설명이다.

④ 작가 관찰자 시점에 대한 설명이다.

13

정답 ④

영역 문학 > 현대 소설

정답해설

④ '그'가 어려운 현실 속에서도 자존심을 지키고 싶어 한다는 사실을 알 수 있는 부분으로, 우월함을 표현한다고는 볼 수 없다.

> **The 알아보기**   윤흥길, 「아홉 켤레의 구두로 남은 사내」
> • 갈래: 중편 소설
> • 주제: 산업 사회에서 소외된 계층의 어려운 삶과 그에 대한 연민
> • 특징
> – 1인칭 관찰자 시점
> – 상징적 소재와 관련된 행위로 인물의 심리와 성격을 드러냄
> – 사실적 문제를 통해 현실의 모순을 예리하게 지적함

14

정답 ④

영역 문법 > 어문 규정

오답해설

㉠ 글래스(×) → 글라스(○): 유리로 만든 잔

㉡ 비지니스(×) → 비즈니스(○): 어떤 일을 일정한 목적과 계획을 가지고 짜임새 있게 지속적으로 경영함, 또는 그 일

15

정답 ③

영역 문법 > 어문 규정

오답해설

㉠ Muko(×) → Mukho(○): '묵호[무코]'와 같이 체언에서 'ㄱ, ㄷ, ㅂ' 뒤에 'ㅎ'이 따를 때에는 'ㅎ'을 밝혀 적는다.

㉣ Sinmunro(×) → Sinmunno(○): '신문로[신문노]'와 같이 자음 사이에서 동화 작용이 일어나는 경우 변화의 결과에 따라 적는다.

16

정답 ②

영역 문법 > 의미론

정답해설

② '좋은 팔자를 타고 태어났다.'의 '타다'는 '복이나 재주, 운명 따위를 선천적으로 지니다.'의 의미이다. '부동산 경기를 타고 건축 붐이 일었다.'의 '타다'는 '어떤 조건이나 시간, 기회 등을 이용하다.'의 의미이다. 따라서 이 두 단어는 동음이의어이다.

오답해설

①의 '눈', ③의 '길', ④의 '고르다'는 서로 다의어 관계이다.

① • 태풍에서, 중심을 이루는 부분
 • 사람들의 눈길

③ • 걷거나 탈것을 타고 어느 곳으로 가는 노정(路程)
 • 시간의 흐름에 따라 개인의 삶이나 사회적 · 역사적 발전 따위가 전개되는 과정

④ • 붓이나 악기의 줄 따위가 제 기능을 발휘하도록 다듬거나 손질하다.
 • 울퉁불퉁한 것을 평평하게 하거나 들쭉날쭉한 것을 가지런하게 하다.

17 정답 ④

영역 비문학 > 사실적 읽기

정답해설

④ 제시된 글에는 상대방이 충분히 그 의미를 파악할 수 있다고 판단될 때 간접 발화를 전략적으로 사용함으로써 의사소통을 원활하게 하기도 한다는 내용만 언급되었을 뿐 간접 발화와 직접 발화 중 어느 것이 화자의 의도를 더 잘 전달하는지에 대한 내용은 나와 있지 않다.

18 정답 ①

영역 문법 > 어문 규정

정답해설

① 제목이나 표어에는 물음표를 쓰지 않음을 원칙으로 한다.

19 정답 ②

영역 비문학 > 작문

정답해설

② 앞뒤가 대등한 내용이면 문장 구조를 일치시켜 쓰도록 한다. ㉠의 '중국 음식의 모방이나 정통 중국 음식을 본뜨거나 하여'라는 문장을 풀어 보면, '중국 음식의 모방을 본뜨거나, 정통 중국 음식을 본뜨거나'로 되어서 서술어 호응이 이루어지지 않는다. 따라서 '중국 음식을 모방하거나, 정통 중국 음식을 본뜨거나 하여'로 바꿔야 한다.

20 정답 ②

영역 문학 > 고전 운문

정답해설

②「가시리」는 전 4연(기승전결)의 분연체, 3음보 형식을 이룬다.

오답해설

① 후렴구 '위 증즐가 대평셩디(大平盛代)'를 반복함으로써 운율을 형성하는 효과가 있다.

③「가시리」는 우리 민족의 전통적인 정서인 이별의 정한을 간결한 형식과 소박하고 함축성 있는 시어로 노래한 작품이다.

④ 임을 붙잡아 두고 싶지만, 서운하면 아니 올까 두려워 보낸다는 사실을 3연과 4연을 통해 알 수 있다.

The 알아보기 작자 미상,「가시리」

- **갈래**: 고려 가요
- **주제**: 이별의 정한(情恨)
- **성격**: 애상적, 서정적, 여성적, 소극적, 자기희생적
- **특징**
  - '기-승-전-결'의 짜임
  - 후렴구를 사용함
  - 민족 전통 정서인 '한'을 잘 나타냄
  - 반복법 사용, 간결하고 함축적인 시어 사용
  - 이별의 정한을 계승한 작품(「황조가」→「가시리」·「서경별곡」→ 황진이 시조·민요「아리랑」→「진달래꽃」)

21 정답 ②

영역 어휘 > 속담 · 한자 성어

정답해설

② • 언 발에 오줌 누기: 임시변통은 될지 모르나 그 효력이 오래가지 못할 뿐만 아니라 결국에는 사태가 더 나빠짐을 비유적으로 이르는 말

- 雪上加霜(설상가상): 눈 위에 서리가 덮인다는 뜻으로, 난처한 일이나 불행한 일이 잇따라 일어남을 이르는 말

오답해설

① • 우물 안 개구리: 넓은 세상의 형편을 알지 못하는 사람을 비유적으로 이르는 말로 견식이 좁아 저만 잘난 줄로 아는 사람을 비꼬는 말

- 夏蟲疑氷(하충의빙): 여름의 벌레는 얼음이 어는 것을 의심한다는 의미

③ • 소 잃고 외양간 고친다: 일이 이미 잘못된 뒤에는 손을 써도 소용이 없음을 비꼬는 말

- 晩時之歎(만시지탄): 시기에 늦어 기회를 놓쳤음을 안타까워하며 탄식한다는 뜻

④ • 낫 놓고 기역자도 모른다: 사람이 글자를 모르거나 아주 무식함을 비유적으로 이르는 말

- 目不識丁(목불식정): 고무래를 보고도 그것이 '고무래 정(丁)' 자인 줄 모른다는 뜻

22

정답 ①

영역 비문학 > 글의 전개 방식

정답해설

㉠은 화제를 제시하는 부분, ㉡과 ㉢은 구체적으로 내용을 주장하는 부분, ㉣은 요약하고 정리하는 부분이다. 구체적으로 주장하는 내용이 나오는 ㉡과 ㉢의 순서는, 맨 앞에 나오는 말인 '또한'과 '우선'을 통해 ㉢이 앞 내용이고 ㉡이 뒤 내용임을 알 수 있다. 따라서 내용에 따른 배열 순서로 적절한 것은 ㉠ - ㉢ - ㉡ - ㉣이다.

23

정답 ②

영역 문법 > 통사론

정답해설

② '띠었다' 외의 서술어는 찾아볼 수 없다. 이와 같이 홑문장에는 서술어가 하나만 나온다.

오답해설

① 서술절을 안은문장
③ 대등하게 이어진문장
④ 관형절을 안은문장

24

정답 ②

영역 비문학 > 글의 전개 방식

정답해설

제시문의 중심 화제는 '축제'로, 1문단 – 고대(부여의 '영고, 고구려의 동맹, 동예의 무천 등), 2문단 – 신라와 고려(팔관회, 연등회), 3문단 – 조선조(산대잡극) 등 중심 화제의 성격 변화를 시대별로 서술하고 있다.

25

정답 ③

영역 비문학 > 추론적 읽기

정답해설

㉠ 앞에 나오는 '농사일로 쌓인 심신의 피로를 풀며 모든 사람들이 마음껏 즐겼던'을 통해 제천행사는 개인적인 축제가 아니라 공동체적 축제임을 알 수 있다. 그리고 ㉡ 뒤에 나오는 '직접 연행을 벌이는 사람들의 사회적 지위는 그들을 관람하는 사람들보다 낮은 것으로 평가되었다.'를 통해 산대잡극은 공연자와 관람자가 구분되어 있음을 짐작할 수 있다.

제2과목 : 행정법

01	02	03	04	05	06	07	08	09	10
④	④	③	①	①	②	③	④	②	④
11	12	13	14	15	16	17	18	19	20
③	①	③	③	③	①	②	④	①	②
21	22	23	24	25
③	②	④	④	④

01

정답 ④

영역 행정법 서론 > 행정법

정답해설

④ 의사 등이 한센인인 甲 등에 대하여 시행한 정관절제수술과 임신중절수술은 법률상 근거가 없거나 적법 요건을 갖추었다고 볼 수 없는 점, 수술이 행해진 시점에서 의학적으로 밝혀진 한센병의 유전위험성과 전염위험성, 치료가능성 등을 고려해 볼 때 한센병 예방이라는 보건정책 목적을 고려하더라도 수단의 적정성이나 피해의 최소성을 인정하기 어려운 점, 甲 등이 수술에 동의 내지 승낙하였다 할지라도, 甲 등은 한센병이 유전되는지, 자녀에게 감염될 가능성이 어느 정도인지, 치료가 가능한지 등에 관하여 충분히 설명을 받지 못한 상태에서 한센인에 대한 사회적 편견과 차별, 열악한 사회·교육·경제적 여건 등으로 어쩔 수 없이 동의 내지 승낙한 것으로 보일 뿐 자유롭고 진정한 의사에 기한 것으로 볼 수 없는 점 등을 종합해 보면, 국가는 소속 의사 등이 행한 위와 같은 행위로 甲 등이 입은 손해에 대하여 국가배상책임을 부담한다(대판 2017.2.15, 2014다230535).

오답해설

① 농지개량조합과 그 직원과의 관계는 사법상의 근로계약관계가 아닌 공법상의 특별권력관계이고, 그 조합의 직원에 대한 징계처분의 취소를 구하는 소송은 행정소송사항에 속한다(대판1995.6.9, 94누10870).

② 행정소송의 대상이 되는 행정처분이란 행정청이 행하는 구체적 사실에 관한 법집행으로서의 공권력의 행사 또는 그 거부와 그 밖에 이에 준하는 행정작용을 말하는 것인 바, 국립 교육대학 학생에 대한 퇴학처분은, 국가가 설립·경영하는 교육기관인 동 대학의 교무를 통할하고 학

생을 지도하는 지위에 있는 학장이 교육목적 실현과 학교의 내부질서유지를 위해 학칙 위반자인 재학생에 대한 구체적 집행으로서 국가공권력의 하나인 징계권을 발동하여 학생으로서의 신분을 일방적으로 박탈하는 국가의 교육행정에 관한 의사를 외부에 표시한 것이므로, 행정처분임이 명백하다(대판 1991.11.22, 91누2144).

③ 서울특별시지하철공사의 임원과 직원의 근무관계의 성질은 지방공기업법의 모든 규정을 살펴보아도 공법상의 특별권력관계라고는 볼 수 없고 사법관계에 속할 뿐만 아니라, 지하철공사의 사장이 그 이사회의 결의를 거쳐 제정된 인사규정에 의거하여 소속직원에 대한 징계처분을 한 경우 위 사장은 행정소송법 제13조 제1항 본문과 제2조 제2항 소정의 행정청에 해당되지 않으므로 공권력발동주체로서 위 징계처분을 행한 것으로 볼 수 없고, 따라서 이에 대한 불복절차는 민사소송에 의할 것이지 행정소송에 의할 수는 없다(대판 1989.9.12, 89누2103).

02
정답 ④

영역 일반행정작용법 > 행정행위

정답해설

④ 행정행위를 한 처분청은 비록 그 처분 당시에 별다른 하자가 없었고, 또 그 처분 후에 이를 철회할 별도의 법적 근거가 없다 하더라도 원래의 처분을 존속시킬 필요가 없게 된 사정변경이 생겼거나 또는 중대한 공익상의 필요가 발생한 경우에는 그 효력을 상실케 하는 별개의 행정행위로 이를 철회할 수 있다(대판 2004.7.22, 2003두7606).

오답해설

③ 행정행위의 철회는 처분청만 할 수 있으며, 감독청은 명문의 규정이 없는 한 철회권을 행사할 수 없다. 행정행위의 철회는 처분청이 행하는 자기권한의 정당한 행사인데, 이를 감독청이 행하는 것은 정당한 감독권의 행사로 볼 수 없기 때문이다.

03
정답 ③

영역 행정법 서론 > 행정법

정답해설

③ 기속행위 내지 기속적 재량행위 행정처분에 부담인 부관을 붙인 경우 일반적으로 그 부관은 무효라 할 것이고 그 부관의 무효화에 의하여 본체인 행정처분 자체의 효력에도

영향이 있게 될 수는 있지만, 그러한 사유는 그 처분을 받은 사람이 그 부담의 증여의 이행으로서의 의사표시를 하게 된 동기 내지 연유로 작용하였을 뿐이므로 취소사유가 될 수 있음은 별론으로 하여도 그 의사표시 자체를 당연히 무효화하는 것은 아니다(대판 1998.12.22, 98다51305).

오답해설

① 공무원이 인·허가 등 수익적 행정처분을 하면서 상대방에게 그 처분과 관련하여 이른바 부관으로서 부담을 붙일 수 있다 하더라도, 그러한 부담은 법치주의와 사유재산 존중, 조세법률주의 등 헌법의 기본원리에 비추어 비례의 원칙이나 부당결부의 원칙에 위반되지 않아야만 적법한 것인바, 행정처분과 부관 사이에 실제적 관련성이 있다고 볼 수 없는 경우 공무원이 위와 같은 공법상의 제한을 회피할 목적으로 행정처분의 상대방과 사이에 사법상 계약을 체결하는 형식을 취하였다면 이는 법치행정의 원리에 반하는 것으로서 위법하다고 보지 않을 수 없다(대판 2009.12.10, 2007다63966).

② 공익상의 이유로 허가를 할 수 없는 영업의 종류를 지정할 권한을 부여한 구 식품위생법에 따라 보건사회부장관이 발한 고시인 식품영업허가기준은 실질적으로 법의 규정내용을 보충하는 기능을 지니면서 그것과 결합하여 대외적으로 구속력이 있는 법규명령의 성질을 가진 것이므로, 위 고시에 정한 허가기준에 따른 내용의 조건은 이른바 법정부관으로서 행정청의 의사에 기하여 붙여지는 본래의 의미에서의 행정행위의 부관은 아니다. 따라서 이와 같은 법정부관에 대하여는 행정행위에 부관을 붙일 수 있는 한계에 관한 일반적인 원칙이 적용되지 않는다(대판 1995. 11.14, 92도496).

④ 행정처분에 부담인 부관을 붙인 경우 그 처분을 받은 사람이 부담의 이행으로 사법상 매매 등의 법률행위를 한 경우에는 그 부관은 특별한 사정이 없는 한 법률행위를 하게 된 동기 내지 연유로 작용하였을 뿐이므로 이는 법률행위의 취소사유가 될 수 있음은 별론으로 하고 그 법률행위 자체를 당연히 무효화하는 것은 아니다. 또한, 행정처분에 붙은 부담인 부관이 제소기간의 도과로 확정되어 이미 불가쟁력이 생겼다면 그 하자가 중대하고 명백하여 당연 무효로 보아야 할 경우 외에는 누구나 그 효력을 부인할 수 없을 것이지만, 부담의 이행으로서 하게 된 사법상 매매 등의 법률행위는 부담을 붙인 행정처분과는 어디까지나 별개의 법률행위이므로 그 부담의 불가쟁력의 문제와는 별도로 법률행위가 사회질서 위반이나 강행규정에

위반되는지 여부 등을 따져보아 그 법률행위의 유효 여부를 판단하여야 한다(대판 2009.6.25, 2006다18174).

04
정답 ①

영역 행정법 서론 > 사인의 공법행위

정답해설

① 행정절차법 제17조(처분의 신청) 제4, 5항

오답해설

② 국토의 계획 및 이용에 관한 법률상의 개발행위허가로 의제되는 건축신고가 개발행위 허가의 기준을 갖추지 못하더라도, 건축법상 적법한 요건을 갖춘 신고만 하면 건축을 할 수 있고 행정청의 수리를 거부할 수 없다(대판 2011.1.20, 2010두14954 전합).

③ 서울대공원 시설을 기부채납한 사람이 무상사용기간 만료 후 확약 사실에 근거하여 10년 유상사용 등의 허가를 구하는 확정적인 취지의 신청을 한 사안에서, 서울대공원 관리사업소장이 그 신청서를 반려하고 조건부 1년의 임시사용허가처분을 통보한 것은 사실상 거부처분에 해당한다(대판 2008.10.23, 2007두6212 · 6229).

④ 내용과 체계에 비추어 보면, 구 유통산업발전법에 따른 대규모점포의 개설등록 및 구 재래시장법에 따른 시장관리자 지정은 행정청이 실체적 요건에 관한 심사를 한 후 수리하여야 하는 이른바 '수리를 요하는 신고'로서 행정처분에 해당한다. 그러므로 이러한 행정처분에 당연무효에 이를 정도의 중대하고도 명백한 하자가 존재하거나 그 처분이 적법한 절차에 의하여 취소되지 않는 한 구 유통산업발전법에 따른 대규모점포개설자의 지위 및 구 재래시장법에 따른 시장관리자의 지위는 공정력을 가진 행정처분에 의하여 유효하게 유지된다고 봄이 타당하다(대판 2019.9.10, 2019다208953).

05
정답 ①

영역 행정법 서론 > 행정상 법률관계

정답해설

① 학습비 금액이나 수령 등에 관하여 아무런 제한을 하고 있지 않은 점에 비추어 볼 때, 행정청으로서는 신고서 기재사항에 흠결이 없고 정해진 서류가 구비된 때에는 이를 수리하여야 하고, 이러한 형식적 요건을 모두 갖추었음에도 신고대상이 된 교육이나 학습이 공익적 기준에 적합하

지 않는다는 등 실체적 사유를 들어 신고 수리를 거부할 수는 없다(대판 2011.7.28, 2005두11784).

오답해설

② 어업에 관한 허가 또는 신고의 경우에는 어업면허와 달리 유효기간연장제도가 마련되어 있지 아니하므로 그 유효기간이 경과하면 그 허가나 신고의 효력이 당연히 소멸하며, 재차 허가를 받거나 신고를 하더라도 허가나 신고의 기간만 갱신되어 종전의 어업허가나 신고의 효력 또는 성질이 계속된다고 볼 수 없고 새로운 허가 내지 신고로서의 효력이 발생한다고 할 것이다(대판 2011.7.28, 2011두5728).

③ 구법과 그 위임에 따라 제정된 구 시행규칙에서 정한 주거이전비는 가구원 수에 따라 소유자 또는 세입자에게 지급되는 것으로서 소유자와 세입자가 지급청구권을 가지는 것으로 보아야 하므로, 소유자 또는 세입자가 아닌 가구원은 사업시행자를 상대로 직접 주거이전비 지급을 구할 수 없다(대판 2011.8.25, 2010두4131).

④ 구 장사 등에 관한 법률 제14조 제1항, 구 장사 등에 관한 법률 시행규칙 제7조 제1항 [별지 제7호 서식]을 종합하면, 납골당설치 신고는 이른바 '수리를 요하는 신고'라 할 것이므로, 납골당설치 신고가 구 장사법 관련 규정의 모든 요건에 맞는 신고라 하더라도 신고인은 곧바로 납골당을 설치할 수는 없고, 이에 대한 행정청의 수리처분이 있어야만 신고한 대로 납골당을 설치할 수 있다. 한편 수리란 신고를 유효한 것으로 판단하고 법령에 의하여 처리할 의사로 이를 수령하는 수동적 행위이므로 수리행위에 신고필증 교부 등 행위가 꼭 필요한 것은 아니다(대판 2011.9.8, 2009두6766).

06
정답 ②

영역 행정법 서론 > 행정법

정답해설

② 예산은 일종의 법규범이고 법률과 마찬가지로 국회의 의결을 거쳐 제정되지만 법률과 달리 국가기관만을 구속할 뿐 일반국민을 구속하지 않는다(헌재 2006.4.25, 2006헌마409).

오답해설

① 법률유보원칙은 법률에 근거한 규율을 의미한다. 따라서 법규명령을 통한 규율도 인정한다.

③ 전부유보설에 따르면(법률유보의 영역을 전체급부행위로

확장) 법치국가를 헌법원리로 제시하여 의회민주주의의 정당성을 강조하고 있다. 또한 의회민주주의는 기본권 보장을 위해 요구된다.

④ 국민의 기본권은 헌법 제37조 제2항에 의하여 국가안전보장·질서유지 또는 공공복리를 위하여 필요한 경우에 한하여 이를 제한할 수 있으나, 그 제한의 방법은 원칙적으로 법률로써만 가능하고, 제한의 정도도 기본권의 본질적 내용을 침해할 수 없으며 필요한 최소한도에 그쳐야 한다. 여기서 기본권 제한에 관한 법률유보원칙은 '법률에 근거한 규율'을 요청하는 것이므로, 그 형식이 반드시 법률일 필요는 없다 하더라도 법률상의 근거는 있어야 한다(헌재 2016.4.28, 2012헌마630).

07 정답 ③

영역 일반행정작용법 > 행정행위

정답해설

③ 국적은 국민의 자격을 결정짓는 것이고, 이를 취득한 사람은 국가의 주권자가 되는 동시에 국가의 속인적 통치권의 대상이 되므로, 귀화허가는 외국인에게 대한민국 국적을 부여함으로써 국민으로서의 법적 지위를 포괄적으로 설정하는 행위에 해당한다. 한편, 국적법 등 관계 법령 어디에도 외국인에게 대한민국의 국적을 취득할 권리를 부여하였다고 볼 만한 규정이 없다. 이와 같은 귀화허가의 근거 규정의 형식과 문언, 귀화허가의 내용과 특성 등을 고려해 보면, 법무부장관은 귀화신청인이 귀화 요건을 갖추었다 하더라도 귀화를 허가할 것인지 여부에 관하여 재량권을 가진다고 보는 것이 타당하다(대판 2010.10.28, 2010두6496).

오답해설

① 「여객자동차운수사업법」에 의한 개인택시운송사업면허는 특정인에게 권리나 이익을 부여하는 행정행위로서 법령에 특별한 규정이 없는 한 재량행위이고, 위 법과 그 시행규칙의 범위 내에서 면허를 위하여 필요한 기준을 정하는 것 역시 행정청의 재량에 속하는 것이므로, 그 설정된 기준이 객관적으로 보아 합리적이 아니라거나 타당하지 않다고 볼 만한 다른 특별한 사정이 없는 이상 행정청의 의사는 가능한 한 존중되어야 할 것인바, … (중략) … 그러한 차별적 취급의 근거로 삼은 행정청의 합목적적 평가 및 정책적 고려 등에 사실의 왜곡이나 현저한 불합리가 인정되지 아니하는 한 그 때문에 택시 이외의 운전경력자

에게 반사적인 불이익이 초래된다는 결과만을 들어 그러한 행정청의 조치가 불합리 혹은 부당하여 재량권을 일탈·남용한 위법이 있다고 볼 수는 없다(대판 2009.7.9, 2008두11983).

② 재량행위에 대한 사법심사는 행정청의 공익판단에 관한 재량의 여지를 감안하여 원칙적으로 재량권의 일탈이나 남용이 있는지 여부만을 대상으로 하는데, 판단 기준은 사실오인과 비례·평등의 원칙 위반 여부 등이 된다. 이러한 재량권 일탈·남용에 관하여는 행정행위의 효력을 다투는 사람이 주장·증명책임을 부담한다(대판 2017.10.12, 2017두48956).

④ 행정행위가 재량성의 유무 및 범위와 관련하여 이른바 기속행위 내지 기속재량행위와 재량행위 내지 자유재량행위로 구분된다고 할 때, 그 구분은 당해 행위의 근거가 된 법규의 체재·형식과 문언, 당해 행위가 속하는 행정 분야의 주된 목적과 특성, 당해 행위 자체의 개별적 성질과 유형 등을 모두 고려하여 판단하여야 한다. 이렇게 구분되는 양자에 대한 사법심사는, 전자의 경우 그 법규에 대한 원칙적인 기속성으로 인하여 법원이 사실인정과 관련 법규의 해석·적용을 통하여 일정한 결론을 도출한 후 그 결론에 비추어 행정청이 한 판단의 적법 여부를 독자의 입장에서 판정하는 방식에 의하게 된다. 후자의 경우 행정청의 재량에 기한 공익판단의 여지를 감안하여 법원은 독자의 결론을 도출함이 없이 당해 행위에 재량권의 일탈·남용이 있는지 여부만을 심사하게 되고, 이러한 재량권의 일탈·남용 여부에 대한 심사는 사실오인, 비례·평등의 원칙 위배, 당해 행위의 목적 위반이나 동기의 부정 유무 등을 판단 대상으로 한다(대판 2018.10.4, 2014두37702).

08 정답 ④

영역 행정법 서론 > 행정상 법률관계

정답해설

④ 무하자재량행사청구권은 결정재량, 선택재량에서 모두 인정되나, 행정개입청구권은 결정재량에서만 인정된다(통설).

오답해설

② 대판 2007.5.11, 2007두1811

③ 대판 1999.12.7, 97누17568

09

영역 행정법 서론 > 법률사실과 법률요건

정답해설

② 인·허가의제 효과를 수반하는 건축신고는 일반적인 건축신고와는 달리, 특별한 사정이 없는 한 행정청이 그 실체적 요건에 관한 심사를 한 후 수리하여야 하는 이른바 '수리를 요하는 신고'로 보는 것이 옳다(대판 2011.1.20, 2010두14954 전합).

오답해설

① 사업양수에 의한 지위승계신고를 수리하는 허가관청의 행위는 단순히 양도, 양수자 사이에 발생한 사법상의 사업양도의 법률효과에 의하여 양수자가 사업을 승계하였다는 사실의 신고를 접수하는 행위에 그치는 것이 아니라 실질에 있어서 양도자의 사업허가를 취소함과 아울러 양수자에게 적법히 사업을 할 수 있는 법규상 권리를 설정하여 주는 행위로서 사업허가자의 변경이라는 법률효과를 발생시키는 행위이므로 허가관청이 법 제7조 제2항에 의한 사업양수에 의한 지위승계신고를 수리하는 행위는 행정처분에 해당한다(대판 1993.6.8, 91누11544).

③ 행정요건적신고에 있어서 수리란 신고를 유효한 것으로 판단하고 법령에 의하여 처리할 의사로 이를 수령하는 수동적 행위이므로 수리행위에 신고필증 교부 등의 행위가 꼭 필요한 것은 아니다.

④ 주민등록은 단순히 주민의 거주관계를 파악하고 인구의 동태를 명확히 하는 것 외에도 주민등록에 따라 공법관계상의 여러 가지 법률상 효과가 나타나게 되는 것으로서, 주민등록의 신고는 행정청에 도달하기만 하면 신고로서의 효력이 발생하는 것이 아니라 행정청이 수리한 경우에 비로소 신고의 효력이 발생한다. 따라서 주민등록 신고서를 행정청에 제출하였다가 행정청이 이를 수리하기 전에 신고서의 내용을 수정하여 위와 같이 수정된 전입신고서가 수리되었다면 수정된 사항에 따라서 주민등록 신고가 이루어진 것으로 보는 것이 타당하다(대판 2009.1.30, 2006다17850).

10

영역 행정법 서론 > 행정법

정답해설

④ 당사자의 신청에 따른 처분은 법령등에 특별한 규정이 있거나 처분 당시의 법령등을 적용하기 곤란한 특별한 사정이 있는 경우를 제외하고는 처분 당시의 법령등에 따른다(행정기본법 제14조 제2항).

오답해설

① 행정기본법 제14조 제1항

② 행정기본법 제14조 제2항 본문

③ 행정기본법 제14조 제3항 단서

11

영역 행정구제법 > 행정상 손실보상

정답해설

③ 사업시행자, 토지소유자 또는 관계인은 제34조에 따른 재결에 불복할 때에는 재결서를 받은 날부터 60일 이내에, 이의신청을 거쳤을 때에는 이의신청에 대한 재결서를 받은 날부터 30일 이내에 각각 행정소송을 제기할 수 있다. 행정소송이 보상금의 증감(增減)에 관한 소송인 경우 그 소송을 제기하는 자가 토지소유자 또는 관계인일 때에는 사업시행자를, 사업시행자일 때에는 토지소유자 또는 관계인을 각각 피고로 한다(공익사업을 위한 토지 등의 취득 및 보상에 관한 법률 제85조).

오답해설

① 헌재 2009.9.24, 2007헌바114

② 공익사업을 위한 토지 등의 취득 및 보상에 관한 법률 제88조

④ 공익사업을 위한 토지 등의 취득 및 보상에 관한 법률 제67조 제1항

12

영역 행정상 쟁송 > 행정소송

정답해설

ㄴ. 수익적 행정처분의 하자가 당사자의 사실은폐나 기타 사위의 방법에 의한 신청행위에 기인한 것이라면, 당사자는 처분에 의한 이익을 위법하게 취득하였음을 알아 취소가능성도 예상하고 있었을 것이므로, 그 자신이 처분에 관한 신뢰이익을 원용할 수 없음은 물론, 행정청이 이를 고려하지 아니하였다고 하여도 재량권의 남용이 되지 아니하고, 이 경우 당사자의 사실은폐나 기타 사위의 방법에 의한 신청행위가 제3자를 통하여 소극적으로 이루어졌다고 하여 달리 볼 것이 아니다(대판 2013.2.15, 2011두1870).

ㄷ. 수익적 행정처분을 취소 또는 철회하거나 중지시키는 경우에는 이미 부여된 그 국민의 기득권을 침해하는 것이 되므로, 비록 취소 등의 사유가 있다고 하더라도 그 취소권 등의 행사는 기득권의 침해를 정당화할 만한 중대한 공익상의 필요 또는 제3자의 이익보호의 필요가 있는 때에 한하여 상대방이 받는 불이익과 비교·교량하여 결정하여야 하고, 그 처분으로 인하여 공익상의 필요보다 상대방이 받게 되는 불이익 등이 막대한 경우에는 재량권의 한계를 일탈한 것으로서 그 자체가 위법하다(대판 2004.7.22, 2003두7606).

ㄱ. 수익적 행정처분을 구하는 신청에 대한 거부처분은 당사자의 신청에 대하여 관할 행정청이 이를 거절하는 의사를 대외적으로 명백히 표시함으로써 성립된다. 거부처분이 있은 후 당사자가 다시 신청을 한 경우에는 신청의 제목 여하에 불구하고 그 내용이 새로운 신청을 하는 취지라면 관할 행정청이 이를 다시 거절하는 것은 새로운 거부처분이라고 보아야 한다. 관계 법령이나 행정청이 사전에 공표한 처분기준에 신청기간을 제한하는 특별한 규정이 없는 이상 재신청을 불허할 법적 근거가 없으며, 설령 신청기간을 제한하는 특별한 규정이 있더라도 재신청이 신청기간을 도과하였는지는 본안에서 재신청에 대한 거부처분이 적법한가를 판단하는 단계에서 고려할 요소이지, 소송요건 심사단계에서 고려할 요소가 아니다(대판 2021.1.14, 2020두50324).

ㄹ. 수익적 행정처분에 대한 취소권 등의 행사는 기득권의 침해를 정당화할 만한 중대한 공익상의 필요 또는 제3자의 이익보호의 필요가 있는 때에 한하여 허용될 수 있다는 법리는, 처분청이 수익적 행정처분을 직권으로 취소·철회하는 경우에 적용되는 법리일 뿐 쟁송취소의 경우에는 적용되지 않는다(대판 2019.10.17, 2018두104).

13 정답 ①

영역 행정의 실효성 확보수단 > 새로운 의무이행확보수단

정답해설

① 처분을 할 것인지 여부와 처분의 정도에 관하여 재량이 인정되는 과징금 납부명령에 대하여 그 명령이 재량권을 일탈하였을 경우, 법원으로서는 재량권의 일탈 여부만 판단할 수 있을 뿐이지 재량권의 범위 내에서 어느 정도가 적정한 것인지에 관하여는 판단할 수 없어 그 전부를 취소할 수밖에 없고, 법원이 적정하다고 인정하는 부분을 초과한 부분만 취소할 수는 없다(대판 2009.6.23, 2007두18062).

② 신설회사 또는 존속회사가 승계하는 것은 분할하는 회사의 권리와 의무라 할 것인바, 분할하는 회사의 분할 전 법 위반행위를 이유로 과징금이 부과되기 전까지는 단순한 사실행위만 존재할 뿐 그 과징금과 관련하여 분할하는 회사에게 승계의 대상이 되는 어떠한 의무가 있다고 할 수 없고, 특별한 규정이 없는 한 신설회사에 대하여 분할하는 회사의 분할 전 법 위반행위를 이유로 과징금을 부과하는 것은 허용되지 않는다(대판 2007.11.29, 2006두18928).

③ 구 독점규제 및 공정거래에 관한 법률 제23조 제1항의 규정에 위반하여 불공정거래행위를 한 사업자에 대하여 같은 법 제24조의2 제1항의 규정에 의하여 부과되는 과징금은 행정법상의 의무를 위반한 자에 대하여 당해 위반행위로 얻게 된 경제적 이익을 박탈하기 위한 목적으로 부과하는 금전적인 제재로서, 같은 법이 규정한 범위 내에서 그 부과처분 당시까지 부과관청이 확인한 사실을 기초로 일의적으로 확정되어야 할 것이고, 그렇지 아니하고 부과관청이 과징금을 부과하면서 추후에 부과금 산정기준이 되는 새로운 자료가 나올 경우에는 과징금액이 변경될 수도 있다고 유보한다든지, 실제로 추후에 새로운 자료가 나왔다고 하여 새로운 부과처분을 할 수는 없다 할 것인바, 왜냐하면 과징금의 부과와 같이 재산권의 직접적인 침해를 가져오는 처분을 변경하려면 법령에 그 요건 및 절차가 명백히 규정되어 있어야 할 것인데, 위와 같은 변경처분에 대한 법령상의 근거규정이 없고, 이를 인정하여야 할 합리적인 이유 또한 찾아 볼 수 없기 때문이다(대판 1999.5.28, 99두1571).

④ 부동산실권리자명의 등기에 관한 법률 제3조 제1항, 제5조 제1항, 같은 법 시행령 제3조 제1항의 규정을 종합하면, 명의신탁자에 대하여 과징금을 부과할 것인지 여부는 기속행위에 해당한다(대판 2007.7.12, 2005두17287).

14

영역 행정구제법 > 서설

정답해설

③ 행정소송에서 쟁송의 대상이 되는 행정처분의 존부는 소송요건으로서 직권조사사항이고, 자백의 대상이 될 수 없는 것이므로, 설사 그 존재를 당사자들이 다투지 아니한다 하더라도 그 존부에 관하여 의심이 있는 경우에는 이를 직권으로 밝혀 보아야 할 것이고, 사실심에서 변론종결시까지 당사자가 주장하지 않던 직권조사사항에 해당하는 사항을 상고심에서 비로소 주장하는 경우 그 직권조사사항에 해당하는 사항은 상고심의 심판범위에 해당한다(대판 2004.12.24, 2003두15195).

오답해설

① 대판 2008.7.24, 2007두3930

② 대판 2004.10.15, 2003두6573

④ 대판 2012.6.18, 2011두2361 전합

15

정답 ④

영역 행정작용법 > 행정입법

정답해설

④ 법률규정 자체에 위임의 구체적 범위를 명확히 규정하고 있지 아니하여 외형상으로는 일반적, 포괄적으로 위임한 것처럼 보이더라도 그 법률의 전반적인 체계와 취지·목적, 당해 조항의 규정형식과 내용 및 관련 법규를 살펴 이에 대한 해석을 통하여 그 내재적인 위임의 범위나 한계를 객관적으로 분명히 확정될 수 있는 것이라면 이를 일반적, 포괄적 위임에 해당하는 것으로 볼 수는 없다 할 것이다(대판 1996.3.21, 95누3640 전합).

오답해설

① 대판 1962.1.25, 61다9

② 일반적으로 법률의 위임에 의하여 효력을 갖는 법규명령의 경우, 구법에 위임의 근거가 없어 무효였더라도 사후에 법개정으로 위임의 근거가 부여되면 그 때부터는 유효한 법규명령이 되나, 반대로 구법의 위임에 의한 유효한 법규명령이 법개정으로 위임의 근거가 없어지게 되면 그 때부터 무효인 법규명령이 되므로, 어떤 법령의 위임 근거 유무에 따른 유효 여부를 심사하려면 법개정의 전·후에 걸쳐 모두 심사하여야만 그 법규명령의 시기에 따른 유효·무효를 판단할 수 있다(대판 1995.6.30, 93추83).

③ 헌재 1991.2.11, 90헌가27

16

정답 ③

영역 행정법 서론 > 행정법

정답해설

③ 헌법재판소의 위헌결정은 행정청이 개인에 대하여 신뢰의 대상이 되는 공적인 견해를 표명한 것이라고 할 수 없으므로 그 결정에 관련한 개인의 행위에 대하여는 신뢰보호의 원칙이 적용되지 아니한다(대판 2003.6.27, 2002두6965).

오답해설

① 한 사람이 여러 종류의 자동차운전면허를 취득하는 경우뿐 아니라 이를 취소 또는 정지하는 경우에 있어서도 서로 별개의 것으로 취급하는 것이 원칙이나 자동차운전면허는 그 성질이 대인적 면허일 뿐만 아니라 도로교통법 시행규칙 제26조 별표 14에 의하면, 제1종 대형면허 소지자는 제1종 보통면허로 운전할 수 있는 자동차와 원동기장치자전거를, 제1종 보통면허 소지자는 원동기장치자전거까지 운전할 수 있도록 규정하고 있어서 제1종 보통면허로 운전할 수 있는 차량의 음주운전은 당해 운전면허뿐만 아니라 제1종 대형면허로도 가능하고, 또한 제1종 대형면허나 제1종 보통면허의 취소에는 당연히 원동기장치자전거의 운전까지 금지하는 취지가 포함된 것이어서 이들 세 종류의 운전면허는 서로 관련된 것이라고 할 것이므로 제1종 보통면허로 운전할 수 있는 차량을 음주운전한 경우에 이와 관련된 면허인 제1종 대형면허와 원동기장치자전거면허까지 취소할 수 있는 것으로 보아야 한다(대판 1994.11.25, 94누9672).

② 규제의 대상과 수단은 규제의 목적 실현에 필요한 최소한의 범위에서 가장 효과적인 방법으로 객관성·투명성 및 공정성이 확보되도록 설정되어야 한다(행정규제기본법 제5조 제3항). 행정지도는 그 목적 달성에 필요한 최소한도에 그쳐야 하며, 행정지도의 상대방의 의사에 반하여 부당하게 강요하여서는 아니 된다(행정절차법 제48조 제1항).

④ 같은 정도의 비위를 저지른 자들 사이에 있어서도 그 직무의 특성 등에 비추어, 개전의 정이 있는지 여부에 따라 징계의 종류의 선택과 양정에 있어서 차별적으로 취급하는 것은, 사안의 성질에 따른 합리적 차별로서 이를 자의적 취급이라고 할 수 없는 것이어서 평등원칙 내지 형평에 반하지 아니한다(대판 1999.8.20, 99두2611).

17

영역 행정작용법 > 행정행위

정답해설

① 한의사면허는 경찰금지를 해제하는 명령적 행위(강학상 허가)에 해당하고, 한약조제시험을 통하여 약사에게 한약조제권을 인정함으로써 한의사들의 영업상 이익이 감소되었다고 하더라도 이러한 이익은 사실상의 이익에 불과하고 약사법이나 의료법 등의 법률에 의하여 보호되는 이익이라고는 볼 수 없으므로, 한의사들이 한약조제시험을 통하여 한약조제권을 인정받은 약사들에 대한 합격처분의 무효확인을 구하는 당해 소는 원고적격이 없는 자들이 제기한 소로서 부적법하다(대판 1998.3.10, 97누4289).

오답해설

② 공유재산의 관리청이 행정재산의 사용·수익에 대한 허가는 순전히 사경제주체로서 행하는 사법상의 행위가 아니라 관리청이 공권력을 가진 우월적 지위에서 행하는 행정처분으로서 특정인에게 행정재산을 사용할 수 있는 권리를 설정하여 주는 강학상 특허에 해당한다(대판 1998.2.27, 97누1105).

③ 재개발조합설립인가신청에 대한 행정청의 조합설립인가처분은 단순히 사인(私人)들의 조합설립행위에 대한 보충행위로서의 성질을 가지는 것이 아니라 법령상 일정한 요건을 갖추는 경우 행정주체(공법인)의 지위를 부여하는 일종의 설권적 처분의 성질을 가진다고 보아야 한다(대판 2010.1.28, 2009두4845).

④ 조합의 사업시행계획도 원칙적으로 재건축결의에서 결정된 내용에 따라 작성되어야 하지만, 조합이 사업시행계획을 재건축결의에서 결정된 내용과 달리 작성한 경우 이러한 하자는 기본행위인 사업시행계획 작성행위의 하자이고, 이에 대한 보충행위인 행정청의 인가처분이 그 근거 조항인 위 법 제28조의 적법요건을 갖추고 있는 이상은 그 인가처분 자체에 하자가 있는 것이라 할 수 없다(대판 2008.1.10, 2007두16691).

18

정답 ②

영역 행정구제법 > 행정상 손실보상

정답해설

② 공공용물에 관하여 적법한 개발행위 등이 이루어짐으로 말미암아 이에 대한 일정범위의 사람들의 일반사용이 종전에 비하여 제한받게 되었다 하더라도 특별한 사정이 없는 한 그로 인한 불이익은 손실보상의 대상이 되는 특별한 손실에 해당한다고 할 수 없다(대판 2002.2.26, 99다35300).

오답해설

① 헌법재판소는 기본적으로 분리이론을 취하므로 보상규정 없는 특별한 희생은 실질적으로 위헌이라는 입장이며, 이에 대한 구체적 결정은 헌법불합치결정을 한 경우가 존재한다. 분리이론에 대해 간단히 정리하면 재산권의 사회적 제약(내용 규정)과 공용침해를 헌법상 독립된 제도로 보고 재산권 제한의 효과(경미한 제약에 불과한지 특별한 희생이 발생하는 효과인지를 말함)가 아닌 입법의 형식과 목적에 따라 사회적 제약과 공용침해를 구분하는데 그것이 분리이론이다. 재산권의 가치보장보다 존속보장을 중요시한다.

③ 산림내에서의 토석채취허가는 산지관리법 소정의 토석채취제한지역에 속하는 경우에 허용되지 아니함은 물론이나 그에 해당하는 지역이 아니라 하여 반드시 허가하여야 하는 것으로 해석할 수는 없고 허가권자는 신청지 내의 임황과 지황 등의 사항 등에 비추어 국토 및 자연의 보전 등의 중대한 공익상 필요가 있을 때에는 재량으로 그 허가를 거부할 수 있는 것이다(대판 1992.4.10, 91누7767). 따라서 그 자체로 중대한 공익상의 필요가 있는 공익사업이 시행되어 토석채취허가를 연장받지 못하게 되었다고 하더라도 토석채취허가가 연장되지 않게 됨으로 인한 손실과 공익사업 사이에 상당인과관계가 있다고 할 수 없을 뿐 아니라(대판 1996.9.20, 96다24545), 특별한 사정이 없는 한 그러한 손실이 적법한 공권력의 행사로 가하여진 재산상의 특별한 희생으로서 손실보상의 대상이 된다고 볼 수도 없다(대판 2009.6.23, 2009두2672).

④ 개발제한구역의 지정으로 인한 개발가능성의 소멸과 그에 따른 지가의 하락이나 지가상승률의 상대적 감소는 토지소유자가 감수해야 하는 사회적 제약의 범주에 속하는 것으로 보아야 한다. 자신의 토지를 장래에 건축이나 개발목적으로 사용할 수 있으리라는 기대가능성이나 신뢰 및 이에 따른 지가상승의 기회는 원칙적으로 재산권의 보호범위에 속하지 않는다. 구역지정 당시의 상태대로 토지를 사용·수익·처분할 수 있는 이상, 구역지정에 따른 단순한 토지이용의 제한은 원칙적으로 재산권에 내재하는 사회적 제약의 범주를 넘지 않는다(헌재 1998.12.24, 89헌마214).

19

영역 행정구제법 > 행정쟁송제도

정답해설

④ 집행정지결정의 효력은 결정 주문에서 정한 기간까지 존속하다가 그 기간이 만료되면 장래에 향하여 소멸한다. 집행정지결정은 처분의 집행으로 회복하기 어려운 손해를 예방하기 위하여 긴급한 필요가 있고 달리 공공복리에 중대한 영향을 미치지 않을 것을 요건으로 하여 본안판결이 있을 때까지 해당 처분의 집행을 잠정적으로 정지함으로써 위와 같은 손해를 예방하는 데 취지가 있으므로, 항고소송을 제기한 원고가 본안소송에서 패소확정판결을 받았더라도 집행정지결정의 효력이 소급하여 소멸하지 않는다(대판 2020.9.3, 2020두34070).

오답해설

① 대판 2020.9.3, 2020두34070, 행정소송법 제23조(집행정지)

② 행정소송법 제23조(집행정지) 제2항 단서

③ 행정소송법 제24조(집행정지의 취소) 제1항

20

영역 특별행정작용법 > 재무행정법

정답해설

② 국세환급금의 충당은 국세기본법 제51조 제2항, 같은 법 시행령 제31조 등에 그 요건이나 절차, 방법이 따로 정하여져 있고 그 효과로 같은 법 제26조 제1호가 납세의무의 소멸을 규정하고 있으나, 그 충당이 납세의무자가 갖는 환급청구권의 존부나 범위 또는 소멸에 구체적이고 직접적인 영향을 미치는 처분이라기보다는 국가의 환급금 채무와 조세채권이 대등액에서 소멸되는 점에서 오히려 민법상의 상계와 비슷하고, 소멸대상인 조세채권이 존재하지 아니하거나 당연무효 또는 취소되는 경우에는 그 충당의 효력이 없는 것으로서 이러한 사유가 있는 경우에 납세의무자로서는 충당의 효력이 없음을 주장하여 언제든지 민사소송에 의하여 이미 결정된 국세환급금의 반환을 청구할 수 있다고 할 것이므로, 이는 국세환급결정이나 그 국세환급신청에 대한 거부결정과 마찬가지로 항고소송의 대상이 되는 처분이라고 할 수 없다(대판 2005.6.10, 2005다15482).

오답해설

① 구 국세기본법 제51조의2 규정에 의한 물납재산의 환급 역시 국가가 과오납부한 세금을 환급한다는 점, 즉 국가가 법률상 원인 없이 보유하거나 수령하여 부당이득한 물납재산을 환급한다는 점에서 같은 법 제51조 규정에 의한 환급과 성격이 동일한 것으로서 그 물납재산에 대한 환급청구권은 과세처분의 전부 또는 일부가 취소되거나 감액경정된 때에 확정되는 것이고, 과세관청의 환급결정에 의하여 비로소 확정되는 것은 아니므로, 특별한 사정이 없는 한 같은 법 제51조의2 규정과 관련된 과세관청의 물납재산에 대한 환급결정이나 그 환급결정을 구하는 신청에 대한 환급거부결정도 같은 법 제51조에서 정한 환급결정이나 환급거부결정과 마찬가지로 납세의무자가 갖는 환급청구권의 존부 등에 구체적이고 직접적인 영향을 미치는 처분이 아니어서 항고소송의 대상이 되는 처분이라고 볼 수 없다(대판 2009.11.26, 2007두4018).

③ 감액경정처분은 당초의 신고 또는 부과처분과 별개인 독립의 과세처분이 아니라 그 실질은 당초의 신고 또는 부과처분의 변경이고 그에 의하여 세액의 일부 취소라는 납세자에게 유리한 효과를 주는 처분이므로, 그 경정결정으로도 아직 취소되지 않고 남아 있는 부분이 위법하다 하여 다투는 경우에 항고소송의 대상은 당초 신고나 부과처분 중 경정결정에 의하여 취소되지 않고 남은 부분이며, 감액경정결정이 항고소송의 대상이 되는 것은 아니다(대판 1996.11.15, 95누8904).

④ 1993.12.31. 법률 제4674호로 개정된 관세법 제17조 제2항은 관세의 원칙적인 부과·징수를 순수한 신고납세방식으로 전환한 것이고, 이와 같은 신고납세방식의 조세에 있어서 과세관청이 납세의무자의 신고에 따라 세액을 수령하는 것은 사실행위에 불과할 뿐 이를 부과처분으로 볼 수는 없다(대판 1997.7.22, 96누8321).

21

영역 일반행정작용법 > 행정행위

정답해설

③ 국가공무원법 제74조에 의하면 공무원이 소정의 정년에 달하면 그 사실에 대한 효과로서 공무담임권이 소멸되어 당연히 퇴직되고 따로 그에 대한 행정처분이 행하여져야 비로소 퇴직되는 것은 아니라 할 것이며 피고의 원고에 대한 정년퇴직 발령은 정년퇴직 사실을 알리는 이른바 관념의 통지에 불과하므로 행정소송의 대상이 되지 아니 한다(대판 1983.2.8, 81누263).

① 인 · 허가의제 효과를 수반하는 건축신고는 일반적인 건축신고와는 달리, 특별한 사정이 없는 한 행정청이 그 실체적 요건에 관한 심사를 한 후 수리하여야 하는 이른바 '수리를 요하는 신고'로 보는 것이 옳다(대판 2011.1.20, 2010두14954).

② 재개발조합설립인가신청에 대한 행정청의 조합설립인가처분은 단순히 사인들의 조합설립행위에 대한 보충행위로서의 성질을 가지는 것이 아니라 법령상 일정한 요건을 갖추는 경우 행정주체(공법인)의 지위를 부여하는 일종의 설권적 처분의 성질을 가진다고 봄이 상당하다(대판 2010.1.28, 2009두4845).

④ 관할관청이 무허가건물의 무허가건물관리대장 등재요건에 관한 오류를 바로잡으면서 당해 무허가건물을 무허가건물관리대장에서 삭제하는 행위는 다른 특별한 사정이 없는 한 항고소송의 대상이 되는 행정처분이 아니다(대판 2009.3.12, 2008두11525).

22 정답 ②

영역 행정의 실효성 확보수단 > 행정벌

정답해설

② 질서위반행위규제법 제25조

오답해설

① 과태료의 부과 · 징수, 재판 및 집행 등의 절차에 관한 다른 법률의 규정 중 이 법의 규정에 저촉되는 것은 이 법으로 정하는 바에 따른다(질서위반행위규제법 제5조).

③ 하나의 행위가 2 이상의 질서위반행위에 해당하는 경우에는 각 질서위반행위에 대하여 정한 과태료 중 가장 중한 과태료를 부과한다(질서위반행위규제법 제13조).

④ 행정청은 당사자가 납부기한까지 과태료를 납부하지 아니한 때에는 납부기한을 경과한 날부터 체납된 과태료에 대하여 100분의 3에 상당하는 가산금을 징수한다(질서위반행위규제법 제24조 제1항).

23 정답 ④

영역 행정작용법 > 그 밖의 행정의 주요 행위형식

정답해설

④ 폐기물관리법 관계 법령의 규정에 의하면 폐기물처리업의 허가를 받기 위하여는 먼저 사업계획서를 제출하여 허가권자로부터 사업계획에 대한 적정통보를 받아야 하고, 그 적정통보를 받은 자만이 일정기간 내에 시설, 장비, 기술능력, 자본금을 갖추어 허가신청을 할 수 있으므로, 결국 부적정통보는 허가신청 자체를 제한하는 등 개인의 권리 내지 법률상의 이익을 개별적이고 구체적으로 규제하고 있어 행정처분에 해당한다(대판 1998.4.28, 97누21086).

오답해설

① · ② 원자력법 제12조 제2호(발전용 원자로 및 관계 시설의 위치 · 구조 및 설비가 대통령령이 정하는 기술수준에 적합하여 방사성물질 등에 의한 인체 · 물체 · 공공의 재해 방지에 지장이 없을 것)의 취지는 원자로 등 건설사업이 방사성물질 및 그에 의하여 오염된 물질에 의한 인체 · 물체 · 공공의 재해를 발생시키지 아니하는 방법으로 시행되도록 함으로써 방사성물질 등에 의한 생명 · 건강상의 위해를 받지 아니할 이익을 일반적 공익으로서 보호하려는 데 그치는 것이 아니라 방사성물질에 의하여 보다 직접적이고 중대한 피해를 입으리라고 예상되는 지역 내의 주민들의 위와 같은 이익을 직접적 · 구체적 이익으로서도 보호하려는 데에 있다 할 것이므로, 위와 같은 지역 내의 주민들에게는 방사성물질 등에 의한 생명 · 신체의 안전침해를 이유로 부지사전승인처분의 취소를 구할 원고적격이 있다(대판 1998.9.4, 97누19588).

③ 도시 · 군계획시설결정과 실시계획인가는 도시 · 군계획시설사업을 위하여 이루어지는 단계적 행정절차서 별도의 요건과 절차에 따라 별개의 법률효과를 발생시키는 독립적인 행정처분이다. 그러므로 선행처분인 도시 · 군계획시설결정에 하자가 있더라도 그것이 당연무효가 아닌 한 원칙적으로 후행처분인 실시계획인가에 승계되지 않는다(대판 2017.7.18, 2016두49938).

24

영역 행정절차와 행정공개 > 행정절차법

정답해설

④ 행정청은 소속 직원 또는 대통령령으로 정하는 자격을 가진 사람 중에서 청문 주재자를 공정하게 선정하여야 한다. 행정청은 청문이 시작되는 날부터 7일 전까지 청문 주재자에게 청문과 관련한 필요한 자료를 미리 통지하여야 한다(행정절차법 제28조 제1항, 제2항).

오답해설

① 행정절차법 제22조 제4항

② 행정절차법 제38조

③ 청문서도달기간을 다소 어겼지만 영업자가 이의하지 아니한 채 청문일에 출석하여 의견을 진술하고 변명하는 등 방어의 기회를 충분히 가졌다면 청문서 도달기간을 준수하지 아니한 하자는 치유되었다고 봄이 상당하다(대판 1992.10.23, 92누2844).

25

영역 특별행정작용법 > 군사행정법

정답해설

④ 일반군속이기는 하지만 다른 군속과는 달리 정원이 별도로 관리되고 임용 즉시 휴직한 후 주한미군측에 파견되어 북한의 음성통신을 영어로 번역·전사하는 특수업무를 수행하면서 주한미군측으로부터 보수를 지급받는 번역사로 당초 임기 3년의 군속으로 기한부 임용되었다가 군속제도가 군무원제도로 개편된 후 주한미군측 고용기간을 임기로 하는 기한부 임용을 받은 것으로 간주되었는데 주한미군측의 고용해제 통보가 있었다면, 위 번역사들은 군무원관계를 소멸시키기 위한 임면권자의 별도 행정처분을 요하지 아니하고 임기만료로 당연퇴직하였으며, 국방부장관 등이 위 번역사들에 대하여 한 위 직권면직의 인사발령은 그 문언상의 표현에도 불구하고 법률상 당연히 발생된 퇴직의 사유 및 시기를 공적으로 확인하여 알려주는 관념의 통지에 불과할 뿐 군무원의 신분을 상실시키는 새로운 형성적 행위가 아니므로 항고소송의 대상이 되는 행정처분이라고 할 수 없다(대판 1997.10.24, 97누1686).

오답해설

① 군무원으로 임용되어 동원관리관으로 근무하던 갑이 술을 마신 상태로 주차장 내에서 자신의 차량을 운전하던 중 정차 중인 다른 승용차와 충돌하였고, 신고를 받고 출동

한 경찰관으로부터 음주측정을 요구받았음에도 정당한 사유 없이 이에 응하지 않았다는 내용의 도로교통법 위반(음주측정거부)죄로 기소되어 벌금 1,000만원을 선고받자, 갑이 위 비위행위로 품위유지의무(음주운전)를 위반하였다는 이유로 소속 부대 사단장이 갑을 해임한 경우, 그 처분은 군무원에게 적용되는 구 징계규정(육군규정 180)을 위반하였다고 볼 수 없고 재량권의 범위를 일탈·남용한 것이라고 볼 수 없어 적법하다(대구지법 2019.5.16, 2019구합20336).

② 공익근무요원은 지방자치단체의 공익목적수행에 필요한 경비·감시·보호 또는 행정업무 등의 지원과 국제협력 또는 예술·체육의 육성을 위하여 소집되어 공익분야에 종사하는 사람으로서 보충역에 편입되어 있는 자이기 때문에, 소집되어 군에 복무하지 않는 한 군인이라고 말할 수 없으므로, 비록 병역법이 공익근무요원으로 복무 중 순직한 사람의 유족에 대하여 국가유공자등예우및지원에관한법률에 따른 보상을 하도록 규정하고 있다고 하여도, 공익근무요원이 국가배상법 제2조 제1항 단서의 규정에 의하여 국가배상법상 손해배상청구가 제한되는 군인·군무원·경찰공무원 또는 향토예비군대원에 해당한다고 할 수 없다(대판 1997.3.28, 97다4036).

③ 1급 군무원은 제외된다(군무원인사법 제26조 단서). 군무원인사법 제26조(의사에 반한 신분조치) 군무원은 형의 선고나 이 법 또는 「국가공무원법」에서 정한 사유에 따르지 아니하고는 본인의 의사(意思)에 반하여 휴직·직위해제·강임(降任) 또는 면직을 당하지 아니한다. 다만, 1급 군무원은 그러하지 아니하다.

제3과목: 경영학

01	02	03	04	05	06	07	08	09	10
④	②	③	④	②	③	③	②	②	③

11	12	13	14	15	16	17	18	19	20
④	③	③	②	①	④	④	①	③	③

21	22	23	24	25
④	③	③	④	③

01

정답 ④

영역 경영학의 기초 > 경영학의 이해

정답해설

④ 유기적 조직은 규칙이나 공식적인 통제시스템이 많지 않아 의사소통과 정보공유가 비공식적으로 이루어진다. 또한 환경변화에 빠르게 대응하기 위해 정보를 계층적으로 전 부서의 모든 방향에 흐를 수 있도록 한다. 따라서 고객의 욕구나 환경이 안정적이고 예측가능성이 높은 경우에는 기계적 조직이 효과적이다.

02

정답 ②

영역 조직행위 > 조직행위론의 이해

정답해설

② 버나드는 조직에서 협동적 관계를 유지하기 위해서는 참여자들의 공헌과 조직에서 실시하는 보상이 균형을 이루는 것이 중요하다고 하였다.

오답해설

① 버나드는 권한수용설(Acceptance Theory of Authority)을 통해 권한은 상사의 지위가 아닌 하급자의 의사에 따라 수용 여부가 결정된다고 하였다.

03

정답 ③

영역 생산관리 > 품질관리

정답해설

③ 한 로트의 물품 중에서 발췌한 시료를 조사하고 그 결과를 판정기준과 비교하여 그 로트의 합격 여부를 결정하는 검사를 뜻한다. 즉, 전수 검사가 아닌 물품을 발췌해 불량을 확인하는 것이다.

04

정답 ④

영역 경영학의 기초 > 기업의 이해

정답해설

• 수직 계열화: 전후방으로 연관된 산업 간의 결합으로, 원자재부품의 안정적인 확보, 고정적인 판매처 보유 등을 통해 경영의 불확실성을 낮추는 효과를 기대할 수 있다. 그러나 자칫하면 조직이 나태해지고 방만하게 경영될 수 있으며, 특정 사업부나 계열사 부실이 조직 전체에 위기를 초래할 수 있다.

• 수평적 통합: 같은 업종에 있는 기업 간 결합을 통해 규모의 경제나 시장지배력 등을 증대시킬 수 있다. 반면 조직 비대화에 따른 관료주의나 자원의 중복 등이 성과를 저해할 수 있고, 시장경쟁을 저해하는 소지가 있으면 당국에서 제재를 받을 수도 있다.

• 관련형 다각화: 인수(합병) 기업과 피인수(피합병) 기업 간에 공급망, 연구개발, 생산기술, 기반 고객, 유통망 등에서 시너지 효과 창출 여지가 있다고 판단될 때 종종 추진된다.

05

정답 ②

영역 마케팅 > 제품관리

정답해설

② 고관여 상황에서 구매의사결정은 '문제 인식 → 정보 탐색 → 대안 평가 → 구매 → 구매 후 행동'의 순서로 진행된다.

06

정답 ③

영역 마케팅 > 가격관리

정답해설

비용가산법은 사전에 결정된 목표이익을 총비용에 가산하여 가격을 결정하는 방법이다. 비용가산법으로 가격을 구하는 공식에 대입하면 다음과 같다.

$$가격 = \frac{총고정비용 + 총변동비용 + 목표이익}{총생산량}$$

$$= \frac{1,000만\ 원 + (500개 \times 10만\ 원) + 1,000만\ 원}{500개}$$

$$= \frac{7,000만\ 원}{500개}$$

$$= 140,000원$$

07

영역 회계학 > 재무회계

정답해설

③ 기업이 조달한 자본 중에서 자기자본에 의존하고 있는 정도를 나타내는 지표는 자기자본비율이다. 부채비율은 부채가 자기자본의 몇 배가 되는지를 나타내는 비율이다.

오답해설

① 유동성 비율은 단기에 지급해야 할 기업의 채무를 갚을 수 있는 기업의 능력을 측정하는 것으로 유동비율과 당좌비율이 있다.

② 수익성 비율이란 기업이 경영 활동을 하면서 어느 정도의 수익을 발생시키는지를 나타내는 지표로 매출액 이익률, 총자산 이익률, 주당순이익이 있다.

④ 활동성 비율은 기업의 자산이 효율적으로 관리되고 있는 정도를 나타내는 지표로 매출채권 회전율, 재고자산 회전율, 총자산 회전율, 자기자본 회전율이 있다.

08

정답 ②

영역 생산관리 > 수요예측

정답해설

수요예측치를 구하는 공식은 다음과 같다.

이번 달 수요예측치 = 지난달 수요예측치 + {지수평활계수 × (지난달 실제수요치 − 지난달 수요예측치)}

이 공식에 숫자를 대입하면,

$$2022년 6월 수요예측치 = 200 + \{0.8 \times (180 - 200)\}$$
$$= 200 + \{0.8 \times (-20)\}$$
$$= 184$$

따라서 2022년 6월 수요예측치는 184개이다.

09

정답 ②

영역 경영학의 기초 > 경영혁신

오답해설

① 학습조직(Learning Organization)이란 조직구성원이 학습할 수 있는 기회와 자원을 제공하고, 학습 결과에 따라 지속적인 변화를 이루는 것을 말한다.

③ 리스트럭처링(Restructuring)이란 한 기업이 여러 사업을 보유하고 있는 경우, 미래 변화를 예측하여 사업구조를 개혁하는 것을 말한다.

④ 리엔지니어링(Reengineering)이란 기업의 체질 및 구조와 경영방식을 근본적으로 재설계하여 경쟁력을 확보하는 것을 말한다.

10

정답 ③

영역 생산관리 > 재고자산관리

정답해설

③ 기본 경제적 주문량 모형에서 발주비용(혹은 주문비용)은 발주량과 관계없이 일정하다.

오답해설

② 재주문점은 재고가 재주문점에 다다르면 주문해야 하는 개수로, 제품이 도착하는 데 걸리는 시간인 리드타임에 일일 수요량을 곱하여 계산한다.

④ 주문사이클은 주문이 도착하는(또는 주문을 내는) 시간간격의 평균치를 말하며, '주문량 ÷ 연간 수요량 × 연간 조업일수'로 구한다.

The 알아보기 EOQ 모형의 가정

• 해당 품목의 수요율은 일정하고, 확실히 알려져 있다.
• 로트 크기에 제한이 없다.
• 구입 단가는 주문량에 관계없이 일정하다.
• 관련된 비용은 재고유지비용과 고정비용밖에 없다.
• 다른 품목과 독립적으로 의사결정한다.
• 리드타임과 공급에 불확실성은 없다.

11

정답 ④

영역 인사관리 > 직무관리

정답해설

ㄴ. 직원들의 근무 성적을 평정함에 있어 평정 대상자(직원)들을 서로 비교하여 서열을 정하는 방법이다.

ㄹ. 미리 작성한 등급기준표에 따라 평가하고자 하는 직위의 직무를 어떤 등급에 배치할 것인가를 결정하는 방법이다.

오답해설

ㄱ, ㄷ은 양적 평가방법에 해당한다.

ㄱ. 직무를 구성요소별로 나누고, 각 요소에 점수를 매겨 평가하는 방법이다.

ㄷ. 직무를 몇 개의 중요요소로 나누고, 이들 요소를 기준 직위의 평가요소와 비교하여 평가하는 방법이다.

안심Touch

12 정답 ③

영역 인사관리 > 임금관리의 개념

오답해설

① 순응임금제는 기존의 제반조건이 변할 때 거기에 순응하여 임금률도 자동적으로 변동·조정되도록 하는 제도이다.

② 물가연동제는 물가변동에 따라 임금을 올리거나 내리는 임금지불 제도이다.

④ 럭커플랜은 생산부가가치의 증대를 목표로 노사가 협력하여 얻은 생산성 향상의 결과물을 럭커 표준이라는 일정분 배율에 따라서 노사 간에 적정하게 배분하는 방법이다.

13 정답 ③

영역 경영학의 기초 > 경영전략

정답해설

〈보기〉에 해당하는 시기는 성숙기이다.

③ 성숙기에는 기존의 고객을 만족시키고 생산성을 증대하는 것이 필요하며, 기존 제품에 대한 기술혁신과 투자가 필요하다.

14 정답 ②

영역 경영학의 기초 > 기업의 이해

정답해설

② 합명회사는 2인 이상의 무한책임사원으로 조직된 회사이다. 무한책임사원은 회사에 대하여 출자의무와 회사 채무에 대해 직접·연대·무한의 책임을 부담하는 사원을 말한다.

오답해설

① 합자회사에 대한 설명으로, 합자회사는 무한책임사원과 유한책임사원으로 구성되는 복합적 조직의 회사이다.

③ 유한회사에 대한 설명으로, 유한회사는 사원이 회사에 대하여 출자금액을 한도로 책임을 질 뿐, 회사 채권자에 대하여 아무 책임도 지지 않는 사원으로 구성된 회사이다.

④ 주식회사에 대한 설명으로, 주식회사는 사원인 주주의 출자로 이루어지며 권리·의무의 단위로서의 주식으로 나누어진 일정한 자본을 가지고 모든 주주는 그 주식의 인수 가액을 한도로 하는 출자의무를 부담할 뿐, 회사 채무에 대하여 아무 책임도 지지 않는 회사이다.

15 정답 ①

영역 조직행위 > 동기부여이론

정답해설

① 임금, 작업조건, 동료관계는 위생요인에 해당한다.

16 정답 ④

영역 재무관리 > 주식과 채권의 평가

정답해설

④ 방비콜 전략은 기초자산 보유자가 콜옵션을 매도하는 전략을 말한다.

17 정답 ④

영역 마케팅 > 촉진관리

정답해설

④ PR 활동은 회사가 직접적 혹은 간접적으로 관련된 집단들과 좋은 관계를 구축하기 위하여 행하는 광범위한 활동들을 의미하는 것으로, 언론의 기사나 뉴스 등을 통하여 관계를 맺는 홍보를 포함한다.

오답해설

① 매출액 비율법의 단점은 광고비를 매출액의 원인으로 보는 것이 아니라 매출액의 결과라고 보는 것이다.

② 구매 공제는 제조업자가 일시적으로 출고가격을 인하하거나 일정 비율만큼 상품을 무료로 제공하는 것을 말하며, 이는 중간상 판매촉진에 포함된다.

③ 광고 공제는 소매업자가 자신의 광고물에 제조업체의 상품을 광고해 주는 대가로 제조업자가 상품대금을 일부 공제해 주는 것으로, 중간상 판매촉진에 해당한다.

18 정답 ①

영역 생산관리 > 자재소요계획 및 적시생산시스템

오답해설

② 적시생산시스템(JIT)은 필요한 때에 맞추어 물건을 생산·공급하는 것으로 제조업체가 부품업체로부터 부품을 필요한 시기에 필요한 수량만큼만 공급받아 재고가 없도록 해주는 재고관리시스템이다.

③ 린(Lean) 생산은 작업공정 혁신을 통해 비용은 줄이고 생산성은 높이는 것으로, 숙련된 기술자의 편성과 자동화 기계의 사용으로 적정량의 제품을 생산하는 방식이다.

④ 공급사슬관리(SCM)는 어떤 제품을 판매하는 경우 자재 조달, 제품 생산·유통·판매 등의 흐름을 적절히 관리하여 공급망 체인을 최적화함으로써 조달 시간 단축, 재고 비용이나 유통 비용 삭감, 고객 문의에 대한 빠른 대응 등을 실현하는 것이다.

19
정답 ③

영역 재무관리 > 자본예산 기법

정답해설
③ 순현가법에서는 투자안에 대한 가치의 가산원칙이 적용되고, 내부수익률법에서는 가치의 가산원칙이 적용되지 않는다.

20
정답 ③

영역 마케팅 > 목표시장의 선정(STP)

정답해설
행동적 변수란 마케팅 상품에 대해 구매자들이 가지고 있는 지식, 태도, 사용에 따른 반응, 구매 목적 등 행동적 요인을 기초로 한다. ㅁ, ㅅ, ㅇ이 행동적 요인에 해당한다.

오답해설
ㄱ, ㄷ, ㄹ은 인구통계 변수에 해당하고, ㄴ, ㅂ은 심리분석적 변수에 해당한다.

21
정답 ④

영역 경영학의 기초 > 경영학의 이해

정답해설
④ 기계적 조직은 고도의 전문화, 높은 분화, 좁은 감독의 범위, 높은 공식화를 특징으로 한다. 분화가 높은 기업일수록 지휘계통이 길고 통제범위가 좁다.

오답해설
① 기계적 조직은 직무 전문화가 높고, 유기적 조직은 직무 전문화가 낮다.
② 기계적 조직은 의사결정권한이 집권화되어 있고, 유기적 조직은 의사결정권한이 분권화되어 있다.
③ 기계적 조직은 안정적이고 단순한 환경에 적합하며, 유기적 조직은 동태적이고 복잡한 환경에 적합하다.

22
정답 ③

영역 회계학 > 자산

정답해설
현금 및 현금성자산에는 당좌수표, 우편환증서, 배당금지급통지표, 환매채, 국채이자표가 해당되므로 합계액은 $35,000+12,000+9,000+26,500+5,000=87,500$원이다. 당좌개설보증금은 금융상품, 당좌차월은 단기차입금, 우표는 선급비용 또는 소모품, 선일자수표는 수취채권으로 분류한다.

23
정답 ③

영역 조직행위 > 동기부여이론

정답해설
③ 기대이론에서 기대감은 노력과 성과 간의 관계로 이를 높이기 위해서는 직무수행에 관한 교육훈련을 제공하거나 직무재배치를 활용할 수 있다.

오답해설
① 목표설정이론에 따르면 일반적인 목표보다는 구체적인 목표를 제시하는 것이 구성원들의 동기부여에 효과적이다.
② 공정성이론에 동기부여의 순서가 있는 것은 아니다.
④ 알더퍼는 ERG 이론에서 욕구가 좌절되면 이를 포기하는 것이 아니라 하위욕구를 충족시키기 위해 노력한다는 '좌절－퇴행' 모형을 주장하였다.

24
정답 ④

영역 경영정보시스템 > e 비지니스 시스템 모델과 구성요소

오답해설
① CRM(Customer Relationship Management)은 고객관계관리라고도 하며, 기업이 고객의 정보를 축적 및 관리하여 필요한 서비스를 제공할 수 있도록 하는 것이다.
② SCM(Supply Chain Management)은 공급망관리라고도 하며, 공급망 전체를 하나의 통합된 개체로 보고 이를 최적화하고자 하는 경영 방식이다.
③ DSS(Decision Support System)는 의사결정지원시스템이라고도 하며, ERP를 통해서 수집된 자료를 요약·분석·가공하여 경영관리자의 의사결정을 지원하는 시스템이다.

안심Touch

25

영역 회계학 > 재무제표

정답해설

ㄱ. 반품가능성 예측가능 재고자산은 원가로 계상한다.

⇒ $10,000 - 8,500 = 1,500$원

ㄴ. 도착지 인도조건의 운송 중인 상품은 기말재고자산금액에 포함되는 것이 맞다.

ㄷ. 수탁상품은 전액 감액대상이다. ⇒ $6,500$원

ㄹ. 시송품은 원가로 계상한다. ⇒ $4,000 - 3,500 = 500$원

∴ $1,500 + 6,500 + 500 = 8,500$원

FINAL 실전

한눈에 보는
현대문학사
+
사자성어 150

SD에듀
(주)시대고시기획

현대문학사
⊕
사자성어 150

한눈에 보는 현대문학사

01 갑오개혁 이후 가장 크게 나타난 문학 현상: 구어체(=일상용어체, 대화체) 문장

① 언문일치 시작(1900년대): 유길준의 「서유견문」
② 언문일치 발전(1910년대): 이광수의 「무정」
③ 언문일치 완성(1920년대): 김동인의 「약한 자의 슬픔」

02 1900년대(1894~1908)

① 창가가사
　㉠ 개화가사와 찬송가의 영향
　㉡ 형식: 초기에 '3·4, 4·4조'에서 후기에 '6·5, 7·5, 8·5조'로 발전함
　㉢ 내용: 계몽(독립신문), 항일(대한매일신보)
　㉣ 최초의 7·5조 작품: 최남선의 「경부철도가」
② 신소설(원래 뜻은 '고소설'의 반대 개념)
　㉠ 내용: 개화, 계몽, 신교육
　㉡ 개념: 고대 소설에서 근대 소설로의 과도기
　㉢ 창작 신소설: 일반적인 의미의 신소설
　　• 이인직: 은세계, 치악산, 귀의 성, 혈의 누
　　• 이해조: 빈상설, 구마검, 자유종
　　• 안국선: 금수회의록
　　• 최찬식: 안의성, 추월색
　㉣ 번안 신소설: 조중환의 「장한몽」(이수일과 심순애 등장)
　㉤ 개작 신소설: 이해조의 「역할」
　　• 춘향전 → 옥중화(獄中花)
　　• 흥부전 → 연(燕)의 각(却)
　　• 토끼전 → 토(兎)의 간(肝)
　　• 심청전 → 강상련(江上蓮)

③ 역사 전기 소설
　㉠ 내용: 민족주의적 역사의식, 자보ㆍ자강, 항일구국의 이념
　㉡ 대표작품: 신채호의 「을지문덕」
④ 신문
　㉠ 한성순보: 최초 신문, 순한문(1883)
　㉡ 독립신문: 최초 민간, 본격 신문의 시초(1896)
　㉢ 매일신문: 최초 일간
　㉣ 제국신문: 대중 및 부녀자 대상 최초
　㉤ 황성신문: 장지연의 「시일야방성대곡」 실림
　㉥ 만세보: 이인직의 「혈의 누」 연재, 「대한신문」으로 개칭
⑤ 국어 문법서
　㉠ 이봉운의 「국문정리」: 최초 음운 문법서
　㉡ 지석영의 「신정국문」: 국어 전용 주장, 상소문
　㉢ 주시경
　　• 「국어문전음학」, 「국어문법」, 「말의 소리」, 「말모이」, 「대한국어문법」 등을 쓴 어문 민족주의자
　　• 기난갈(품사론), 짬듬갈(문장론) 등의 용어 사용
　　• 9품사(임-체언, 엇-형용사, 움-동사, 겻-조사, 잇-접속 조사, 언-관형사, 억-부사, 놀-감탄사, 끗-종결 어미) 설정
　　• 호는 한힌샘, 일백천, 태백산

03 1910년대(1908~1919): 2인 문단 시대

① 2인: (육당) 최남선, (춘원) 이광수
② 신체시
　㉠ 최초 작품: 최남선의 「해에게서 소년에게」
　㉡ 이광수의 신체시 「우리 영웅」
③ 근대 최초 장편 소설: 이광수의 「무정」(1917)
④ 근대 최초 단편 소설: 이광수의 「어린 희생」(1910), 김동인의 「약한 자의 슬픔」(1919)
⑤ 최초의 근대 자유시: 주요한의 「불놀이」(1919)
⑥ 최초의 순 문예 동인지: 「창조」(1919)
⑦ 최초의 시 전문 동인지: 「장미촌」(1921)
⑧ 최초의 월간 종합지: 「소년」(1908)
⑨ 김억이 최초로 서구의 상징시를 수용한 잡지: 「태서문예신보」(1918)

① 1920년대 3대 동인지: 『창조』, 『폐허』, 『백조』
② 낭만주의 3대 동인지: 『백조』, 『폐허』, 『장미촌』
③ 시
　㉠ 민요시 운동: 홍사용, 이상화, 김억, 김소월
　㉡ 시조부흥운동을 주도한 단체: 국민문학파
　㉢ 낭만적 · 감상적 경향 위주: 홍사용, 이상화, 황석우, 박종화
④ 소설: 사실주의 유행(김동인, 현진건, 이효석 등 3대 단편 작가)
⑤ 문단의 대립기: 절충 – 『문예공론』

경향파(KAPF, 좌익, 계급진영) 『개벽』	↔	국민문학파(우익, 민족진영) 『조선문단』

▶ 동반자 작가: 좌익 노선에 동조하는 힘없는 지식인(이효석, 유진오, 채만식, 박화성)
⑥ 신경향파 그룹

염군사(1922, 이념 위주) + 파스큘라(1923, 예술 위주)
⬇
KAPF(1925)

⑦ 작가와 작품

구분	호	이름	작품
시	송아	주요한	불놀이, 아름다운 새벽
	안서	김억	오다가다, 비, 봄은 간다
	상아탑	황석우	벽모(碧毛)의 묘(猫)
	상화	이상화	나의 침실로, 빼앗긴 들에도 봄은 오는가
	소월	김정식	진달래꽃
	만해	한용운	님의 침묵
소설	금동	김동인	감자, 약한 자의 슬픔, 배따라기
	빙허	현진건	운수 좋은 날, 빈처
	횡보	염상섭	표본실의 청개구리, 삼대, 만세전
	도향	나빈	물레방아, 벙어리 삼룡이, 뽕
	늘봄	전영택	화수분, 소
	여심	주요섭	사랑손님과 어머니

시	순수시파('30)	주지시파('34)	생명파('36)	자연파('39)
	시문학	자오선	시인부락, 생리	문장
	김영랑, 박용철	김광균, 김기림	서정주, 유치환	박목월, 박두진, 조지훈
	음악성, 치밀한 기교, 언어 조작	이미지, 지성, 화학성	생명 의식	자연 회귀
소설	<ul><li>장편 소설: 염상섭의 「삼대」, 「만세전」(발표 당시 제목은 「묘지」), 「두 파산」</li><li>역사 소설: 김동인의 「운현궁의 봄」, 「젊은 그들」, 현진건의 「무영탑」, 박종화의 「금삼의 피」</li><li>풍자 소설: 채만식의 「태평천하」, 「레디메이드 인생」, 「탁류」, 「치숙」, 「소년은 자란다」</li><li>해학 소설: 김유정의 「동백꽃」, 「봄봄」, 「만무방」, 「따라지」, 「땡볕」, 「소낙비」, 「금 따는 콩밭」</li><li>농촌계몽소설: 브나로드(Vnarod) 운동과 관련 예 심훈의 「상록수」, 박화성의 「한귀」, 이무영의 「제1과 제1장」, 박영준의 「모범경작생」, 김정한의 「사하촌」</li></ul>			
수필	전문 수필가의 등장(김진섭, 이하윤)			
희곡	극예술 연구회(1931) 창립			
평론	순수비평(김환태)과 주지비평(최재서)			

① 문학의 공백기: 창작, 출판의 부재(不在)
② 저항 시인(앙가주망, 참여시인)
  ㉠ 이육사(남성적, 의지적, 대륙적, 선비 정신): 절정, 청포도, 광야, 교목, 꽃
  ㉡ 윤동주(자아 성찰, 순수): 자화상, 참회록, 십자가, 간, 또 다른 고향, 서시, 별 헤는 밤, 유고 시집 『하늘과 바람과 별과 시』

① 시
  ㉠ 김수영(모더니즘에서 1960년대 이후 참여시로 전환): 풀, 폭포, 눈
  ㉡ 송욱: 하여지향
  ㉢ 김춘수('존재와 본질 탐구'에서 '무의미 시'로 전환): 꽃, 꽃을 위한 서시, 처용단장
② 소설
  ㉠ 동시 묘사법: 김성한의 「5분간」
  ㉡ 광복 당시 분열상의 비극적 국면 묘파: 선우휘의 「불꽃」
  ㉢ 한 인격적 주체가 겪는 도덕적 갈등: 장용학의 「요한시집」
  ㉣ 소외된 인간상을 피학적 어조로 묘사: 손창섭의 「잉여인간」
  ㉤ 당시 빈곤상과 삶의 관계: 이범선의 「오발탄」
  ㉥ 농어촌 서민의 애환: 오영수의 「갯마을」
  ㉦ 삶의 부조리를 인식하고 극복함: 유주현의 「장씨 일가」, 「신의 눈초리」
  ㉧ 민족의 기개 형상화: 정한숙의 「금당벽화」
  ㉨ 토속적 삶의 간고함: 전광용의 「흑산도」
  ㉩ 지식인의 변절적 순응주의: 전광용의 「꺼삐딴 리」
  ㉪ 세속적 삶의 모순을 소설화: 박경리의 「암흑시대」

사자성어 150

- **가담항설(街談巷說)** 거리나 항간에 떠도는 소문
- **각주구검(刻舟求劍)** 융통성 없이 현실에 맞지 않는 낡은 생각을 고집하는 어리석음을 이르는 말 (⑲ 수주대토)
- **간난신고(艱難辛苦)** 몹시 힘들고 어려우며 고생스러움
- **간담상조(肝膽相照)** 서로 속마음을 털어놓고 친하게 사귐
- **갈이천정(渴而穿井)** 미리 준비하지 않고 있다가 일이 지나간 뒤에는 아무리 서둘러 봐도 아무 소용이 없음 (⑲ 목이 말라야 비로소 샘을 판다)
- **감언이설(甘言利說)** 귀가 솔깃하도록 남의 비위를 맞추거나 이로운 조건을 내세워 꾀는 말
- **감탄고토(甘呑苦吐)** 달면 삼키고 쓰면 뱉는다는 뜻으로, 자신의 비위에 따라서 사리의 옳고 그름을 판단함
- **갑론을박(甲論乙駁)** 여러 사람이 서로 자신의 주장을 내세우며 상대편의 주장을 반박함
- **개세지재(蓋世之才)** 세상을 뒤덮을 만큼 뛰어난 재주. 또는 그 재주를 가진 사람
- **거두절미(去頭截尾)** 머리와 꼬리를 잘라 버림. 어떤 일의 요점만 간단히 말함
- **거안사위(居安思危)** 편안할 때에도 위험과 곤란이 닥칠 것을 생각하며 잊지 말고 미리 대비해야 함
- **건곤일척(乾坤一擲)** 주사위를 던져 승패를 건다는 뜻으로, 운명을 걸고 단판걸이로 승부를 겨룸
- **격화소양(隔靴搔癢)** 신을 신고 발바닥을 긁는다는 뜻으로, 성에 차지 않거나 철저하지 못한 안타까움을 이르는 말
- **견강부회(牽強附會)** 이치에 맞지 않는 말을 억지로 끌어 붙여 자기에게 유리하게 함
- **견문발검(見蚊拔劍)** 모기를 보고 칼을 뺀다는 뜻으로, 사소한 일에 크게 성내어 덤빔
- **결자해지(結者解之)** 맺은 사람이 풀어야 한다는 뜻으로, 자기가 저지른 일은 자기가 해결하여야 함

- **결초보은(結草報恩)** 죽은 뒤에라도 은혜를 잊지 않고 갚음
- **계란유골(鷄卵有骨)** 달걀에도 뼈가 있다는 뜻으로, 운수가 나쁜 사람은 모처럼 좋은 기회를 만나도 역시 일이 잘 안됨
- **계명구도(鷄鳴狗盜)** 비굴하게 남을 속이는 하찮은 재주 또는 그런 재주를 가진 사람
- **고립무원(孤立無援)** 고립되어 구원받을 데가 없음
- **고복격양(鼓腹擊壤)** 태평한 세월을 즐김
- **고식지계(姑息之計)** 우선 당장 편한 것만을 택하는 꾀나 방법 (㊅ 미봉책, 동족방뇨)
- **고육지계(苦肉之計)** 자기 몸을 상해 가면서까지 꾸며 내는 계책이라는 뜻으로, 어려운 상태를 벗어나기 위해 어쩔 수 없이 꾸며 내는 계책
- **고장난명(孤掌難鳴)** ① 외손뼉만으로는 소리가 울리지 아니한다는 뜻으로, 혼자의 힘만으로 어떤 일을 이루기 어려움
  ② 맞서는 사람이 없으면 싸움이 일어나지 않음
- **과유불급(過猶不及)** 정도를 지나침은 미치지 못함과 같음 (㊅ 과여불급)
- **괄목상대(刮目相對)** 눈을 비비고 상대편을 본다는 뜻으로, 남의 학식이나 재주가 놀랄 만큼 부쩍 늚
- **교각살우(矯角殺牛)** 소의 뿔을 바로잡으려다가 소를 죽인다는 뜻으로, 잘못된 점을 고치려다가 그 방법이나 정도가 지나쳐 오히려 일을 그르침
- **교언영색(巧言令色)** 아첨하는 말과 알랑거리는 태도 (㊅ 감언이설)
- **구밀복검(口蜜腹劍)** 입에는 꿀이 있고 배 속에는 칼이 있다는 뜻으로, 말로는 친한 듯하나 속으로는 해칠 생각이 있음 (㊅ 면종복배, 표리부동)
- **구상유취(口尙乳臭)** 입에서 아직 젖내가 난다는 뜻으로, 말과 행동이 매우 유치함
- **귤화위지(橘化爲枳)** 회남의 귤을 회북에 옮겨 심으면 탱자가 된다는 뜻으로, 환경에 따라 사람이나 사물의 성질이 변함
- **근묵자흑(近墨者黑)** 먹을 가까이하는 사람은 검어진다는 뜻으로, 나쁜 사람과 가까이 지내면 나쁜 버릇에 물들기 쉬움 (㊅ 근주자적)
- **금의야행(錦衣夜行)** ① 비단 옷을 입고 밤길을 다닌다는 뜻으로, 자랑삼아 하지 않으면 생색이 나지 않음
  ② 아무 보람이 없는 일을 함
- **금의환향(錦衣還鄉)** 비단옷을 입고 고향에 돌아온다는 뜻으로, 출세하여 고향에 돌아가거나 돌아옴

- **난형난제(難兄難弟)** 누구를 형이라 하고 누구를 아우라 하기 어렵다는 뜻으로, 두 사물이 비슷하여 낫고 못함을 정하기 어려움 (㊀ 난백난중, 막상막하, 백중지간)
- **낭중지추(囊中之錐)** 주머니 속의 송곳이라는 뜻으로, 재능이 뛰어난 사람은 숨어 있어도 저절로 사람들에게 알려짐
- **낭중취물(囊中取物)** 주머니 속에서 물건을 꺼내듯이 아주 손쉽게 얻을 수 있음
- **노마지지(老馬之智)** ① 연륜이 깊으면 나름의 장점과 특기가 있음
  ② 저마다 한 가지 재주는 지녔다는 말
- **누란지세(累卵之勢)** 층층이 쌓아 놓은 알의 형세라는 뜻으로, 몹시 위태로운 형세
- **능소능대(能小能大)** 모든 일에 두루 능함
- **단기지계(斷機之戒)** 학문을 중도에서 그만두면 짜던 베의 날을 끊는 것처럼 아무 쓸모 없음을 경계한 말
- **단사표음(簞食瓢飮)** 대나무로 만든 밥그릇에 담은 밥과 표주박에 든 물이라는 뜻으로, 청빈하고 소박한 생활을 이르는 말
- **당구풍월(堂狗風月)** 서당에서 기르는 개가 풍월을 읊는다는 뜻으로, 그 분야에 대하여 경험과 지식이 전혀 없는 사람이라도 오래 있으면 얼마간의 경험과 지식을 가짐
- **당랑거철(螳螂拒轍)** 제 역량을 생각하지 않고, 강한 상대나 되지 않을 일에 덤벼드는 무모한 행동거지를 비유
- **도탄지고(塗炭之苦)** 진구렁에 빠지고 숯불에 타는 괴로움이라는 뜻으로, 백성이 가혹한 정치로 심한 고통을 겪음을 비유
- **동량지재(棟梁之材)** 기둥과 들보로 쓸 만한 재목이라는 뜻으로, 한 집안이나 한 나라를 떠받치는 중대한 일을 맡을 만한 인재
- **득롱망촉(得隴望蜀)** 농(隴)을 얻고서 촉(蜀)까지 취하고자 한다는 뜻으로, 만족할 줄을 모르고 계속 욕심을 부리는 경우를 비유
- **등고자비(登高自卑)** ① 높은 곳에 오르려면 낮은 곳에서부터 오른다는 뜻으로, 일을 순서대로 하여야 함
  ② 지위가 높아질수록 자신을 낮춤
- **등하불명(燈下不明)** 등잔 밑이 어둡다는 뜻으로, 가까이에 있는 물건이나 사람을 잘 찾지 못함

- 마부위침(磨斧爲針) 도끼를 갈아서 바늘을 만든다는 뜻으로, 아무리 이루기 힘든 일이라도 끊임없이 노력하면 반드시 이룰 수 있음

- 막역지우(莫逆之友) 서로 거스름이 없는 친구라는 뜻으로, 허물이 없이 아주 친한 친구 (⑭ 막역지간)

- 망년지교(忘年之交) 나이에 거리끼지 않고 허물없이 사귄 벗

- 망양보뢰(亡羊補牢) 양을 잃고 우리를 고친다는 뜻으로, 이미 어떤 일을 실패한 뒤에 뉘우쳐도 아무 소용이 없음

- 망운지정(望雲之情) 자식이 객지에서 고향에 계신 어버이를 생각하는 마음

- 맥수지탄(麥秀之嘆) 기자(箕子)가 은나라가 망한 뒤에도 보리만은 잘 자라는 것을 보고 한탄하였다는 데서 유래한 것으로, 고국의 멸망을 한탄함

- 면종복배(面從腹背) 겉으로는 복종하는 체하면서 내심으로는 배반함

- 멸사봉공(滅私奉公) 사욕을 버리고 공익을 위하여 힘씀

- 명경지수(明鏡止水) ① 맑은 거울과 고요한 물
  ② 잡념과 가식과 헛된 욕심 없이 맑고 깨끗한 마음

- 명실상부(名實相符) 이름과 실상이 서로 꼭 맞음

- 명약관화(明若觀火) 불을 보듯 분명하고 뻔함

- 명재경각(命在頃刻) 거의 죽게 되어 곧 숨이 끊어질 지경에 이름 (⑭ 풍전등화, 일촉즉발, 초미지급, 위기일발)

- 목불식정(目不識丁) 아주 간단한 글자인 '丁' 자를 보고도 그것이 '고무래'인 줄을 알지 못한다는 뜻으로, 아주 까막눈임 (⑭ 낫 놓고 기역자도 모른다)

- 목불인견(目不忍見) 눈앞에 벌어진 상황 따위를 눈 뜨고는 차마 볼 수 없음

- 묘두현령(猫頭懸鈴) 쥐가 고양이 목에 방울을 단다는 뜻으로, 실행할 수 없는 헛된 논의

- 무불통지(無不通知) 무슨 일이든지 환히 통하여 모르는 것이 없음 (⑭ 무소부지)

- 무소불위(無所不爲) 하지 못하는 일이 없음

- 무위도식(無爲徒食) 하는 일 없이 놀고먹음

- 문일지십(聞一知十) 하나를 듣고 열 가지를 미루어 안다는 뜻으로, 지극히 총명함

- 박이부정(博而不精) 널리 알지만 정밀하지는 못함

- 반목질시(反目嫉視) 서로 미워하고 질투하는 눈으로 봄 (⑭ 백안시)

- **반포보은(反哺報恩)** 까마귀 새끼가 자라서 늙은 어미 까마귀에게 먹이를 물어다 주어 보답한다는 뜻으로, 자식이 자라서 어버이의 은혜에 보답함으로써 효를 행함 (⍟ 반포지효)
- **발본색원(拔本塞源)** 좋지 않은 일의 근본 원인이 되는 요소를 완전히 없애 버려서 다시는 그러한 일이 생길 수 없도록 함
- **방약무인(傍若無人)** 곁에 사람이 없는 것처럼 아무 거리낌 없이 함부로 말하고 행동하는 태도
- **백골난망(白骨難忘)** 죽어서 백골이 되어도 잊을 수 없다는 뜻으로, 남에게 큰 은덕을 입었을 때의 고마움
- **백년하청(百年河淸)** 중국의 황허강(黃河江)이 늘 흐려 맑을 때가 없다는 뜻으로, 아무리 오랜 시일이 지나도 어떤 일이 이루어지기 어려움
- **백중지세(伯仲之勢)** 서로 우열을 가리기 힘든 형세 (⍟ 난형난제, 막상막하, 백중지간)
- **부화뇌동(附和雷同)** 줏대 없이 남의 의견에 따라 움직임
- **불립문자(不立文字)** 불도의 깨달음은 마음에서 마음으로 전하는 것이므로 말이나 글에 의지하지 않는다는 말 (⍟ 이심전심)
- **불문가지(不問可知)** 묻지 않아도 알 수 있음
- **불치하문(不恥下問)** 손아랫사람이나 지위나 학식이 자기만 못한 사람에게 모르는 것을 묻는 일을 부끄러워하지 않음
- **빙탄지간(氷炭之間)** 얼음과 숯의 사이라는 뜻으로, 서로 맞지 않아 화합하지 못하는 관계
- **사면초가(四面楚歌)** 아무에게도 도움을 받지 못하는, 외롭고 곤란한 지경에 빠진 형편
- **사상누각(沙上樓閣)** 모래 위에 세운 누각이라는 뜻으로, 기초가 튼튼하지 못하여 오래 견디지 못할 일이나 물건
- **사필귀정(事必歸正)** 모든 일은 반드시 바른길로 돌아감
- **상산구어(上山求魚)** 산 위에 올라가 물고기를 구한다는 뜻으로, 도저히 불가능한 일을 굳이 하려 함을 비유 (⍟ 연목구어)
- **상전벽해(桑田碧海)** 뽕나무밭이 변하여 푸른 바다가 된다는 뜻으로, 세상일의 변천이 심함을 비유
- **새옹지마(塞翁之馬)** 인생의 길흉화복은 일정하지 않아 예측할 수 없음
- **설망어검(舌芒於劍)** 혀가 칼보다 날카롭다는 뜻으로, 말로 남을 해칠 수 있음

- 수구초심(首丘初心) 여우가 죽을 때 머리를 자기가 살던 굴 쪽으로 둔다는 뜻으로, 고향을 그리워하는 마음
- 수불석권(手不釋卷) 손에서 책을 놓지 아니하고 늘 글을 읽음
- 수어지교(水魚之交) 물이 없으면 살 수 없는 물고기와 물의 관계라는 뜻으로, 아주 친밀하여 떨어질 수 없는 사이를 비유
- 숙맥불변(菽麥不辨) 콩인지 보리인지를 구별하지 못한다는 뜻으로, 사리 분별을 못 하고 세상 물정을 잘 모름
- 순망치한(脣亡齒寒) 입술이 없으면 이가 시리다는 뜻으로, 서로 이해관계가 밀접한 사이에 어느 한쪽이 망하면 다른 한쪽도 그 영향을 받아 온전하기 어려움
- 식소사번(食少事煩) 먹을 것은 적은데 할 일은 많음
- 십벌지목(十伐之木) 열 번 찍어 베는 나무라는 뜻으로, 열 번 찍어 안 넘어가는 나무가 없음
- 십시일반(十匙一飯) 밥 열 술이 한 그릇이 된다는 뜻으로, 여러 사람이 조금씩 힘을 합하면 한 사람을 돕기 쉬움
- 아전인수(我田引水) 자기 논에 물 대기라는 뜻으로, 자기에게만 이롭게 되도록 생각하거나 행동함
- 애이불비(哀而不悲) ① 슬프지만 겉으로는 슬픔을 나타내지 않음
  ② 슬프기는 하나 비참하지는 않음
- 양두구육(羊頭狗肉) 양 머리를 걸어 놓고 개고기를 판다는 뜻으로, 겉보기만 그럴듯하게 보이고 속은 변변하지 않음
- 언중유골(言中有骨) 말 속에 뼈가 있다는 뜻으로, 예사로운 말 속에 단단한 속뜻이 들어 있음
- 염량세태(炎凉世態) 세력이 있을 때는 아첨하여 따르고 세력이 없어지면 푸대접하는 세상인심을 비유
- 오매불망(寤寐不忘) 자나 깨나 잊지 못함
- 오월동주(吳越同舟) 서로 적의를 품은 사람들이 한자리에 있게 된 경우나 서로 협력하여야 하는 상황을 비유적으로 이르는 말. 중국 춘추 전국 시대에, 서로 적대시하는 오나라 사람과 월나라 사람이 같은 배를 탔으나 풍랑을 만나서 서로 단합하여야 했다는 데에서 유래
- 온고지신(溫故知新) 옛것을 익혀서 그것을 미루어 새것을 앎 (⑲ 법고창신)

- 우공이산(愚公移山)   어떤 일이든 끊임없이 노력하면 반드시 이루어짐 (유 마부작침, 적소성대, 적토성산)
- 유비무환(有備無患)   미리 준비가 되어 있으면 걱정할 것이 없음
- 이구동성(異口同聲)   입은 다르나 목소리는 같다는 뜻으로, 여러 사람의 말이 한결같음
- 인과응보(因果應報)   전생에 지은 선악에 따라 현재의 행과 불행이 있고, 현세에서의 선악의 결과에 따라 내세에서 행과 불행이 있는 일
- 인지상정(人之常情)   사람이면 누구나 가지는 보통의 마음
- 일어탁수(一魚濁水)   한 마리의 물고기가 물을 흐린다는 뜻으로, 한 사람의 잘못으로 여러 사람이 피해를 입게 됨
- 임갈굴정(臨渴掘井)   목이 말라야 우물을 판다는 뜻으로, 평소에 준비 없이 있다가 일을 당하여 허둥지둥 서두름
- 자가당착(自家撞着)   같은 사람의 말이나 행동이 앞뒤가 서로 맞지 아니하고 모순됨
- 자강불식(自強不息)   스스로 몸과 마음을 가다듬어 쉬지 않음
- 적수공권(赤手空拳)   맨손과 맨주먹이라는 뜻으로, 아무것도 가진 것이 없음
- 전전반측(輾轉反側)   누워서 몸을 이리저리 뒤척이며 잠을 이루지 못함
- 전화위복(轉禍爲福)   재앙과 근심, 걱정이 바뀌어 오히려 복이 됨
- 정문일침(頂門一鍼)   정수리에 침을 꽂는다는 뜻으로, 따끔한 충고나 교훈을 이름
- 조령모개(朝令暮改)   아침에 명령을 내렸다가 저녁에 다시 고친다는 뜻으로, 법령을 자꾸 고쳐서 갈피를 잡기가 어려움
- 조삼모사(朝三暮四)   간사한 꾀로 남을 속이거나, 눈앞에 보이는 차이만 아는 어리석음
- 좌정관천(坐井觀天)   우물 속에 앉아서 하늘을 본다는 뜻으로, 사람의 견문(見聞)이 매우 좁음 (유 정중관천, 정저지와)
- 주마가편(走馬加鞭)   달리는 말에 채찍질한다는 뜻으로, 잘하는 사람을 더욱 장려함
- 주마간산(走馬看山)   말을 타고 달리며 산천을 구경한다는 뜻으로, 자세히 살피지 아니하고 대충대충 보고 지나감
- 중구난방(衆口難防)   뭇사람의 말을 막기가 어렵다는 뜻으로, 막기 어려울 정도로 여럿이 마구 지껄임
- 지기지우(知己之友)   자기의 속마음을 참되게 알아주는 친구

- 지록위마(指鹿爲馬) ① 사슴을 가리켜 말이라고 한다는 뜻으로, 윗사람을 농락하여 권세를 마음대로 함
② 모순된 것을 끝까지 우겨서 남을 속이려는 짓을 비유

- 창해일속(滄海一粟) 넓고 큰 바닷속의 좁쌀 한 알이라는 뜻으로, 아주 많거나 넓은 것 가운데 있는 매우 하찮고 작은 것 (㊁ 구우일모)

- 천우신조(天佑神助) 하늘이 돕고 신령이 도움. 또는 그런 일

- 천재일우(千載一遇) 천 년 동안 단 한 번 만난다는 뜻으로, 좀처럼 만나기 어려운 좋은 기회

- 청출어람(靑出於藍) 쪽에서 뽑아낸 푸른 물감이 쪽보다 더 푸르다는 뜻으로, 제자나 후배가 스승이나 선배보다 나음을 비유 (㊁ 후생가외)

- 초미지급(焦眉之急) 눈썹에 불이 붙었다는 뜻으로, 매우 급함

- 촌철살인(寸鐵殺人) 한 치의 쇠붙이로도 사람을 죽일 수 있다는 뜻으로, 간단한 말로도 남을 감동하게 하거나 남의 약점을 찌를 수 있음

- 침소봉대(針小棒大) 작은 일을 크게 불리어 떠벌림

- 타산지석(他山之石) 다른 산의 나쁜 돌이라도 자신의 산의 옥돌을 가는 데에 쓸 수 있다는 뜻으로, 본이 되지 않은 남의 말이나 행동도 자신의 지식과 인격을 수양하는 데에 도움이 될 수 있음을 비유

- 토사구팽(兎死狗烹) 토끼가 죽으면 토끼를 잡던 사냥개도 필요 없게 되어 주인에게 삶아 먹히게 된다는 뜻으로, 필요할 때는 쓰고 필요 없을 때는 야박하게 버리는 경우

- 평지풍파(平地風波) 평온한 자리에서 일어나는 풍파라는 뜻으로, 뜻밖에 분쟁이 일어남을 비유

- 풍수지탄(風樹之歎) 효도를 다하지 못한 채 어버이를 여읜 자식의 슬픔

- 하로동선(夏爐冬扇) 여름의 화로와 겨울의 부채라는 뜻으로, 격이나 철에 맞지 않음

- 하석상대(下石上臺) 아랫돌 빼서 윗돌 괴고 윗돌 빼서 아랫돌 괸다는 뜻으로, 임시변통으로 이리저리 둘러맞춤

- 학수고대(鶴首苦待) 학처럼 목을 길게 빼고 간절히 기다림

- 한우충동(汗牛充棟) 짐으로 실으면 소가 땀을 흘리고, 쌓으면 들보에까지 찬다는 뜻으로, 가지고 있는 책이 매우 많음

- 해로동혈(偕老同穴) 살아서는 같이 늙고 죽어서는 한 무덤에 묻힌다는 뜻으로, 생사를 같이하자는 부부의 굳은 맹세

- 허심탄회(虛心坦懷) 품은 생각을 터놓고 말할 만큼 아무 거리낌이 없고 솔직함
- 형창설안(螢窓雪案) 반딧불이 비치는 창과 눈에 비치는 책상이라는 뜻으로, 어려운 가운데서도 학문에 힘씀을 비유 (㊒ 형설지공)
- 호가호위(狐假虎威) 남의 권세를 빌려 위세를 부림. 여우가 호랑이의 위세를 빌려 호기를 부린다는 데에서 유래
- 호구지책(糊口之策) 가난한 살림에서 그저 겨우 먹고 살아가는 방책
- 호사유피(虎死留皮) 호랑이는 죽어서 가죽을 남긴다는 뜻으로, 사람은 죽어서 명예를 남겨야 함
- 호사토읍(狐死兔泣) 여우의 죽음에 토끼가 슬피 운다는 뜻으로, 같은 무리의 불행을 슬퍼함을 비유
- 화룡점정(畫龍點睛) 무슨 일을 하는 데에 가장 중요한 부분을 완성함을 비유적으로 이르는 말. 용을 그리고 난 후에 마지막으로 눈동자를 그려 넣었더니 그 용이 실제 용이 되어 홀연히 구름을 타고 하늘로 날아 올라갔다는 고사에서 유래
- 혼정신성(昏定晨省) 밤에는 부모의 잠자리를 보아 드리고 이른 아침에는 부모의 밤새 안부를 묻는다는 뜻으로, 부모를 잘 섬기고 효성을 다함
- 흥진비래(興盡悲來) 즐거운 일이 지나가면 슬픈 일이 닥쳐온다는 뜻으로, 세상일은 순환됨 (㊒ 고진감래)

현재 나의 실력을 객관적으로 파악해 보자!

모바일 OMR
답안분석 서비스

도서에 수록된 모의고사에 대한 객관적인 결과(정답률, 순위)를 종합적으로 분석하여 제공합니다.

OMR 입력
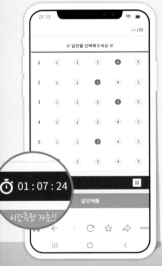

성적분석
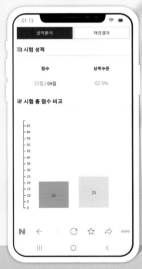

채점결과

※OMR 답안분석 서비스는 등록 후 30일간 사용 가능합니다.

참여 방법

도서 내 모의고사
우측 상단에 위치한
QR코드 찍기

→

로그인
하기

→

'시작하기'
클릭

→

'응시하기'
클릭

→

나의 답안을
모바일 OMR
카드에 입력

→

'성적분석 &
채점결과'
클릭

→

현재 내 실력
확인하기

군무원 군수직
FINAL 실전
봉투모의고사